Back Door to War

Charles Callan Tansill

裏口からの参戦

ルーズベルト外交の正体 1933-1941

【上】

チャールズ・カラン・タンシル

渡辺惣樹=訳

草思社

裏口からの参戦【上巻】◉目次

第7章 ムッソリーニのエチオピア侵略 277

第8章 戦争を怖れる英仏 311

第9章 国際連盟の経済制裁 345

第12章 反ヒトラーに傾くアメリカ世論 465

第13章 流動化する世界 493

【下巻】◉目次

編集部注

○本書は、Charles Callan Tansill, *Back Door to War: The Roosevelt Foreign Policy, 1933–1941*, Henry Regnery Company, Chicago, 1952. の全訳である。

○原著者による注記は、本文中に＊番号ルビを付し、各章末に原注として掲載した。

○訳者による注記は、本文中に〔 〕内の割注で示した。

はじめに

一九一八年一一月一一日に締結された休戦協定で第一次世界大戦は終わった。しかし書籍の中での、あの戦争の解釈についての戦いは終わってはいない。

あの戦いの火ぶたを切った責任は、（第一次世界大戦の）連合国の歴史家によって、すべて中央同盟国〔ドイツ、オーストリアを中心とする国々〕の政治家にあるとされている。これに対してドイツの歴史家や政治家は多くの書籍やパンフレットを発行し、反論している。それらの多くが図書館にも収蔵されている。こうした歴史家は「歴史修正主義者」と呼ばれているが、研究論文もしだいに増えていて、世界各国で、連合国によるドイツ責任論に対して果敢な挑戦がなされている。

第一次世界大戦の解釈に関わる議論が熱く続く最中の一九三九年に、第二次世界大戦が始まってしまった。そのため歴史家の関心はこちらの戦い、つまり狂気の軍事行動の責任を探る作業にシフトした感がある。

ほとんどの米国民は、ヒトラーのポーランド攻撃で第二次世界大戦が始まったと理解している。一九三三年に彼が首相になって以来、アメリカのメディアはヒトラーを批判してきた。彼の奔放な演説、怪しげなドイツ再建計画、彼の支持者の奇矯な振る舞い。これらが米国民をヒトラー嫌いにさせてしまった。それは二〇世紀はじめにドイツ皇帝ヴィルヘルム二世に感じた敵意を上回るほどだった。少なくともアメリカでは、ヒトラーの責任を拭うことは、どれほど優秀なドイツ人が知恵を絞ってもできはしないだろう。

ヒトラーが米独関係を立ち枯れさせたことは、彼より三代前のハインリヒ・ブリューニング首相時代に、アメリカのメディアがみせていた親ドイツの態度と比較すれば一目瞭然である。ヒトラー政権となった一九三三年二月以降のメディアの対独論調は厳しいものに変わった。ヒトラーの施策の一つひとつが批判の対象となった。ドイツを信用しないという感情が国民の間に広がった。かつて月刊誌などを飾っていた親独の論文も消えてしまった。民族や宗教を理由に迫害されアメリカにやってきた者は、ドイツには不正義が蔓延し、自由が奪われていると訴えた。米国民にとって自由は最も大切な財産だった。

一九三三年から三九年の間、米国民の多くは、ゆっくりと外国の戦いへの参戦やむなしの気分にさせられてきたといえよう。ヒトラーが再軍備を始め、彼の過激な演説を裏打ちする軍備が現実に整ってくると、国民の多くが、ヒトラーをアメリカにとって、そしてヨーロッパの隣国にとって危険分子と認識した。

米国民の中には、（国際主義者であった）ウィルソン大統領の思想を信奉し「世界は一つの理想（ワンワールド思想）」をもち続ける者がいた。彼らはその理想を燃やし続け、世界平和維持のためにアメリカは積極的に干渉すべきであると訴え続けた。そうした主張はアメリカのリベラル層や知識人から支持された。彼らは「近代科学の発展は昔ながらの国境などの壁を打ち破る、だから世界は一つの共同体となるべきだ」と考えた。

チャールズ・ビーアドらの歴史学者は、一九三三年から三七年になされたルーズベルトの声明には、ワンワールド思想を訴える内容は乏しいと分析している。しかし私には、そうした学者はルーズベルトが「不承認ドクトリン」を採用した危うさを過小評価しているように思える。このドクトリン（スティムソン・ドクトリン。満州国を承認しない政策がその典型）はヘンリー・スティムソンが提唱した考え方であった。この思想は火が点けられた長い導火線のついた爆弾であった。導火線の火は数年をかけて、ついにその爆弾を爆発させ、第二次世界大戦となってしまった。

一九四〇年にスティムソンは陸軍長官に任用された。彼は就くべくしてその地位に就いたといえよう。彼ほどその職に相応しい人物はいなかった。一九四一年一一月二五日付の彼の（対日外交についての）日記の書き込みがそれを如実に物語っている。

「問題は、いかにして日本に最初の一発を撃たせるかである。もちろん、それがわれわれにあまりに危険であってはならないが」

この翌日（二六日）、ハル国務長官は最後通牒を日本に突きつけた。彼は日本がそこに示された条件を受け入れられないことを、それまでの日米交渉の経過から承知していた。日本の真珠湾攻撃はルーズベルト政権の最も願っていた望みの実現であった。いまの時点で日本の背信行為を非難することはたやすい。真珠湾攻撃がもたらした惨禍が、米国内にあった考え方の違いの溝を一気に埋めてくれたと喜ぶこともできる。

しかし、何かおかしいと考える者がいた。彼らが、真珠湾攻撃の背景を真剣に調べてみようと思うまでには数年の歳月が必要だった。陸軍の調査報告書が、臆することなくジョージ・C・マーシャル参謀総長の怪しげな行動を指摘すると、スティムソンは慌てて彼を庇《かば》っている。彼は後に、真珠湾の悲劇を調査するワシントン議会の上下院合同調査委員会での証言を健康問題を理由に拒否している。

本書執筆にあたり開戦前の数年間にわたる米国務省の膨大な外交関連秘密資料（文書）にアクセスできたことは幸運であった。米国務省歴史部主任であるC・バーナード・ノーブル博士の協力によるものである。また彼のアシスタントであるリチャード・ハンフリー氏およびテイラー・パークス氏のお世話にもなった。議会図書館のルーサー・エヴァンス博士の協力もありがたかった。ほかにもヴァーナー・W・クラップ君（アシスタント司書主任）、デイヴィッド・C・マーンズ氏（草稿部主任）、アーチボルド・B・エヴァンス氏、チャールズ・P・パウエル博士、エリザベス・マクファーソン博士、ジョン・ド・ポリー氏、キャサリン・ブランドさん、デイヴィッド・コール氏の助力も得た。

国立公文書館にもご協力いただいた。そこではウェイン・グローバー氏、フィリップ・ヘイマー博士、カール・ロック博士の協力を得た。キエラン・キャロルさんにもたいへんお世話になった。彼女のおかげで、公文書館での仕事は実に楽しいものになった。ほかにもアルモン・ライト博士、ナタリア・サマーズ夫人、ウィリアム・A・ダウリング夫人の助力もあった。ダウリング夫人の美貌で仕事に熱中できなかったこともあった。

ジョージタウン大学の同僚の支援もあった。チボール・ケレケス博士には多方面にわたって助けていただいた。司書のフィリップ・テンプル君は本書執筆の基になった多くの文書を見つけ出してくれた。

旧友のハリー・エルマー・バーンズ博士の協力にも感謝している。彼の視点は本書執筆の構想を立てるのに大いに参考になった。

ほかにも次のような方々の助力があったことを記録しておきたい。バートン・K・ウィーラー元上院議員、ベネット・チャンプ・クラーク判事、ウォルター・A・フット博士、マイルス・デュバル大尉、ヘンリー・F・ウルフ牧師、ルイス・M・シアーズ博士、ラインハルト・H・ルーチン博士、ロッコ・パオネ博士、カルメロ・ベルナルド博士、ジョセフ・ロッキス大佐、ジョン・ファレル博士、ユージーン・ベーコン博士、エドウィン・H・ストークス氏、アンソニー・クベック氏、ルイス・キャロル氏、メリー・アン・シャーキー嬢、スーザン・シャーキー嬢、ウィリアム・R・タンシル氏、チャールズ・B・タンシル氏、レイモンド・T・パーカー氏、B・R・パーカー夫人、グレイス・リー・タンシル嬢、マリー・アン・シャーキー夫人、C・バーナード・パーセル夫人、フレッド・G・タンシル氏、グレイス・M・カーペンター夫人、ヘーゼル・ハリス嬢、アミー・ホランド嬢、ハーバート・クランシー神父（イエズス会）である。

ジェラルド・G・ウォルシュ博士（イエズス会）にも多大なご協力をいただいた。彼の幅広い分野での助言で、客観性を失うことなく作業を進められた。

私は過去三〇年以上大学で教えてきたが、私に学んだ学生にも本書を捧げたいと思う。教え子たちが、時に私のくじける気持ちを勇気づけてくれたからこそ本書が完成できたのである。

最後になるが、妻のヘレン・C・タンシルに感謝したい。面倒な研究や翻訳作業、文章構成、編集、会計などの仕事を支えてくれたのが彼女だった。伴侶としての彼女の貢献は言い尽くせない。

チャールズ・カラン・タンシル
ジョージタウン大学

序章　世界大戦の背景

1　孤立主義を捨てたイギリス

一九〇〇年以降のアメリカ外交の基本は大英帝国の保持にあったといっていい。両国の親密な関係の始まりがみられたのは一八九八年のことである。この年、イギリスは信頼できる友国、特に戦時に頼れる国の必要性を感じた。このときからイギリスは孤立主義をやめたのである。この年、デユーイ提督率いる米海軍はマニラ湾の海戦に勝利した〔米西戦争におけるマニラ湾海戦（一八九八年五月一日）〕。米国海軍の勝利をみたイギリスは、アメリカが、イギリス有事の際にはその保護者の役割を果たせる国になったと確信した。

（イギリスに理解のあった）ジョン・ヘイが国務長官だったこともあり、英外務省がアメリカと友好国としての関係を築くのは難しいことではなかった。ただし、そのような方針をとると公式に発表されてはいない。

米英協力の典型は、第一回（中国市場の開放を求める）門戸解放宣言であった（一八九九年九月六日）。アルフレッド・E・ヒッピズリー〔一八四八～一九三九年。清国海関の幹部を務めたイギリス人〕が、この宣言作成に英外務官僚が関与していたことを明らかにしている。

セオドア・ルーズベルトは、英米協調の時代の到来を歓迎した。イギリスがしかけた南アフリカにおけるボーア戦争（一八九九～一九〇二年）にヨーロッパ勢力が介入しようとした際に、ルーズベルトは「真の自由、真の人類の発展は英語（圏）国民の結束によって成就される。仮にボーア戦争を利用してヨーロッパ勢力が大英帝国の破壊を狙うようなことがあれば、わが国はイギリスと喜んで手を結ぶ」[*1]と述べた。この発言（アメリカの親英的態度）は、第二次世界大戦勃発まではよく知られていた。

2　日本の満州進出を容認したアメリカ

極東においては、米英の協調の結果、アメリカの外交は親日的となった。イギリスが日本との間で、帝国主義的性格をもった日英同盟を締結したからである（一九〇二年一月三〇日）。日本はこのころ北部支那へのソビエトの侵入に抵抗していただけに、米国務省が日本に肩入れするのは当然であった。米国メディアも親日的であった。

一九〇四年二月八日夜半、日本は旅順港に入っていたロシア艦隊に対して奇襲攻撃をしかけた。この戦法は一九四一年一二月に、アメリカに対しても使われた。旅順艦隊への攻撃は奇襲であったが、当時のアメリカのメディアはそのことを一切批判せず、むしろ称賛したのである。ニューヨーク・タイムズ紙は「素早い独創的な勇敢な偉業」[*2]と称え、セントルイス・グローブ・デモクラット紙は、素晴らしき日本の「知恵ある先制攻撃だ」[*3]と好意的な記事を載せた。クリーブランド・プレイン・ディーラー紙は日本称賛の詩を載せた。

「あのドレイク提督はカディスの港でスペイン王の顎鬚を焼いた（ドレイク提督がスペイン南西部のカディス湾にいたスペイン無敵艦隊を急襲した海戦（一五八七年四月二九日）を指す）。今度は島国の提督がロシア皇帝の頬髯に火をつけた」[*4]

他紙の論調も似たようなものだった。アメリカの世論も日本支持に傾いた。こうした状況はポーツマスでの講和交渉まで続いた。しかし、この交渉で日本が出した条件は、日本の野心を露わにするものだった。

日本は有利な条件の（ポーツマス）条約を結び、極東では支配的な力をもつことになったのであるが、日本の国民は賠償金を得られなかったことに憤激した。日本の各地で暴動が発生し、日本にいたアメリカ人は身を守らなくてはならないほどだった。[*5]イギリスはセオドア・ルーズベルト大統領に、日本との良好な関係構築のために手を差し伸べるようなことはしなかった。英外相にとって仲介の役割はそれほど興味を惹くものではなかったのである。

ルーズベルト大統領は、極東における敵対関係のバランスをとる外交に失敗したことに気づくことになる。[*6]日本の政治家は、ロシアとの外交上の確執をそのままにしておくほど無能ではなかった。英外務省も、日本とロシアの関係改善を画策していた。イギリスは、ドイツとの衝突が（近い未来に）あることを見越していた。そのときに備えて強力な同盟国を準備しておくことが肝要だった。

一九〇七年七月三〇日、日露両国は重要な協定を結んだ。そこには秘密協定も含まれていた。両国は満州およびモンゴルにおけるそれぞれの勢力範囲をとり決めたのである。[*7] 日露両国はそれぞれのとり決めた中国内の勢力圏の中で、しだいに政治的影響力を強めていった。その結果、アメリカの中国における門戸開放政策は危ういものになった。ルーズベルト大統領は、この軋《きし》みを補正しようとは思わなかった。

だいたいにおいて、門戸開放政策そのものがフィクションであった。このことは、同政権がルート・高平協定（一九〇八年一一月三〇日）を結んだことからも明らかだった。この協定の重要な部分は「太平洋方面での現状維持」の容認だった。つまり日本にとっては、その勢力圏における政治的経済的コントロールが、現状のままでアメリカに容認されたことを意味したのである。

一方、アメリカの視点からみれば、日本はフィリピンに対していかなる侵略的意志もないことを示したものと解釈された。そうすることで「日本は満州についてはフリーハンドを得た」[*8]〔エール大学教授アルフレッド・W・グリズウォルド〕のである。

このころ、ルーズベルト大統領は、カリフォルニアでの日本人移民問題に悩んでいた。彼には、北部支那における広大な日本の支配を黙認することで、日本との和平を獲得したいという考えがあった。ルーズベルトは、後任のタフト大統領への手紙（一九一〇年一二月）の中で、日本にアメリカが北部支那の権益確保の障害になっていると思わせるような外交をするべきではない、とはっきりと述べている。

彼の満州についての考えは次のようなものだった。

「仮に日本がわれわれの考える方向と違う道に進む行動を起こしたとしても、止めることはできない。それをするとなれば日本との戦争を覚悟しなくてはならない。わが国にとって満州は実質的に重要な場所ではない。この地域をめぐって日本と衝突するようなリスクを冒すことをわが国民は納得しないだろう」[*9]

セオドア・ルーズベルトの一九一〇年における満州に関する視点は現実的なものであった。この考えに沿った外交をタフト政権がとっていたら、アメリカの国益に適っていたにちがいない。しかし、タフトは極東外交について自分なりの考えをもっていた。彼は（アメリカの経済力を背景にした）「ダラー外交」の信奉者であった。極東方面に莫大な資本投下をすることでアメリカの影響力と存在感を示すという野心的な考えをもち、そのような外交を繰り広げたのである。大企業に支那への大型投資を勧めた。その野望の典型が、満州での鉄道建設プロジェクトだった（一九〇九年一一月）。国際プロジェクトではあったがその中心にアメリカが座るという野心的なものだった。[*10]

この計画は英外務省に示されたが、エドワード・グレイ英外相はやんわりとこの提案を断わっている。このことから、極東においての米英協調外交はイギリスの外交目的に合致するときのみ成立することがわかる。

こうした状況の中で、英外相はそれなりの対米配慮を示す必要があると考えた。要望を断わり続けるにはアメリカは強国にすぎた。当時、両国間には北大西洋の漁業権をめぐる紛争が続いていた。グレイ外相はこの解決に、仲裁調停を受け入れることを決めた。さらに、アザラシ漁をめぐる長い紛争にもアメリカの要望を容れて決着させた。[*11] 漁業利権を犠牲にしてでも将来予想されるドイツとの衝突に備え、アメリカとの友好関係維持に努めたのである。

3 アメリカを手玉にとったイギリス外交

エドワード・グレイ英外相はアメリカとの外交をみごとに成功させた。彼のスピーチは巧みで、彼が発する外交メッセージも適切だった。彼の対米外交成功の理由は、米国民の心に訴えることができたからだった。彼の顔には誠実さがにじみ出ていた。表情は明るく、隠し事があるようにも思えず、だましてやろうというような雰囲気も一切なかった。米国民は彼に魅せられたのである。

セオドア・ルーズベルト大統領も彼をそのような政治家と解釈した。グレイもルーズベルト同様の自然愛好家だった。グレイは首相官邸周辺で繰り広げられる国際外交の駆け引きよりも、田舎の邸の自然に関心がある、と感じさせた。（ウィルソン大統領のアドバイザーだった）マンデル・ハウスも、グレイの性格を気に入った。要するに、グレイは米国民に信用されたのだった。

一九一四年はヨーロッパに戦争の空気が漂った年であるが、グレイこそがドイツ皇帝に対して臆することのない政治家だと理解された。（結局、ドイツとの戦いが始まってしまった）一九一六年になると英国民の間に厭戦気分が広がった。それを感じたグレイは外相の職を辞した。

ウィルソン政権の初期の外交はブライアン国務長官や大統領顧問のマンデル・ハウスが担っていたが、彼らは素人外交官といってよかった。グレイは彼らを手玉にとった。イギリスは、ブライアン国務長官が進める妥協的条約交渉の数々を支える立場をとった。そうすることで、将来アメリカとの関係が悪化するときに備えたのである。[12] この点に関しては、ドイツ外相よりもよほどうまく立ち回った。

ドイツ外相は、ブライアンの「頭を冷やす時間をもつための宥和的条約交渉」を進めるスタイルを好まなかった。もし、ブライアンの仲介でドイツが英仏と交渉に応じ、それで何らかの合意ができていたら、アメリカの参戦（一九一七年）はなかった。アメリカもその外交史に、ベルサイユ講和会議前後のウィルソン大統領による数々の失敗の汚点を残すようなこともなかった。

イギリスにとっては、ドイツ外交の不適切さが幸運だった。外相エドワード・グレイが多くのアメリカ人に好かれていたこともさいわいだった。一九一四年夏にヨーロッパに暗雲が垂れ込めたとき、米世論が英仏の側に同情的だったのはグレイの外交の成果だった。逆にドイツに対しては不信感が渦巻いていた。米国民の多くがイギリスとの強い絆を感じた。良好な米英関係がそうした世論形成の背景だった。大英帝国との商売を通じて多くのアメリカのビジネスが利益を上げていたこともまた事実だった。

アメリカの政治システムは、もとをたどればイギリス型である。法体系も同様だ。イギリス文化の影響も強かった。シェークスピア、ミルトン、スコット、ディケンズ、バーンズ、ワーズワースらの影響をほとんどの米国民が受けていた。イギリスからの書物には関税がかけられず、イギリス的理想主義が制約を受けるようなこともなかった。第一次世界大戦の勃発した一九一四年当時、米国民の心にはイギリス文化が深く根を張っていた。それがイギリスの対米プロパガンダを容易にした。米国民は「イギリスの戦争はわれわれの戦争だ」と信じ込まされた。

一九一四年八月にヨーロッパでの戦いが始まると、イギリスはアメリカの親英の空気を巧妙に利用した。英国政府は米国船籍の船舶の接収を始めたのである。イギリスのこのやり方にはさすがのイギリス好きの大統領も怒りを隠せず、米国民の権利を守るようイギリスに要求した。アメリカは一九一六年になると新しい法律を作り、世界最強の海軍を作ると決めた。ところが、その力を背景に、アメリカの権利を尊重し、航海の自由原則を擁護するようイギリスに迫るような気概を大統領はもたなかった。イギリスには何も言わず、ドイツの始めた潜水艦戦争にだけは抗議した。

4 アメリカは何のために世界大戦に参戦したのか

米国務省はドイツの潜水艦戦争を非人道的でかつ非合法だと非難した。それがアメリカがドイツとの戦争を始める原因になった。しかし、この潜水艦戦争については、ロバート・ランシングとドイツ政府とのやりとりがあった。その際のランシングの考えが相当に混乱していたことはあまり知られていない。当時のランシングは米国務省の国際法顧問であった。

一九一五年二月四日、独外務省はイギリス諸島周辺を戦争区域とすると発表した。二月一八日以降にこの海域に入る敵国の商船については、乗客や乗組員の安全に配慮せず破壊するとした。この声明に対して米国務省は、抗議し（二月一〇日）、これまでどおり、攻撃前に臨検プロセスを踏むように求めた。また攻撃が米国民に危害を与えた場合、ドイツ政府の責任を厳しく追及すると主張した。[*13]

しかし、国際法学者のエドウィン・ボーチャード教授は、米国務省の二月一〇日の声明は、誤った国際法の解釈によっていると主張した。彼はその著作の中で、潜水艦戦争論争の背景を詳述しながら、次のように訴えた。

「米国務省の二月一〇日の声明は、わが国は、アメリカ船舶とその乗員の安全だけでなく、同盟国の船舶に乗ったアメリカ人乗員乗客の安全についてまで、米国政府は責任をもつという誤った根拠にもとづいている。他の中立国はそのような間違った解釈をしていない[*14]」

米国務省アドバイザーであるランシング氏が、万国法の解釈にこれほど不正確であったことは驚くべきことであった。彼はアドバイザー就任前には国際法務の仕事に長年にわたって携わっていた。彼は過去の事例にも精通していたし、実務にも明るかった。有能なはずの法律家が、アメリカの歴史の分岐点になるような重要な時点で、大統領や国務長官に対して素人も恥ずかしくなるような法的アドバイスをしたのである。

彼は、非武装の商船に対する潜水艦攻撃に関わる法の解釈を誤っただけではない。武装された商船に対する攻撃についても間違った法解釈をした。ランシングは、連合国の武装商船にさえも、ドイツ潜水艦はまず警告を与え、乗員乗客には安全に避難するための十分な時間を与えなくてはならないと主張した。このアドバイスがウィルソン大統領の意見となった。

これに対してドイツ外務省は、アメリカの主張する手続きでは武装商船は潜水艦を容易に攻撃できる、と反論した。ランシングは一九一五年六月には国務長官に就任した。彼は、一九一六年一月から二月にかけての短い時間だけはドイツの主張を認めた。米国務省は、自国商船に対して非武装を勧め、武装した場合にはその結果は自己責任になると指導しようとした。しかし彼は、マンデル・ハウスの要求を容れて、商船は武装されていたとしても警告や非難の時間を与えられるべきとの解釈に戻したのである。[*15]

ランシング国務長官のこの主張は、国際法にも一般常識にも背くものだったが、大統領も上下院も彼の意見に沿った立場をとった。ウィルソン大統領は、英武装商船の乗組員も、そのような船舶に乗船する米国民も、警告なき攻撃からは免れることができると主張したが、法的根拠に欠けていた。[*16]

したがって、アメリカが一九一七年に参戦してしまったのは、ランシングによる国際法の誤った解釈に起因するものである。国際法を学び始めた学生でも犯さないほどの初歩的な過ちだった。このような明白な過ちを犯したのは、ランシングははじめからドイツとの戦いを望んでいたのかもしれないと疑わざるをえない。故意に国際法の解釈を捻じ曲げたとも考えられるのである。一般に信じられているアメリカ参戦の根拠（公海におけるドイツの野蛮な行為が原因）は、ランシングの誤った国際法の解釈にあった。

アメリカは、第二次世界大戦でも、第一次世界大戦の参戦と同様な道筋をたどることになった。もし一九一七年のアメリカの参戦がなければ、ヨーロッパの戦いは引き分けとなり、それなりのパワーバランスができあがって終結したはずだった。アメリカの参戦で、ヨーロッパの伝統的なパワーバランスが形成できなかった。その結果があのベルサイユ会議（条約）であり、将来の紛争の種が撒き散らされた。

そうでありながら、アメリカはベルサイユ体制を守ることを重視した。その体制構築のために多くの兵士を死なせ、国費を費消した。そのためベルサイユ体制は守らなくてはならない立場をとらざるをえなくなった。独裁的政治家がその体制を少しでも揺るがせるようなことをすれば、フランクリン・ルーズベルト政権は声高に非難した。あの無様なベルサイユ体制を何が何でも護ろうとした。

アメリカは一九四一年に再びヨーロッパの戦いに参戦したが、守ろうとする体制はすでに腐敗していた。ベルサイユ体制は幻想だったのである。一九一九年の政治体制の怪しさについては次項で詳述する。

5　ロイド・ジョージの背信

第二次世界大戦勃発前の時期、ルーズベルト大統領とハル国務長官は、条約の高潔さ（重要性）について語り合うことが多かった。条約は国家間の約束事である。決してむやみに破るようなことがあってはならないものだった。一九一九年以降のベルサイユ体制も国家間の約束事であった。その遵守は宗教的儀式のように大事にされなくてはならなかった。

しかし一方でドイツにおいては多くの国民が、この体制が忌まわしい裏切りの上に建てられた砂上の楼閣であるとの意識をもっていた。たしかに休戦協定前の時期には、ロイド・ジョージ英首相もクレマンソー仏首相も、不承不承とはいえウィルソン大統領が提示した一四カ条の和平提案に従うことを承諾していた。[*17] しかしベルサイユ条約は、この和平提案の条件を守っていなかった。これこそが次の大戦を引き起こす種となった。

ウッドロー・ウィルソンはこの違背を黙認した。そのことはしっかりと認識しておく必要がある。

ウィルソンを崇める者は、狡猾な二人の政治家（ロイド・ジョージとクレマンソー）にしてやられた結果があの条約だと、ウィルソンを擁護する。たとえば小説家のベン・ヘクトは、その小説『エリク・ドーン（*Erik Dorn*）』〔一九二四年刊〕で、そうした解釈を示している。

「（ウィルソンは）みだらな売春宿に囲い込まれた陰気な顔の処女のようなものだった。おいしいレモネードでも飲んでいきなさいと誘い込まれたのである[*18]」

しかし、現実にはウィルソン自身がその「レモネード」をオーダーしたのである。「レモネード」にはたっぷりときつい酒が入っていた。世界はこの度を越えた政治家のお楽しみのつけを払わされる羽目になった。このお楽しみは次なる戦いの種を播いただけだった。

（ドイツへの）裏切りの始まりは、一九一八年一〇月五日に始まった。ドイツ帝国宰相バーデン伯（マクシミリアン・フォン・バーデン）は、ウィルソン大統領宛に一四カ条の提案をベースにした仲介を求める書を届けた。その三日後、ウィルソンは、ドイツ政府に一四カ条提案を講和条約の基礎とするかどうかの確認を行なった。一〇月一二日、バーデン伯は、一四カ条を具体的にどう適用するかの協議に入り、そしてそれを講和条約に生かしたいと考えていると回答した。この二日後、ウィルソンは（休戦に入る前に）新たな条件を付加した。それは、休戦の間は連合国の軍事的優位を維持することが保障される必要がある、そうでなければ休戦できない、というものだった。さらに、ベルリンに民主的な国民の意志を反映した政府が成立していなくてはならないという条件まで付けた。

ドイツはこの条件を吞むことを決めた。これを受けてウィルソンは、連合国首脳と休戦条件について話し合うと、バーデン伯に伝えた（一〇月二三日）。連合国間の調整で、彼らも一四カ条をベースにすることを決定した。ただし例外条件を二つ付けた。

一つは、航海の自由に関わる問題であった。連合国はこの自由を連合国だけのものにしておくことに決めた。もう一点はドイツによる賠償金の支払いであった。連合国の民間人やその財産に与えた損害を補償することを約束させた。補償は、陸海空からの攻撃によるすべての損害についてカバーするものであった。

この二つの例外条件は一一月五日にドイツ政府に伝えられたが、ドイツはそれをただちに受け入れた。一一月一一日、フランスのコンピエーニュの森で休戦協定が結ばれた。その実態は、ドイツの将来を連合国のお情けに預けるようなものだった。戦いがやむと、今度は講和の条件があらたな課題となったのである。[*19]

連合国が一四カ条提案に沿った講和を条件とすることは、このような経緯で約束されたものだった。しかし、休戦協定文書に署名したそのインクが乾きもしないうちに、ロイド・ジョージ英首相はその約束を反故《ほご》にしてしまった。

一二月一日から三日にわたって開催された連合国の会議（ロンドン会議）の場で、連合国による賠償金額決定の専門委員会の設立を提案した。狡猾なウェールズ人政治家（ロイド・ジョージ）は、ドイツなどの敵国（敗戦国）がどれだけの賠償金と補償金を払えるか見極めさせたかったのである。ここでいう「補償金」という用語が曲者だった。この用語を使用すれば、「戦争コスト」として相当に広い範囲まで含ませることができた。

休戦調停前の協定の精神からすれば、このようなやり方を連合国がとることは想定されていなかったが、ロイド・ジョージはそれを意に介さなかった。この月にイギリスの選挙があったからだ[20]。

6　ナチス勃興を招いた戦勝国の傲慢

ロイド・ジョージの選挙公約は、休戦協定前の約束を完全に無視するものだった。マンデル・ハウスと交わした約束（一四カ条提案に従う）を違《たが》えていた。一九一八年一二月一一日、ロイド・ジョージはブリストルの町で、「われわれはドイツに対して、すべての戦争コストの支払いを求める」[21]と語った。エリック・ゲッデス〔保守党の有力政治家。海軍大臣〕も、ケンブリッジのギルドホールの演説で、「あのオレンジ（ドイツ）を、種がつぶれるほどにきつく搾って（金を引き出して）やる[22]」と主張した。休戦協定時のドイツへの約束は完全に反故にされた。

パリ講和会議が始まると、ロイド・ジョージは「賠償金と補償金」を検討する専門部会（賠償委員会）の設置を訴えた（一九一九年一月二二日）。フランス（クレマンソー首相）がこれに同調した。ウィルソン米大統領は「補償金」という言葉を外させはしたが、設置については了承した。イギリスには、とにかくドイツをバラバラにしたいという強い気持ちがあった。

イギリスが議長役になってドイツへの苛烈な姿勢をみせる英仏両国に、アメリカの法律アドバイザーとして賠償委員会に参加していたジョン・フォスター・ダレスは我慢ならなかった。ダレスは、賠償問題の検討にあたっては休戦前になされた「約束」をしっかりと遵守すべきだと考えていた。ウィルソン大統領もこの時点ではダレスと同じ気持ちであった。

「(わが国は)休戦時の約束をしっかりと守る。賠償金額の計算にあらゆる戦費を計上することに反対である。そんなことをすれば、われわれは敵の期待(一四カ条の提案の遵守)を裏切ってしまうことになる[*23]」

しかし結局は、ロイド・ジョージとクレマンソーはアメリカ(ウィルソン)を説得し、戦費のカテゴリーにあらゆる費用を計上させることに成功した。ロイド・ジョージは、兵士への年金や職場離職手当まで賠償金の計算に組み入れるよう主張した。これにクレマンソーは同意した。

二人の政治家は、このような強欲なやり方が休戦条件に違背することをはっきりと認識していたはずである。もし賠償委員会に出席する米国委員に対してウィルソンがみずからの約束を守るとしっかりと伝えていれば、その後の展開は違っていたかもしれない。しかしそうはならなかった。米国委員が、ロイド・ジョージの要求は論理的に容認できないとウィルソンに伝えると、ウィルソンは怒鳴り始めたのである。

「ロジック、ロジックと、おまえたちはうるさい。ロジックなんぞくそ食らえだ。年金計上もかまわない[*24]」

年金まで計上してしまえば、ドイツ財政は立ち行かなくなる。四首脳会議(一九一九年四月五日)の場で、ロイド・ジョージは、条約の中にドイツは「戦争のすべてのコストに対する責任を負う」との文言を入れるべきだと訴えた。マンデル・ハウスは、そのような文言は休戦前の約束に違反すると述べたが、クレマンソーは「表現の工夫で何とかなる」[25]と呟いて、ロイド・ジョージを支持し、ウィルソンも反対しなかった。

表現の工夫と称して生まれたのが第二三一条であった。「ドイツの侵略行為の結果、連合国の国民および政府が被った損失および損害についての責任はドイツが負う」と規定する、いわゆる「戦争責任条項」と呼ばれるものだが、すべてのドイツ国民がこの規定を根本的にアンフェアだと感じた。その結果、ベルサイユ条約への強い嫌悪感がドイツ全土に広がった。続く第二三二条では、あたかも民間の損害への補償に限られるかのような書き方になっていたが、これも結局は連合国に都合の良い解釈に曲げられることになった。そのため第二三二条がドイツを護ることにはならなかった。

さらに、休戦時の約束では条約は懲罰的な性格にはならないとされていた。アメリカ側の専門委員は、賠償委員会がドイツの支払い可能額の算定、支払い方法や期限について強力な権限をもつものと考えていた。しかしクレマンソーは、この委員会をたんにドイツはいくら支払うべきかを算出させる諮問機関にしたかった。つまり委員会は独立した判断ができなかったのである。アメリカ代表は賠償金の支払い期間は三五年を超えるべきではないと主張したが、フランスの五〇年でもかまわないという意見に押し切られた。[26]

一九一九年四月五日の四大連合国会議はヒートアップしたが、アメリカ代表のマンデル・ハウスは感度が鈍かった。「賠償金額の算定は連合国の主張を基礎とし、ドイツの支払い能力とは無関係である」というフランスの（邪悪な）意思に気づくのが遅かった。ノーマン・デイヴィス〔米国側代表。後の国務次官）がそれを指摘し彼に注意を促している。フランスの主張は明らかに休戦時の約束を破るものだった。アメリカ代表は三カ月にわたって抵抗したが結局、マンデル・ハウスはフランスの主張に屈した。

マンデル・ハウスは、休戦の約束の文章も、またその精神も反故にしたのである。[*27] これをウィルソン大統領は容認したが、大きなミスであった。後に登場することになるアドルフ・ヒトラーは、連合国のドイツへの扱いがいかに非道であったかを容易に訴えることができた。それがナチスの主張となった。換言すれば、ドイツへの残酷な処置を決めたベルサイユ条約はウィルソンの「ヒトラーへの贈り物」だったのである。

賠償委員会の専門家は結局、ドイツの賠償額を算出できなかった。一九二一年になって、ようやくおよそ三三〇億ドルという数字を出した。三分の一が、連合国が被った財産への損害、残りが兵士への年金支払いなどのコストだった。要するにウィルソンがフランスの主張に屈したことで、賠償額が二倍から三倍に膨れあがったのである。[*28] ドイツの支払い能力の上限はおそらく一〇〇億ドルであったろう。

ウィルソンは強欲なシャイロック（英仏）の肩をもった。戦争で弱りきった国（ドイツ）からとにかく金を搾り出すという行為に加担した。この決定が、ドイツの、そしてヨーロッパ全体の財政的混乱を不可避なものにした。アドルフ・ヒトラーの『わが闘争』の数章は、ウィルソンが執筆したと言っても過言ではない。

7　ドイツ植民地をめぐる問題

植民地の扱いについては一四カ条の第五番目に書かれていた。そこでは「(植民地問題については)自由で率直な、そして徹底的に公平に植民地利権の調整を行なう」と謳われていた。

だがパリ講和会議は「徹底的に公平」な判断とは程遠い協議となった。会議開催前の段階から、英仏米各国の広報担当者は、連合国に武力占領されたドイツ植民地に対して、ドイツはその権利を喪失したと主張した。その理由の中に、ドイツの植民地行政は現地人の扱いに過酷である、というものがあった。

「ドイツの植民地政策にあっては、宗主国(の人間)は帝国主義的保護者あるいは主人のように扱われている。それは言ってみれば養子が父にあるいは年季奉公人が主人に対する態度に似ているといってよい。命令は即座に聞き入れなくてはならず、何もかも主人の判断が優先する。ときに『主人』は言うことを突然に一八〇度変えることもあった」[*29]ソースティン・ヴェブレン教授〔アメリカの社会・経済学者。一八五七～一九二九年〕。

イギリスでは、エドウィン・ベヴァンが、「植民地をドイツに返還すればドイツは満足だろうが、そうしてしまえばドイツのさらなる覇権を求める野望をそのままにすることになる。これからも世界は不安定なままの状態が続くということである」[*30]と主張した。

一九一七年、アメリカ調査委員会〔大戦後の講和交渉のための準備作業にウィルソン大統領が設置した二一人の専門家からなる組織（American Commission of Inquiry）〕は、ジョージ・L・ビアー博士にドイツの植民地政策についての研究を依頼した。ビアー博士は一六世紀から一八世紀までのイギリスの商業政策の専門家であった。彼の報告書はイギリスの考えを色濃く反映していた[31]。大戦開始以降、彼は明らかに連合国側に同情的だった。とりわけ大英帝国に対してはそうであった[32]。

彼はたしかに歴史学的には客観的な人物とみなされてはいた。しかし、彼の報告がドイツの植民地政策を厳しく非難するものになったのは自然なことだった。一九一八年二月、彼の報告書「アフリカにおけるドイツ植民地」が同委員会の責任者の一人であるシドニー・メジズ博士に提出された。「多くのデータを総合すると、ドイツは植民地宗主国としての信託の義務をまったく果たしていない[33]、したがってドイツはその植民地を失って当然だ」と結論づけていた。

ビアー博士はパリ講和会議に植民地政策の専門家として参加した。彼がウィルソン大統領の意見形成に大きな影響を与えたことは間違いない。大統領は次のように述べたからである（一九一九年七月一〇日）。

「ドイツの植民地は十分な統治がなされていない。現地人のごく当たり前の権利も蔑ろにされている[34]」

この大統領の言葉は根拠がない。ある研究者はドイツの植民地の実態調査でアフリカのカメルーンを訪れている。

「ドイツはその短い三〇年という期間で、相当な成果を上げていてその植民地経営には高い合格点が付けられる。この意見は一九一九年の（パリ講和会議で示された）意見とはだいぶ違うが、もしそのままこの地がドイツの植民地として継続していれば、その統治はいまではトップレベルのものになっていたと思われる」[*35]

ドイツ植民地の価値をドイツの賠償金支払いにあたって算入すべきだという主張を、連合国は聞き入れなかった。ドイツはこれにひどく憤った。ドイツの計算では、その価値は九〇億ドルに相当した。仮にこの半分の額がドイツの賠償金として計上されていれば、ドイツに科せられた賠償金負担は相当に軽減されていたはずだった。それができていれば、嘘の主張（非人道的植民地経営）によってすべての植民地を失うというドイツの屈辱もなかったはずだった。[*36]

この辱めが一九三九年の次の戦いの動機の一つになった。このことはニュルンベルク裁判で明らかになっている。ベルサイユでのこうした不正義を解消するという主張がヒトラーの侵略計画のベースとなっていたのである。

8　ポーランド問題：ダンツィヒ、ポーランド回廊、上シレジア

ポーランド問題の検討にあたってウィルソン大統領が意見を求めたのは、ロバート・H・ロード教授〔ハーバード大学歴史学教授〕であった。彼には研究論文「ポーランドの二度目の分割」があり、一九一九年に

おけるポーランド問題を考えるうえでの権威とみなされていた。しかし、ビアー教授同様に、彼には客観性が欠けていた。事実を知っているだけにすぎず、学問としての歴史は知らなかったといってよい。[*37]

ウィルソン大統領が一四カ条提案を準備しているころ、アメリカ調査委員会の委員数人が独立国家としてのポーランドの樹立を提案した。その樹立にあたっては「国境は国家間の（力の）バランスや経済状況というものをフェアに勘案し、かつ海へのアクセスが十分に配慮される[*38]」ことを条件とした。

提案された一四カ条の第一三条で、この条件についてのオリジナルの表現を若干修正し、民族分布を優先させる配慮をみせた。第一三条は次のような表現となった。

「独立したポーランド国家が樹立されるべきである。そこには議論の余地なくポーランド人である人々の居住する領土が含まれ、彼らは海への自由で安全な交通路を保証され、政治的、経済的な独立と領土保全が国際的盟約によって保証されるべきである」（傍点訳者）〔訳注：上記訳文はアメリカ駐日大使館ＨＰ〈http://aboutusa.japan.usembassy.gov/j/jusaj-majordocs-fourteenpoints.html〉による訳によった〕

■ダンツィヒ〔現グダニスク〕

バルト海へのアクセスがポーランドに与えられる場合、ダンツィヒ港は重要なファクターとなる。ポーランド国境設定にあたり、アメリカ人専門家は二つのレポートを作成した（一九一九年一～二月）[39]。そこには、ダンツィヒはポーランドに与えられるべきだと書かれていた。新しく生まれる国の経済状況に配慮したのである。彼らはダンツィヒの人口の九七パーセントがドイツ人であることをご都合主義的に無視した。

一九一九年二月二三日、マンデル・ハウスは、まだワシントンにいたウィルソンにダンツィヒの処分案について次のような電信を打った。

「われわれの専門家によれば、ダンツィヒはポーランドに割譲させるのがベストの解決策だとのことです[40]」

大統領は、ハウスの意見をすぐには容れなかった。三月一七日、ロイド・ジョージはこの専門家の意見に反対だった。マンデル・ハウスとクレマンソーにはっきりとその考えを伝えた。この二日後に、彼はポーランドへのダンツィヒとマリエンヴェルダー〔現クフイジン〕の割譲にはっきりと反対だと表明した。講和会議のポーランド問題委員会の専門家の考えに与《くみ》しなかった[41]。

三月二八日、ウィルソン大統領はロイド・ジョージの考え方を諒とした。彼はマンデル・ハウスと（専門委員の）メジズ博士の意見を退けたのである。メジズとマンデル・ハウスは義兄弟の関係にあった。こうした意見のばらつきの中でロイド・ジョージが考え出したやり方は、ダンツィヒを自由都市として国際連盟の管理下に置く方法だった。しかし実務上は、ポーランドが関税徴収および港湾管理を担当し、外交も同国に委ねられた[42]。

ダンツィヒ処理の仕組みは多くのドイツ人の気分を悪くさせた。ポーランドが輸出税を課したり、外交にちょっかいを出してくるたびにドイツは挑発された気分になった。また経済的視点からもポーランドの介入を認めたことは問題だった。関税率を変更させることで、ポーランドはこの自由都市の生殺与奪の権利をもった。また港湾と接続する鉄道の運営しだいで、ダンツィヒと競合関係にある港湾都市グディニャを有利にすることさえできた。[*43]

ドイツの政治家の中では穏健派であったシュトレーゼマンでさえ、「わが国の三番目に重要な目標はダンツィヒの奪回である」[*44]とまで述べている（一九二五年九月）。一九三一年には、中道派で温和なハインリヒ・ブリューニングも、ポーランドにこのダンツィヒ問題を（ポーランドが譲歩するかたちで）再調整させることができないかと、他のヨーロッパ諸国に打診したほどだった。

しかし一九三四年一月二六日、こうしたダンツィヒ奪還の動きが止んだ。ヒトラーとポーランドのユゼフ・ピウスツキ将軍との間で、ドイツ・ポーランド不可侵条約が締結されたからである。[*45]ポーランドはこの際に、ドイツによるダンツィヒのナチス化を黙認することを約束した。

ピウスツキの死後〔一九三五年五月に死去〕、ポーランドは英仏を利用してこの暗黙の了解を破棄しようとしたが手おくれだった。すでにドイツとソビエトによるポーランド分割構想の芽が出ていたのである。

■ポーランド回廊問題

ポーランド回廊はドイツ領土からバルト海に抜ける道であるが、この扱いについてはウィルソン提案の第一三条ではっきりと、「彼ら（ポーランド人）は海への自由で安全な交通路を保証される」と書かれていた。

一九一九年一月、二月の報告書では、ドイツの州であるポズナンと西プロシアを抜ける広範な

「回廊」をポーランドに割譲することが示唆されていた。そうなれば、ドイツ本土から東プロシアは切り離され、同地に住む一六〇万のドイツ系住民はたいへんな困難を強いられることになるが、より人口の多い数百万のポーランド人の意向を重視したのである。[*46]

ポーランド問題委員会は、専門家の意見書を容れたため、その内容はベルサイユ条約の条文に組み込まれてしまった。このことはヴィスワ川（渓谷）がポーランドに組み込まれることを意味した。さらに言えば、東プロシアをこの川の利用から完全に排除する目的で、川の東岸（東プロシア側）を幅50ヤード〔約45メートル〕にわたってポーランドに与えたのである。これによって東プロシアの住民が古来から親しんでいたこの川の沿岸権（水利権あるいは水面下の土地の利用権）が、ドイツ（東プロシア）から剝奪された。つまり東プロシアの住民は、「石を投げれば届く距離にある川」を利用できない状態に置かれてしまったのである。[*47]

ポーランド回廊は幅およそ四五マイル〔約七二キロ〕で南の内陸部に一四〇マイル〔約二二五キロ〕ほど楔《くさび》を打ち込んだような形状であり、海岸線では幅二〇マイル〔約三二キロ〕、センター付近では六〇マイル〔約九七キロ〕幅である。ここには、鉄道、河川、運河を利用した素晴らしい交通網ができあがっていた。ところが、ポーランドはそうした優れた交通システムを維持することも、開発することもしなかった。そのうえ、物資の自然なあるいは歴史的な流れを変えてしまおうとして、かなりの部分を廃止してしまったのである。

一九三三年のポーランド回廊の状況をドーソン教授が次のように書いている。

「たしかにこの回廊を毎日走る列車はあった。しかしそうした列車は途中で荷や客を降ろしたり、拾ったりしていない。回廊がポーランド領になってしまい、通信や運輸の視点からすれば、（途中駅での停車が必要なほどの）人口がなくなっていた」[*48]

回廊を走る道路網も不十分なものであった。一九三一年、アレキサンダー・パウエル（アメリカ人従軍記者）は、「回廊ではいくつかの東西に走る道路があったが、ポーランドはこの道路の使用を妨害しているかのような感じを受けた。私自身で四度走った経験からの感想である」[*49]と書いている。

一九三八年、三九年の二度にわたって、ヒトラーはこの回廊に鉄道および道路の建設権利を求めてポーランド政府と交渉したが実を結ばなかった。一九三九年春には、ポーランド外務省はイギリスの支援を後ろ盾にして、ドイツとの交渉を拒否した（イギリスがポーランドに独立保障を与えたのはこの年の三月末のことである。この保障がポーランドを強気にさせた）。ポーランドの態度にヒトラーは憤った。これが原因でヒトラーはソビエトの協力を求め、ポーランドを両国で分割する可能性を探ったのである。ポーランド外交官は、国家の破滅を回避するためには時には（嫌な相手との）妥協も必要だ、という歴史の教訓を学んでいなかった。

■上シレジア地方

パリ講和会議での上シレジア地方の扱いは、アメリカ人専門委員の考えがいかにヒステリックでかつ客観性に欠けていたかを示す好例である。特にロバート・H・ロード教授の考えには問題があった。彼はこの地域の住民の意思とは無関係に上シレジアはポーランドが領有すべきだと考えた。（博士の考えが反映された）ベルサイユ条約の内容がドイツ代表に示されると、激しい反発を生んだ。

ロイド・ジョージはドイツの訴えに理解を示したが、ウィルソン大統領は「ドイツはこの地方をわずか二世紀領有したにすぎない」というロード教授の主張を容れた。トーマス・ラモント〔一八七〇～一九四八年。銀行家（J・P・モルガン）、ウィルソン大統領のアドバイザー〕は、この地方は過去四世紀にわたってポーランドの領土ではなかったと抗議したが、大統領の考えは変わらなかった。ロード教授は、住民投票までも不要だとして周囲を驚かせた。ロイド・ジョージは「（東プロシアの）アレンシュタイン、（ユトランド半島の）シュレースヴィヒ、（オーストリアの）クラーゲンフルトでは、その帰属を住民投票で問うことになっている。なぜ上シレジアではそれを許さないのか」[*50]とロード教授に質した。教授はこの質問にまともに答えられなかった。結局、上シレジアの帰属についても住民投票が実施されることになった。

上シレジアでは住民投票が実施されたものの、投票はびくびくものであった。投票を監視する国際委員会は三人のメンバーで構成されていた。ル・ロン将軍（仏）、ハロルド・パーシヴァル大佐（英）、ド・ミリーニス将軍（伊）である。フランスは八〇〇〇の兵を派遣し、その（ポーランド支援の）意思を明らかにしていた。フランスは暫定行政府の長にル・ロン将軍をあてることに成功していた。連合国はドイツ代表に、国際監視員会は投票の中立性を保つと約束していた（一九一九年六月一六日）。しかし、それが守られることはなかった。

住民投票が行なわれた地域では、ポーランド側に有利となるあらゆる便宜がはかられた（一九二一年五月二〇日）。ところが、住民のおよそ六割がドイツへの帰属を求める結果となった。ドイツへの帰属：七〇万七五五四票（五九・六パーセント）、ポーランドへの帰属：四七万八八〇二票（四〇・四パーセント）[*51]。

フランスが徹底的にポーランドに配慮した事実に鑑みれば、この結果は驚くべきものであった。

この状況をルネ・マルテル教授が詳細に分析している。

「一九一九年四月四日、ポーランド・上シレジア最高国民会議はアダルバート・コルファンティと接触した。彼は、元ジャーナリストで民衆運動の指導者的立場の人物だった。彼こそが、(フランス国内でポーランド独立運動を進めた)ロマン・ドモフスキのお眼鏡に適う男だった。ドモフスキは、ポーランド系住民による武装蜂起を計画していた」

「一九一九年五月一日、ポーランド系秘密組織がドイツ系住民の迫害を始めたため、上シレジアの住民は怖れおののいた。それは住民投票の当日まで続いた。ドイツ系住民の中には拷問を受ける者もいた。運悪く死んでしまえばその遺体はバラバラにされ辱めを受けた。ドイツ系の村や古城は略奪の対象となり、放火されるか爆破されるかした。ドイツ政府は、その事態を示す白書を作成した。そこには多くの写真が掲載されていた。それが想像を絶する虐殺があったことを示す資料となった」(『ドイツの東部辺境』[*52])

ポーランド系秘密組織による暴虐がようやく収まると、国際連盟は上シレジアの分割についての作業を特別委員会に委ねた。委員にはベルギー、ブラジル、中国、日本、スペインの代表が就いた。この構成からも中立性が疑われる。結局、出された結論も偏ったものだった。ポーランドは帰属が争われていた工業地区の六分の五を得、炭鉱の八〇パーセントをとった。すべての鉄鉱石鉱山、ほとんどの亜鉛、鉛の精錬工場、さらに多くの基幹産業もポーランドに帰属した。[*53]

要するに住民投票は茶番であったのだ。これについてイギリスのロバート・ドナルド卿〔新聞編集者〕

は次のようにコメントしている。

「ドイツの被った物質的な損失もさることながら、ドイツ民族の心を突き刺した不正義がより深刻であり、残酷であった。もし連合国が上シレジアを武力でとりあげたうえで、それをポーランドに与えたのなら、ドイツはそれを運命として受け入れていたかもしれない。しかし現実には、悲劇的なほどに馬鹿げた住民投票のプロセスを経て、その多くがポーランド領土となった。その過程で奸計、約束不履行、虐殺、蛮行、政治腐敗があった。それがドイツ人の心を深く傷つけた[*54]」

ウィルソンは講和条件は懲罰的なものにはならないと約束していたはずだった。しかし実際には、ドイツは裸にされたうえに、さらに鞭でひどく打たれたのである。後のナチスはその領土拡大にあたって国際法を斟酌しなかった。第一次世界大戦後の連合国のやり方に鑑みれば、ナチスがそのような態度をとった動機を理解することはそれほど難しいことではない。

（国際）法はロジックの体系である。しかしベルサイユでのウィルソンは「ロジック、ロジックとおまえたちはうるさい。ロジックなんぞくそ食らえだ」とまで言い放った。ヒトラーでさえも口にしない言葉だった。

9　フランス軍がラインラントでしたこと

もちろん、ウィルソン大統領のすべての判断が間違っていたというわけでもない。ラインラント占領についてはフランスの野望を抑え込んでいる。

一九一九年のフランスの狙いは、ライン川左岸一帯をドイツから分離させ、親フランスの独立共和国を創設することだった。この考えをアドバイザーのマンデル・ハウスは支持したが、大統領は肯んじなかった。[*55] ロイド・ジョージも大統領の側についたため、条件は緩やかなものになった。

「ライン川西岸のドイツ領土については、連合国などの軍によって、本条約の施行から一五年間にわたって占領される。橋梁部も占領地域とみなす[*56]」

一九二三年二月、アメリカ軍の最後の占領部隊がラインラントを離れたが、連合国部隊は一九三〇年まで駐留した。ドイツ領土が一〇年もの長期にわたって連合国軍に占領され続けたことになる。ドイツ人はそれに強く反発していた。

フランス軍には植民地の黒人を組織した部隊があった。フランスはその部隊を同地域内の一般住宅に居住させた。彼らはドイツ人住民を侮辱し女性への暴行事件も起こしていた。これが反フランス感情に油を注いだ。フランスはあくまでドイツを侮辱し続けるのだとドイツに確信させた。

一九二一年一二月、ヘンリー・T・アレン将軍は、ヒューズ国務長官にドイツ人労働者からの訴えを報告した。

「私たちは家を留守にすることが恐ろしい。仕事に出かけると妻や娘と黒人兵だけになる。大丈夫かとの気持ちは、家が壊されないかとか日々の食糧は大丈夫かといった不安よりも強い[57]」

フェリックス・モーレイ〔アメリカのジャーナリスト〕は、当時フランスで休暇中だったが、こうしたフランスのやり方を批判した（一九二〇年）。

「わが国とイギリスがフランスを去り、フランス一国だけでドイツと対峙することになれば、フランス兵はドイツ領土から一週間でいなくなるだろう（追い出される）[58]」

この三年後にもケルンの米領事がフランスの行状を批判的に報告している。報告書には（フランス占領に抵抗する）ドイツ人公務員が手錠をかけられ（フランスに従う）警察に殴る蹴るの暴行を受けている様子、あるいはアーヘンの町で一般人や公務員が鞭打ちされるさまが描写されていた[59]。こうした侮辱はドイツ人の心深くに刻まれた。ヒトラーが領土拡大や復讐を訴えたとき、こうした記憶がドイツ人の意識に蘇った。それが彼の主張を受け入れさせる素地となったのである。

10　戦勝国の海上封鎖による飢餓

一九一八年一一月一一日にたしかに休戦が成立した。しかし連合国は海上封鎖を解かなかった。その後数カ月にもわたって連合国は、数百万の飢えたドイツ国民に食糧を届けることを許さなかった。

この無慈悲な態度に、イギリス労働党は驚いた。同党は「飢えた子供を救え」キャンペーンのスポンサーでもあった。「ドイツの町ではげっそりと痩せこけた土気色の人々が彷徨していた。原因は（連合軍の）海上封鎖である」[60]。その惨状を救えと訴えて基金を集めたのが労働党だった。

パリの会議では、ウィルソン大統領は食糧の自由な輸出を認め、中央ヨーロッパの飢えた民を救うべきだと何度も主張した。しかしフランス政府はそれを頑として拒んだ。アメリカ代表団の一人であるヘンリー・ホワイトは、ドイツに幼い孫がいた。ドイツ国内の飢えの状況を娘から知らされていた。それだけに何とも言いようのない憤りを覚えたと書いている[61]。

海上封鎖がドイツ国民をいかなる状況に追い込んだかは、ドイツを視察したジョージ・E・R・ゲディ〔イギリス人ジャーナリスト〕の報告に詳しい（一九一九年二月）。

「病院の状況はひどいものだった。戦時には平均して患者の一〇パーセントは食糧不足で死んでいた。ミルクも小麦粉もなかった。子供を収容する病院の光景も哀れだった。そこには『飢餓乳児』がいた。膨れた頭が醜かった。とにかく一刻も早く封鎖を解除し、肉、ミルク、小麦粉を届ける必要がある。しかしフランスのかたくなな態度によって、海上封鎖は続いたままだった」[62]

フーバー前大統領はこのころ、ウィルソン大統領の意向もあり、ヨーロッパ食糧支援を担当していた。彼がその仕事でロンドンに渡ったときの経験が次のように書かれている。

「私は連合国の閣僚と、食糧支援プログラムとその組織構築について協議した。その場はたちまち策謀、ナショナリズム、無慈悲、疑念といった感情に覆われた。イギリス人には人をいらいらさせる特性がある。彼らは、とにかく言い繕いがうまく、イギリスのやることはすべて高潔でそれを支持しないことは恥ずかしいことのように感じさせるのである。会議が始まって数時間で、あの三〇年戦争以来の悲惨な飢饉も、彼らにとってはたいしたことではないのだと気づかされた。連合国政府は、ドイツに対する海上封鎖だけではなく、中立国にも新たに生まれた国に対しても食糧封鎖を続けると決めていたのである」

「一九一九年二月一日、私はウィルソン大統領に次のように書いた。『大統領、十分な食糧備蓄がある中で、人々を飢えさせる権利など神は認めていません』。大統領は私の提案を受け入れた。主要四カ国もその提案をドイツに適用することで合意した。支援のプログラムをドイツに説明する役割を担ったのはイギリス海軍のロスリン・ウェミス提督だった。そうでありながら、提督は『若者よ〔フーバーのこと。フーバーは当時四四歳、一八七四年生まれ〕、私にはアメリカがなぜ、あのドイツ人連中に食糧支援したいと思うのか理解できない』と言う始末だった。『ご老人、なぜあなた方イギリス人が、すでに敗北した国の女や子供たちを飢えさせたいのか、私にはまったく理解できません』と私は反駁した」

「ドイツへの食糧支援は始まったものの、連合国のドイツ憎しの感情の激しさにあらためて気づかされた。わが国の中にも一部にそうした感情があり、食糧支援の正しさについてあらためて声明を出さざるを得なかった。とにかく（交渉のために）四カ月が浪費された。その間にドイツの状況は悪化の一途をたどった。結局、食糧封鎖は一九一九年三月まで続いた。私（フーバー）はこれは政治の犯罪であり文明に対する罪であると思っている。戦争は悲惨である。しかし戦いが終わり武器を置けば、女子供には食べ物が与えられるべきだ。ところが戦いが終わっても女子供への攻撃は続けられた。こんなことをすれば憎しみは決して消えない*63」

一九一九年三月一四日、ブリュッセル協定によってドイツへの食糧供給が可能になった。それでも実際に食糧が届くまでに多くのドイツ人が飢餓に苦しみながら死んでいった。要するに、ベルサイユで連合国主要四カ国の仕打ちが、ドイツ人の間に強い恨みを生んだのである。一九一九年以降、多くのドイツ人が栄養不足の後遺症に悩んだ。彼らはそれを忘れなかった。決して許さなかった。

11　ベルサイユ条約がヒトラーを生んだ

一九一九年五月七日、パリにおいてベルサイユ条約の条件が正式にドイツ代表に提示された。これを読んだドイツ代表ヨハネス・ギースベルツは、怒りを爆発させた。

「なんという恥知らずな条件だ。俺はウィルソンを信用していた。正直な男だと思っていた。それも今日で終わりだ。あの野郎はとんでもない条約を押しつけやがった*64」

五月一二日、ベルリンで会議が開かれた。コンスタンチン・フェーレンバッハ（ドイツ中央党）は、ドイツの将来世代の態度はこの条約に対する反感の中で形成されるだろうと、予言的で不吉な言葉を吐いた。そのうえで次のように述べた。

「ドイツを拘束するこの鉄鎖をいつか解き放ってやるという強い意志が、若い世代の心に確実に刻まれる」[*65]

その思いがヒトラー出現の原因であった。

ベルサイユ条約によるドイツを鉄鎖に繋ぐ作業は、ケロッグ・ブリアン条約〔一九二八年締結のパリ不戦条約。戦争放棄と紛争の平和的解決の規定〕で完成した。この条約はベルサイユ条約の不正義を固定化するものだった。これから脱却するには武力に訴える方法しか残されていなかった。

ヒトラーがこの鉄鎖を一つひとつ切断していくと、世界中から非難の声が聞こえてきた。荒れ狂った牛（ナチス・ドイツ）が、高級陶器の店にある最高の陶磁器を粉々にしはじめたとスティムソン（陸軍長官）やハル（国務長官）が国民に訴えた。連合国が作ったみごとな陶器（ベルサイユ体制下の和平）が破壊されていると説明した。

ニュルンベルク裁判では、この陶器破壊の罪でドイツの指導者は絞首刑となった。しかし彼らの砕いた陶器の壺には、ドイツの恨みが一杯に詰まっていたのである。しかし、その恨みのもとを作った政治家たちの失策について語られることはない。彼らの犯罪的な外交的不手際については後述する。

＊原注

＊1　John H. Ferguson, *American Diplomacy and the Boer War*, Philadelphia, 1939, pp. 208-209.〔訳注：本書の出典では出版社名ではなく出版された都市名が記されている。以下同様〕
＊2　February 10, 1904.
＊3　同日。
＊4　February 11, 1904.
＊5　Tatsuji Takeuchi, *War and Diplomacy in the Japanese Empire*, New York, 1936, pp. 155-157.
＊6　Edward H. Zabriskie, *American-Russian Rivalry in the Far East 1895-1914*, Philadelphia, 1946, pp. 101-160.
＊7　Ernest B. Price, *The Russo-Japanese Treaties of 1907-1916 Concerning Manchuria and Mongolia*, Baltimore, 1933, pp. 34-38.
＊8　A. Whitney Griswold, *The Far Eastern Policy of the United States*, New York, 1938, pp. 129-134.
＊9　Theodore Roosevelt to President William H. Taft, December 22, 1910, Knox MS, Library of Congress.
＊10　John D. Reid, *The Manchu Abdication and the Power, 1908-1912*, Berkley, 1935, Chapters 4-10.
＊11　Charles Callan Tansill, *Canadian-American Relations 1875-1911*, New York, 1944, Chapters 1-4, 10-12.
＊12　Merle E. Curti, "Bryan and World Peace", *Smith College Studies in History XVI*, North Hampton, 1931.
＊13　Charles Callan Tansill, *America Goes to War*, Boston, 1938, Chapters 2-6.
＊14　Edwin Borchard and William P. Lage, *Neutrality for the United States*, New Heaven, 1937, p. 183.
＊15　Tansill, *America Goes to War*, pp. 459-460.
＊16　Borchard and Lage, *Neutrality for the United States*, p. 88.

ウィルソン大統領は、参戦前にアドバイザーのマンデル・ハウスにランシングへの不満を漏らしている。「私（ハウス）は大統領の言葉にいささか驚いた。大統領は、ランシングは閣僚の中では一番だめだ、と言ったのである。ランシングは想像力に欠ける、建設的なアイデアがない、要するに能無しだとなじったのである。そのうえ彼は大統領に対していつもびくびくしていると言うのだ。その理由はしばしば勝手な判断でことを進めてしまい、後になって大統領がそれをひっくり返すことがあったからだというのである」（*House Diary*, March 28, 1917, House MS, Yale University Library.）

＊17 ランシングの日記（一九一八年一二月二〇日付）によれば、ウィルソン大統領は、一四カ条の持つ意味をしっかり理解していた訳ではないようである。

「一四カ条の提案にある航海の自由および民族自決の項目は、かならず問題になると思う。この点について（提案発表の時点で）十分な検討がなされていない。わが国にも跳ね返ってくる問題になるだろう。大統領はこのことをわかっていないようだ。この提案が何を引き起こすか、他国がどう解釈するかがわかっていない。彼はそうした点より自身の言葉の響きの良し悪しを気にしている」（Lansing Papers, Library of Congress.）

＊18 Oscar Cargill, *Intellectual America: Ideas on the March*, New York, 1941, p. 504.

＊19 休戦に至るまでの交渉経緯は次の史料に詳しい。

Foreign Relations, 1918, Supplement, I, The World War I, Washington 1933, pp. 337–338, 343, 357–358, 379–381, 382–383, 425, 468–469.

＊20 Paul Birdsall, *Versailles Twenty Years After*, New York, 1941, pp. 35–36.

＊21 David Lloyd George, *Memoirs of the Peace Conference I*, New Haven, 1939, pp. 306–309.

＊22 Harold Nicolson, *Peacemaking 1919*, New York, 1939, p. 18.

＊23 *The Intimate Papers of Colonel House*, ed. Charles Seymour, Cambridge, 1928, IV, p. 343.

＊24 Philip M. Burnett, *Reparation at the Paris Peace Conference I*, New York, 1940, pp. 63–64.

＊25 同右、p. 69.

＊26 同右、pp. 832–833.

＊27 Birdsall, *Versailles Twenty Years After*, p. 258.

＊28 Thomas A. Bailey, *Woodrow Wilson and the Lost Peace*, New York, 1944, p. 240.

＊29 Thorstein Veblen, *The Nature of Peace*, New York, 1917, p. 261.

ランシング国務長官は、ドイツは植民地政策のひどさで植民地の権利を喪失したとは考えていない。一九一八年一月一〇日付の日記では次のように書いている。

「（連合国が占領した）ドイツの植民地を領有するという考えは、征服という概念で捉えられている。決して法的な正義という精神にもとづくものではない。征服した土地だという考え方は、和平構築にあたっては修正されるべきだろう」（Lansing Papers, Library of Congress.）

＊30 Edwyn Bevan, *The Method of Madness*, London, 1917, pp. 305–306.

＊31 Arthur P. Scott, "George Louis Beer", in the *Marcus W. Jernegan Essays in American Historiography*, ed. W. T. Hutchinson, Chicago, 1937, p. 315.

＊32 同右、p. 319.

＊33 George L. Beer, *African Questions at the Paris Peace Conference*, ed. L. H. Gray, New York, 1923, pp. 58–60.

＊34 Bailey, *Woodrow Wilson and the Lost Peace*, p. 163.

＊35 Harry R. Rudin, *Germany in the Cameroons 1884–1914*, New Haven, 1938, pp. 11, 414, 419.

＊36 Bailey, *Woodrow Wilson and the Lost Peace*, p. 167.

＊37 ロード教授の同僚らも、彼の親ポーランドの姿勢は行き過ぎだと感じていた。（Birdsall, *Versailles Twenty Years After*, p. 178. あるいは Hunter Miller, *My Diary at the Conference of Paris I*, privately printed, 1928, p. 289.）

＊38 Ray S. Baker, *Woodrow Wilson and World Settlement, III*, Garden City, 1922, pp. 37–38.

＊39 Miller, *My Diary at the Conference of Paris, IV*, pp. 224–226.

＊40 Seymour, *The Intimate Papers of Colonel House, IV*, pp. 334–335.

＊41 Lloyd George, *Memoirs of the Peace Conference II*, pp. 637–642.

＊42 René Martel, *The Eastern Frontiers of Germany*, London, 1930, pp. 49–50.

＊43 William H. Dawson, *Germany under the Treaty*, London, 1933, pp. 149–152.

＊44 *Diaries, Letters and Papers*, London, II, 1935–1937, p. 503.

＊45 *Documents on International Affairs, 1934,* ed. John W. Wheeler-Bennett and Stephen Heald, New York, p. 424.（出版年不明）

＊46 Miller, *My Diary at the Conference of Paris, IV,* pp. 224-228. および *VI,* pp. 49-52.

＊47 E. Alexander Powell, *Thunder Over Europe,* New York, 1931, p. 62.

＊48 Dawson, *Germany under the Treaty,* pp. 102-109. あるいは I. F. D. Morrow and L. M. Sieveking, *The Peace Settlement in the German Polish Borderlands,* London, 1936. 参照。

＊49 Powell, *Thunder Over Europe,* p. 66.

＊50 Baker, *Woodrow Wilson and World Settlement,* pp. 482-484.

なおアメリカ代表団の一人であるヘンリー・ホワイトも、上シレジアについての正確な見解を大統領に伝えていなかったようである。（Allan Nevins, *Henry White,* New York, 1930, p. 423.）

＊51 Georges Kaeckenbeeck, *The International Experiment of Upper Silesia,* London, 1942, p. 6.

＊52 Martel, *The Eastern Frontiers of Germany,* London, 1930, pp. 79-88.

＊53 Dawson, *Germany under the Treaty,* pp. 206-209.

＊54 Sir Robert Donald, *The Polish Corridor and the Consequences,* London, 1929, pp. 197-198. あるいは Sarah Wambaugh, *Plebiscites Since the World War,* Washington, 1933. あるいは W. J. Rose, *The Drama of Upper Silesia,* Brattleboro, 1936. あるいは Colonel E. S. Hutchinson, *Silesia Revisited—1929,* London, 1930.

＊55 Seymour, *The Intimate Papers of Colonel House, IV,* pp. 347, 349, 383.

＊56 ベルサイユ条約の第四二八条から第四三二条：*The Treaties of Peace, 1919-1923, I,* New York, 1924, pp. 254-255.

＊57 General Henry T. Allen to Secretary Hughes, December 22, 1921, National Archives.

＊58 Ambassador Wallace to Secretary Hughes, Paris, April 27, 1920, National Archives.

＊59 Emil Sauer to Secretary Hughes, Cologne, February 16, 1923, National Archives.

＊60 Dawson, *Germany under the Treaty,* p. 84.

＊61 Nevins, *Henry White,* p. 372.

＊62　G. E. R. Gedye, *The Revolver Republic*, London, 1930, pp. 29–31.

＊63　Herbert Hoover, "Communism Erupts in Europe", *Collier's*, CXXVIII, September 8, 1951, pp. 26–27, 68–71.

＊64　Alma Luckau, *The German Delegation at the Paris Peace Conference*, New York, 1941, p. 124.

＊65　同右、pp. 98–100.

第1章——アメリカとワイマール共和国

1　戦犯を裁くことに反対したアメリカ

第一次世界大戦後の数年間のアメリカのワイマール共和国に対する態度は「注意深く見守る」というものだった。米国務省は、破壊されたドイツのどこかにソビエトが活動拠点を作って共産主義活動に火をつけるのではないかと危惧していた。そうなれば長い伝統をもつドイツも共産化してしまうのではないかと怖れた。かつてのドイツ帝国で重要な外交ポジションに就いていた人々の言葉もその懸念を増幅させていた。

一九一九年一〇月、フォン・ベルンシュトルフ伯爵は、独ソ関係の緊密化を主張した。

「ソビエトこそがドイツが利用できる国である。ソビエトは資金と技術を必要としている。わが国はそれを提供できる。わが国内でもボルシェビズムが活発になっている。われわれは兄弟のようなものである。われわれはボルシェビキと緊密な関係を構築する必要がある」[*1]

このころドイツでは物騒なデモが頻発していた。一九一九年一一月、ハイデルベルクでは、反ユダヤを訴える大きなデモがあった。彼らは過激な国家主義を主張していた。[*2] 一九二一年四月には、反ユダヤ主義の運動がいくつかの都市でピークに達した。それを牽制する動きもあった。ミュンヘンではカソリックの枢機卿がそうした運動を糾弾した。[*3] 一九三三年にヒトラーは政権を握ったが、彼はそれまでに存在した反ユダヤ感情をうまく利用した。

ドイツに過激な国家主義的動きが出てきたのには、連合国の政治家の過激な物言いにもその原因があった。彼らは、多くのドイツ指導者を戦争犯罪人として裁くことを主張していたのである。これを聞いた元皇帝ヴィルヘルム二世はウィルソン大統領に親書を送った。

「もし連合国やその関係国が生贄が欲しいのなら、私を連行すればよい。（非難されている）九〇〇人のドイツ人はいかなる罪も犯していない。ただ国のために尽くしただけである」[*4]

皇帝がこのような自己犠牲の親書を出すまでもなかった。アメリカは、戦争犯罪人裁判には強く反対していたからである。一九二〇年二月六日、ランシング国務長官はパリの米国大使館に次のように訓令した。

「わが国は現時点では条約を批准していない。連合国の戦争犯罪裁判の要求にわが国は与《くみ》していないし、それを支持することはありえない」[5]

2　アメリカ駐留軍の費用負担を拒否

連合国はドイツ戦争犯罪人裁判要求はすぐに止めたが、ランシング国務長官の対応には不満だった。連合国がアメリカ駐留軍の費用の支払いに非協力的になったことが、それを示していた。ウィルソン政権は、ドイツから連合国に支払われる賠償金によって費用負担金の支払いがなされると期待していた。しかし、それは数年にわたって停止された。

さらに一九二三年になると、賠償委員会に所属するイギリス委員が、アメリカはベルサイユ条約を承認していない。したがってラインラント駐留の経費要求には正当性がないのではないかとまで言い出した。[6]これに共和党全国委員会事務局長のジョージ・B・ロックウッドが憤った。彼はヒューズ国務長官に、しっかりとアメリカの不快感を表明すべきだと訴えた。屁理屈をこね、払うべきものを払おうとしないイギリスなどの連合国のやり方は「わが国からなんでも搾りとってやろうという彼らの意地汚い性格を示している」と訴えた。[7]

結局、ベルギー、イギリス、フランス、イタリアがアメリカ軍駐留経費負担の文書に調印した（一九二三年五月二五日）。支払い条件はドイツからの賠償金をもとにして一二年間払いとなった。[8]ヒューズ国務長官は、この支払い計画に同意したものの、連合国はドイツは支払うべき時期に満額払うのが当然であると主張したのだから、彼らも賠償金をしばらく懐に入れておき、アメリカへの支払いを遅らせるのはおかしいと感じていた。[9]

3　フランスのルール進駐

賠償金問題でのフランス政府の態度はきわめて強硬で、彼らは一切の妥協を拒む姿勢をみせた。ベルサイユ条約では、賠償委員会の設置が決められ、その組織がドイツの賠償額を算定し、賠償は一九二一年五月一日から始まる三〇年間でなされると決定した。

一九二一年五月一日には、ドイツはまず五〇億ドル相当の支払いが義務づけられた。一九二一年はじめ、ドイツ政府はこれまでに供出した金《きん》、証券、石炭などの現物で、この額に相当する支払いは終わっていると主張した。しかし、賠償委員会は、支払い額は必要額の半分にも満たないと判断した。ドイツ政府は、アメリカに対して仲介を求め、支払い額の再算定を要請した。[*10]

ヒューズ国務長官はこのごたごたに巻き込まれるのを嫌った。ただドイツには、連合国に対して、わかりやすくロジックでしっかりと反論するようアドバイスし、すべての義務を果たしていると納得できる提案をしてから再交渉するようアドバイスした。[*11]

一九二一年四月二八日、賠償委員会はドイツの賠償金額を一三二〇億金マルクと決定した。これは三三〇億ドルに相当した。五月五日、この数字と支払いスケジュールが示され、すぐに了解された。[*12]八月三一日に第一回分の支払い二億五〇〇〇万ドル相当が実行されたが、ドイツの金融状況は悪化しマルクの価値も下落していた。一九二二年にドイツは、一年半から二年程度の支払い猶予を求めた。イギリスはこれを受ける気持ちが強かった。しかしフランスが反対した。フランスの圧力を受けた賠償委員会はドイツの債務不履行を宣言した。これを受けてポワンカレ仏首相は報復を主張した。

米国政府はこの問題を深く憂慮した。米独関係はハーディング大統領とドイツ政府との間で結ばれた協定（一九二一年七月二日）で安定していた。[13]この協定は米独平和条約となった。八月二五日に調印され、一一月一一日に発効となっている。[14]この条約では、休戦協定あるいはベルサイユ条約で規定されたすべてのアメリカの権利、特権、補償金、賠償金についてはその権利を保持することが明確に示されていた。アメリカが、連合国とは別に平和条約を締結したことで権利を失わないことは明白だった。

しかし条約に示されたアメリカの各種権利も、ドイツの経済体制が崩壊すれば価値のないものとなる。したがってアメリカの外交官は、ポワンカレの非現実的な賠償金支払い要求を是としなかった。ローマにおいて、チャイルド米国大使が、ポワンカレの広報役を果たしているルイ・バルトゥー〔元首相〕に、アメリカの考えを伝えた。このときの模様はヒューズ国務長官に報告されている（一九二二年一〇月）。

「（バルトゥーの）反ドイツ感情はあまりに激しく、まともな判断はできない。おそらく世界が一致して、フランスの単独（軍事）行動の是非を見極め必要なら牽制せざるをえないと世論に訴えなくてはならないだろう[15]」

この翌月（一一月）、ヘリック駐仏大使はヒューズ国務長官への報告書の中で、ポワンカレの対独姿勢の酷さを非難した。大使は親仏の人物だった。

「私にポワンカレを制御することはできません。彼は（あの戦争から）何も学んでいないと同時に復讐心をたぎらせています。彼に知性がないわけではありませんが、ドイツに対して強硬にあたることで自身の政治的立場を有利にしようと考えているのです。フランス政府の態度を修正させるには、わが国が何らかの公式声明を出すことによって、フランス国内の理性的な声を刺激するしかなかろうと思います[*16]」

この意見に対してヒューズ国務長官は冷淡だった。「そういうやり方をしたことがあるが悪影響のほうが大きかった[*17]」と回答した。過去にフランス政府の頭越しに同国民に訴えて苦い経験をしたことがあったのである。

年が明けた一九二三年一月、フランス軍はルール地方に進駐した。最深部はドルトムントにまで達した。イギリスはこの行動は不法行為にあたるとして協力を拒否した。ルール地方の占領でドイツ産業は麻痺したため、ドイツの賠償金支払いにも支障をきたした。ルール地方の住民は職場放棄でフランスに抵抗した。炭鉱も工場も動きを止めた。電信電話、そして鉄道も機能不全となった。賠償金支払いも停止された。

駐ベルリン米国大使館の商務官は「（フランスのルール占領は）ドイツを去勢するようなものだ。そうすることで永久に大国にさせないと考えているのである」と記している[*18]。駐ベルリン米国大使の考えも似たようなものだった。

「（占領下の）人々は異人種として物のように扱われている。商売は妨害され、職場は破壊されている。何の役にも立たない兵士があちこちに駐屯し、それが敵意を増幅させている。それを緩和させる措置は一切とられていない。その結果、ラインラントの住民は反フランス感情を猛烈に強めた[*19]」

ハーバート・フーバーは、フランスのこのようなやり方が世界に悪影響を与えたと感じている。「ルール進駐の結果、世界の石炭市場が大きく混乱し、人々の生活を苦しいものにしてしまった[*20]」と嘆いた。ルール地方の混乱については、ジョージ・E・R・ゲディの著した『リボルバー共和国（*The Revolver Republic*）』に詳しい。そこに次のような記述がある。

「エッセンにいたときのことである。ある朝一人の男の子が泣いているのを見た。道を譲らなかったといってこっぴどく（鞭で）打たれたらしい。レクリングハウゼンでは、フランス兵が乗馬用の鞭をもって劇場に侵入した。『リア王』が上演されている最中だった。その劇場に、追っていた数人の男がまぎれ込んだという理由だった。兵士は演劇を中止させ、すべての観客を外に出した」

「三月一一日の朝まだ暗いころ〔この日は日曜日〕、フランス騎兵中尉と、レジー駅長の死体がブーアーの町で発見された。ブーアーでは戒厳令が敷かれた。夜七時までには家に戻れとする命令だった。日曜日だったので多くの住民がすでに町の外に出かけた後であった。そのことを知らずに（七時を過ぎても）帰宅しなかった者は、馬用の鞭で打たれたり、ライフルの銃床で殴られたり、追い回されたりした。銃で撃たれた者もいた。ファベックという男は、若妻と一緒に路面電車を待っているところを射殺された」[*21]

最終的にはフランスの強圧的なやり方が功を奏した。ドイツは物言わぬ抵抗政策をやめると約束した（一九二三年九月二六日）。しかし、フランスのやり方は逆効果だった。ルール地方を占領したことでドイツ経済は破壊され、そのことでイギリスも鼻白んだ。中立諸国もフランスに冷ややかだった。フランス・フラン（通貨）も下落した。そのこともあって、フランス国内の穏健派が盛り返した。

こうした経緯があって賠償金支払いの新しいスキームであるドーズ案が連合国間で合意されたのである（ロンドン、一九二四年八月三〇日）。この合意でフランスは撤兵を開始した。

4　フーバー・モラトリアム

賠償金支払いの新スキームであるドーズ案は鎮痛剤のようなもので、ドイツの病を完治させるものではなかった。過酷な賠償金額についても三三〇億ドルのままであった。財政金融の専門家はドイツがこの巨額な賠償金を払い続けることができないことはわかっていた。

同時に彼らが理解しなくてはならなかったのは、ドイツは本来的には強国であるという事実だった。そのような国が、財政的にも政治的にも外国の隷属下に置かれることに耐えられるはずもなかった。この点については商業金融クロニクル紙（*Commercial and Financial Chronicle*）の記事が参考になる。

「(ドイツに科せられた) 賠償金は歴史上例がないほどに過酷である。ドイツは、清算される倒産会社と同じ状況になっている。その結果、外国による支配がドイツ国内のすみずみに及んでいる。これまでの歴史で、他国の国富をすべて手中に収めようとしたことなどなかったのである」[*23]

ドーズ案では、段階的に毎年の支払い額を増やし、五年目には二五億マルクとなる計画だった。ドイツはこの支払いに外国からの巨額な借金を必要とした。ドイツへの巨額な貸付が始まったのは一九二四年からのことである。アメリカの投資家の資金が流入したのである。

ドイツ財相であったヘプカー・アショフ博士によれば、一九二五年から二六年にかけて、毎週のようにアメリカの投資家が彼のオフィスを訪ねていたらしい。ドイツ財務省を「外国からの投資」資金の大波が襲っていたのである。[*24] 借り手を求める連中は、借入れの必要性の有無におかまいなしといった態度で積極的に貸し出した。バイエルン州のある村は発電施設建設に一二万五〇〇〇ドルが必要だった。アメリカの投資家は、村長を説得し三〇〇万ドルの貸し出しに成功した。村長はその資金を発電施設だけでなく、無駄な事業にも使った。返済ができるか否かについてはほとんど考慮されていなかった。[*25]

いずれにせよドイツには払えるはずもない賠償金支払いが求められたのであり、そのためには外国からの借款を必要とした。一九二四年から三一年六月三〇日までの間の、アメリカ投資銀行による貸付総額は以下のとおりである。

【目的・用途】	【ライヒスマルク（RM）】
ドーズ案、ヤング案による賠償金支払い	八億七五〇〇万
国家および地方州への貸付	八億六〇〇〇万
公共事業	一〇億七三〇〇万
地方銀行	一億八八〇〇万
個人向け	二二億六九〇〇万
総額	五二億六五〇〇万

〈訳注：一九二六年から三一年にかけて、およそ四・二ライヒスマルクが一米ドルであった。〈http://www.history.ucsb.edu/faculty/marcuse/projects/currency.htm〉〉

アメリカからの借款は対独貸付総額の半分以上（五五パーセント）を占めた。ドイツ財政がアメリカ金融からの借入れなしで立ち行かなかったことは明らかだった。米国資本は貸したお金がどのように使われるかを注意深く観察していた。なかでも成功を収めたのは鉄鋼業であった。生産設備を更新し大きな成功を収めた。石炭産業でも採掘技術の革新を成功させた。コークスや石炭由来のガスも生産量を大きく増加させた。化学工業は戦前レベルを少なくとも二五パーセント上回り、電気関連産業も同様の伸びをみせた。[*26]

その反面、賠償金と借金の元利の支払いがドイツ金融システムの足枷になった。[*27] そのために新しい支払いスキームが模索されることになった。一九二九年六月七日、オーウェン・D・ヤングを団長とした金融専門家のグループが、賠償委員会と関係各国に新スキームを提案した。後にヤング案と呼ばれるものである。新スキームでは賠償金総額を、八〇億三二五〇万ドルに減額し、利子率は五・五パーセントとするものだった。支払い期間は五八年半であった。賠償委員会は廃止され、幅広い権限を付与される新設の国際決済銀行（BIS：The Bank for International Settlements）が、賠償金の配分業務を委ねられた。ドーズ案ではドイツ政府は数々の制約を受けていたが、ヤング案ではそうした金融や政治に関わる規制は外されることになった。[*28]

この改革も、この年に大恐慌が始まったためにドイツの病を回復させなかった。専門家の中には経済停滞の原因は十分な量の金《きん》が存在しない〔通貨量の不足を意味する〕からだと分析する者がいた。あるいは余剰銀《ぎん》の存在を問題視した。技術革新による新技術で工業も農業も生産性が上がり、安い製品が世界市場に溢れたからだと分析する者もいた。

アリスティード・ブリアン〔元フランス首相〕は、ヨーロッパ諸国連合構想を提案した。しかし、オーストリア外相のヨハン・ショーバーは、時期尚早だと消極的だった。一九三一年三月、ドイツとオーストリアは、経済活性化のために独墺関税同盟を結成すると発表した。

イギリスはこの動きに反対しなかったが、フランスはこれを認めようとしなかった。関税同盟に政治的な思惑があると疑ったからである。フランスの拒否によって、オーストリアのクレジット・アンシュタルト銀行の資金調達が困難になった。オーストリアの金融システムへの信頼性が低下したことが原因だった。これを発端とした金融危機がドイツに波及した。ドイツの貿易収支も悪化していたからであった。

●ドイツの輸出入バランス[29]（月平均額、単位：一〇〇万ライヒスマルク）

	【輸入】	【輸出】	【収支】
一九三一年――	五六〇・七	七九九・八	二三九・一
一九三三年――	三五〇・三	四〇五・九	五五・六
一九三四年――	三七一・〇	三四七・二	マイナス二三・八

オーストリア、ドイツ両国の状況を憂慮したフーバー大統領は、一年間の支払い猶予を各国に呼びかけた（六月二〇日）。七月一日から、すべての政府間の借款、賠償金などの元利支払いを停止（ただし政府と民間の取引は除く）させたいと提案した（フーバー・モラトリアム）。フーバーは、この措置は対米負債そのものを免除するものではないことを明確にしていた[30]。

フランスがこの提案への対応を明らかにしない間にも事態はますます悪化した。フランスは一七日間にわたって態度を保留したが、その間に、ドイツの銀行に対する取り付け騒ぎに発展し、短期貸付の引き剥がしが始まった。ドイツからおよそ三億ドルの資金が消え、ドイツの全銀行が閉鎖された。フーバー案が実行されていれば、ドイツは、この年には四億六〇〇〇万ドル程度の資金流出を防げただろうとみられている[31]。

5 ブリューニング首相辞任

ドイツの金融危機を目の当たりにしたスティムソン米国務長官は、ベルリン訪問を決めた。ドイツの新聞はこれを歓迎した。「長官の訪問はアメリカのドイツに対する友情の表われだ」[*32]として一面で報じたのである。長官とブリューニング独首相は長時間にわたって協議した。その中で、先の戦争の同じ西部戦線で敵同士として戦っていたことがわかると、二人にはたちまち友情のようなものが芽生えた。スティムソンとヒンデンブルク独大統領の間にも似たような感情が生まれた。スティムソンの大統領評価は「説得力があり洗練された老紳士」[*33]というものであった。

しかし、スティムソンの思いだけではワイマール共和国を救えなかった。連合国はベルサイユ条約で決まっていた軍縮を進めていなかった。ドイツはヤング案によっても賠償金の負担は苦しく国民も重税に喘いでいた。ドイツは工業製品の市場確保に四苦八苦していた。一九三二年春、ブリューニング首相は、国内に台頭する国家社会主義の動きを牽制するためには、どうしても連合国側にかなりの妥協をしてもらわなければならないと考えた。ヒトラー主義を抑え込む唯一の方法がブリューニング政権を強化することだった。しかし、フランスはこのわかりきった事実を決して理解しようとしなかった。逆に、ブリューニング政権を潰す動きをとった。

ブリューニングの説明によれば、ヒトラー台頭の原動力は、一九二三年に外国（フランス、ポーランド、チェコスロバキア）から巨額の資金が彼に出ていたことが原因だった。ルール地方での住民の消極的抵抗の動きへのカウンターに彼を利用したらしい。その後はドイツの恒久的弱体化を望む勢力が、ヒトラーに騒乱や革命行為を煽らせるために資金を出したらしい。それによってワイマール憲法下でしっかりとした（まとまりのある）連邦政府ができることを妨げたかったらしい。[*34] ルイ・P・ロックナーの書『ドイツに何が起こったか』の記述が、ブリューニングの分析の正しさを部分的に示している。

「ヒトラーと彼の運動についての判断を完全に間違えた政治家はアンドレ・フランソワ＝ポンセ（仏駐ベルリン大使）であろう。私はブリューニング政権の最後の年になる一九三二年に彼が進めた裏工作を知っている。アドルフ・ヒトラーに力をつけさせた直接の『功労者』は、この冗談好きで経験豊かであったはずのフランス政治家だと結論づけざるをえない。フランソワ＝ポンセによれば、ブリューニングは賄賂で動くタイプではなく国際政治交渉の相手としては切れ者過ぎた。ブリューニングと比較すれば、ヒトラーは馬鹿であり、たんなる政治好きの男だとフランソワ＝ポンセは考えた。そんな男がナチスのリーダーになってくれれば、フランスの対独交渉が有利になると考えた[*35]」

いずれにせよ、一九三二年春にブリューニングが首相の座から降ろされた背後にはフランスの暗躍があったのである。一九三二年二月、ジュネーブで軍縮交渉があった。ブリューニングは、ドイツの再軍備についての計画を提示し十分な理解を得られると考えた。イギリスのラムゼイ・マクドナルド首相もスティムソン国務長官も、それを受け入れるとした。しかしアンドレ・タルデュー仏首相は結論を引き延ばす作戦に出た。これがいつものフランスのやり方だった。成果を上げられずにベルリンに戻ったブリューニングをヒンデンブルク大統領が呼びつけ、強く責めた。そのためブリューニングは職を辞するほかなかったのである。[*36] 彼の失墜はワイマール共和国の終焉そのものであった。タルデューだけの責任とは言いきれないが、ウォルター・リップマン〔アメリカの政治評論家〕はこの件について次のようにコメントしている。

「ブリューニング政権はこれで潰えた。このつけはいつか回ってくる。ブリューニングは経験豊かで実直な政治家だった。ドイツの真の声を伝えていた。彼はヨーロッパ諸国の間でも好かれていたし信用されていた。彼の悲劇は交渉相手に恵まれなかったことである。彼のレベルに達した政治家がいなかった。ブリューニングが失脚したのはドイツ国内の国家主義者の責任だということになっている。しかし彼らのブリューニングへの攻撃が成功したのは、彼が交渉していた仏英米政府が何一つとして建設的な提案を示さなかったからなのだ。国際間の信頼関係あるいは貿易収支の改善はドイツの再建にかかっていた。そうでありながら、それを実現できなかった[*37]」

6 軍縮問題

ブリューニング政権の崩壊は、軍縮がいかに難しいものであるかを示すものだった。連合国が一四カ条の約束を守れなかった難しさと同じ性質であった。国際連盟規約第八条の曖昧な表現が合意形成を難しくしていた。その規約は次のようなものであった。

第八条　連盟国は、平和維持のためにはその軍備を国の安全及び国際義務を共同動作を以ってする強制に支障なき最低限度まで縮小するの必要あることを承認す。
〈訳注：この部分の翻訳は以下のサイトによる。〈http://itl.irkb.jp/iltrans/zLeagueOfNations.html〉〉

この規約についてデイヴィーズ卿は次のようにコメントしていた。

「これは不可能な妥協を求める規約だ。二つの相反する思想つまり従来の絶対的な自国防衛と、それに代わる警察機能を国際機関にもたせるという新しい考えが混在している[*38]」

要するにこの条項の解釈は政治家個々人に任されたのだ。フランスのアンドレ・タルデューは、フランスはこの条項に縛られない、軍縮は自身の判断でやると主張した。ドイツは法的にこの条項に従う義務があるが、フランスは縛られない。フランスは軍縮を望んでいることを表明しただけだ、とした[*39]。しかし、アリスティード・ブリアンは、フランスも何らかの軍縮計画に従わなくてはならないと解釈していた。結局、フランスも相当の軍備縮小に合意した。しかし、最終的にはフランスの安全保障を他国が保証するまではこれ以上の妥協はできないとして（本格的な）軍縮には至らなかった[*40]。

アメリカの軍縮についての考え方はジェイムズ・T・ショットウェル教授の次のコメントに凝縮されている。

「ドイツは合意（条約）によって非武装化された。国際連盟国はドイツに強制した軍縮を考慮し、自発的に軍縮を進めることが求められる[*41]」

一九三三年におけるアメリカの軍縮についての考え方は、この年のジュネーブ軍縮会議でのノーマン・H・デイヴィスの発言が明快に示している。

「中央同盟国だけがつねに軍備については特別な制約を受けるという考えは賢明ではない。不正義でもある。ベルサイユ条約はもともとそのような考えではなかったはずだ。連合国もあるいはその後のいくつかの平和条約を結んだ国々もそれなりの義務を負う。こうした国々も、厳密な意味で真に自衛に必要なレベルまで軍備縮小を段階的に進めなくてはならない[*42]」

一九三三年三月、ラムゼイ・マクドナルド英首相は軍縮会議において、ヨーロッパ諸国の兵力を次の規模にするよう提案した。[*43]

	【国内】	【海外（植民地など）】
チェコスロバキア	一〇万	なし
フランス	二〇万	二〇万
ドイツ	二〇万	なし

イタリア	二〇万	五万
ポーランド	二〇万	なし
ソビエト	五〇万	なし

この数字に対するドイツの反発は激しかった。ヒトラー首相の真意を探ろうと、フランクリン・ルーズベルト大統領はノーマン・H・デイヴィスをベルリンに遣った。一九三三年四月八日、二人は会談した。長時間の会談となったが、ヒトラーはデイヴィスに対してまずベルサイユ条約への憤懣をぶつけた。「あの条約は、ドイツを永久に劣等国のままにしておこうとするものである。世界中にそれを晒してドイツを貶めている」と述べたうえで、フランスがいつまでもドイツへの恐怖感をもち続けるのはおかしなことだと主張した。

「フランスの軍事力は世界でも最強クラスであり、それに比べてドイツの力はベルサイユ条約で認められただけの情けないものである。フランスがドイツに不安を感じるのは、ドイツに対して不正義を働いていることを知っているからだ。半永久的にドイツをベルサイユ条約の軛《くびき》に繋がれたままにしておきたいようだが、自尊心のある国はそのような状態にいつまでも置かれることは耐えられないのである」

「戦争は望まないが、このままでいるわけにはいかない。ベルサイユ条約は不公平で邪悪であり、ドイツだけが戦争責任を負うという前提で成り立っている。そんな状況にいつまでも甘んじられない」[*44]

これがヒトラーの主張だった。

ジュネーブに向かうデイヴィスの脳裏からは、ヒトラーの言葉が消えなかった。会議ではマクドナルド首相の提案を検討することになっていたが、ヒトラーは決してそれを認めないことはわかっていた。四月二五日、彼はハル米国務長官から次のような訓令を受けた。

「わが国の方針は、とにかく早い時期に現実的な軍縮を進めることにある。われわれの目標は次の二点である。まず、世界各国の軍事費を削減させ、そのうえで軍事力監視の方針を立案することである。マクドナルド案は最終ゴールに向けての叩き台としては素晴らしいものだが、実現後のフォローアップ手段も検討されなければならない[*45]」

会議の早い進捗を願って、イギリスのマクドナルド首相とフランスのエドゥアール・エリオ元首相はワシントンに向かった。しかし成果はなかった。四月二六日、ルーズベルト大統領は、エリオと長時間協議しているが、多くの興味深い案件が話し合われた。エリオはヨーロッパで最も危険な因子が「ポーランド回廊」問題であると語った。大統領は、何らかの技術的方法によりドイツ本国と（切り離された）東プロシアを一体化させることはできないか、たとえば緊密な航空路や鉄道の整備、あるいは地下道といった方法もないか、という考えを示した。エリオは、二つの地域を結ぶ鉄道も道路も十分なものだと説明した。そして彼は、おそらく無意識にだとは思うが、ポーランド人の「芸術的な頑固さ」がドイツとポーランドの交渉の障害になっていると述べたのである。ポーランド人が興奮してしまうと、（友好国であるはずの）フランスでさえも彼らを落ち着かせることは難しいとこぼした。エリオは結局、ポーランド回廊問題の解決に向けてのアイデアを示せなかった。むしろ打つ手なしという感じで協議を終えた。[*46]

一九三九年の対立の主たる原因がポーランド回廊問題であった。一九三三年時点で、エリオはポーランドの「芸術的な頑固さ」がこの問題解決の障害になっていることを見抜いていた。一九三九年夏、ポーランド駐仏大使は、仏外相ボネやダラディエ首相に対してまったく聞く耳をもたなかった。神は何者かを破滅させようとするときにはその対象から「正気」を奪うというが、ポーランドがまさにその典型であった。

一九三三年時点において、ポーランドが二〇万の軍を保持すると主張したことは、ヒトラーの視点からみれば、狂気の沙汰であった。ヒトラーは、住民投票のあった上シレジアでポーランド系秘密組織が何をしたかをよく覚えていた。ポーランドの二〇万とソビエトの五〇万の兵力は、ドイツの東部国境防衛にとってあまりに危険であった。したがってドイツはマクドナルド提案を受け入れるわけにはいかなかった。ドイツの兵力を十分に大きくしておく必要があった。

しかし、ワシントンはドイツの兵力増強には反対であった。一九三三年五月六日、シャハト（ドイツ・ライヒスバンク総裁）はルーズベルトと会談した。ルーズベルトははっきりとドイツの軍備は現状維持を望むとする一方で、米国政府は他のヨーロッパ諸国の軍事力をドイツのレベルまで落とすためのいかなる努力も惜しまないとも言っている。シャハトとの協議を終えるにあたって、ルーズベルトは「今次の軍縮交渉で唯一の障害になっているのがドイツの態度である。シャハト氏からこの意見をできるだけ早くヒトラーに伝えてほしい」と要請した。[*47]

ヒトラーは、五月一七日に国会を召集し、自身の考えを述べるとした。ルーズベルトはヒトラーに対して少しでもプレッシャーをかけようと、「ジュネーブ軍縮会議および世界通貨経済会議に参加する各国首脳へ」と題する声明をこの前日（五月一六日）に発表した。「和平は軍縮を現実的に実行することで実現できる。世界経済の混乱も各国の協力で克服できる」と訴えた。彼の言う意味ある軍縮とは攻撃的兵器の全廃であった。またすべての国が不可侵条約を締結すべきだとも主張した。[*48]

五月一七日の国会スピーチで、ヒトラーはルーズベルト声明に対して、国際的危機の解決に大統領の訴えのいくつかは支持できるとした。ドイツは軍縮については他国と平等に扱われるべきであり、ドイツはその目的実現に軍事力を行使することはないと強調した。[*49]

ヒトラーの協調的な演説にアメリカは安堵した。シンシナティ・インクワイアラー紙は「ヒトラーの演説で軍縮会議の成否はこちら側（旧連合国側）の態度にかかることになった」と論評した。[*50]クリスチャン・サイエンス・モニター紙は「（ヒトラーのスピーチで）軍縮気運が盛り上がった」と報じた。[*51]

軍縮ムードの高まりを感じたノーマン・H・デイヴィスは、米国政府は世界の平和を脅かす危機が生じた場合、関係各国と協議し、侵略国の行動を抑制する措置を妨害しない、とする声明を発表した[*52]（五月二二日）。これは、アメリカが（メンバーではないが）国際連盟主導の集団安全保障の方向に舵を切ったことを示していた。

7　米メディアのヒトラーに対する評価

米国務省は米独関係の深化を恐る恐るではあるが模索していた。一方でメディアのドイツ（ヒトラー）に対する評価は分かれていた。ヒトラーの過激な思想をドイツ国内の保守派が抑制してくれるとの考えがあった。その典型は以下のニューヨーク・タイムズ紙の論説だった。[*53]

「ベルリンからの報道がドイツに友好的な人々の不安を生んでいる。ドイツ（ワイマール）共和国を批判し、自身が独裁権をもてばそれを破壊すると誓っていた人物が共和国の宰相となった。しかし、宰相の彼が選挙で訴えてきたそのような野望を現実に進めようとすれば、閣僚の大部分は反対するであろう。ヒンデンブルク大統領は絶対的な力を保持している。ヒトラーがそのような行動に走れば大統領はたちまち彼を解任するであろう」

ボストン・イブニング・トランスクリプト紙は、新宰相（ヒトラー）はそのポストの責任を感じており、「ヒトラーの手に権力が移れば彼も落ち着いてくる」[*54]と書いた。ヒトラーは三月五日の選挙で国会で過半数を制したが、それでもメディアはドイツの状況を楽観視していた。ニューヨーク・サン紙は、ヒトラーの勝利はドイツ国民が強いリーダーを求めているにすぎないと書き、[*55]フィラデルフィアのパブリック・レジャー紙や、[*56]ロサンジェルス・タイムズ紙は、[*57]ヒトラー政権は国内秩序を回復するだろうと期待を寄せた。ミルウォーキー・ジャーナル紙は、ヒトラーが過半数を制したことはドイツ国民にとって幸福であろうと書き、[58]アトランタ・コンスティチューション紙は、ヒトラーの選挙での勝利はヨーロッパの安定につながるだろう、[59]と書いた。

一方でヒトラーを不安視するメディアもあった。ポール・ブロックの所有するピッツバーグ・ポスト・ガゼット紙は、ドイツの民主主義の終焉を憂え、[60]ナッシュビル・バナー紙は三月五日の選挙結果は真のドイツ国民の意識を反映してはいないとまで書いた。[61]ワシントン・ニューズ紙は、選挙そのものが「やらせ」だと報じた。[62]

ヒンデンブルク大統領がヒトラーの過激な動きを牽制してくれるにちがいないという期待はすぐに消えた。ヒトラーは自身に全権を委任させる法律の成立を急いだ。そうすれば（老齢の）大統領によけいな仕事をさせなくてもすむという理屈だった。国会に法案が上程されたのは一九三三年三月二三日午前のことだった。法案審議中にナチス突撃隊が国会をとり囲み気勢を上げ、その声は審議する議員たちの耳にまで届いた。「法案を成立させよ、さもなくば放火も殺人も辞さず」という過激なものだった。法案が圧倒的多数で承認されると、ヒンデンブルク大統領はそれにサインするよう説得された。このことは大統領もワイマール共和国を破壊したかったという明白な証拠である。彼は表向きは共和国護持を誓っていた。[63]

いくつかのメディアは全権委任法を批判した。ボルチモア・サン紙の論評がその典型だった。

「ヒトラーの独裁は悪魔的といってもよい。サディスト的で悪魔的で、そして荒っぽいものになる。彼の主張に同意できない」[64]

8　アメリカの恐る恐るの対独外交

駐ベルリンの米外交官からの報告は、米メディアの悲観的な論調を裏づけた。駐ベルリン総領事ジョージ・S・メッサースミスは、ナチス政権に批判的な長文の報告書を寄せた。五月一〇日夜、オペラハウスとベルリン大学に挟まれた広場でおよそ二万冊の本が焼かれた。共産主義者あるいはユダヤ人の著作ばかりだった。この派手なパフォーマンスに続いて、重要な公職あるいは準公職にあるユダヤ人あるいはユダヤ系の人々に対して職を辞させるような強い圧力がかけられた。多くのユダヤ系の作家、芸術家、教育家、物理学者、科学者らがドイツから逃げ出しはじめた。政治犯の強制収容所も設置された。これが総領事からの報告だった。ただ、政治犯収容所で不当な扱いがなされているとは思えないとも付言していた。[*65]

ベルリン代理公使のジョージ・A・ゴードンからの報告もあった。彼はドイツの状況をそれほど厳しい目でみてはいないが、ドイツ外務省では大きな人事異動があり、それはあまり好ましいものにならないだろうと懸念はしていた。ナチスとイタリアのファシストとの接近の可能性にも触れている。ゲッベルスとゲーリングがそのような動きを指導して、独伊関係を強化しようと目論んでいることも報告していた。一方で、ヒトラー主義とボルシェビズムとは水と油であると分析した。

「ヒトラー主義とボルシェビズムについて：ボルシェビズムは国際運動である。労働者階級だけを基盤にし世界の労働者の団結を訴える。彼らの究極の狙いは世界革命であり、共産主義者による世界政府の実現だ。これに対してヒトラー主義は国内政治運動である。労働者階級をベースにした友好的国際関係の樹立など信じていない。それぞれの国の違いを消し去るようなやり方での国際友好などありえないと考えている」[*66]

六月半ばごろになると、ゴードンの分析のトーンが変化した。ナチス指導者は、全政党を「全体国家（total state）」の思想のもとに一つの政党にまとめあげる時期が到来したこと、そうであればナチス以外の政党は存在しえないと考えていること、またドイツ各地でカソリック指導者が逮捕され、カソリック系日刊紙が抑圧されていることを報告してきている。[*67]

六月二二日夜、ブリューニングが米国大使館を訪れ、ドイツの現状に対する強い懸念を伝えた。特に彼が心配したのは、ヒンデンブルク大統領の態度だった。大統領は、各地で伝えられる全体国家の兆しを見ながら何もしていない。ブリューニングは、ナチスの法を無視する力をヒトラー自身もコントロールできなくなるだろう、との懸念を吐露した。[*68]

ところがヒトラーはナチスの過激な動きをしっかりとコントロールした。ゲッベルスは、革命的な動きはかならず起きる（起こす）と過激化していたが、ヒトラーはそれを抑え込んだ。ヒトラーは、ゲッベルスの主張する革命的な動きは国内秩序を不安定化させるだけだと考えた。ヒトラーは、その支持者であっても違法でまた過激な行動を抑えると決めた。つまり、まともな政治家として振る舞うことを決めたのである。[*69] メッサースミス総領事も、このゴードン代理公使の見立てに同意していた。ヒトラーは過激な支援者の牽制を決めた。

ヒトラーのドイツ産業界への物言いは断定的で力強かった。政党を解散させたことで良い結果が出ると納得させた。したがって当時の観察では「ヒトラーが政権をとった三月五日以降のドイツの将来は楽観視できるし、むしろ期待できるとさえ思え[*70]」たのである。

9　世界経済会議を「破壊」したルーズベルト大統領

ブリューニング政権の崩壊〔一九三二年五月〕で、連合国はこれまでの賠償金支払いスキームが立ち行かなくなったことを悟った。ローザンヌで賠償金支払いについてあらためて協議していたが（一九三二年六月一六日〜七月八日）、各国はこの現実を率直に認めた。ドイツの新宰相となったフランツ・フォン・パーペンは、すべての賠償金義務を一気に帳消しにするために適当額を払う用意があると述べた。その結果、若干の条件がついたもののその額は七億一四〇〇万ドルと決定した。[*71]

ドイツ政府は賠償金問題にけりをつけると、自治体や民間が銀行危機（一九三一年七月）前に借り入れていた巨額負債の返済問題に取り組まなくてはならなかった。一九三三年一月に政権を奪取したヒトラーは「通貨再膨張政策」をとり、石炭鉄鋼生産を大きく増加させ、失業者を激減させた。しかし輸出は増えなかったため、借款の返済はできないままであった。シャハト・ライヒスバンク総裁は六つの債権国の代表とベルリンで協議した[*72]（一九三三年五月二九日）。

六日間の交渉後、債権国は声明を発表し、ライヒスバンク〔ドイツの中央銀行〕の準備金の不足がドイツ通貨の安定性を損ねていること、通貨安定にはライヒスバンクの強化が必要であることを確認した。声明の中で、ドイツの借款返済問題は近く開かれる世界経済会議での最も重要な議題となる。これは早急に対応しなくてはならないと強調した。[*73]

「シャハト総裁はライヒスバンクの準備金防衛のための何らかの暫定措置をとるだろう」。これが金融関係者の一致した意見であった。シャハトは、世界経済会議の考えが明らかになるまでは動かないことを決めた。六月九日、シャハトは一七〇億ライヒスマルクにも及ぶ借款の元利支払いの一時停止(モラトリアム)を発表した。[*74]アメリカ金融機関の代表であるジョン・フォスター・ダレスはこの決定に強く抗議する電報を打った。[*75]シャハトは「困難な状況にあるヨーロッパ経済の回復に、世界経済会議がどういう方針を打ち出すか待ちたい」と答えた。

六月一二日、世界経済会議が始まった。英仏伊三国の代表は、ルーズベルト大統領が経済運営の方向性を示すだけの声明発表には同意すると考えていた。レイモンド・モーリー(政治経済学者。ルーズベルトの財政金融アドバイザーで、ニューディール政策の中心人物の一人)は、最終的に各国は金本位制に立ち返り、金は国際取引のベースとすることを謳うだけのものでとりわけ重要な意味をもたないと考えていた。いつ金本位制に戻し、通貨の安定を図るかについては各国の判断に任せるだけのものだった。[*76]

この声明原案がルーズベルト大統領に届けられると、彼は唐突にこの受け入れを拒否した。世界経済会議を破壊する「魚雷を放った」のである。全ヨーロッパが大統領に憤った。[*77]七月二七日、世界経済会議はなんの成果も出せずに終了した。会議に参加した各国代表(経済専門家)はロンドンを後にしたが、その落胆は隠せなかった。通貨信用維持、輸出品の価格レベルの調整、通貨変動幅の規制、為替規制、関税率、数量割当規制、価格維持政策の是非、外国への借款再開問題など、協議すべき案件は多々あったが何一つ決められなかった。[*78]ウッドロー・ウィルソン大統領がよく使っていた言葉で表現すれば、ルーズベルトは「世界の期待を粉々にした」のである。その後の彼の政治(外交)は、みずから壊した期待の破片を集めて何とか修理しようとするものであった。

世界経済会議の破綻を受けてシャハトは、アメリカ金融界との交渉をあらためて進めざるをえなくなった。最終的には、ドイツのモラトリアムはヤング案およびドーズ案による借款返済については適用されないことになったのである。そのほかにもアメリカ投資家に配慮する条件が決まった。しかしいずれにせよ、ルーズベルトによってロンドン世界経済会議は失敗し、ヨーロッパ首脳の政治的、そして経済的困難の解決に向けた努力は実らなかった。

10　四大国合意の失敗

ロンドン世界経済会議の失敗でヨーロッパ大陸諸国の政治はたちまち流動化した。特にローマで締結された四大国合意（一九三三年七月一五日）を台無しにした。四大国合意は一九三三年三月のジュネーブでのマクドナルド英首相の提案で始まったものである。提案を受けてイタリアのムッソリーニが、英仏独の駐イタリア大使に四大国合意の大枠を示した（三月一八日）。

この案ではヨーロッパの和平維持のための四大国の協調を提唱し、同時にベルサイユ条約見直しの必要性を各国が認識する、というものであった。ドイツおよびイタリアの植民地獲得の願いに配慮することも謳われていた。ポーランド回廊はドイツに返還され、分断された東プロシアとの連結を実現すべきことも書かれていた。しかしイギリスが難色を示したことからこれらは原案から削除された。[*79]

この原案をベースに各国の首都を舞台にした交渉が進められた。イタリア駐英大使はアメリカのノーマン・H・デイヴィスとロンドンで交渉する機会を得、軍縮問題を協議した。デイヴィスは、この問題についてはダラディエ（仏）、ヒトラー（独）、マクドナルド（英）、ムッソリーニ（伊）の四者会談を早い時期に実施する必要があり、アメリカがイニシアティブをとってそれを実現させるべきだと主張した。[*80] 結局、ルーズベルト大統領がイニシアティブをとることはなかったが、四カ国の協議は進み、六月七日にローマで調印となった。基本的にはケロッグ・ブリアン条約の追認であった。

四カ国は、それぞれが関わる外交案件は継続協議とし、国際連盟の枠組の中で処理すると決めた。また軍縮に関わる会談を成功させること、会談で決着のつかない案件については関係国が、既存の協定を考慮しながら協議する権限を保持することで合意した。また協議する案件は四カ国にだけ関わる案件に限定せず、ヨーロッパ全体に関わるものや、ヨーロッパ経済に関わるものについても含むこととした。[*81]

ローマでの調印から一週間後、ティレル卿（英駐仏大使）はジェシー・ストラウス米駐仏大使に不安を漏らしている。ダラディエ首相の交渉ぶりを称賛しながらも、将来への強い不安を口にした。

「ヒトラーがこれからやらなくてはならない作業は厳しいものになる。彼は国民に多くの約束をした。それを達成する目途が立たなければ彼は失脚するだろう。彼が成功するにはまずドイツを一つにまとめあげることが必要になる。それに反発する共産主義勢力が蜂起するかもしれない。そうなればヨーロッパの和平は乱れよう」

「ドイツは独裁化している。社会が安定する政体は民主主義しかない。いまのドイツは中世的な政体といってよく、それが長続きするはずがない。そうでありながらヒトラー主義がドイツに勃興してしまったのは、英米両国にも責任がある」[*82]

ティレル卿と同様の怖れを多くの政治家が感じていた。彼らは四カ国条約（一九三三年七月一五日公式調印、ローマ）の実効性を疑った。この条約は、ケロッグ・ブリアン条約を追認しベルサイユ条約を遵守させるというだけの代物に思えた。いずれにせよベルサイユ条約を完全な条約だったと思っている者はもうほとんどいなかった。ムッソリーニはその現実を知っていただけに、四カ国条約の中で、ポーランド回廊問題と独伊両国の海外領土要求について触れるべきだと提案した。しかし英仏両国の反対でこうした文言は草案に含まれなかった。こうして四カ国条約は実質のない紙切れ同然になった。

11　ウィリアム・ドッド米駐独大使の赴任

ウィリアム・ドッドの駐独大使任命は、マンデル・ハウスとダニエル・C・ローパー（商務長官）の推しであった。それはエール大学図書館に保管されている資料ではっきりしている。[*83] この人事は好ましいものではなかった。ハウスは、ドッドが外交の素人であることをわかっていなかった。ヨーロッパ事情に疎く、彼の話すドイツ語は拙かったのでベルリンの居心地は悪いものだった。リベラル思想の持ち主だったこともあり、ナチス・ドイツのやり方をすべて嫌った。ドッドが、ジョージ・バンクロフト〔一九世紀半ばに活躍した外交官〕のようにドイツ語に堪能であれば、少しは言葉に気を遣ったかもしれない。

外交には、国家関係の機微を読みとる作業が必要である。言葉の端々に表われるニュアンスにも注意しなくてはならない。その意味ではドッド大使は、ベルリンでは「森の中に置き去りにされた赤子」のようなものだった。マンデル・ハウスが交渉した相手はドイツ皇室（ホーエンツォレルン家）であった。しかしドッドの対するナチスはそれほど簡単な相手ではなかった。ドッドの日記には、自身の常識では理解できないことを何とか理解しようとする苦しみが見えている。彼は自身の常識で彼らの行動を何とか理解しようと試みた。そうすることで、自身とナチス指導者の世界をみる眼の違いが生む（外交の）苦しみを緩和しようとした。ドッドは悲劇的なほどに当時のベルリンに馴染まなかった。この人事はルーズベルト政権が犯した最初の失敗であった。

12 ルーズベルトの作り話

ドッド大使はアメリカへの借款返済問題について何度も交渉しなくてはならなかった。そのこともあって、ルーズベルトはドッドをホワイトハウスに呼んで慰労した。その際にルーズベルトは逸話を聞かせた。ドッドはそれがまやかしの話（ほら話）だとは思いもしなかった。ドッドはシャハト博士が一九三三年春にホワイトハウスにやってきたと聞かされた。彼は、アメリカ金融機関からのドイツ政府、自治体、民間企業、あるいは個人への融資の返済猶予を求めた。ルーズベルトはシャハトに丁寧に対応したが、シャハトの態度は横柄だった。だからハル国務長官は彼の鼻っ柱を挫いてやったとルーズベルトは「嬉しそうに」語ったのである。

「ライヒスバンク総裁のヒャルマル・シャハトがホワイトハウスにやってきたのは五月のことだった。ドイツがその年の八月に支払いを迫られているアメリカへの返済額は、元利合わせて一〇億ドルを超えていた。シャハトはこの支払いを止めると傲慢な態度をみせていた。ハル国務長官にシャハトを迎えさせた。ハルは、大事な書類を探している最中だからと言って、シャハトを三分間立たせたままにしておいた。わざとらしく探し当てた書類（メモ）には、ドイツの未払いの可能性について大統領の怒りが記されていた。そのメモを、ハルはシャハトにみせた。国務長官は、シャハトの顔色が変わる様子をじっくりと観察した。このやり方でシャハトの傲慢な鼻をへし折ったのだ。ハルの報告では思った以上の効果があった*84」

しかし、この話は嘘だった。ハルはこの日の出来事を自身の回顧録の中で次のように書いている。

「五月八日、ワシントンを公式訪問していたライヒスバンク総裁のシャハト博士は、ドイツの対外債務の支払いを停止すると述べた。ドイツの債務総額は五〇億ドルで内二〇億ドルが対米債務だった。その翌日私はシャハトを呼んだ。この件で忌憚なく話をするつもりであった。やってきたシャハトは飾り気がなく親しみのわく人物だった」

「彼をデスクの横にある椅子に座らせ、すぐに要件を切り出した。若干の憤りを込めて、『あなたの昨日の発言には驚いた。わが政府は（デフォルトを心配する金融市場が）パニックになるのを必死で抑え込んでいるのです。そこにあなたがやってきて、わが国政府高官との交渉をもった。そしてすぐにドイツは支払いを停止すると発表した。実に不愉快で怒りに耐えません。

あのような発表がどういう事態を引き起こすかは誰にでもわかります』と苦言を呈した。シャハト博士はそういう反応になるとは思いもしなかったと釈明し、『誠に申し訳なかった』と謝罪した」

「私は、大統領からのメモを彼に手交した。そこには、『ドイツ政府の決定つまり非政府系の債務についての支払いを停止するというシャハト氏の発言はきわめて遺憾である。そのことをシャハト氏に伝えるように』と書かれていた*85」

ハルの回顧録にはシャハトの振る舞いが傲慢であったなどとは書かれていない。ハルは、シャハトはむしろ素朴で実直な人物であったと描写している。ハル国務長官に、傲慢なシャハトの鼻をへし折るような態度で当たらせたという大統領の話には根拠がなかったのである。

ただハル回顧録にもこのシャハトとの会談については間違いがある。ハルも、時に彼のゴーストライターを務めたアンドリュー・バーディングも混乱しているところがある。まず、シャハトは、ドイツ政府はドイツの対外債務の支払いを停止するという発表を五月八日にはしていない。発表は六月九日のことである。この問題については、早くも一九三三年一月一九日には、ワンボルド独経済相が一九三三年分の対外債務の元本部分の返済は不可能になる、と発表していた*86。シャハトは、むしろ対外債務はしっかりと返済されると述べていたのである*87。アメリカの新聞に、ドイツの輸出の減退で債務支払いが難しくなるだろうと報道されたのが五月八日である*88。要するに債務不履行の可能性を伝える報道があったのは一月一九日と四月一〇日であった。シャハトがはっきりとした声明を出したのは、彼がベルリンに戻り、債権国代表と協議（五月二九日～六月二日）した後のことであった。したがって五月九日に、ハル国務長官がシャハトをこの件で執務室に呼びつける理由はない。シャハトは債務支払い停止などという声明をまだ出していないからである。大統領が（ドッド大使に）語った内容も、ハルが回顧録に書いたことも、まったくのほら話だった。

ドッド大使は、ルーズベルトをそれほど深く知っていたわけではなかったので、彼の言葉の中の真実と嘘を見分けられなかった。大使は語られたことを真実だとして後世の記録とした。皮肉にも、このことが大統領の倫理性を疑わせるエピソードの記録になった。大統領の怪しい話を真に受けたままドッド大使は、ニューヨークでの有力銀行家との会議（七月三日）に臨んだ。彼らは対独債権回収の妙案をもっていなかった。ただ駐独大使のドッドだけが、ドイツにデフォルトさせないようにしてくれるのではないかと期待した。銀行は利子率を七パーセントから四パーセントに下げる覚悟はできていた。[*89]

ドッド大使は、ドイツのデフォルト回避策について銀行の公式の、あるいは非公式の考えをひと通り聞き終えると、これ以外のドイツとの間に抱える懸案についても彼らのアドバイスを聞かないわけにはいかなくなった。いくつかドイツの問題点が提起されたが、その中にナチス・ドイツ政府の反ユダヤ・キャンペーンがあった。

大使はこの件で大統領の考えを聞いた。ルーズベルトは「ドイツ政府のユダヤ人に対する扱いは恥ずべき行為である。わが国のユダヤ人は憤っている。ただこの問題はわが国政府が積極的にとりあげる問題ではない。とりあげるとしたら、米国籍をもつ者が犠牲になった場合だけである。その場合はわが国は犠牲者の保護にあたる。ユダヤ人迫害を緩和させるためには非公式なあるいは個人的な影響力を行使していく必要がある[*90]」と語った。

ドッド大使は、この翌日レイモンド・モーリーに会った。モーリーのドイツのユダヤ人問題についての考えは、大統領のそれとはまったく異なっていた。モーリーの意見を聞き終わると、ドッド大使は唐突に一八四六年のウォーカー関税〔財務長官ロバート・ウォーカーの提案した低関税法案〕について語り始めた。モーリーは、ドッド大使が突然に話題を変えたことに驚いた。ドッドの質問にすぐに答えられなかったモーリーをみて、ドッドは「たいした能力のない男、ルーズベルト大統領との間の秘密を守れない男」と決めつけた。[*91]

七月の第一週、ドッドはニューヨークにいてドイツに戻る準備をしていた。その間に、ラビのスティーブン・S・ワイズやフェリックス・ウォーバーグ（銀行家）といったユダヤ人の有力者と会った。彼らは、ナチス・ドイツ政府のユダヤ人迫害政策をただちに止めさせるべきだと大使に迫った。ドッドはできることは何でもする、迫害されている少数民族への不正義に対処すると応じた。[*92]大使は、ボストン近郊のビバリー・ファームズにいたマンデル・ハウスにも会っている。ユダヤ人問題について彼は大使に次のように語った。

「ユダヤ人の苦しみの緩和に努力すべきだ。彼らに対するナチス・ドイツのやり方は間違っている。ただ、ユダヤ人がベルリンで経済や文化を牛耳ってしまうようなことがあってはならない。彼らはこれまでずっとそうしてきた」

ニューヨーク市に戻ったドッド大使は、チャールズ・R・クレイン〔一八五八～一九三九年。民主党支持の実業家、アラブ通〕の邸を訪れた。そこでドイツにおける反ユダヤ主義についての彼の考えを聞いた。クレインは老齢で体力が弱っていたが、反ユダヤ主義の考えをひと通り述べると、「ヒトラーのやりたいようにさせておけ」という言葉で締めくくった。[*93]

ドイツ帰任前にドッド大使が最後に訪問したのはジョージ・シルヴェスター・ヴィーレック〔詩人〕だった。彼は一九一四年から一七年にかけてドイツの主張を伝える宣伝マンの役割を果たしていた。そういう意味では、あまり気さくな態度でつきあってはならない人物だった。ヴィーレックの住まいからドッド大使は埠頭に向かった。そこには多くの記者が彼の話を聞き写真を撮ろうと集まっていた。

「写真のポーズをとるときに、不幸にも、手を挙げる仕草をしてしまった。自分では気づかなかったが、それはヒトラーへの敬礼のような（ナチス式の）ものになってしまった」[*94]

おそらくヴィーレックの強烈なキャラクターの影響だったのかもしれない。ドッド大使はベルリンに帰っても同じような仕草をした。ただそれはヒトラーへの敬意ではなく、嫌悪する体制への呪いの気持ちを示すものだった。

＊原注

＊1　American Embassy (Paris) to the Secretary of State, October 24, 1919, National Archives.
＊2　Dyar to the Secretary of State, Berlin, December 31, 1919, National Archives.
＊3　R. D. Murphy to the Secretary of State, January 5, 1924, National Archives.

*4 Ex-Kaiser Wilhelm II to President Wilson, February 9, 1920, National Archives.
*5 Secretary Lansing to the American Embassy in Paris, February 6, 1920, National Archives.
*6 Mr. Wadsworth to Secretary Hughes, Paris, May 16, 1923, National Archives.
*7 George B. Lockwood to Secretary Hughes, May 24, 1923, National Archives.
*8 *Foreign Relations, 1923,* II, p. 180.
*9 Secretary Hughes to Ambassador Herrick, February 23 and March 15, 1924, National Archives.
*10 Commissioner Dresel to Secretary Hughes, Berlin, April 20, 1921, National Archives.
*11 Secretary Hughes to the American Mission in Berlin, April 22, 1924, National Archives.
*12 *Foreign Relations, The Paris Peace Conference, 1919,* XIII, pp. 862–867.
*13 同右、pp. 18–19.
*14 同右、pp. 22–25.
*15 Ambassador Child to Secretary Hughes, Rome, October 24, 1922, National Archives.
*16 Ambassador Herrick to Secretary Hughes, Paris, November 22, 1922, National Archives..
*17 Secretary Hughes to Mr. Boyden, November 24, 1922, National Archives.
*18 C. E. Herring to Secretary Hughes, Berlin, September 10, 1923, National Archives.
*19 Ambassador Houghton to Secretary Hughes, Berlin, July 27, 1923, National Archives.
*20 Interview between W. R. Castle and Herbert Hoover, March 7, 1923, National Archives.
*21 Gedye, *The Revolver Republic,* pp. 102, 119–121.
*22 *Foreign Relations, The Paris Peace Conference, 1919,* XIII, pp. 899–902. あるいは Charles Dawes, *A Journal of Reparations,* London, 1939.
*23 Max Sering, *Germany Under the Dawes Plan,* London, 1929, pp. 64–65.
*24・*25 Max Winkler, *Foreign Bonds, An Autopsy,* Philadelphia, 1933, pp. 86–87.
*26 C. R. S. Harris, *Germany's Foreign Indebtedness,* London, 1935. に詳しい。
*27 J. W. Angell, *The Recovery of Germany,* New Haven, 1932, pp. 170ff.

＊28 John W. Wheeler-Bennett and H. Latimer, *Information on the Reparation Settlement*, London, 1930.

＊29 P. Einzig, *The World Economic Crisis 1929–1931*, New York, 1932. あるいは F. W. Lawrence, *This World Crisis*, London, 1931. あるいは League of Nations, *World Production and Prices 1925–1933*, Geneva, 1934.

＊30 *New York Times*, June 21, 1931.

＊31 Sherwood Eddy to Secretary Stimson, Berlin, September 1, 1931, Department of State.

＊32 Frederick M. Sackett to Secretary Stimson, Berlin, July 30, 1931, Department of State.

＊33 Memorandum of a conversation between Secretary Stimson and President von Hindenburg, Berlin, July 27, 1931, Department of State.

＊34 Dr. Heinrich Brüning to Rev. Edward J. Dunne, S. J., cited in E. J. Dunne, *The German Center Party in the Empire and the Republic.* 博士論文、Georgetown University Library.

＊35 Louis P. Lochner, *What About Germany*, New York, 1942, pp. 42–43.

＊36 John W. Wheeler-Bennet, *Hindenburg: Wooden Titan*, New York, 1936, pp. 368–385.［邦訳、ジョン・ウィーラー・ベネット『木彫りの巨人』木原健男訳、東京中央書籍、一九六三年］

＊37 *New York Herald-Tribune*, June 1, 1932.

＊38 *The Problem of the Twentieth Century: A Study in International Relationships*, London, 1934, p. 227.

＊39 Léon Blum, *Peace and Disarmament*, London, 1932, pp. 88–89.

＊40 同右、pp. 90–91.

＊41 James T. Shotwell, *On the Rim of the Abyss*, New York, 1936, p. 269.

＊42 John W. Wheeler-Bennet, *Documents on International Affairs 1933*, London, 1934, p. 209.

＊43 *Foreign Relations, 1933*, I, p. 45.

＊44 Memorandum of a conversation between Norman H. Davis and Chancellor Hitler, Berlin, April 8, 1933. *Foreign Relations*, p. 107.

＊45 Secretary Hull to Norman H. Davis, April 25, 1933. *Foreign Relations*, p. 107.

* 46 Memorandum of a conversation between President Roosevelt and Prime Minister Herriot, April 26, 1933. *Foreign Relations,* pp. 109–111.

* 47 *Foreign Relations* pp. 130–131. Secretary Hull to the ambassador in Great Britain (Bingham), May 8, 1933.

* 48 President Roosevelt to various chiefs of state, May 16, 1933. *Foreign Relations,* pp. 143–145.

* 49 *New York Times,* May 18, 1933.

* 50 May 18, 1933.

* 51 May 18, 1933.

* 52 Department of State, *Press Releases,* May 22, 1933.

* 53 January 31, 1933.

* 54 February 2, 1933.

* 55 March 6, 1933.

* 56 March 7, 1933.

* 57 March 7, 1933.

* 58 March 7, 1933.

* 59 March 7, 1933.

* 60 March 7, 1933.

* 61 March 6, 1933.

* 62 March 15, 1933.

* 63 Wheeler-Bennet, *Hindenburg: Wooden Titan,* pp. 446–449.

* 64 March 25, 1933.

* 65 George S. Messersmith to Secretary Hull, Berlin, May 12, 1933, *Strictly Confidential,* Department of State.

* 66 George A. Gordon to Secretary Hull, Berlin, May 22, 1933, Department of State.

＊67　George A. Gordon to Secretary Hull, Berlin, June 17, 1933, Department of State.

＊68　George A. Gordon to Secretary Hull, Berlin, June 23, 1933, Department of State.

＊69　George A. Gordon to Secretary Hull, Berlin, July 10, 1933, Department of State.

＊70　George S. Messersmith to Secretary Hull, July 10, 1933, Department of State.

＊71　*The Final Act of the Lausanne Conference*, July 9, 1932, London, Cmd. 4126.

＊72　以下の六カ国：フランス、イギリス、オランダ、スウェーデン、スイス、アメリカ。

＊73　*New York Times*, June 3, 1933.

＊74　アメリカはこの発表を憂慮した。アメリカはドイツの対外借款のおよそ四割を提供し、総額は一八億ドル相当にも上った。その他の推定額については以下を参照。Cleona Lewis, *America's Stake in International Investments*, Washington, 1938, p. 414.

＊75　*New York Times*, June 21, 1933.

＊76　Raymond Moley, *After Seven Years*, New York, 1939, p. 247.

＊77　同右、pp. 261-262.

＊78　詳細は *Foreign Relations*, 1933, I, pp. 452-762.

＊79　Memorandum by the chief of the Division of Western European Affairs, Moffat, March 24, 1933. *Foreign Relations*, pp. 396-398.

＊80　*Foreign Relations*, pp. 409-411. あるいは Atherton to Secretary Hull, London, May 12, 1933.

＊81　*Foreign Relations*, pp. 417-419.

＊82　Memorandum by the ambassador in France (Straus) of a conversation with the British Ambassador in France (Tyrrell), June 15, 1933. *Foreign Relations*, pp. 420-421.

＊83　Ambassador Dodd's *Diary, 1933-1938*, pp. 9-10.

一九三三年七月四日、ドッド大使はマンデル・ハウスと会談したことを記録している。このときのハウスはだいぶ年老いていたが、「駐独大使候補として、君（ドッド）とニコラス・バトラーの名を大統領に挙げておいた。私（マンデル・ハウス）としては君がいいだろう、と言っておいた」と書かれている。

＊84 Ambassador Dodd's *Diary, 1933–1938*, p. 5.
＊85 Cordell Hull, *Memoirs*, New York, 1948, I, pp. 237–238.〔邦訳、コーデル・ハル『ハル回顧録』宮地健次郎訳、中公文庫、二〇一四年〕
＊86 *New York Times*, January 19, 1933.
＊87 同右、March 19, 1933.
＊88 同右、May 8, 1933.
＊89 Ambassador Dodd's *Diary, 1933–1938*, p. 9.
＊90 同右、p. 5.
＊91 同右、pp. 6–7.
＊92 同右、p. 9.
＊93 同右、pp. 10–11.
＊94 同右、p. 11.

第2章　極東の緊張

1　ウィルソン大統領の対日強硬姿勢

ルーズベルト政権は対ナチス・ドイツ外交については一定の方針を維持したが、極東外交についてはふらついていた。スティムソン・ドクトリン（不承認政策）の悪影響を引きずっていたからである。日本に圧力をかけるという外交姿勢はスティムソン以前からあった。タフト大統領時代のダラー外交では、日本の満州の立場（特殊権益）に対して嘴《くちばし》をはさんだ。ウッドロー・ウィルソン大統領も三度にわたって日本の立場を脅かしたことがあった。

一つ目は、一九一五年一月の対華二一カ条要求のときである。このとき北京駐在の米国公使ポール・ラインシュは国務省本省に複数の報告書を提出しているが、「日本が悪い」という一方的な内容だった。日米戦争になる可能性まで示唆するものだった。[*1] ブライアン国務長官が日本を激しく非難する書面（一九一五年五月一一日付）を東京に送りつけると日米衝突の危機が高まった。日本の要求そのものを承認しないという激しいものだった。

　後になってスティムソンは、この文書を米国務省のファイルからみつけ、強い刺激を受けた。（これによって反日感情が生まれ）日本との関係を平和的に解決する可能性がなくなったといえる。

　一九一七年、ウィルソン大統領はとにかくヨーロッパの戦いに参加したかった。日本が嫌いなはずであったが、突然、日本はアメリカの「褐色肌のかわいい兄弟（our little brown brothers）」とみなすことに決めた。中央同盟国と戦う仲間に入れたかったのである。アメリカは日本を（対華二一カ条問題で）非難できなくなった。逆に対独戦争を日本が戦ってくれれば「北部支那での日本の特殊な立場を理解する」とまで約束した。英仏露三国にいたっては、この年のはじめに、日本の参戦の見返りにドイツの山東省利権および赤道以北のドイツ領の島々を日本に与える密約を結んでいた。[*2]

　アメリカが参戦を決めるとイギリスのバルフォア外相がワシントンを訪問した。彼はこの密約の存在を、ウィルソン大統領とランシング国務長官に明らかにした。[*3] 山東省利権の日本への譲渡はここで知らされたことは間違いないと、A・ホイットニー・グリスウォルド教授は結論づけている。[*4] ランシング長官は日記の中で、英日の密約を知っていたと書いている。

「ドイツの植民地の処理問題については、方針は未決定ということで処理すべきであろう。ただドイツ領南洋諸島の扱いについては、昨夏、日英の間に密約があり、赤道以北の島々は日本が領有することになっていることを知らされた」[*5]

一九一七年一一月二日、ランシング国務長官と石井（菊次郎）伯爵の間で、よく知られているランシング・石井協定が結ばれた。その中で明確に「地理的な近接さは国家間の関係に特別な関係をもたらす。アメリカ合衆国政府は、日本が中国において特別な権益を有することを確認する。特に日本の領土と近接する地域についてはそうである」と記載されていた。この協定について、グリスウォルド教授は次のように書いている。

「『特別な権益』という表現は外交用語である。そこには経済的な意味だけではなく政治的な意味合いがある。交渉が行なわれていた当時の世界状況をみれば、この用語を使うことの政治的意味合いははっきりしていた。そうでありながらそれをできるだけ隠そうとした。ランシングは日本との間で結ばれていた（連合国の）秘密協定を知っていた。この用語を使うことで意味するところを曖昧にし、一方で合意全体の含意が日本の期待に沿うものであると思わせた。『特別な権益』という言葉を使ったのは、少なくとも暫定的には、それを承認したことを意味するのである[*6]」

前記〔ランシング・石井協定の存在と「特別な権益」という用語の使用〕に鑑みれば、パリでみせたウィルソン大統領のやり方（方針）は疑わしいものだった。パリ講和会議では、大統領は日本の山東省での立場を非難した。大統領自身は、秘密協定の存在を知っていたし、暗黙の了解も与えていた。イギリスは秘密協定によって、日本の同省の経済覇権を容認しなくてはならない立場にあった。ランシング・石井協定は、そのことを公式に了解していたことを示している。パリでのウィルソンの態度、そして最後にはそうした協定の存在を知らなかったとまで強弁した事実は、大統領のやり方はまさにマキャベリズムであることを日本の政治家にみせつけることになった。

日本に対するもう一つの（不条理な）非難は、一九一八年のシベリアにおける連合軍の干渉（シベリア出兵）に関連するものだった。この年の春、連合国は日本に連合国のシベリア出兵への参加を求めた。それが連合国の一員としての務めだと諭した。この際、連合国は日本の出兵についてアメリカの了解を求めている。ところがランシングは日本の出兵に強く反対したのである（三月一九日）。


「日本がシベリアを占領すればロシア国民は強く反発し、そのことで（ロシア国内に）親ドイツ感情が生まれる可能性がある。日本に出兵を求めることは賢明ではない」[*7]

四月一〇日になっても、「日本の出兵に反対する考えに変わりはない」[*8]と書き、この二カ月後にも、「日本が単独でシベリアに出兵することは間違いである。できるならそれを止めさせたい」[*9]と記している。

しかし、現実にはウラジオストクに向かっているチェコスロバキア兵士を救援しなくてはならなかった。日本がウラジオストクに近い位置にあるだけに、日本に相応の規模の軍の派遣を求めるのは当然であった。七月六日、この件に関する会議がホワイトハウスであった。大統領、国務長官、陸軍長官、海軍長官、マーチ将軍（参謀総長）、ベンソン提督（海軍作戦部長）が出席した。極東情勢を検討した後に、ウラジオストクに米軍を派遣することを決めた。派遣軍の構成は、およそ七〇〇〇。同数の日本軍の派兵を容認することも決まった。イルクーツクに向かっているチェコスロバキア兵士のための防衛線を構築するのが狙いであった。[10]

同日、マンデル・ハウスは石井伯爵とシベリア情勢について協議した。協議を終えたハウスは次のように大統領に意見した。

「日本国民が周辺の未開発地域を拡張する権利については配慮がなされるべきである。つまり日本の立場は当然に考慮されるべきだということだ。私自身は長い間、この考えであった[11]」

この問題については何度も協議が繰り返されたが、最終的に小規模（九〇一四名）の軍（ウィリアム・S・グレイヴス将軍指揮）を派遣し、他の連合国軍に協力することが決まった。彼らには、チェコ兵の支援、ロシア自治政府設立の協力および連合軍の武器庫防衛の任務が与えられた。米派遣軍は一九一八年八月から二〇年四月までシベリアに駐留した。この軍の駐留で、ボルシェビキの赤軍はシベリア・沿海州を暴力支配できなかった。それだけが遠征の成果だった。[12]

ウィルソン政権は日本に対して経済的プレッシャーもかけた。三つ目の対日強硬策だった。タフト大統領の時代、アメリカの銀行は中国湖広鉄道借款案件に無理やり協力させられた。これによって四カ国借款となった（英独仏の借款団にアメリカが遅れて参加した）。アメリカの参加条件は、二度の協定[13]（一九一〇年一一月一〇日、一九一一年五月二〇日）の中で入念に規定された。この四カ国借款に日露両国が加わり、最終的に六カ国借款となった（六カ国借款となったのは一九一二年六月）。

しかしアメリカの銀行団は渋々参加したものだった。利益が見込まれる可能性が低かったからである。（タフト政権に続く）ウィルソン政権が始まったばかりの一九一三年三月、アメリカの銀行団はこの案件については、米国務省がたんなる承認役に徹することに不満だった。少なくとも、「このプロジェクト（中国ビジネス）にアメリカ銀行団が参加することは米国政府の要請である」[*14]ことを明確にするよう求めた。

ウィルソン大統領はこの要請に応えるよりも、アメリカ銀行団が借款団から外れることを望んだ。「協同借款は金融干渉をせざるをえない不幸な結果を招く危険があり、場合によっては中国という偉大な国家への政治介入になる。そうなることは避けたい」。これが大統領の考えであった。[*15]

第一次世界大戦の勃発によって、ドイツとロシアが借款団から外れた。英仏両国も戦費が膨らみ中国への借款には耐えられなかった。この時期に日本は三億二〇〇〇万円の借款を実施した。[*16] この借款の政治的意味合いを英仏両国はすぐに理解した。両国は、米国務省に借款団に再参加すべきであると訴えた。[*17] ランシング国務長官はこれを受けて大統領に中国の財政難を説明したうえで、「中国の状況を勘案すれば借款を考えたほうが賢明であろう」と伝えた[*18]（六月二〇日）。この考えを大統領が承認したのは翌日のことである。ただ、これまでの借款スキームにみられたような（借り手の）邪なやり方が通らないものにする（させる）ことが条件だった。[*19]

六月二二日、ランシングは借款の仕組みを協議するため銀行団の代表を招いた。一〇月八日、米国務省は米英仏日四カ国による借款の枠組を発表した。[*20] 一九一九年三月一七日、イギリスはその枠組を了承したが、[*21] 仏日両国からは色よい回答はなかった。日本のメディアは、ここ数年の日本の犠牲（貢献）が反映されていないとして新借款の枠組に反対であった。[*22] 日本政府の考えも同様であった。パリにいた小田切代表〔小田切万寿之助。横浜正金銀行取締役。漢語・英語に堪能だった〕には日本政府から、満州およびモンゴルにおける特別な権益への配慮がないことに不満であることを米国代表トーマス・ラモントに伝えるよう訓令があった。[*23]

ラモントは四カ国借款の枠組から満州およびモンゴルを外すことは容認できないと小田切にただちに伝え、[*24]本社（J・P・モルガン）にも、米英政府が強い態度を示さなければ日本はその主張を変えないであろう、と報告した。[*25]駐北京米公使も、日本はいつものだましのやり方で口では借款に前向きの姿勢をみせながら、陰では中国への影響力を行使して中国に借款に反対させるやり方をとるだろう、と警告した。[*26]

日本政府へ圧力をかけるために米国務省は、（日本を除く）三カ国借款構想をちらつかせた。しかし、英仏両国はその考えには反対であった。[*27]日本に過度な圧力をかけることで、日本をドイツ側に追いやってしまうと心配したからだった。[*28]

日本政府は、四カ国借款の範囲から満州およびモンゴルを排除しなくてはならないのは、国家防衛のためには重要であることを理由にした。当時、ソビエトのこの地域への侵出がきわめて危険な段階にきていた。シベリアの状況はいつ激変し日本の安全を脅かすかもしれない状況にあった。「日本の安全ひいては東アジア全体の安全が、過激な（ソビエトの）動きによって犠牲になる可能性がある」。これが日本政府の主張だった。[*29]

ランシング国務長官はボルシェビキの動きに対する日本の怖れを理解できた。その動きを牽制するために、適当な規模の軍をシベリアに駐留させたいとする日本の要望については、日記に次のように書かれている。

「日本は白ロシアのセミノフ将軍の軍を支援する増援軍を送るだろう。ボルシェビキが満州地域に地盤を築き、朝鮮の革命家と協力するようなことになれば日本にとってきわめて危険であるだけに、日本にはこれ以外にとる手段はないと思われる。日本がそうすることに、われわれは反対はできないだろう。極東方面でボルシェビキ思想が拡散することは文明にとっての脅威になるからである[*30]」

四カ国借款問題が協議されている中にあっても、ランシングは興味深いことを日記に書いていた（一九一九年七月三一日付）。

「日本はとにかくずるい、そして悪巧みをすると主張する者がいる。私自身はそういう主張はもうたくさんだという気がしている。彼らは荒唐無稽な話までも事実であるかのような報告をしてくる。日本を嫌う者の中には精神のバランスを崩しているのではないかと思わせる者もいる。そうした連中でも他の案件になると正常心をとり戻す。残念なことだが、日本に対する悪口は多くの同胞に信じられている。しかし、まともな証拠もない与太話を信じることは危険である[*31]」

ローランド・モリス駐日米大使もランシング長官と同様の考えであった。日本の、北部支那に（反ボルシェビキ思想の）防衛線を敷かなくてはならないという主張に耳を傾けていた。日本の「強力で、断固とした」態度があってこそ、日本はチェコ軍支援の連絡線を守り抜ける。そこには日本の必要とする資源や食料がある。わが国は、この日本の考えに配慮する必要がある。「これができなければ日本との間の問題を解決できないだろう」と米国務省本省に伝えていた。[*32]

しかし銀行家は日本に厳しかった。ラモントは次のような考えだった。

「日本政府にこれ以上の裁量の余地を与える方針は感心できない。個人的には彼らは米英仏三国に深く感謝すべきだと考える。三国が日本を借款団のメンバーに迎えたのである。要するに仲間にしてあげたのだ。われわれと一緒にうまくやれるかどうかの問題だ。もしそうするのがいやなら勝手にやらせておけばよい[*33]」

結局、米国務省も、そして英国政府もラモントの考えを容れた外交方針をとった。プレッシャーを感じた日本政府は妥協し、四カ国借款は調印となった[*34]（一九二〇年一〇月一五日）。しかし日本が要求した例外事項が多かったため、中国政府のこの借款についての態度は生ぬるいものだった。最終的な新借款協定が中国外交部（外務省）に示されたのは、一九二一年一月のことである。

しかし、これについて北京は何の反応も示さなかった。ラモントは暫定報告書の中で次のように書いている。

「列強による新借款の枠組で、北京の政府、南（広東）の政府、あるいは軍閥に対して、滑稽なオペラのような権力争いを止めろという強い外交的メッセージが出せる。政府はやるべきことをやるべきだというメッセージである。この新借款は驚くほどの効果を発揮すると思う[*35]」

しかし四カ国はラモントの考えをそのまま受け入れはしなかった。中国国内の敵対する勢力が国家体制の基礎を揺るがすような状況にあって、しばらくはその争いの外にいるほうがよいと考えた。ラモントの考えるように、効果的な介入と並行的に借款を進めるということをしていれば、中国を混乱から救えた可能性もあった。しかし四カ国は機会が訪れるのを待つだけだった。結局、目まぐるしく変わる、各地に跋扈《ばっこ》する政府(勢力)の状況を傍観するだけになった。

国民党政府は、借款団に主権が侵されると思う条件を容認しなかった。このころ共産党細胞による強力な工作が中国で始まっていた。その中心に左傾した孫逸仙《そんいっせん》(孫文)がいた。クレムリンは彼に目をつけた。

2 モスクワに操られる孫文

ワシントン軍縮会議(一九二一~二二年)では、中国の主張は認められなかった。それに対する反発が中国全土に広がった。列強に対する要求では、北の政府(北京)も南の政府(広東)も意見の違いはなかった。アメリカとヨーロッパ諸国に対する敵意では共通していた。

この敵意を利用できると考えたのがモスクワだった。一九二二年八月、ソビエトは中国にアドリフ・ヨッフェを遣った。中国知識人と交流し、資本主義列強すなわち帝国主義列強に一泡吹かせるよう指令されていた。中国が西洋列強の帝国主義を一掃すると決めたときにはソビエトは支援する。そう約束した。*36

ヨッフェが孫逸仙と上海で会ったのは一九二三年一月のことである。ヨッフェは、だまされやすいこの男をたちまちコントロールした。[37] 中国の抱える諸問題は西欧帝国主義の不道徳に起因すると刷り込むことが彼のやり方だった。この手法を孫逸仙はすぐに学んだ。一九二三年七月二二日、彼はフレッチャー・S・ブロックマン〔メソジスト。中国ＹＭＣＡ幹部〕のインタビューを受けたが、西欧諸国の非難に終始していることからそれがわかる。[38]

ヨッフェを支える工作員として、もう一人の切れ者ミハイル・ボロディンも派遣されていた。彼が広東に入ったのは一九二三年一〇月のことである。人柄は魅力的とはいえなかったが、彼にはアジテーターとしての経験があった。スコットランドでもシカゴのカレッジ教師としてもそうした活動をしてきただけに、西洋人の思考法に精通していた。

ボロディンは中国ではまず孫逸仙の権威を高めることにした。中国国民党を中央統制の利く政治組織にすることでそれが期待できた。そのために国民党党員資格を特権的なものにし、党規を厳格に適用させた。権限は党中央執行委員会に集中させた。この組織が政府を組織しコントロールするのである。

孫逸仙や彼を支持する者の目標は国民議会の設置であると大袈裟に発表した（一九二四年一月）。モスクワで準備したような内容だった。外国勢力の武力や恥知らずの行為で、中国は準植民地状態に置かれており、不平等条約がその原因である。西洋列強が税関を支配している。治外法権状態にある中国を列強は分割し、勢力圏の奪い合いをしている。したがってすべての外国勢力の持つ特権は廃され、不平等条約も破棄されなくてはならないという主張だった。[39]

ソビエトの資金と指導で、孫逸仙は黄埔《こうほ》軍官学校を設置した。創設する軍の士官養成のためだった。また「労働隊」なる組織を作り、広東の商工業組合といった組織を潰した。労働者階級の改革は、銃弾の力を借りると早めることができた。ソビエトのやり方を孫逸仙は学んでいた。共産主義者のレトリックも利用した。

「ロシアは慈悲の精神と正義を深く信じるものである。武力や功利が動機ではない。ロシアこそが正義の代表である。少数が多数を支配するようなことがあってはならないと考える国である」[*40]

モスクワへの信頼を孫逸仙はみせたが、ソビエトの「愛」を独占できなかった。ソビエトは北京政府へも接触したのである。ソビエトは同政府と新たな条約を結び（一九二四年五月三一日）、旧ロシア帝国が中国から得た特権を放棄した。その中には義和団事件賠償金のロシアの取り分や治外法権特権があった。[*41]

しかし、この動きはやらせのようなものだった。モスクワからの特使が北京で条約交渉にあたっている一方で、他の工作員が孫逸仙に北に侵攻し北京政府を排除するようそそのかしていた。ボロディンは、国民党の軍事力で中国を統一させようと画策していた。赤いロシアと赤い中国が力を合わせて中国から西欧列強を排除し、彼らに許してきた特権を廃止する。それが狙いだった。孫逸仙がその死の前に残した文書「ソビエト・ロシアへのメッセージ」で、ボロディンと国民党指導者の親密な関係がわかる。

「私が去ってもわが党（国民党）は残る。私の願いどおり国民党はソビエト・ロシアとともに立ち上がり、中国の最終的解放を成し遂げる。中国だけではなく他の国も含めて、帝国主義の軛《くびき》から解き放つのである。私は、国民党に今後もナショナリストとして革命的活動を継続させる。そうすることで中国は自由を獲得する。この目的達成のために、貴国との関係をより密にするよう党に指示したところである」[*42]

孫逸仙は一九二五年三月一二日に死去した。その後ボロディンの影響力は増し、南部支那における革命の動きのほとんどが彼の指導によるものだった。一九二五年九月、彼は蔣介石を国民党軍のリーダーに祭りあげるクーデターに成功した。蔣介石は一九二三年にはモスクワに派遣され、ボルシェビキ思想や革命工作のテクニックを学んでいた。モスクワから帰った蔣介石は孫逸仙の弟子のような存在となり、ボロディンとの関係も深めていた。つまり一九二五年の蔣介石は、反西欧であり反キリスト教であった。一九二六年から二七年にかけて、国民党軍は北に軍を進めた。それにともないキリスト教施設やキリスト教への改宗者に対する攻撃があからさまになっていった。

宣教師は「帝国主義者」と罵られ、改宗者は「帝国主義者の走狗」と糾弾された。[*43]このような言葉使いはソビエトに操られた国民党外交部長（外相）陳友仁《ちんゆうじん》の得意技だった。陳はあくことなく外国人をこき下ろした。外国人特権への反発の小さな火種は、共産主義者の指導した五・三〇事件（一九二五年五月三〇日）で大きな炎になった。

この事件は、日本人経営の紡績工場における中国人労働者の扱いに抗議する学生扇動家が、国際租界地に侵入したことから起きた。抗議活動が暴徒化するとシーク系（インド）、中国系の警官が発砲した。上海租界警察（老閘《ろうこう》捕房）所長の命令によるものだった。負傷者の数が少なかったことは警察の対応が抑制的だったことを示していた。しかし共産主義者の扇動家によって大袈裟な事態に発展してしまう。この事件については、ジョン・K・デイヴィス米南京領事からケロッグ国務長官に宛てた報告書に詳しい（七月六日）。

「五月三〇日の事件の数週間前のことだが、あるアメリカ人大学教授がロシアの旅を終え、南京でボルシェビキ思想について数回の講演をした。それは共産主義をバラ色に語るものだった。まだそのシステムは完成したとはいえないが、人類が考え出した最も理想的な経済社会システムであるとほめちぎった。彼の講演はアメリカ宣教師の賛助によるものであり、多くの支那人に対して行なわれた。これがその後の不幸な事件の引き金となった」

「（この日の事件は）ソビエト・ロシアの工作員の扇動であると考えられる、彼らが反外国人の空気に火をつけたのである、彼らの邪悪な工作がなければそうした空気は鎮静化していたはずである[*44]」

ロンドンでは金融界が支那での暴動の発生を憂慮していた。対中国借款の枠組の中心人物であるチャールズ・アディス卿は、列強はこの問題にすぐにでも協調して対処すべきだと考えた[*45]。ラモントは判断を迷っていた。ロンドンのJ・P・モルガン関係者に対して、ワシントンと緊密に連絡をとっている、事態は相当に深刻ではあるが現時点では具体的な対応策はない、と語った[*46]。

3 「反帝国主義」の実態

極東情勢を研究する者は中国問題についていろいろ考えてはいても、処方箋をはっきり示そうとはしなかった。ラモントの態度にそっくりだった。トーマス・F・ミラード〔China Weekly Review編集者〕は短期間ではあるが中国外交部のアドバイザーを務めた人物だが、中国のやり方は性急ではないかと危惧していた。彼は上海の友人（W. W. Yen）に次のような考えを吐露した。

「私がこの国（中国）に入ったのは（一九二四年の）一二月のことである。すぐにこの国の事情について調査を始めた。アメリカ出発前には、昨秋の北京での政変以降、北京政府は将来を見据えた建設的な組織作りが進んでいるものと期待した。しかし、まったく期待外れだった。中国の政情はアメリカとの関係を悪くする方向に動いている。このままでは米国政府と築いた（良好な）関係は崩れることになろう。米国政府はいくつかの点について対中政策の変更をせざるをえなくなろう」

「中国の知識人はいったい何を考え、何をめざしているのか。多くの知識人が治外法権を認める条約の破棄を考えていることはわかったが、それを簡単にできると考えている。トルコもそのような態度をとっていた。しかし私はこうした知識人にもう少し将来を見据えてほしいと思っている」

「条約の一方的破棄はもちろんできよう。ただそうすることで中国に対する信用は完全に失われる。責任ある国家の仲間入りをするには、外国からの金融支援が欠かせない。（一方的に条約を破棄すれば）いったいどの国からそうした支援を期待できようか。それができるのはアメリカだけなのである[*47]」

ミラードは、ボーラ上院議員に手紙を書き、中国における治外法権特権を一気に破棄させることには反対するようアドバイスした。

「中国はそのような変化への準備はできていない。それだけに突然治外法権破棄を認めれば大きな混乱が起きることは間違いない。過激派は完全なる条約破棄を即時に要求するだろう。彼らは列強に対抗する力を得たと勘違いしている。北京の外交部の混乱はみじめで滑稽にも思えるほどだ[*48]」

ボーラ議員は「中国に対する治外法権特権はできるだけ早く破棄すべきだと思う。しかし（貴君の手紙で）ただちにそれができないことは理解した[*49]」と返書した。ただボーラ議員は基本的には中国に対する列強の帝国主義的外交に反対していただけに、その考えの表明を機会があればかならず行なうつもりだった。

このころ、漢口の米国商工会は、モスクワの第三インターが東アジアにおいて騒乱を起こすことを画策していると米国務省に打電していた。しかしボーラ議員は中国の諸問題は西洋列強の帝国主義的政策に起因しているという考えを変えていない。「中国の米国商工会は中国の人々を抑圧し利用する帝国主義的組織の一つである」[50]。これが彼の意見だった。

八月二一日、ケロッグ国務長官はボーラ議員に手紙を書き、五月三〇日の事件の背景説明を試みた。

「発砲事件はたしかに不幸な出来事でした。遠いところで起きた事件だけに、どこにその責任があるのか確定的に語ることは難しいものがあります。ただ警察がすべて悪いということではありません。暴徒が悪さをしていたことは確かなことです[51]」

ボーラ議員は「私の集めた情報では警察の発砲にはまったく正当性がない。群衆に対して当初は注意深く対応していたようだが、最後は乱暴な態度で接している[52]」という考えを示し、長官の見立てを否定した。ボーラ議員はソビエトの工作行動をまったく考慮しなかっただけに、西洋諸国は中国では帝国主義的行動で罪を犯しているとの主張を繰り返した。

上海市議会は、五月三〇日の暴動は学生らを含む不満分子が煽ったものであると発表した。上海での裁判では、検察は上海にあるボルシェビキ思想に侵された大学（上海大学）の学生が関与していると糾弾した[53]。

北京のフェルディナンド・L・メイヤー米代理公使もソビエトの工作を指摘していた。メイヤーは、ソビエトの工作があらゆる方法を使って行なわれていると確信していた[54]。いずれにせよ（在中国の）アメリカ人には、中国内で反外国人感情が高まり各地にそれが拡がっているという認識があった。それが西洋諸国の既得権益を危うくしているという感触をもった。

4 「中国の友人」たらんとするアメリカ

マクマレイ米国公使は状況を調査し、中国国内の治安の乱れの原因に彼らの「劣等感」があり、この感情が多くの知識人を蝕んでいると結論づけた。彼らには、同胞が中国人らしい生活ができず、貧しい生活を西洋人に晒しているという劣等感があった。[*55] ボーラ議員は、この感情が生まれたのは西洋列強が不平等条約（領事裁判権の付与、関税自主権の喪失）を中国に押しつけたからで、だからこそ早急にこの問題を解消しなくてはならないと考えた。

彼はボルチモア・サン紙の編集長に次のように訴えた（八月一一日）。

「治外法権（領事裁判権）は時代遅れの産物であり国家主権との衝突を生んでいる。西洋列強はこの特権を撤廃するよう真剣に取り組まなくてはならない。すぐにでも実行しなくてはならない。中国における西洋諸国の特権は、中国の民の搾取に使われている。中国では子供たちの血と汗がお金のために流れている。その様は筆舌に尽くしがたい[*56]」

ボーラ議員は中国国民党外交部長（外相）宛の書簡で、「中国の悪い状況は一時的なものではなく、他国と平等な扱いを受けるべきだという愛国的感情の発露に起因している[*57]」と伝えている。この国民感情を宥《なだ》めるための最も有効な方策は、米国政府が他の列強とは一線を画した対中外交を進めることで、米国は他国との協調的な対応を止めるべきである。これがボーラ議員の主張だった。

「わが国の対中外交の考えはイギリスや日本のそれとは違う。したがって彼らと協調しながら、中国を正当に（平等に）扱うことは不可能である。正義ある、そしてフェアな対応をアメリカ独自で実施しなくてはならない。それこそがわが国の極東における正しい外交なのである[*58]」

ボーラ議員の主張が、関税自主権を要求し治外法権の廃止を求める中国の知識人にどれほどの影響を与えたかはわからない。しかし、中国の知識人が彼の意見を興味深く聞き（読み）、不平等条約撤廃を主張することに勇気づけられたことは間違いない。

対ソビエト交渉の責任者であった王正廷《おうせいてい》はボーラ議員に「偉大な国家の偉大な政治家の国際正義と人権尊重の主張は、わが国の失われた権利の回復を求める者たちを勇気づけた[*59]」と書いている。また北京でよく知られた建築家ハリー・ハッシーもボーラ議員の訴えに感謝した。「きわめて険悪になっている中国人の感情を宥めるのに議員の言葉が大きな効果を発揮している。アメリカには中国を理解する友人がいる。穏健派がこのように主張することで過激派を抑制できた[*60]」と議員に伝えた。

5　関税自主権を要求する国民党

上海の暴動は、一九二五年夏に発生した一連の反外国人運動の最初の事件であった。国民党は組織的な英国製品ボイコット運動を始めた。この運動は一九二五年六月から二六年一〇月まで続いた[*61]。

イギリス香港政府は、この運動はボルシェビキの企みであると考えた。[*62] たしかに国民党左派はこの時期南部において活発に動いていた。それだけに同党内の保守派は中国の将来に強い危機感をもった。

国民の人気を得たうえで国をコントロールするためには、国民党の指導者は関税自主権の回復と治外法権特権の廃止を主張することが有効だと考えた。一九二八年、米政府は中国の関税自主権を認め、一九二九年一月一日から発効することになった。しかし、治外法権特権はそのままであったために、西洋列強の帝国主義への反発と暴力をむしろ高めてしまった。

6 親中圧力をかけるアメリカ人宣教師たち

一九二五年時点で、中国での布教に携わるアメリカ人プロテスタント宣教師の数はおよそ五〇〇〇人であった。布教のコストは年間一〇〇〇万ドル、中国国内に保有する資産は低く見積もっても四三〇〇万ドルであった。[*63] 宣教師グループがアメリカの対中政策に強い影響力をもっていたことは明らかである。クーリッジ政権時代、彼らは親中国の主張を強めた。中国から多くの記念品（お土産）をワシントン（の有力者）に送り続け、宗教関係メディアも親中国キャンペーンを張った。

一九二五年八月二〇日、そうしたメディアの一つクリスチャン・センチュリー誌が米国務省の対中政策は一握りの官僚によって牛耳られていると非難した。クーリッジ政権が、こうしたグループの影響力を排して、ボーラ議員が訴えるような親中国の姿勢を米国務省にとらせることを期待した。[*64] 九月に入ると、同誌は帝国主義の典型ともみなされる治外法権特権の破棄を訴えた。このような特権は軍事力によってしか維持できないものだと非難した。[*65]
燕京《えんきょう》大学〔キリスト教系私立大学〕学長のJ・L・スチュワート牧師は、この主張を支持した。[*66] 米国内でも、キリスト教会連邦評議会も治外法権特権を破棄せよと訴えた。[*67]
キリスト教系グループの親中国姿勢を批判する動きもあった。一九二六年六月、ジョージ・ブロンソン・リー（ファー・イースタン・レビュー誌編集長）は「宣教師勢力の政治圧力は度を越している、北京駐在公使の人選までもこの勢力の承認を必要とする、彼らの圧力には大統領も他の政治家も抗えないほどだ」と苦言を呈した。こうした組織にとっては米世論が中国に同情的になることが望ましかった。そうでなくなると寄付金が消えてしまうのである。

宗教組織の活動はアメリカの貿易にも悪影響を与えるだけでなく、中国国内の反外国人運動の火に油を注いでいた。中国問題を少しでも調べれば、反外国人感情がヒステリックな運動にまで悪化したのは、宣教師や彼らを支持する者たちの影響であることはすぐにわかった。[*68]
ロドニー・ギルバートは在中国のよく知られたジャーナリストだが、彼もリーの考えに同意していた。宣教師の主張は友好を醸成するのではなく、西洋列強に反発する態度を生んだ。およそ一年にわたって続けられた彼らの中国の権利回復の主張、あるいは中国礼賛の姿勢が、急激にアメリカ、そしてイギリス国内世論に大きな影響を与えたと分析している。[*69]

7　当事者能力を失う中国政府

一九二五年以降の中国の政治・経済・社会状況は悪化の一途であった。このような状況にあって親中国の宣教師の主張が米国務省に与える影響も弱まった。

中国の政治状況の混乱は目に余った。一九二五年一〇月二五日、北京で関税特別協議の場が設けられたが、中国の段祺瑞《だんきずい》臨時政府は不安定な立場にあった。この政府は張作霖《ちょうさくりん》と馮玉祥《ふうぎょくしょう》の二人の強い影響下にあった。前者は満州の、後者は中国北西部の首魁（軍閥）であった。

彼ら以外の軍閥も、関税自主権の回復によって北京政府に大きな収入が期待できるため、関税特別協議に強い関心を寄せていた。軍閥の呉佩孚《ごはいふ》と孫伝芳《そんでんほう》はただちに、列強が「正統性のない」政府（北京）と交渉していると非難した。この動きに押されて張作霖は奉天〔現・瀋陽〕に帰ってしまった。政府の弱体化で義和団事件の際に結ばれた北京議定書の規定も遵守できず、北京との交信さえも各地に跋扈《ばっこ》する軍閥によって分断された。

中国の軍事情勢は流動的であった。一九二六年三月になると、張作霖は敵対していた呉佩孚と提携し、北京を占領した。段祺瑞は北京から離れ、中国には中央政府は存在しない状況が数カ月にわたって続いた。関税特別協議は中止となった。列強はこうした協議を再開するなと軍閥から強く警告された。*70

広東政府外交部長は、北京にある政府は幻であり、中世風の軍国主義者とそれに仕える茶坊主官僚と奴隷で構成されていると罵った*71（一九二六年七月一四日）。この発言の二週間後には、今度はその矛先はアメリカに向かった。アメリカは中国の情勢が「改革（evolution）」ではなく「革命（revolution）」であることを理解していない。中国がとるべき政策はドラスティックでなくてはならない、不平等条約は破棄されるべきであり新しい条約が必要である、それは中国の独立と主権を前提にしたものでなくてはならない、と述べた。*72

興奮した、そして厚かましいアメリカへの批判は、北京駐在の領事に向けられたものだった。マクマレイ公使は状況を分析したうえで本省に次のように報告した。

「一九一八年以降、北京には合法的に成立したといえる政府は存在しない。それにもかかわらず、列強各国はご都合主義的に、そのときに存在する政府を実体があるものとみなした。幻のような政府が、現実には首都をコントロールしており、かつ過去の対外責務を継承するとしたからである。中央政府の存在はフィクションだったのであるが、その政府が保守派によって構成され、列強特権を擁護してくれるかぎり、存在するとみなしたほうが便利だった。しかしそうした期待さえもできない状況となった。主義主張もない軍閥が権力奪取のゲームを進めている。こんな状況では関税特別協議はなんの意味もない。どんな結論が出たとしても、中央政府が存在しないからである」

「中央政府のない中でソビエトの工作が北部支那に目立っている。馮玉祥将軍はモスクワで革命的手法を学んでおり、いつでも帰国できる態勢にあった。帰国すれば、彼が最初にやることはアメリカを含む列強との条約破棄の声明だろう。米国政府は、中国には中央政府がないという現実をまず認めなくてはならない[*73]」

ケロッグ国務長官は、関税特別協議に何の期待もできない、というマクマレイ公使の報告を受け入れることはできなかった。長官は、中国に中央政府が存在しないことを公にすることはまずいのではないかと考えたからである。そのような声明は中国国民の反発を招きかねず、他の列強は関税特別協議の失敗をアメリカの責任にするであろうし、それ以前に協議には参加する意味がないという不参加の口実を作ってしまうことになる、と怖れた。彼の公使への回答は次のようなものだった。

「貴殿の提案はわが国内では理解されないであろう」[*74]

8 国民党軍の「赤い北進」

ケロッグ国務長官とマクマレイ公使の意見交換があったころ、国民党軍は中国各地に展開していた。それが極東の政治地図に地殻変動を起こしていた。同軍は、一九二六年一〇月までに、漢口、漢陽、武漢といった重要都市を占拠した。一二月に入ると、上海に迫る準備を整えた。

国民党軍の進軍計画はボルシェビキのアドバイザーであるヴァシーリー・ブリュヘル将軍とそのスタッフが準備したものだった。ブリュヘルは加倫《ガーリン》(Ga-Lin)将軍と呼ばれていた。一〇師団あったが、どの師団にも一人ないし二人のロシア人士官が、戦略とプロパガンダ工作を担当するポジションに就いていた。

軍を進める前に、民間人を装った工作員が目標とする都市に入り、農民や都市住民に孫文やレーニンの主張を説いた。大量のパンフレット、プラカードあるいはビラが使われた。住民は好むと好まざるとにかかわらず、農民組合や工員組合といった組織に組み込まれ、さらにソビエト地方評議会が設置された。[*75]

国民党軍の「赤い北進」の動きを英国政府はあまり気にかけていなかったようだ。一九二六年二月はじめには、英外務省は広東政府（国民党）承認に舵を切った。マクマレイ公使は、イギリスの動きは経済的な動機によるものだと考えた。広東の赤い政府を承認することで、イギリス資本をターゲットにした労働争議や英国製品ボイコットの動きを牽制できると期待したのかもしれなかった。[*76]

九月に入ると、英国政府は広東政府の承認についてアメリカの考えを打診してきた。「米国政府は中国を代表する政府であれば外交交渉に応じる用意はある。そうした政府には、対外的な義務を責任をもって遂行できる能力がなくてはならない。一地方政府あるいは複数の地方政府の集まりのような組織とは交渉するつもりはない[*77]」。これが米国政府の立場であった。

9　中国の攻勢、アメリカの忍耐

一九二六年夏、広東政府は列強との不平等条約に反発するため（破棄するため）の活動を広範囲にわたって開始した。九月には、中国南部に輸入される外国製品に対して付加税を課すらしいことがわかった。

マクマレイ公使は、こうした措置がとられれば列強は揃って抵抗するだろうと予想した。広東政府のやり方は間接的な一方的条約破棄と同じだった。[*78]北京の米代理公使もマクマレイ公使の考えと同じであった。広東政府を正気に戻すには海上封鎖のような何らかの軍事行動をとるしかなかろう、との考えを示した。[*79]

しかしケロッグ国務長官は、他国と協調してそうした行動をとることには反対であった。広東政府に対して公式に抗議するだけにとどめたかった。[*80]それもその内容はかなり穏やかなものになることが予想された。英国政府が、赤く染まった国民党政府に宥和政策をとっていたからである。イギリスは付加税について了解していたのである。英国政府は広東政府に対しては、その税率をこれ以上高めないと要求するだけで十分だとの考えを示した。

米国務省はさすがにこの考えには同意しなかった。一一月三日、広東アメリカ総領事は、付加税の違法性に対する抗議文書を広東政府に提出し、他国もこれにならった。[*81]

広東政府の大胆なやり方をみた北京政府も、そのやり方に追随した。一九二六年一〇月、北京政府はベルギーおよび日本に対して条約の改定を要求した。一一月六日には北京政府がベルギーとの条約（一八六五年締結）を破棄すると伝えた。[*82]

北京のマクマレイ公使は、こうしたやり方をアメリカは容認しないとはっきり伝えるべきだと考えた。そうでなければアメリカとの条約も同じように破棄されることになると懸念した。[*83]

公使は、中国国内には条約改正に対して穏健派と過激派がいることがわかっていた。穏健派は、条約改正は列強と協調しながら進めていくべきだと考えていた。そうすることが、西洋諸国に対して、中国が主権国家としての責任を果たせる国家であることを示すことになると考えた。列強もそのように期待したからこそ、中国はワシントン会議のメンバーとなれたのであり、関税特別協議も治外法権問題会議も設置されたと理解していた。

中国は与えられた機会を活かせていなかった。列強もワシントン会議での決定を守らない中国に気づいていたが、その是正に躊躇するところがあった。その結果がソビエトの革命思想の拡がりであった。中国はすでにソビエト型の道（条約の一方的破棄）を歩み始めていた。このような状況にあって、米国政府が「友好的な警告」を発することが期待された。[*84] しかしケロッグ国務長官は、どちらの政府に対しても警告を発しなかった。両政府と各国の現地外交官との交渉は頓挫した。
北京政府は列強をあざわらうように海関の総税務司フランシス・アグレン卿を解任した。危機感をもったマクマレイ公使はただちにケロッグ長官に打電し、この解任劇の背後にある悪意に注意を促した。「このまま条約無視の行為を放置しても何も得ることはない。中国での商行為は地方政府のやりたい放題になってしまう」と警告した。[*85]
ケロッグ長官はこの警告に反応しなかった。米国務省は中国において米国民の権利を完全に守らせることは難しいと諦めていた。アメリカは既存の条約を遵守させるために軍事力を用いることはできなかった。「唯一可能な方針は辛抱強くかつ注意深く成り行きを監視することだけである」。これが国務長官からマクマレイ公使への指示であった。[*86]

10　いち早く対中宥和に動くイギリス

ケロッグ国務長官は辛抱と警戒がアメリカの方針だとしたが、広東、北京それぞれの政府はアメリカにはそれ以上の役割を期待した。彼らは関税自主権の回復と治外法権廃止に向けて米国政府が強い指導力を発揮してくれることを望み、各国との仲介に立ってほしいと願った。

英外務省はこの動きを警戒し、（外交的）観測気球を上げた。一九二六年一二月二四日、英駐米大使は一通の文書の写しをケロッグ長官に手交した。そこには在北京英国公使に宛てた英外務省本省の対中外交方針が書かれていた。イギリスは他の西洋列強もこれに倣うべきだと考えていた。

そこではまず、列強の保護がなければ中国の政治・経済は安定しないという考えは捨てるべきだとしていた。次に中国が安定し明確な関税政策を示せば中国には関税自主権を認めるべきこと、さらにイギリスは中国国内にある無責任体質をそのままにしておきながら、中国には列強の考えを押しつけてはならないとされていた。これまでのように条約に決められた特権をあくまでも維持させるという主張も控える必要があるとまで書いていた。[*87]

これには米国務省が驚いた。イギリスはアメリカの怒りの「牙」を抜こうとしていたことは明らかだった。[*88]米国務省は、イギリスのやり方に従ってしまえば、その対中外交が世論の批判を浴びると懸念した。マクマレイ駐北京米国公使もイギリスの考えを諒としなかった。

イギリスの言うように、中国に対する不満を控え些細なことには拘泥しない態度をとるのはよいとしても、中国の条約違反を何もかも容認するような態度はまずいと考えた。他の列強も同様に考えるはずであった。そういう態度をとることで、どこまで条約破りを続ければ列強の堪忍袋の緒が切れるのか試してみようと中国に思わせる可能性があると危惧したのである。しかし現実には、中国との商売で中心的立場にいる国（イギリス）が宥和的な態度をとると決めた以上、米国務省が追随してしまうかもしれないとマクマレイ公使は怖れた。[*89]

公使の懸念はすぐに現実となった。ケロッグ長官はイギリスのやり方に足並みを揃えると決めたのである。北京政府に対して、米国政府は従前からイギリスが主張するような態度で中国に接してきたと説明した。さらに、中国を代表する政府とならいつでも交渉する用意があり、在中国の同胞の治外法権（領事裁判権）については廃止し、アメリカ製品に対しては中国が自主的に関税率を決めてもらってもかまわないとする方向で協議すると伝えることを決定した。[*90]

マクマレイ公使は、中国の無責任な連中相手にこうした宥和的姿勢は逆効果になると考えた。そうした態度で臨めば、中国はアメリカに配慮することもなく敬意も払わないだろう、条約上の特権だけではなく、外国人が当然もつ権利までも奪いにくるだろう、と憂慮したのである。[91]

ケロッグ長官はマクマレイ公使の賢明な見立てを採用しなかった。長官は施《し》肇基《じょうき》駐米公使の主張を全面的に受け入れた。施公使は毎日のように長官と協議を続けていた。

一九二七年一月二七日、ケロッグ長官は条約改定交渉はアメリカ単独でも進めると公式に発表した。[92] 交渉は北京・広東両政府の代表と行なうことが想定されていたが、国民党軍が北に進軍したことによって、北京との交渉は不要となった。

11　米国議会・メディアの「親中」

ケロッグ長官の親中国の姿勢を米国議会が支持した。ポーター決議案（一九二七年一月）が上程されたが、中国の正式代表と交渉を進め互恵条約を結ぶよう勧告する内容であった。民主・共和両党は超党派でこれを支持した。

コナリー議員（テキサス州）は「中国が不安定となったのはアヘン戦争（一八四二年）に起因する〔一八四二年はアヘン戦争に敗れた清国が、イギリスとの間で南京条約を締結した年である〕。あのときから列強は中国に無理を強いてきた」と訴えた。[93] キャロル・L・ビーディ議員（メイン州）は「わが国は中国をその束縛から、つまり不平等条約の不当な支配から解放しなくてはならない」と主張した。[94] 一九二七年二月二一日、下院はポーター決議案を圧倒的多数（賛成二六二、反対四三）で採択した。[95] 議案は上院に送られ、外交問題委員会で検討されることになったが、同委員会には真面目に検討する気はなかった。

このころのメディアは、そのほとんどがこの決議案に賛成した。ボルチモア・サン紙は、この決議に沿った外交をただちに始めるべきだと主張した。「中国国民は長きにわたって西洋列強による苛めを受け、その怒りは頂点に達している。中国（国民）を抑えつける時代は終わった。中国が世界の（普通の）国の仲間入りを果たす時が来た」と書いた。[*96] ワシントン・ポスト紙は「わが国がとるべき唯一の道は、中国の友国になることであり、そのためには中国を対等の国家として扱うべきである」と主張した。[*97] ニューヨーク・ワールド紙、[*98] ルイヴィル・クーリエ・ジャーナル紙、[*99] カンザス・シティ・スター紙[*100]も同様の論調であった。

しかし、シカゴ・トリビューン紙は親中国の立場をとる各紙の「不平等条約」への攻撃に反発した。「外国勢力による中国の搾取などという言い方をしながら、現実には国内政治闘争を意識している。それは危険な態度である。ポーター決議案は、中国における深い闇の存在への無知から出てきたものだ。中国の現実に目をつむったセンチメンタリズムの産物だ」[*101]と警告した。

シカゴ・トリビューン紙はとりわけ広東政府への赤い工作に敏感だった。「広東政府はモスクワときわめて密接な関係をもっている。わが国は孫逸仙が晩年にはソビエト工作員ときわめて親密な関係にあったことに注意すべきだ」と書いた。[*102] ニューヨーク・タイムズ紙も広東政府に警戒的だった。「中国が外国人（ソビエト工作員）によって支配されているとまでは言えないが、その指摘は少なくとも広東においてだけは当たっている」と分析した。[*103]

12 南京事件とその影響

一九二七年春、蔣介石影響下にある広東政府は統一に向けて北に目を向けた。その動きにともなって反外国人の動きが堰を切ったように広がった。一九二七年三月二四日、南京で大きな事件が起きた。南京のアメリカ公使館の前を通過する国民党軍兵士数名にジョン・K・デイヴィス領事が話しかけると、兵士は領事に悪口を浴びせた。

「外国人みな悪人だ。アメリカ人も中国人の血をすすってきた。金儲けのためだ。いまは（軍閥の）奉天派との戦いで忙しいが、これが終わったら南京にいる外国人は皆殺しにするから覚悟しておけ。どの国出身だろうと関係ない」[*104]

この脅しはすぐに現実となった。南京大学副学長のジョン・E・ウィリアムスが頭を撃ちぬかれて即死した。アメリカ人宣教師七人が領事館に逃げ込み、突然襲われた顚末を伝えている。デイヴィス領事はアメリカ人たちをソコニーヒルにあるスタンダード石油の建物に集めることを決めた。そこなら、揚子江に入っている米砲艦の保護を受けられるからだった。まもなく国民党軍の兵士が押しかけて、アメリカ人に発砲を始めた。米砲艦からの反撃がなければ皆殺しにされていた。翌朝、彼らは砲艦に移り安全な地域に移った。

この事件（南京事件）で六人の外国人が犠牲になった。アメリカ人一、イギリス人三、イタリア人一、フランス人（宣教師）一であった。キリスト教関係の建物は焼かれ、宣教師の住居は荒らされた。アメリカ、イギリス、日本の領事館も破壊された。南京の米領事館は、犯人は国民党軍の正規兵であり上層部からの命令によるものである、とワシントンに報告した。マクマレイ公使は、このテロ行為は広東政府が承認していたというよりも、むしろ広東政府そのものが仕組んだものであると確信した。[*105]

日本は、南京事件は蔣介石に対して過激派が仕掛けたとみていた。日本外務省は、蔣介石に圧力をかけることは賢明ではない、広東政府内の過激派を逆に利することになると(チャールズ)マクヴェーグ駐日米大使に意見した。[*106]

英外務省も日本と同じ見方であった。蔣介石を支えることで広東政府内の常識派を育成し、彼らに過激派を抑え込ませるのが得策だと考えた。いずれにせよ各国は陳友仁《ちんゆうじん》外交部長に抗議した。各国はどのような制裁を広東政府に科すべきかについて協議していた。[*107]

制裁の可能性を知ったケロッグ長官は、極東情勢の緊迫化に危機感をもった。まず、マクマレイ公使に「米国政府は国民党政府に厳しい制裁を科すことには賛成できない」と訓令した。[*108]米国政府のできることは英、仏、伊、日各国政府と協調して南京事件について陳に抗議することだけだというのが長官の考えであった。五カ国の抗議書が漢口で手交されたのは四月一一日のことであった。そこには、要求されている措置を広東政府がとらない場合には、各国は「適当」と考えられる対策をとると警告されていた。[*109]

抗議した列強は、もし陳からの回答が満足できない内容であれば改めて対応を協議することとしていた。強硬策をとりたくないケロッグ長官は、その対策には苦慮している。日本外務省は、蔣介石(のグループ)と好戦的な陳(のグループ)を分断したうえで対応することを提案した。長官はこの案に乗った。「最善の対応は、陳からの回答がなかった場合でも、その後の推移を見守り、蔣介石の立場を危うくしない[*110]」というものだった。

マクマレイ公使は、アメリカの態度が列強の対広東政府交渉の足並みを乱すことを怖れた。アメリカが独自の対応をすれば、新たに英日の協調（同盟関係）を惹起させることになり、両国に極東外交の主導権を渡すことになると憂慮した。[*111]

公使の危惧に、ケロッグ長官は列強との協調姿勢から「完全に」距離を置くと決めたわけではないと回答した。米国務省はワシントン会議で協議された治外法権および関税自主権に関わる規定について中国に遵守を求めるが、今回の事件を受けての対応は穏健なものにしたいとした。列強が力によって特別な権益を中国領土で受益することは、すでに時代遅れになったとも述べた。[*112]

列強の代表は北京に集まり協議した。基本的に中国（広東政府）には制裁を科す方向で一致していた。これに対してケロッグ長官は広東政府に賠償請求などをしてはならないと「お説教」した。アメリカは強硬姿勢には反対だ。列強の陳友仁外交部長への抗議にも参加しない。そういう態度をとった。[*113]

アメリカの生ぬるい態度のために、列強が足並みを揃えて国民党政府と対峙することができなくなった。それでも列強の一連の動きは、一九二七年四月時点における蔣介石に対する警告であった。共産主義者の動きとは距離を置くこと、西洋列強が受け入れることのできる政策に舵を切ること。そうしたメッセージを含むものであった。

13　共産主義の浸透を見逃したアメリカ

一九二七年四月に、蔣介石はミハイル・ボロディンの指導に従わない態度を示すことになるが、それまでの国民党政府はモスクワの準備した計画に沿って行動していた。極東情勢に詳しい者はそのことをよく理解していた。

ところがクーリッジ大統領もケロッグ国務長官も共産主義の工作活動についての関心が薄かった。大統領は友好一点張りで、一九二七年四月二五日、UPA（United Press Association）が主催した晩餐会でも、中国の民に対して強硬な外交はとらないと明言した。「しばらくすれば中国の混乱も鎮静化し、しっかりとした政権ができあがるはずだ。その政権がこれまでの間違いに対して適当な対応（外交的処理）をしてくれるはずだ」[*114]。これが大統領の対中国外交の基本姿勢だった。

大統領のあまりに「能天気な外交」に中国の条約港（開港都市）で商売する米国ビジネス社会は不満であった。一九二七年四月、上海米国商業会議所は中国におけるナショナリズムの高まりとソビエト共産主義の浸透について注意を促す声明を出した。

「中国における軍国主義的傾向、蔓延する山賊行為と共産主義思想は、中国の多くの地域で法の秩序を乱している。われわれは列強各国が共同してこの問題の対処にあたるよう要望する。すべての条約都市において外国人の生命財産は守られなくてはならない。秩序の回復は中国人のためでもある」[*115]

ロドニー・ギルバート〔*What's wrong with China*, 1927の著者〕は、上海米国商業会議所の考えに同意し、クーリッジ政権が列強各国と協調した対中国外交を進めないことを嘆いた。彼は北京から「ここでは組織も官僚も商売人もすべてが腐っている。言葉に表わせないくらいひどい」と伝えていた。[*116]

一九二七年一〇月、ジョージ・ブロンソン・リーは米国商業会議所でのスピーチで、中国各地に広がるボルシェビキ思想について警告した。

「ソビエト・ロシアが中国の内政に干渉し、中国の軍隊を利用して列強の利権を脅かすのであれば、われわれ列強も同じように利権を守るために中国に干渉する権限があるではないか[*117]」

上海の米国商業会議所は、中国国民党の動きはソビエトにコントロールされていると確信していた[*118]。ノース・チャイナ・ヘラルド紙もその特別版に「混迷の中国」と題した論説を発表し、「中国の中で列強との交渉を要求する者は、勝手に自身を中国の代表だと称しているだけの連中で、建設的な考えなどもっていない。みじめな状態にある国土を自身の利益のために蹂躙《じゅうりん》しても平気である。彼らの背後ではボルシェビキの工作員が（そうした行為を）扇動している[*119]」と訴えた。

また同紙は、蔣介石が自身は共産主義と袂を分かった（一九二七年四月）という主張を疑っていた。

「列強の中には、（蔣介石が）ソビエトの指導あるいは労働組合グループの高圧的なやり方に反抗していて、その姿勢は信用できるとする者があるが、彼らはそのような姿勢の背後にある真の動機に気づいていない。ボルシェビキ思想を広める動き、あるいはそれを押しとどめようとする（表向きの）動きにも、十分に計算された偽善的思惑があることに注意しなくてはならない[*120]」

蔣介石の動きに警戒を示す中国現地からの声を、ワシントンは聞こうとしなかった。クーリッジ政権は蔣介石を信用した。一九二八年春には、同政権は蔣介石の政府を承認することを決めた。一九二八年三月三〇日、両国はその意思を確認する文書を交わし、それによって南京事件も一件落着となった。次のステップは正式に国交を結ぶことであった。マクマレイ公使は、それに反対であると訴えた。「国民党による政府が責任ある行動をとれるか。内政・外交に責任をもてるか。私はその可能性はほとんどないと考える。近い将来に現政権がそうした行動をとるとは考えられない」[*121]と警告した。

ケロッグ国務長官は、マクマレイ公使の意見を聞こうとしなかった。長官は蔣介石政権と条約を締結し（一九二八年七月二五日）、関税自主権も認めたのである。[*122]マクマレイ公使は、蔣介石政権に（アメリカ外交上の）どのような立場で接するべきか本省に確認した。七月二五日の条約は同政権の代表との間で締結された以上、わが国は蔣介石政権を承認したことになる、政権の承認そのものはこの条約が上院によって批准されるのを待たなくてもすでになされたと考えてよい、という回答であった。[*123]

中国を統一し、そのうえで西洋列強による同政権の承認を得るという蔣介石の構想は一定の成果を収めた。しかし赤い思想のイースト菌は蔣介石自身の心にしっかりと播《ま》かれていた。その菌は中国人の政治思想の中にしっかりと植えつけられ、しだいに「発酵」していったのである。そして最後には、その菌（共産主義）が蔣介石だけでなく中国そのものを破壊することになる。

＊原注

＊1　Paul W. Reinsch, *An American Diplomat in China*, New York, 1922, Chapter 12. あるいは Thomas E. La Fargue, *China and the World War*, Stanford, 1937, Chapter 3.
＊2　F. Seymour Cocks, *The Secret Treaties and Understandings*, London, 1918, pp. 84-88. あるいは J. V. A. MacMurray, *Treaties and Agreements with and Concerning China*, II, New York, 1921, pp. 1168–1169.
＊3　Blanche E. Dugdale, *Arthur James Balfour*, II, New York, 1936, pp. 145–146. あるいは Balfour to President Wilson, January 31, 1918, File 2, Box 135. Wilson Papers, Library of Congress. あるいは Secretary Lansing to President Wilson, November 18, 1918, File 2, Box 156. Wilson Papers, Library of Congress.
＊4　A. Whitney Griswold, *The Far Eastern Policy of the United States*, New York, 1938, p. 219.
＊5　Lansing *Diary*, January 10, 1918. Lansing Papers, Library of Congress.
＊6　Griswold, *The Far Eastern Policy of the United States*, pp. 218–219.
＊7　Lansing *Diary*. Memorandum by Secretary Lansing, March 18, 1918.
＊8　同右′ April 10, 1918.
＊9　同右′ June 12, 1918.
＊10　Lansing *Diary*. Memorandum of a conference at the White House, July 6, 1918.
＊11　Colonel House to President Wilson, July 6, 1918, House Papers, Yale University Library.
＊12　General William S. Graves, *America's Siberian Adventure*, New York, 1931. あるいは Pauline Tompkins, *American-Russian Relations in the Far East*, New York, 1949, pp. 47–141. あるいは John A. White, *The Siberian Intervention*, Princeton, 1950, pp. 270–274.
＊13　Frederick V. Field, *American Participation in the China Consortiums*, Chicago, 1931, pp. 14–66. あるいは John. G. Reid, *The Manchu Abdication and the Powers, 1908–1912*, Barkley, 1935, pp. 36–241, 258–299.
＊14　MacMurray, *Treaties and Agreements with and Concerning China*, p. 1024. あるいは Griswold, *The*

Far Eastern Policy of the United States, pp. 172–173.

＊15 *Foreign Relations, 1913*, pp. 170–171.

＊16 *Foreign Relations, 1918*, pp. 167–168.

＊17 *Foreign Relations, 1917*, pp. 144–145; 154–155. British Embassy to Secretary Lansing, October 3, 1917; Ambassador Jusserand to Secretary Lansing, November 19, 1917.

＊18 Secretary Lansing to President Wilson, June 20, 1918. MS, Department of State.

＊19 President Wilson to Secretary Lansing, June 21, 1918. MS, Department of State.

＊20 Secretary Lansing to Ambassador Jusserand, October 8, 1918. MS, Department of State.

＊21 British Foreign Office to the American Embassy, London, March 17, 1919. *The Consortium, The Official Text of the Four-Power Agreement for a Loan to China and Relevant Documents*, Washington, 1921, No. 5, p. 15.

＊22 Ambassador Morris to Secretary Lansing, Tokyo, May 28, 1919. MS, Department of State.

＊23 J. W. Davis to Acting Secretary Polk, London, June 18, 1919. MS, Department of State.

＊24 J. P. Morgan and Company to Dept. of State, June 25, 1919. MS, Department of State.

＊25 T. W. Lamont to J. P. Morgan and Company. MS, Department of State.

＊26 Reinsch to Secretary Lansing, Peking, June 26, 1919. MS, Department of State.

＊27 Ambassador Wallace to Breckinridge Long, Paris, July 13, 1919. MS, Department of State.

＊28 Ambassador Wallace to Secretary Lansing, Paris, September 16, 1919. MS, Department of State.

＊29 Japanese Embassy to the Department of State, March 2, 1920. MS, Department of State.

＊30 Lansing, *Diary*, November 30, 1918.

＊31 Lansing, *Diary*, July 31, 1919.

＊32 Ambassador Morris to Acting Secretary Polk, March 11, 1920. MS, Department of State.

＊33 Ambassador Morris to Secretary Colby, Tokyo, April 8, 1920. MS, Department of State.

＊34 ラモントは横浜正金銀行頭取梶原仲治に宛てた文書（一九二〇年五月一一日付）の中で、次の点が合

意事項だと書いている。

(1)南満州鉄道とその支線およびそれに付属する鉱山については借款対象の範囲にはない。

(2)予定される洮南《とうなん》—熱河《ねつか》間の鉄道および接続が計画されている港湾については借款対象の範囲とする。

＊35　Thomas W. Lamont, *Preliminary Report on the New Consortium for China*, pp. 14–15.

＊36　Lyon Sharman, *Sun Yat-sen: His Life and its Meaning*, New York, 1934, p. 247. あるいはM. T. Z. Tyau, *China Awakened*, New York, 1922, Chapter 9.

＊37　ランシング米国務長官は孫逸仙をまったく評価していない。長官は一九一八年一一月二五日付のウィルソン大統領宛の文書で次のように書いている。

「この男は賄賂をすぐに受けとり、最も高額な寄付者になびくという悪い話をいくつも聞いている。このことを示す証拠は十分なものだと思われる」（Secretary Lansing to President Wilson, File 2, Box 157.）

＊38　*New York Times*, July 22–23, 1923.

＊39　T. C. Woo, *The Kuomintang and the Future of the Chinese Revolution*, London, 1928, Appendix C.

＊40　Harley F. McNair, *China in Revolution*, Chicago, 1931, p. 77.

＊41　Harriet L. Moore, *Soviet Far Eastern Policy, 1931–1945*, Princeton, 1945, pp. 156–164.

＊42　Sharman, *Sun Yat-sen: His Life and its Meaning*, pp. 308–309.

孫逸仙とソビエトの親密な関係については、南京領事ジョン・K・デイヴィスがケロッグ国務長官に宛てた報告書（一九二五年七月六日付）（MS, Department of State）で明らかにされている。その内容は以下である。

「孫逸仙の重篤な病あるいは死期が近いという情報については確かめられていないが、孫逸仙と馮玉祥は（北京での）革命をソビエトの指導下で実行に移すことを画策していたことは確かである。権力掌握後は、条約改定を進めるのではなく、いわゆる不平等条約を一方的に破棄する考えであった」

＊43　MacNair, *China in Revolution*, pp. 100–107.

＊44　Consul John. K. Davis to Secretary Kellogg, Nanking, July 6, 1925. MS, Department of State.

＊45　E. C. Grenfell to T. W. Lamont, London, June 25, 1925. MS, Department of State.

*46 T. W. Lamont to E. C. Grenfell, June 26, 1925. MS, Department of State.

*47 Thomas F. Millard to W. W. Yen, Shanghai, June 11, 1925. Borah MS, Library of Congress.

*48 Thomas F. Millard to Senator Borah, Shanghai, June 18, 1925. Borah MS, Library of Congress.

*49 Senator Borah to Thomas F. Millard, Boise, Idaho, July 20, 1925. MS, Library of Congress.

*50 *New York Times,* June 16, 1925.

*51 Secretary Kellogg to Senator Borah, August 21, 1925, *Strictly Confidential.* Borah MS, Library of Congress.

*52 Senator Borah to Secretary Kellogg, Boise, Idaho, August 26, 1925. Borah MS, Library of Congress.
なおボーラ議員は、ウィリアム・F・マクドウェル主教〔訳注：メソジスト監督教会〕宛の手紙（一九二五年八月一八日付）で、「中国における西洋諸国の行為はとても擁護できない」と書いている。

*53 Dorothy Borg, *American Policy and the Chinese Revolution, 1925–1928,* New York, 1947, pp. 24–25.

*54 Ferdinand L. Mayer to Secretary Kellogg, June 19, 1925. *Foreign Relations, 1925,* I, p. 667.

*55 Minister MacMurray to Secretary Kellogg, July 28, 1925. *Foreign Relations, 1925,* I, pp. 799–802.

*56 Borah, Baltimore *Sun,* August 11, 1925.

*57 Senator Borah to the Minister of Foreign Affairs, Canton Government, September 26, 1925. MS, Library of Congress.

*58 Senator Borah to Thomas F. Millard, September 15, 1925. MS, Library of Congress.

*59 Chungting T. Wang to Senator Borah, Peking, September 25. MS, Library of Congress.

*60 Harry Hussey to Senator Borah, Peking, June 23, 1925. MS, Library of Congress.

*61 C. F. Remer and William B. Palmer, *A Study of Chinese Boycotts with Special Reference to their Economic Effectiveness,* Baltimore, 1933, pp. 95–102.

*62 *China Year Book, 1926–1927,* p. 982.

*63 *China Year Book 1928,* p. 4. あるいは Julean Arnold, "The Missionaries' Opportunity in China", *Chinese Recorder,* October 1925, p. 639. あるいは C. F. Remer, *Foreign Investments in China,* New York,

1933, p. 308.

＊64 *China Year Book, 1926–1927,* pp. 1041–1043.

＊65 *Chinese Recorder,* September 10, 1925, p. 114.

＊66 *American Relations with China: A report of the Conference Held at the Johns Hopkins University, September 17–20, 1925,* Baltimore, 1925, p. 39.

＊67 Borg, *American Policy and the Chinese Revolution, 1925–1928,* pp. 76–82.

＊68 *Far Eastern Review,* June 1926, pp. 242–243.

＊69 *North China Herald,* July 10, 1926.

＊70 Robert T. Polland, *China's Foreign Relations, 1917–1931,* New York, 1933, pp. 275–279.

＊71 Eugene Ch'en to the American Consul General Jenkins, Canton, July 14, 1926. *Foreign Relations, 1926,* I, p. 845.

＊72 Eugene Ch'en to the American Consul General Jenkins, Canton, July 28, 1926. *Foreign Relations, 1926,* I, pp. 851–853.

＊73 Minister MacMurray to Secretary Kellogg, Peking, August 14, 1926. *Foreign Relations, 1926,* I, pp. 671–680.

＊74 Secretary Kellogg to MacMurray, August 24, 1926. *Foreign Relations, 1926,* I, p. 682.

＊75 MacNair, *China in Revolution,* pp. 108–109.

＊76 Borg, *American Policy and the Chinese Revolution, 1925–1928,* p. 120.

＊77 The Department of State to the British Embassy, October 5, 1926. *Foreign Relations, 1926,* I, p. 855.

＊78 Minister MacMurray to Ferdinand L. Mayer, September 30, 1926. *Foreign Relations, 1926,* I, p. 868.

＊79 Ferdinand L. Mayer to Secretary Kellogg, October 3, 1926. *Foreign Relations, 1926,* I, p. 869.

＊80 Secretary Kellogg to Mayer, October 5, 1926. *Foreign Relations, 1926,* I, p. 871.

＊81 Ferdinand L. Mayer to Secretary Kellogg, November 3, 1926. *Foreign Relations, 1926,* I, pp. 896–897.

＊82 *China Year Book, 1928,* p. 782.

*83 MacMurray to Secretary Kellogg, November 12, 1926. *Foreign Relations, 1926,* I, pp. 996–997.
*84 MacMurray to Secretary Kellogg, November 16, 1926. *Foreign Relations, 1926,* I, pp. 897–899.
*85 MacMurray to Secretary Kellogg, Peking, February 7, 1927. *Foreign Relations, 1927,* II, pp. 379–381.
*86 Secretary Kellogg to MacMurray, February 15, 1927. *Foreign Relations, 1927,* II, pp. 382–383.
*87 British Secretary of State for Foreign Affairs to the British Ambassador in China, December 24, 1926. *Foreign Relations, 1926,* I, pp. 923–929.
*88 London *Times,* January 5, 1927.
*89 MacMurray to Secretary Kellogg, Peking, December 22, 1926. *Foreign Relations, 1926,* I, pp. 919–921.
*90 Secretary Kellogg to Minister MacMurray, December 23, 1926. *Foreign Relations, 1926,* I, p. 922.
*91 MacMurray to Secretary Kellogg, Peking, December 28, 1926. *Foreign Relations, 1926,* I, p. 929.
*92 Secretary Kellogg to the American chargé in China (Mayer), January 25, 1927. *Foreign Relations, 1927,* II, pp. 350–353.
*93 *Congressional Record,* January 26, 1927, LXVIII, pt. II, p. 2324.
*94 同右、LXVIII, pt. II, p. 4388.
*95 同右、February 21, LXVIII, pt. III, p. 4389.
*96 January 8–10, 23–24, 29, 1927.
*97 January 9, 1927.
*98 January 25 1927.
*99 March 17, 1927.
*100 January 21, 26, 1927.
*101 January 23, 28, 30; February 3, 5, 9, 1927.
*102 同右、March 22, 1927.
*103 January 25, 1927.
*104 Consul John K. Davis to Secretary Kellogg, Nanking, March 28, 1927. *Foreign Relations, 1927,* II, pp.

151–163.

＊105 MacMurray to Secretary Kellogg, Peking, March 28, 1927. *Foreign Relations, 1927*, II, p. 151.

＊106 Ambassador MacVeagh to Secretary Kellogg, Tokyo, March 28, 1927. *Foreign Relations, 1927*, II, p. 164.

＊107 British Ambassador（Howard）to Secretary Kellogg, April 5, 1927. *Foreign Relations, 1927*, II, pp. 179–181.

＊108 Memorandum by the Secretary of State, April 6, 1927. *Foreign Relations, 1927*, II, pp. 182–183.

＊109 Consul General at Hankow (Lockhart) to Eugene Ch'en, April 11, 1927. *Foreign Relations, 1927*, II, pp. 189–90.

漢口総領事（ロックハート）の提出した抗議書では以下が要求されていた。

1　南京の事件において兵士に蛮行を命令した指揮官の処罰および殺人、傷害、侮蔑行為、器物損壊に対して謝罪をすること。およびすべての関係者の責任の追及。

2　国民党軍司令官の文書による謝罪、そこには今後再発のないことを約する内容が含まれること。

3　殺された者、傷害を受けた者および器物損壊についての完全なる補償。

＊110 Memorandum by the Secretary of State, April 20, 1927. *Foreign Relations, 1927*, II, pp. 204–205.

＊111 MacMurray to Secretary Kellogg, Peking, April 23, 1927. *Foreign Relations, 1927*, II, pp. 209–210.

＊112 Secretary Kellogg to MacMurray, April 25, 1927. *Foreign Relations, 1927*, II, pp. 210–211.

＊113 Secretary Kellogg to MacMurray, April 28, 1927. *Foreign Relations, 1927*, II, pp. 215–216.

＊114 *United States Daily*, April 26, 1927.

＊115 *North China Herald*, April 30, 1927.

＊116 Borg, *American Policy and the Chinese Revolution, 1925–1928*, p. 344.

＊117 同右、p. 351.

＊118 *Bulletin* of the American Chamber of Commerce of Shanghai, August, 1927.

＊119 *China in Chaos*, p. 2.

* 120 June 18, 1927.

* 121 MacMurray to Secretary Kellogg, Peking, June 20, 1928. *Foreign Relations, 1928,* II, pp. 184–185.

* 122 *Foreign Relations, 1928,* II, pp. 475–477.

* 123 Secretary Kellogg to MacMurray, August 10, 1928. *Foreign Relations, 1928,* II, pp. 192–193.

第3章 日米戦争への導火線

1 排日移民法

アメリカの政治家は中国の混乱を横目にみながら、日本の落ち着いた政情を観察していた。その静穏な日本は本来なら安心を生むはずであった。ところがアメリカの政治家は日本を疑いの目でみたのである。妙なことに秩序ある日本は、多くのアメリカ人を不快にした。日本には「帝のリズム」とでもいうべき秩序があった。アメリカはそうした日本よりも（中国の）混乱する民主主義を好んだ。これは奇妙なことであった。

一九一三年以来、米国務省は日本に対してつねに攻撃的だった。ウィルソン政権はいくつかの局面でそういう態度をとった。一九二一年には共和党政権が成立し、ワシントン会議（海軍軍縮会議）を主宰した。その主たる狙いは日本海軍の拡張を牽制することにあった。当時のワシントンには明らかに、日本を嫌う空気があった。それだけに両国の誤解の溝が広がるのは避けられなかった。

まずその対立は移民問題から始まった。

アメリカは、第一次世界大戦の終了で困窮したヨーロッパから巨大な移民の波が押し寄せるだろうと危惧した。一九二一年五月一九日、その波に備え移民制限の法律を制定した。一九一〇年時点でアメリカに居住する移民数の三パーセントを各国からの移民受け入れの上限とした。この数カ月後には、一八九〇年時点の移民数をベースに変更し、上限を二パーセントにまで絞った。[*1]

日本からの移民については、一九〇七年以来の紳士協定による制限が続き、日本政府はその数を抑えていた。新しい規制はこの協定を補完する性質のものではないことがたちまち露見した。アメリカ太平洋岸では一九二一年には日本からの労働者は一切受けつけないという動きが広がっていた。この動きを、日本人は帰化不能人種であるとする最高裁の判断が後押しした（一九二二年）。この決定が、日本人移民にだけ適用される連邦法の成立に弾みをつけた。[*2]

一九二三年一二月、帰化不能人種の移民を禁じる法律がワシントン議会に上程された。これに日本大使館は抗議した。日本外務省が、日本という国あるいは日本国民が他国に敬意をもって扱われるか否かに関心を寄せるのは当然だった。[*3]

一九二四年二月八日、ヒューズ国務長官は下院移民問題委員会委員長アルバート・ジョンソン議員に長文の文書を送り懸念を表明した。この法案が一九一一年の日本との条約〔日米通商航海条約〕に違背していることを伝えた。さらに「この法案でワシントン海軍軍縮条約の協議を通じてせっかく好転した日米関係を毀損する」惧れがあると注意を促した。この法案は「長きにわたって信頼関係を築いてきた国を侮辱することになる」と懸念した。[*4]

この意見書がジョンソン委員長の机の上に置かれ検討を待っている時期にも、ヒューズ国務長官と埴原正直《はにはらまさなお》駐米大使が意見を交わしていた。埴原大使は「アメリカが主権国家として移民に制限をかけることに口を挟むつもりはないが、このような制限をかけることは、アメリカとの友好関係にある日本の誇りを傷つけるのではないか。信頼関係が崩れ、悪い影響が出るのではないか」と強く抗議していた。そのうえで、もしこの法案が成立すれば両国関係に「深刻な事態が惹起される可能性がある、移民を制限するのであればもっと違うやり方があるのではないか」[*5]と主張した。

この訴えを議会に伝えると、（ヘンリー・カボット）ロッジ上院議員〔共和党。マサチューセッツ州〕は「深刻な事態」という言葉尻をとらえ、「隠された脅し」だと反発した。この「脅し」には、すみやかな排日移民法の成立で応えるべきだと語った。この問題が上下両院で議題に上ると、埴原大使はヒューズ国務長官に「『深刻な事態』という言葉使いがまったく文意全体から外れて議論されている。この用語が『脅し』の意味をもつわけがない」と抗議した。[*6]

ヒューズ国務長官も埴原大使に同意した。長官は、ロッジ議員に対して「この法律は対日関係に修復が難しいほどのダメージを与えた。われわれ（政権）も傷ついた。日本人の多くにわが国に対する憤りの思いをもたせてしまった。とても賢明とは言えないやり方である。これが今後どのような結果を招くか考えたくもない」とその憤懣を伝えた[*7]〔クーリッジ大統領は一九二四年五月二六日排日移民法に署名した〕。

2　満州投資をめぐる駆け引き

排日移民法が日本人の心に及ぼした悪影響を深刻に考えるアメリカのメディアはほとんどなかった。サンフランシスコ・イグザミナー紙は「西海岸の住民の考えが反映され、日本人移民の侵入からカリフォルニアを守ることができた」[*8]と勝ち誇ったような記事を書いた。西海岸や（ロッキー山脈）山間部諸州の新聞の論調も似たようなものだった。

この時代、日本嫌いの感情はきわめて深刻で、アメリカ全土に広がっていた（これがのちの真珠湾の悲劇につながっていく）。この日本嫌いの空気が、日本とモルガン商会の南満州鉄道投資交渉に暗い影を落とすことになった。

一九二七年一〇月二九日、ニューヨーク・ジャーナル・オブ・コマース紙は、南満州鉄道がアメリカから四〇〇〇万ドル相当の借款を求めていると報じた。集めた資金は撫順《ぶじゅん》の炭鉱の拡張や化学肥料工場建設プロジェクトに使われる計画だった。また一部はリファイナンスに使う計画もあった。国務長官の経済担当アドバイザーであったアーサー・N・ヤングは、ケロッグ長官と、米国務省極東部長のネルソン・T・ジョンソンに対してこの記事に注意を向けるよう促した。

「米国務省は、こうした借款の供与については、日本の満州進出にアメリカ資本が手助けすることになるとして反対していたはずである。第三国におけるプロジェクトでアメリカの国益にかなわない案件にアメリカの資金が使われることには反対である」[*9]

これを受けて、ジョンソン部長は、長官とこの件で話したこと、南満州鉄道借款案件については、米国務省に上がってくればこれまでと同様の姿勢で臨むことを確認したと回答した。[*10]モルガン商会のトーマス・ラモントは、米国務省はこの案件について従来の態度を変更すべきだと考えていた。彼はオールズ国務次官に対して自身がみてきた満州の状況を伝える書簡を提出した。彼は同地を旅して戻ってきたばかりであった。

「私は満州から戻ったばかりだが、中国で安定している地域はここだけであった。中国は混乱の一途であるが、ここは日本の力によって今後もいっそう安定するものと思われる。日本の満州開発は軍事目的が主であるが、純粋な経済発展の観点からも進めている。日本による開発は、日本からやってくる少ない数の植民者のためというよりも、中国そのものの利益にかなっている。いま中国のほとんどは混乱状態いや戦乱状態にあるといってよい。その結果安定した満州南部には多くの中国人が押し寄せている。彼らは他の地域では山賊行為に遭い、略奪行為に晒されていた。そこから逃げ出し、この地に移っているのである[*11]」

この借款案件を聞きつけた蔣介石は気分を害した。駐北京アメリカ大使館のメイヤー顧問に憤懣をぶつけた。

「われわれはアメリカがこのような性質の借款を日本に与えることは、アメリカがこれまでにとってきた対中外交を変えるものだと理解する。なぜなら、この借款が日本を直接的に支援することになるからである。満州を支配しようとする日本を利することになる。満州においては、中国によるまともなプロジェクトを支援していただきたい。そうしたプロジェクトについては（わが政府が）積極的に支援する[*12]」

蔣介石はアメリカの満州投資を歓迎すると言ったものの、彼はこの地をコントロールしていなかった。ラモントの、満州だけが中国において生命と財産が守られているという観察は重要である。この安全も蔣介石が満州を支配すればたちまち失われることは、南京、漢口、天津をみれば一目瞭然であった。

一九二七年一一月二一日、ケロッグ国務長官は北京の米国大使館に、アメリカが南満州鉄道への借款を認めた場合、中国政府は日本に対してどのような態度をとると考えるか、中国での米国資本への差別的処遇はないか、満州において（南満州鉄道と競合する）新線を建設した場合、日本の反発の可能性についての考えをまとめるよう指示した。これに対してのメイヤー顧問の回答は重要である。

「中国の民のためという『純粋な』観点からしても、アメリカ資本は日本の満州開発に直接的に関わるべきである。アメリカ資本が債権者の立場になることで、日本の行動を牽制でき、中国にとって利益となるような影響力を発揮できる。日本は最終的にはロシアとの対立が避けられないと考えている。したがってわが国の資本参加の有無にかかわらず南満州鉄道への投資を続けることは間違いない。西洋列強は、中国のいまのような混乱状態がさらに悪化する状況をただ傍観していられない。ロシアの共産化工作を何とかしなければ、情勢は悪化の一途をたどる。われわれは倫理的にも日本の満州政策に反対はできない。日本にとっての満州は、わが国にとってのカリブ海と同様の意味をもつからである[*13]」

メイヤーはこの意見書の三日後にも同様の進言をした。先の意見書で気分を害したらしい国務長官に現実的な判断を促した。アメリカが南満州鉄道への借款に参加すれば、予想される中国の反発について次のように書いた。

「わが国が南満州鉄道への借款に協力すれば、たしかに中国国内には落胆があるでしょう。しかし彼らの言う特別な親米感情とはいったい何なのでしょうか。わが国との通商に何の役にも立っていません。南京事件でもわが国は被害を受けています[*14]」

ケロッグ長官のもとには東京からも現実的なリアリストの視点からのアドバイスが寄せられた。意見を伝えたのはチャールズ・マックヴェーグ駐日大使だった。

「(わが国が借款要請を断われば)日本政府は、わが国が日本の満州政策に疑念を抱いていることの証として理解するでしょう。日本は他国からではなくわが国からの借款を強く求めています。満州への投資についてわが国の理解を得て、開発を進めることは結果的にすべての中国の民の幸福になると考えています。わが国がこの金融支援に誤りはないと確信できれば、この機会を逃してはならないと考えます。ラモント氏も、日本の満州開発が中国(国民)のためになるという日本の銀行団の主張に納得しているように思います。彼は、南満州鉄道の開発は中国が自身の力で混乱を解決する一助になるはずだとの日本の主張も理解しているようです[*15]」

アメリカのメディアにも南満州鉄道への金融支援に積極的なものがみられた。ニューヨーク・タイムズ紙は、同鉄道のマネジメントをほめちぎり、国内の鉄道会社でも南満州鉄道ほどのマネジメントができているとは思えないとまで書いた。[16]（日本を嫌う）サンフランシスコ・クロニクル紙でさえ、米国務省がこの案件に反対する理由はない、と論評した。[17]

しかし結局、こうした意見は中国からの激しい反対で立ち消えになった。[18]反対に晒されたラモントは日本との借款交渉をこれ以上続けても賢明ではないと米国務省に伝えた。[18]

中国の反対を緩和させる策として、日本は南満州鉄道の新規事業展開に数カ国から借款を受ける方向に切り替えた。南満州鉄道の山本条太郎社長は、各国からの借款を望む姿勢は、日本には満州への領土的野心がないことを示すものだと訴えた。国際借款が成功すれば満州開発は中国のためという考えを実際の行動で示せることになる。これが山本の主張だった。[19]

北京政府はこの考えにも反発した。[20]協調融資のスキーム検討にあたっても、アメリカ銀行団は中国の影響を受けた。債権者の立場で日本の政策をコントロールするという機会をわが国は逃したのである。革命で混乱しているとはいえ、中国のアメリカへの影響力（同情を惹く力）は強烈であった。

3　済南事件

米国民も時に現実をしっかりとみることがある。アメリカがこうした態度をとったのは済南《さいなん》事件のときだった。一九二八年五月三日、国民党軍兵士が済南市〔山東省西部の市〕で、広範囲にわたって略奪行為を始めた。これに日本の兵士が対処した。四日後、日本軍司令官は蔣介石に対して最後通牒を発し、同市からの国民党軍の即時撤収を求めた。[21] 日本軍は撤退しない国民党軍への攻撃を開始した。この戦いで人命が失われ財産が破壊されたのはいうまでもない。

中国政府はただちに日本軍の侵略行為だとして国際連盟に提訴した。日本は、同省における利権と邦人の安全確保のためであると国際連盟に回答した。[22] 北京と天津で発行されていたタイムズ紙は、日本の声明を諒とした。

「日本の回答（声明）はあるべき見本のようなものである。中国は信用を失った。彼らは正直であると言っていたが、それは未熟で興奮しやすい中国代表による偽りのプロパガンダであった[23]」

国際連盟がこの案件を協議している中、日本は列強に対して、山東半島に落ち着きが戻りしだい軍を撤収すると約束した。混乱が収拾するかどうかは日本と国民党政府の交渉の結果しだいであった。両国は折衝を繰り返し、ようやく一九二九年三月二八日、協定が成立した。結果は中国の外交的勝利だった。日本は山東半島から二カ月以内の撤兵を約束した。済南事件での日本に対する被害の補償については、両国が設置する協議会に任せることとなった。[24]

この事件に対しては多くのアメリカのメディアが日本に同情的だった。ワシントン・ポスト紙は「日本のいわゆる侵略行為を云々する以前に、いったいいかにして、そしていつから国民党がみずからを中国を代表する政府と称する権利を得たのかについて議論することが先決だ」と書いた。[25] ニューヨーク・ヘラルド・トリビューン紙は「この事件は中国には国家統制は存在せず、責任ある政府などないことを露呈するものだ[*26]」、フィラデルフィア・インクワイア紙は「済南事件は南京事件での教訓をあらためて列強に知らしめた。列強は中国に対して厳しい態度をとらなくてはならない[*27]」と報じた。サンフランシスコ・クロニクル紙は「日本は自国民とその財産を守るために行動せざるをえなかった[*28]」と書いた。当時の米国民が普通に思う感慨を代弁したものといえる。

4 スティムソン国務長官の中ソ和平調停

南京と済南の事件は、蔣介石の北伐（国家統一のための軍事行動）の過程で起きた。日本とアメリカの軍事力を前にして、北伐の動きはしばらくソビエトの支配する満州地域に向かったが、何の成果もなくたちまち押し返された。ソビエトと中国の紛争は、東清鉄道の管理権をめぐるものであった。

一九二四年に結ばれた中ソ両国による協定によれば、同鉄道は商業事業として両国の共同管理が規定されていた。またこの協定は、互いに相手国の政治組織、社会組織を破壊するような有害な工作活動を禁じていた。一九二六年、中国東北部三省を支配する軍閥張作霖と東清鉄道のゼネラルマネジャーであったA・I・イワノフが対立した。イワノフは張作霖が自身の兵士の輸送に利用した鉄道料金の即時支払いを要求した。これが対立の発端だった。

張作霖はソビエト・ロシアが一九二四年協定に違背していることを知った（一九二七年春）。ソビエトがボルシェビキ思想を扇動する工作を続けていることを知らされたのである。一九二七年四月六日、張作霖の兵が北京のソビエト大使館を襲い、そのことを示す大量の資料を押収した。大使館関係者は共産主義思想を称揚するパンフレットをたしかに配布しており、協定違反は明白だった。[*29]
駐北京ソビエト大使はこの行為に憤り、北京を去った。しかし満州および北部支那に赴任していた領事は動かなかった。彼らは共産主義工作の中心として機能を継続した。張作霖は対ソ攻勢を強めようとする矢先に、爆弾によって重傷を負い亡くなった（一九二八年六月四日）。
彼の息子である張学良は、この事件は共産党の工作ではないかと強く疑い、ハルビンのソビエト領事館を襲い、領事館関係者四二人を拘束した（一九二九年五月二七日）。押収された資料は、東清鉄道のソビエト職員がボルシェビキ思想拡散のパンフレットを大量に配布していたことを示していた。[*30]
一九二九年六月一日、ソビエト政府は（政府とは独立の）第三インターナショナルと領事館を使用した会合を行なったことはないと声明を出した。同時に中国官憲の行為は「愚かで恥知らずかつ国際法を蔑ろにしたものだ」と激しく非難し、辛抱強く正式な釈明を待つ、とした。[*31]
この抗議に対して張学良はさらなる襲撃で応えた。七月一〇日、彼の軍が東清鉄道電信部門を占拠した。同鉄道の管理にたずさわるロシア人は放逐され、商船部門、貿易部門は閉鎖され、同鉄道のゼネラルマネジャーを中国人に代えた。
七月一三日、ソビエトはこの行為は一九二四年協定を破るものだとして激しく抗議した。奉天にある張作霖政権も、北京の蔣介石政権もこれから重大事件が起きることを覚悟するよう警告した。同時に東清鉄道に関わるすべての案件を処理する協議の場をもちたいとも伝えた。[*32]
中国外交部は、ソビエト・ロシア大使館（領事館）に対しての処置は、同国が一九二四年合意に違背して共産主義プロパガンダ工作を進めていたからだと回答した[33]（七月一六日）。モスクワは「それは事実でない。中国政府の主張は嘘であり、とても満足できるものではない」と反論した。さらに「東清鉄道に関わる諸問題を交渉によって解決する手段はもはやない。ソビエト政府はすべての関係者を中国領土から引き揚げ、鉄道による両国の連結を断つ」と付言した[34]。

こうして北部支那での中ソの軍事衝突は不可避となった。スティムソン国務長官（一九二九年三月からハーバート・フーバー政権となり、国務長官にはヘンリー・スティムソンが任命された）は、軍事衝突が起きることを恐れた。中ソ両国はケロッグ・ブリアン条約の調印国であったから、軍事力に訴えることはできないはずだった。この条約では、こうした場合の国際協議の場を設ける規定も、関係国が仲介に入ることについての規定もなかった。

それでもスティムソンは、アメリカが警察官の役割を果たすと意気込んだ。しかし、そこは各国の思惑が蠢《うごめ》く怪しいジャングルであった。それでもアメリカの制裁力は世界で最強であり、（和平を維持しなくてはならないと）覚醒した世界の和平希求の思いを実現する道具だと考えた[35]。

七月一八日、スティムソンは中ソ両国に対し、ケロッグ・ブリアン条約の遵守を求めた[36]。両国が同条約の規定（紛争解決における軍事力不使用）を理解しているはずであることは、スティムソン長官だけでなく世界中がわかっていた。中国外交部長は、武力での紛争解決は考えていないと回答した。ソビエトも同様だった。「われわれがケロッグ・ブリアン条約の調印国となったのは、たんなる見せかけではない。しっかりと条約に従って解決する」と答えている[37]。

たしかに表面上は穏やかに交渉が始まったが、東清鉄道の経営管理問題についての両国の溝は一向に埋まらなかった。一一月一七日、ソビエト赤軍は満州に侵攻し、張学良を武力でソビエトの考えに従わせた。蔣介石は張を支援することはなかった。宣戦布告はされなかったものの、北部支那の状況はきわめて不安定化したのである。[38]

スティムソンは、国際行動は条約に沿ったものではなくてはならないと教条的に考える頑固な政治家であった。ソビエトの満州への出兵に断固として反対し、それはちょっとした冗談のような意味のない外交上のテクニックと考えた。強く反対したもののスティムソンには慎重な外交が求められた。

放っておけば、ソビエトは喜んで「ちょっとしたお遊び」ついでに北部支那を完全に支配しかねない状況だった。彼らの「お遊び」に制限をかけなくてはならなかった。スティムソンは英仏独伊日と協議し、各国が足並みを揃えてソビエトに圧力をかけようと試みた。しかしドイツと日本はその協議への参加を断わった。その他の国はスティムソンの音頭で、中ソ両国に対して共同勧告書を提示した[39]（一九二九年一二月二日）。

これに対して中国は、ケロッグ・ブリアン条約の精神から背くことはないと回答した。しかしソビエトの回答をみれば、この共同勧告はほとんど意味がなかった。「中国との問題は直接交渉で解決する」「パリ不戦条約（ケロッグ・ブリアン条約）からしても、スティムソンに仲介する権限はないし、いかなる国もその意思を（ソビエトに）押しつける権限はない」と素っ気なかった。さらに次のようにも付言した。

「米国政府は、わが国と正式な国交を結んでいない。承認もしていない国（ソビエト）にアドバイスや仲介をしようとすることに驚いている[40]」

ソビエトの反駁を受けてもスティムソンは和平調停に向けての強い意志をみせ、和平実現を願った。彼は、パリ不戦条約の規定をめぐって論争することは「机上の空論」になることがわかっていた。近未来に極東で起きる紛争は、確実に軍事衝突になるだろうと予想した。

そんな中で満州事変が発生した（一九三一年）。このときにスティムソンのみせた激しい対日批判で、日米の間に戦争が起きるのではないかと思わせるほどだった。このころの対日戦争やむなしの彼の訴えは一人でさえずる歌（独唱）だった。ところがこの一〇年後には、その独唱が合唱となってアメリカ中に響くことになったのである。

5　満州事変の背景

(1)中国に浸透する共産主義を怖れた日本

日本は、一九二九年の中ソ紛争を、警戒感をもって観察していた。ソビエトが中国と結んだ一九二四年協定に違背して、共産主義思想拡散の工作を続けていたのは確実であった。奉天のソビエト領事館を襲った中国官憲の押収資料からもそれが裏づけられていた。ソビエトはそうした行為はないと否定したが、日本はその言葉を信じてはいなかった。

張作霖はソビエト軍と孤立無援の戦いを強いられていた。この事実は、蔣介石には満州を守る力はなく、あるいは東三省《とうさんしょう》を支配する軍閥（張作霖）がソビエトに苦しめられても気にしてはいないことを意味していた。日本の北部支那の（権益）防衛線は危機に晒されていたことがわかる。

日本の政治家が蔣介石は赤軍に対処できないと判断したのは当然だった。一九三〇年一二月、蔣介石は湖南省、河北省、江西省から軍を移動させ共産軍と対峙させた。しかし共産軍は第一八師団、さらには第五〇師団を退けた。一九三一年二月には、三個師団が共産軍の攻撃にあたったが、五月には撤退を余儀なくされた。七月、蔣介石自身が大軍を率いて南昌の前線に向かった。しかし戦いの帰趨を変えるような戦果を挙げることはなかった。[*41]

共産党の脅威は日々高まり、それにつれて日本の不安も高まった。共産党の拡大を止めるためには満州にしっかりとした防衛線を築く必要があった。しかしその政策を実行すれば、満州における中国主権を侵す怖れがあった。現実には、中国の満州地域の主権は一九一二年以来実効性がなかった。それだけに日本が何らかのアクションを起こさなければソビエトによって奪われてしまうことは明らかだった。日本は満州に進出せざるをえなかった。それは不可避的な決断だった。

(2)満州における難しい鉄道問題

しかし日本が満州に進出すれば中国との戦いとなり、さらにはソビエトとも戦うことが確実になる。日本の政治家はこれを深く憂慮した。東清鉄道の従業員の七五パーセントはロシア人であり、主要ポストも握っている現実を彼らはわかっていた。[*42]この事実がソビエトの北部支那における商業的軍事的立場をきわめて強いものにしていた。それは日本の脅威でもあった。したがって東清鉄道は日本が買収するか、あるいは力ずくで獲るしか方法はなかった。

北部支那において鉄道は生命線だった。このことを一九〇五年（日露戦争）以来日本の政治家はよく理解していた。一九〇五年一二月二二日に結ばれた日清両国による秘密協定（満州善後条約）では、清国政府は南満州鉄道と並行する新線を敷設しないことを約していた。[*43]日本はこの規定によって、同鉄道の両側二〇〇マイル（三二〇キロメートル）以内に並行新線は建設されないと了解していた。

しかし、満州の覇権が同地の軍閥である張作霖とその息子の張学良に移っている状況の中で、日本政府は蔣介石政府に協定遵守を期待するだけの受け身の政策を止めた。鉄道新線計画については、満州軍閥と直接交渉する積極策に切り替えたのである。

南満州鉄道および日本の銀行団は、張父子に資金と技術者を提供し利益の期待できる新線を建設させた。そうした新線は十分な成功を収めた。[*44] ところが手にした資金を張父子は南満州鉄道と並行する新線建設に流用しようとした。[*45] 日本政府は南満州鉄道の幹線事業に悪影響がないかぎり並行新線建設を容認する立場をとった[*46]（一九三〇年一二月）。

日本の宥和的な対応にもかかわらず、張作霖は蔣介石と手を組んだ。日本はこれに強い警告を発した。満州に過激なナショナリズムが流入することを嫌ったのである。漢口、南京あるいは天津で発生したような暴動が満州に起こってほしくはなかったのだ。

先に述べたように、一九二七年の時点でJ・P・モルガンのラモントは、中国で安定しているのは満州だけで、略奪や山賊行為のはびこる地域を棄て満州に多くの中国人が流入していると報告していた。[*47] 満州では違法行為はなかったので、ここにやってくる者にとって満州は楽園だった。軍閥は割拠していたもののおおむね日本の指導に従っていた。ところがこの軍閥が無責任な行動（東清鉄道の支配権奪取）をとり、それがソビエトの侵攻を呼んだ。これが日本が権益保護のために（軍事）行動を起こさざるをえなくなった理由だった。[*48]

ソビエトとの紛争を惹起したのは張学良である。彼には日本からの借款を返済する気がもとよりなかった。日本からは一億四三〇〇万円という巨額な融資を受け、父（張作霖）と協力して新線を建設した。その鉄道からの収益が彼らの資金源となった。このような態度をとる張学良に対して日本が宥和的な態度を続けられるはずもなかった。

(3)西原借款をめぐる軋轢《あつれき》

中国政府へ日本の銀行団が実施した巨額借款を国民党政府は返済していなかった。これも両国の紛争の原因になっていた。一九三〇年までに、日本からの借款額は九億五三〇〇万ドル（利子含む）にも上っていた〔現在の価値でおよそ一四三億ドル〕。国民党政府はこの借款を返済しようとはしなかった。特に西原借款で融資された資金について目立っていた。西原借款は一九一七年から一八年に実施されたものだった。[*49]

いずれにせよ日本からの巨額な借款は、鉄道、通信設備、交通銀行〔一九〇八年設立。清国交通部所管で法定通貨として銀行券発券が許された〕の再編、中国政府の第一次世界大戦参戦費用などに使われた。国民党政府はこの借款が存在することを認めず、日本からの返済要求にも冷淡な態度をとった。日本は一〇億ドルに近い額を貸倒金として処理できるほど豊かではなかった。

返済義務を果たそうとしない中国の態度は日本を苛立たせた。

(4)反日教育プログラム

さらに日本を刺激したのは国民党政府が反日教育を実施したことだった。結局、これが両国間に憎しみを生み戦争に発展したといえる。特に満州においてこの教育が実施されたことは問題であった。

上海の初等教育課程では、①作文やエッセイにおいて反日の内容のものを書かせる、②習字では反日スローガンを使用させる、③図画では日本人による虐殺の様子や済南事件の被害の状況を（想像で）描かせる、といった指導がなされた。

また実際の反日プロパガンダ工作として、①教師と児童は五人組を作り、反日的スピーチを戸外で行なう、②大衆に対しては日本は一生憎むべき敵、中国最大の敵と教え込む、③大衆には国家の屈辱を晴らし救国的行動をとることを誓わせる、といった指導がなされた。[*50]

一九三〇年から四〇年にかけての反日教育は徹底したものだった。日本の政治家は日中関係改善のために反日教育を止めるよう求めたが、中国政府は一顧だにしなかった。

(5) 一九一五年五月二五日調印の条約解釈問題

中国国民党政府は一九一五年五月二五日に調印された条約の有効性を認めようとしなかった。これが一九三一年九月一八日に発生した紛争の根本原因であった。一九一五年に調印された条約は二一カ条要求にもとづく交渉の結果調印されたもので、日本の満州における権益をはっきりと認めていた。[*51] 中国政府は、これは袁世凱が日本に強要されて調印したのであり無効だと主張した。日本は当然に有効であると反論した。中国の主張が認められれば、ドイツに対するベルサイユ条約も無効となってしまうと反論した。ドイツがいかにベルサイユ条約を嫌悪しても条約が無効とならないのは自明であるというロジックだった。

いずれにせよ満州は日本の安全保障上の重要な防衛の要であることは明らかだった。また満州を経済発展に使いたかった。日本はアメリカの政治家に、満州はちょうどアメリカにとってのカリブ海周辺諸国と同様の（地政学的）価値があると訴え、理解を求めた。実際、アメリカはハイチにもドミニカにも出兵し、アメリカの国益に沿う政策をとる政権を作りあげたのである[52]〔ハイチは一九一五年から三四年まで、ドミニカは一九一六年から二四年までアメリカが占領〕。

アメリカによる両国への軍事介入はつい最近の出来事であり、十分な成果をみせた。駐北京のフェルディナンド・メイヤー代理公使は、以下のような考えをケロッグ長官に伝えていた（一九二七年一一月）。

「倫理的観点からしても、日本の満州政策に反対することはできない。わが国も安全保障上の観点からカリブ海諸国に対して同様な政策をとってきた[53]」

一九三一年、日本政府は国民党政府に奉天でも南京でも我慢の限界を試されていた。一九一五年条約を無効にする動きには徹底的に対抗しなくてはならなかった。この条約は日本の満州の権益を守るには欠かせないものだった。日本は戦わざるをえないと考えていた。ただ実際の軍事衝突が近づいていることまでは気づかなかった。

一九三〇年において、対中貿易は日本の貿易総額の一七・七パーセントという大きな割合を占めていた。したがって対中貿易に障害が起きれば日本経済に深刻な影響が出た。中国政府は日本製品をボイコットしつづけてきた。一九二三年、二五年、二七年、二八年と立て続けにその方針が出された。一九三一年夏、満州事変が発生するとあらためてボイコット運動を開始した[54]。

この運動はもちろん国民党によるものであり、反日運動には有効なやり方だった。リットン報告書（満州事変の調査報告書）は、日本製品ボイコット命令に反する行為は数多かったと記録している。日本政府は、国民党と中国政府は一体であるとみなしていた。日本政府は、日本製品ボイコット運動による日本への経済的圧力をかけているのは蔣介石とその周辺のアドバイザーにあると考えた。

リットン調査団は、日本製品ボイコットについては中国人個々人の権利の行使に関わる問題であるとした。日本製品を拒否し、日本の銀行や船舶を使わず、日本企業での就業を拒むのは彼らの権利であった。しかし、こうした手法は友好関係構築にはなじむものではない、と結論づけた。[*55] いずれにしても中国が日本製品ボイコット運動によって日本に経済的圧力をかけたことは事実であり、それが両国間の溝をいっそう深めたことは確かであった。

(6) 中村大尉殺害事件

一九三一年夏の満州には反日の空気が溢れていた。小さな火花一つで爆発する状態にあった。その火花となったのが中村大尉殺害事件だった。事件は六月二七日に起きた。大尉はこの夏、通訳やアシスタントら三名を連れて満州の軍事視察に出た。ハルビンに入ったところでパスポートのチェックがあった。大尉は自身を農業専門家と称した。

この後、東清鉄道でしばらく移動したところで関玉衛指揮下の兵士に拘束され、その後、中村とその同伴者は彼の指揮下の兵士に射殺された。遺体は証拠隠滅のために焼かれた。[*56] 関玉衛は屯墾軍第三連隊長であった。

日本はこれに激しく抗議した。

「中村大尉およびその随伴者の殺害はまったく不当であり、その行為は日本軍および日本国家に対する不敬そのものである。中国官憲はこの事件の捜査を遅らせ、事件についての責任をとろうとしていない。事実関係を確かめているという彼らの主張は不誠実である」[*57]

たしかに、日本の主張どおり、事実関係の確認作業は遅々として進んでいなかった。中国は日本の我慢の限界を意図的に試しているようであった。この事件が日本の世論を強く刺激した。満州をめぐるいざこざは武力によって解決するしかないと考える者を増やした。[*58]

（後述の満州事変を受けて）リットン調査団は中国の状況を調べていたが、その過程で共産主義の拡散の様を懸念するようになった。一九三〇年、国民党軍は共産党軍掃討作戦に失敗していた。それでも満州事変が起きた一九三一年には、共産党軍を福建方面に撤退させていた。しかし共産党軍はとらえどころがない手ごわい敵であった。一九三一年秋には、反転攻勢に出て、福建、江西、および広東の一部をコントロールした。こうした地域は完全にソビエト化されていった。[*59]

日本はこうした状況を把握し、赤化の波が中国全土を覆うことを危惧した。日本がリットン調査団に提出した書面では、共産主義者の危険性と彼らの動きを抑えられない中国政府の統制力欠如を訴えていた。[*60]このままでは満州における利権は、中国のナショナリズムと共産主義の波の中で粉々になってしまうと日本は怖れた。

しかし日本の主張に国際連盟は耳を傾けなかった。西洋列強は中国のナショナリズムの高まりに同情的だったのである。彼らは、国民党政府の語る嘘（フィクション）を信じた。日本の北部支那における権益が、共産主義とナショナリズムの波に飲み込まれるのは時間の問題だった。まさに風前の灯火であった。ナショナリストは反日感情を激しく煽っていた。[*61] この時期の日本のジレンマについては日中両国の仲介役を果たそうとした（ジャーナリストの）ジョージ・ソコルスキーが次のように書いている（一九三一年）。

「一九三一年という年は日中両国の間で何らかの協調ができないかを探った最後の年であった。私自身も仲介役に入った。中国から日本に向かい、幣原《しではら》男爵（外相）らと協議した。私が言えることは日本の態度は協調的であったことだ。一方で中国側は敵対の態度だった」

「二つの力が日中両国を反目させ続けていた。ソビエトと国際連盟である。ソビエト・ロシアは、一九二四年以来、中国国内における外国人への憎しみを煽る工作をしかけていた。もちろん排斥すべき外国人にはロシア人は含まれていない。彼らは、特にイギリスと日本への敵愾心を高めることに熱心だった。国際連盟の代理人は長年中国に暮らすルドヴィク・ライヒマン博士〔物理学者・微生物学者。蔣介石およぴ宋子文と深い親交があった〕だった。彼はとにかく日本が嫌いだった。ライヒマンは、ポーランド人で国際連盟の職員だった。当時の日本は国際連盟のメンバー国だった」[*62]

6　日米開戦への道を開いたスティムソン国務長官

日本が中国に対して協調的だった理由の一つに日本の金融の脆弱さがあった。中国との戦いとなればそれがいっそう悪化することが予想された。一九三一年九月一八日、ブルッキングス研究所のハロルド・G・ムールトン博士が日本の経済状況についてレポートした。日本の大蔵省に依頼されての調査研究だった。その結論は次のようなものだった。

「軍事費削減、アメリカとの友好関係の維持、人口抑制ができなければ、経済的にきわめて厳しい状況に追い込まれるだろう。それを回避するためには財政均衡と減税に取り組まなくてはならない。それにはとにかく軍事費を抑制しなくてはならない」[*63]

したがって日本の満州拡大策は積極的なものではなかったといえる。東京にいたヒュー・バイアス記者は、北部支那の都市のいくつかを関東軍が占領したが、そのことを日本政府は予期していなかったし、防げる性質のものでもなかった、と書いた（ニューヨーク・タイムズ紙[*64]）。バイアスをはじめとした極東情勢の事情通は、幣原男爵の和平を求める態度を認めていた。スティムソン国務長官も当初同様の考えだった。日本政府に強い圧力をかければ、逆に軍国主義者が主導権を握ってしまうことを懸念した。奉天で日中両軍の衝突のあった三日後（九月二一日）、国際連盟事務総長エリック・ドラモンド卿はヒュー・ウィルソン（駐ジュネーブ米国公使）を通じて、スティムソン国務長官の考えを確認した。特にこの事件をケロッグ・ブリアン条約の規定との関連においてどう解釈するかの確認だった。[*65]スティムソンは注意深く回答した。

「事実関係がまだよくわかっていない。ただ日本のナショナリズムを刺激するような動きは

（現段階では）とるべきではない。（米国務省は）事件の成り行きを注視しており、九カ国条約およびケロッグ・ブリアン条約との兼ね合いについては分析中である」[*66]

九月二三日、ジュネーブにいたノーマン・デイヴィスは満州の状況に過度に神経質となり、フーバー大統領と国際電話（大西洋海底ケーブル）で協議した。この会話はスティムソン国務長官も聞いていた。デイヴィスは、極東は一触即発の状態にあり列強が何らかの対応をしなければ暴発するだろうと訴えた。デイヴィスはこの問題の対応策として二つの案を提示した。第一は、アメリカは国際連盟に代表を出しこの問題を協議すること、第二に、満州での事件を調査する委員会を組織することを提案すること。この二点だった。

スティムソンはどちらの提案にも乗り気ではなかった。彼はアメリカ代表を国際連盟に出すことにも、提案された調査委員会にメンバーを出すことにも消極的だった。[*67]それでもスティムソンは国際連盟への協力の態度だけはみせておきたかった。彼は日中両国に同じ文面の文書を出し、満州での紛争を平和的手段で解決させることを促した。[*68]また同文書の両国による検討に一〇日の猶予期間をもたせたうえで、国際連盟の権能の範囲で日本には極東の平和を乱さないよう圧力をかけるべきだと、ドラモンド事務総長に伝えた。また米国政府もその方向で国際連盟に圧力をかけ、極東問題への関心の高さを示すことにした。[*69]

一〇月八日、日本軍は錦州を爆撃した〔この時期の錦州は、張学良勢力の反日基地の様相を呈していた〕。これがスティムソンを刺激し、和平維持のためには強いアクションが必要だと感じさせた。何らかの制裁措置をとることで日本に和平維持の条約を遵守させなければならないと考えた。[*70]

一〇月一〇日、スティムソンは、国際連盟が日本にケロッグ・ブリアン条約を遵守させるために開催する協議に代表を遣ることを決めた。大統領はこれを承認していた。またジュネーブ駐在のプレンティス・ギルバート領事に、国際連盟からの招きがあれば協議に参加するよう指示した。実際には国際連盟の反応を待たず、スティムソンは、ケロッグ・ブリアン条約を発動することをドラモンド事務総長に勧奨するようギルバート領事に指示した。[*71]

ドラモンド卿は、米国政府自身でそれを促すほうが効果があるのではないかと応じたが、スティムソンは、国際連盟がイニシアティブをとるべきであり、米国政府は背後に控えていたい、そうしなければ日本の反米感情を刺激してしまうと答えている。一方で、良好な日米関係を維持したいとする日本の訴えをたわ言だと切って捨てた。[*72]

一〇月一七日、国際連盟理事会はケロッグ・ブリアン条約の発動を決めたが、この会議にギルバート領事は出席していた。スティムソンは国際連盟がアクションを起こすことを決めたことを確認すると、日中両国にケロッグ・ブリアン条約に規定される義務について注意を喚起する文書を出した。文面は両国同じものだった。[*73] 一〇月二四日、国際連盟理事会は日本に対して、南満州鉄道守備のための駐屯が認められている地域までただちに軍を撤収するよう勧告した。撤収の期限は一一月一六日であった。[*74]

駐東京のエドウィン・ネヴィル米国代理公使は、「国際連盟の決定は時機を失したもので効果は期待できない、米国務省は国際連盟の決定を支援すべきではない」と本省に建言した（一一月四日）。国際連盟の決定に足並みを揃えてしまえば、アメリカの日本への影響力を弱めてしまうと懸念したのである。それだけではなく、アメリカが国際連盟に協力したとしても満州の紛争を解決することはまったく期待できないからだった。[75]

スティムソンはこの意見を聞こうとしなかった。一一月五日、フォーブス駐日米国大使は、国際連盟の決定とほぼ同様の表現で、日本の外相に国際連盟の勧告に従うよう求める文書を手交した。ただ軍の撤収については期限を設けなかった。[76]一一月一九日、スティムソンは、さらなる強硬的態度を日本に示した。米国務省と日本外務省の交信を公開することで、世界世論を反日に傾けると脅したのである。[77]

日本への圧力をかけながら、スティムソンはあらためてアメリカ外交の基本方針を国際連盟に説明した。フーバー大統領は、スティムソンの日本攻撃の語調を和らげるよう命じていた。スティムソンは、閣議の中で、戦争一歩手前の手段で日本に圧力をかけると主張したが、フーバーはそのような態度は戦争を引き起こす、そんなことはしたくない、と彼を牽制した。[78]

フーバーの指示を受けて、スティムソンはチャールズ・ドーズ駐英大使に、国際連盟メンバー数カ国にはアメリカは国際連盟が日本に対して経済制裁（禁輸）を実施したとしてもそれを邪魔（太平洋艦隊の派遣）はしないこと、ただアメリカ自身が経済制裁に参加しないことの二点を伝えさせた。一方で米世論を反日にもっていくようにすること、また日本が中国との条約を「軍事的脅迫により」締結しても承認しないことも伝えさせた。[79]

アメリカの強い圧力を受け、幣原外相は軍国主義的な動きをなんとか是正しようとした。一一月二七日には事態の拡大を一時的に止めることができた。しかしその二週間後には内閣が崩壊した〔若槻礼次郎内閣の崩壊は一九三一年一二月一三日〕。年が明けた一九三二年一月二日、日本軍は錦州を占領し、満州の征圧は完了した。

エリフ・ルートはスティムソンの対日強硬外交に危機感をもった（スティムソンはルートを尊敬していた）。一九〇五年から〇九年まで国務長官（セオドア・ルーズベルト政権）であり、ルート・高平協定を結んだルートは、スティムソンに長文の手紙を書いて注意を与えた（ルート・高平協定は日本の満州地域での特殊権益を認めていた）。ルートは、国際連盟のやり方にアメリカが足枷をはめられるような外交にならないよう警告した。国際連盟には日本に政策を強制する権限はなかった。日本が長い期間かけて構築してきた中国における特殊権益にも言及した。また日本の心臓部を狙った（中国とソビエトの）短剣のように鋭い外交攻勢にも注意を向けるよう促した。

ルートはリアリストだった。アメリカが日本と戦うようなことがあってはならなかった。スティムソンは平和主義者であったが和平実現のためには戦いも厭わないというタイプだった。まさに恒久的平和のための止むことなき戦争は必要だと信じている男だった。スティムソンは「満州紛争への介入は、国際条約によって規定された和平の枠組を維持するためには必要であると信じています」と返書した。

スティムソンはまるで、身をかがめて世界の和平維持という重荷を担ぎ、危うくバランスを失いかけている（ギリシャ神話に出てくる怪力の）アトラスであった。日本による新たな軍事侵攻があれば、アメリカの反日感情は刺激され何らかの軍事行動を余儀なくされる惧れもある、と考えた。スティムソンは行動派で、中立という立場をとろうとは考えなかった。*80

おそらくスティムソンのとり得た最善の策は、英仏両国を巻き込んだ三カ国による圧力を日本にかけることだったろう。彼はアメリカの対日強硬外交の概略を両国に伝えはしたものの、両国の意見を待たずに、日中両国に同じ内容の書面を突きつけた（一月七日）。それが「不承認政策

(theory of nonrecognition)」と称されるものである。

その本質は、米国政府はアメリカおよび米国民の中国における条約上の権利を侵害するいかなる(日中間の)協定も承認しないというものだった。それだけではなく、中国の主権、独立、領土、管理運営権限(内治)、アメリカの対中政策(いわゆるオープンドア政策)に関連するものはすべて含んでいた。[*81] パリ不戦条約の規定と義務に反する極東に関わる変更は許さないとした。

この激しい対日外交姿勢の方針を表明したうえで、スティムソンはイギリスの反応を待った。彼は英外務省も彼の方針に追随するとの自信があった。イギリスも似たような方針を世界に向けて発するだろうと読んでいた。英外務省はたしかに声明を出した。しかしイギリスは日本政府の極東外交(の誠意)を疑ってはいなかった。


「英国政府は、米国政府の主張のような公式文書を日本政府に突きつける必要はないと考える[*82]」


このイギリスの方針にメディアも同意した。ロンドン・タイムズ紙は「英国政府が中国の管理運営権限を擁護するなどという姿勢を出す必要はないと思われる。中国に(しっかりした政府の)管理運営の実態はない。一九二二年にも存在しなかった。現在でもない。中国政府によるしっかりとした管理運営(内治)は観念上にしか存在しない[*83]」(一月一一日付)と書いた。

日本政府は米英両国の対極東政策はいつも同じという不条理を感じていただけに、イギリスの姿勢を歓迎した。日本外務省は、ロンドン・タイムズ紙の記事の主張をほぼそのまま写したような文書をスティムソン長官に届けた[*84]（一九三二年一月一六日）。

スティムソン長官は、日本からの「生意気な」文書を受けてジョン・サイモン卿（英外相）と海底ケーブルを使った電話で複数回の交渉を進めた。スティムソンは、九カ国条約第七条の発動要求をイギリスと足並みを揃えて進めたかったのである〔第七条は、締約国は、その何れかの一国が本条約の規定の適用問題を包含しかつ右適用問題の討議を為すを望ましいと認むる事態発生したるときは、何時にても関係締約国間に十分にしてかつ隔意なき交渉を為すべきことを約定す、というもの〕。

サイモン卿は、国家機密に関わる内容を電話で話すことに慣れていなかった。スティムソンからの電話は、サイモン卿がジュネーブの国際連盟会議の席についていたときにもあった。会話を記録させるための速記者も居合わせなかった。そのためスティムソンの言葉を正確に確認しそれを吟味することもできなかった[*85]。

スティムソンのやり方は常軌を逸していた。サイモン卿は、スティムソンのしつこいほどの懇請に応えようとしなかった。このイギリスの対応にスティムソンは不機嫌だった。「海（大西洋）を越えて手を携えていこう」という英外務省のスローガンは、アメリカからの支援を必要とするときだけに使われるのか、と憤ったのである[*86]。

以後二カ月にわたってスティムソンの不承認政策はイギリスの理解を得ることができなかった。しかし、ゆっくりとではあるがイギリスも米国務省の姿勢に近づいていったのである。イギリスが上海に持つ利権は大きかった。日本軍が、ここに駐留していた中国国民党軍第一九路軍への攻勢をかけたのである（一九三二年一月二八日）。これによって極東情勢は新たな局面を迎えた。

英外務省は英企業の利権保護のためのアクションをすぐに起こしたわけではなかった。一方でスティムソンは相変わらず一方的に日本を非難しつづけた。二月二三日、彼はボーラ議員（上院外交委員会委員長）に長文の手紙を書いた。さらに再び激しい調子で不承認政策を訴え、日本による九カ国条約、ケロッグ・ブリアン条約違反を指摘し日本を非難した。[*87]

スティムソンのボーラ議員への手紙は在東京の外交関係者に伝わったが、反応は鈍かった。フォーブス駐日大使は、英仏両国の駐日大使があのような手紙は害こそあれ益はないと反発している、と本省に報告した。中国国内における事態を何とか改善しようとしている勢力の勢いを止めてしまうと懸念していた。また多くの新聞メディアも、スティムソンの手紙の内容はきわめて挑戦的で新たな戦争を始めようとするかのようだ、これではアメリカは日本の仮想敵国とみなさざるをえなくなる、と心配した。英仏両国の駐日大使は、スティムソンはこのような挑発的な文書を書くことを止めてほしい、と率直に語った。フォーブス大使も彼らの意見に与したのである。[*88]

スティムソンは自身の考えが正しいと教条的に思い込む性格だった。それだけに自国の駐日大使の警告を一顧だにしなかった。時が経つにつれて彼の形勢はよくなった。イギリスの大企業も彼の肩をもち始めた。二月一六日、国際連盟理事会は日本に、上海（の中国軍に対する）全面攻勢を思いとどまるよう要請した。日本は極東の混乱の責任者の一人であり、また国際連盟規約と九カ国条約を守る義務を負っていることを繰り返し主張した。[*89]

三月一一日、国際連盟総会は大胆な決議案を採択した。国際連盟規約あるいはパリ不戦条約の規約に反する手段によって惹起した状況、条約あるいは合意は認めないことがメンバー国の義務であることを確認する決議だった。[*90]

要するにスティムソンは、自身の主導した不承認政策を国際連盟に公式に認めさせたのである。これは後にアメリカが第二次世界大戦に参加することを不可避にした運命的な出来事だったといえる。この決議は、恐怖と憤懣の感情に溢れた出口のない道、そして最後は戦争になる道への第一歩だったのである。[*91]

＊原注

＊1 A. Whitney Griswold, *The Far Eastern Policy of the United States*, New York, 1938, pp. 369-370.

＊2 同右、p. 369.

＊3 The Japanese Embassy to the Department of State, January 15, 1924. MS, Department of State.

＊4 Secretary Hughes to the chairman of the Committee on Immigration and Naturalization of the House of Representatives, February 8, 1924. MS, Department of State.

＊5 Ambassador Hanihara to Secretary Hughes, April 10, 1924. MS, Department of State.

＊6 Ambassador Hanihara to Secretary Hughes, April 17, 1924. MS, Department of State.

＊7 Secretary Hughes to Senator Lodge, April 17, 1924. Calvin Coolidge MS, Library of Congress.

＊8 April 17, 1924.

＊9 Arthur N. Young to Secretary Kellogg and to Nelson Johnson, November 1, 1927. MS, Department of State.

＊10 Nelson T. Johnson to Arthur N. Young, November 1, 1927. MS, Department of State.

＊11 T. W. Lamont to R. E. Olds, the Under Secretary of State, New York, November 11, 1927. MS, Department of State.

＊12 Ferdinand L. Mayer to Secretary Kellogg, Peking, November 19, 1927. MS, Department of State.

＊13 Ferdinand L. Mayer to Secretary Kellogg, Peking, November 22, 1927. MS, Department of State.

＊14 Ferdinand L. Mayer to Secretary Kellogg, Peking, November 25, 1927. MS, Department of State.

＊15 Ambassador MacVeagh to Secretary Kellogg, Tokyo, November 21, 1927. MS, Department of State.

*16 November 25, 1927.

*17 November 25, 1927.

*18 Secretary Kellogg to Ambassador MacVeagh, December 10, 1927. MS, Department of State.

*19 Memorandum of Division of Far Eastern Affairs.

*20 *New York Times,* October 28, 1928.

*21 Ambassador MacVeagh to Secretary Kellogg, Tokyo, May 4, 5, 1928. MS, Department of State.

*22 Ambassador MacVeagh to Secretary Kellogg, Tokyo, June 6, 1928. MS, Department of State.

*23 June 1, 1928.

*24 Ambassador MacVeagh to Secretary Kellogg, Tokyo, March 26, 1929. MS, Department of State.

*25 May 13, 1928.

*26 May 11, 1928.

*27 May 7, 1928.

*28 May 22, 1928.

*29 Robert T. Pollard, *China's Foreign Relations, 1917-1931,* New York, 1933, p. 391.

*30 *China Year Book, 1929-1930,* p. 1217.

*31 *Pravda,* June 1, 1929.（著者注：ロシア語からの翻訳は Frederick L. Hetter によった）

*32 *Pravda,* July 14, 1929.

*33 *China Year Book, 1929-1930,* pp. 1217-1220.

*34 *Pravda,* July 18, 1929.

*35 Henry L. Stimson, "The Pact of Paris", an address delivered before the Council on Foreign Relations, New York City, August 8, 1932, Washington, 1932.

*36 Stanley K. Hornbeck, "American Policy and the Chinese-Russian Dispute", *Chinese Social and Political Science Review,* XIV, January, 1930, pp. 56-60.

*37 Russell M. Cooper, *American Consultation in World Affairs,* New York, 1934, p. 91.

*38 Eugene Lyons, *Assignment in Utopia*, New York, 1938, Chapter 14.

*39 Department of State, *Press Releases*, December 7, 1929.

*40 John Wheeler-Bennett, *Documents on International Affairs, 1929*, London, 1930, pp. 278–280.

*41 *Communism in China, Document A, Appendix No. 3*, Tokyo, 1932, pp. 3–5.

この資料は、日本政府がその立場を明らかにした報告書である。また蔣介石の共産党との戦いに同情的な立場での記述は以下の書にもある。

T'ang Leang-li, *Suppressing Communist Banditry in China*, Shanghai, 1934, Chapter 5.

*42 Max Beloff, *The Foreign Policy of Soviet Russia, 1929–1941*, I, New York, 1947, p. 71.

*43 J. V. A. MacMurray, *Treaties and Agreements with and Concerning China*, I, p. 554.

*44 The Ssupigkai-Chenchiatun-Taonan line (with the Piayantala branch) 264 miles, and the Taonan-Anganchi (Tsitsihar) railway, 141 miles. See K. K. Kawakami, *Manchurian Backgrounds*, Pacific Afairs, V, February 1932, pp. 111–130.

*45 The Kirin Hailung-Mukden lines (295 miles); the Piayantala Takushan line (134 miles), and the partly built Taonan Piayantala line.

*46 *New York Times*, December 10, 1930.

*47 本訳書、第3章一四九頁参照。

*48 Edith E. Ware, *Business and Politics in the Far East*, New Haven, 1932, p. 213.

当時日本の満州への投資推定額は、二二億四七〇〇万円である。

*49 *Leading Cases of Chinese Infringement of Treaties, Document A, Appendix, No. 6*, Tokyo, 1932, pp. 105–107. あるいは Thomas E. LaFargue, *China and the World War*, Stanford, 1937, p. 112.

*50 *Anti-Foreign Education in China, Document A, Appendix No. 5*, Tokyo, 1932, pp. 28–37. あるいは異なる視点からの史料として、T'ang Leang-li, *The Puppet State of Manchukuo*, Shanghai, 1935, pp. 263–272.

*51 この条約は以下を規定していた。

1 旅順、大連を含む遼東半島の租借期間を一九二三年から一九九七年に延長。

2　安東—奉天線（安奉線）の租借期間を一九二三年から二〇〇七年に延長。

3　大連—長春線の租借期間を二〇〇二年まで延長。

4　南満州の地において工業および農業用地をリースする権利。

＊52　Hallett Abend, *New York Times,* November 4, 1931.

＊53　Ferdinand L. Mayer to Secretary Kellogg, Peking, November 22, 1927. MS, Department of State.

＊54　中国の外国製品ボイコット運動全般については以下の書に詳しい。

C. F. Remer and William B. Palmer, *A Study of Chinese Boycotts,* Baltimore, 1933.

＊55　*Report of the Commission of Enquiry Appointed by the League of Nations on Manchuria,* Washington, 1932 (*Lytton Report*), p. 120.

＊56　同右、pp. 63-64.

＊57　同右、p. 64.

＊58　同右、p. 65.

＊59　同右、p. 22.

＊60　*Communism in China, Document A, Appendix No. 3.*

＊61　*Lytton Report,* p. 19.

＊62　George Sokolsky, "These Days", *Washington Times-Herald,* March 14, 1951.

＊63　Ware, *Business and Politics in the Far East,* p. 206.

＊64　*New York Times,* September 19, 1931.

＊65　Hugh Wilson to Secretary Stimson, Geneva, September 21, 1931. *Foreign Relations, 1931,* Ⅲ, p. 22.

＊66　Secretary Stimson to Hugh Wilson, September 22, 1931. *Foreign Relations, 1931,* Ⅲ, p. 26.

＊67　Memorandum of trans-Atlantic telephone conversation among Secretary Stimson, Norman H. Davis, and Hugh Wilson, September 23, 1931. *Foreign Relations, 1931,* Ⅲ, pp. 43-47.

＊68　Secretary Stimson to Minister Johnson and to United States chargé d'affairs in Tokyo, September 24, 1931. *Foreign Relations, 1931,* Ⅲ, p. 58.

＊69　Secretary Stimson to the consul at Geneva (Gilbert), October 5, 1931. *Foreign Relations, 1931,* III, pp. 116–117.

＊70　Henry Stimson, *The Far Eastern Crisis: Recollections and Observations,* New York, 1936, pp. 51–57.

＊71　Secretary Stimson to the consul at Geneva (Gilbert), October 10, 1931. *Foreign Relations, 1931,* III, p. 154.

＊72　Memorandum of a trans-Atlantic telephone conversation between Secretary Stimson and Prentiss Gilbert, October 16, 1931. *Foreign Relations, 1931,* III, pp. 203–207.

＊73　Secretary Stimson to the American Minister in China and to the American chargé d'affaires in Japan, October 20, 1931. *Foreign Relations, 1931,* III, p. 275.

＊74　*Foreign Relations, Japan: 1931–1941,* I, pp. 29–30.

＊75　Chargé in Japan (Neville) to Secretary Stimson, Tokyo, November 4, 1931. *Foreign Relations, 1931,* III, pp. 366–367.

＊76　Memorandum of a conversation between Ambassador Forbes (Tokyo) with the Japanese Minister for Foreign Affairs (Shidehara), November 5, 1931. *Foreign Relations, 1931,* III, pp. 375–380.

＊77　Memorandum by the Secretary of State of a conversation with the Japanese Ambassador (Debuchi), November 19, 1931. *Foreign Relations, Japan: 1931–1941,* I, pp. 44–46.

＊78　Ray L. Wilbur and Arthur M. Hyde, *The Hoover Policies,* New York, 1937, p. 603.

＊79　Memorandum of a trans-Atlantic telephone conversation between Secretary Stimson and Ambassador Dawes, November 19, 1931. *Foreign Relations, 1931,* III, pp. 488–498.

＊80　Secretary Stimson to Elifu Root, December 14, 1931, Strictly Personal and Confidential, Box 129, Root Papers, Library of Congress.

＊81　Secretary Stimson to Ambassador Forbes, January 7, 1932. *Foreign Relations, Japan: 1931–1941,* I, p. 76.

＊82　The chargé in Great Britain (Atherton) to Secretary Stimson, London, January 9, 1932. *Foreign*

Relations, 1932, III, p. 19.

＊83 January 11, 1932.

＊84 Robert Langer, *Seizure of Territory,* Princeton, 1947, p. 60.

＊85 Raymond Gram Swing, "How We Lost the Peace in 1937", *Atlantic Monthly,* February 1947, p. 34.

＊86 Memorandum of trans-Atlantic conversations between Secretary Stimson and Sir John Simon, February 15, 24, 1932. *Foreign Relations, 1932,* III, pp. 335–340, 341–345, 432–436.

＊87 Secretary Stimson to Senator Borah, February 23, 1932. *Foreign Relations, Japan: 1931–1941,* I, pp. 83–87.

＊88 Ambassador Forbes to Secretary Stimson, Tokyo, February 27, 1932. *Foreign Relations, 1932,* III, pp. 457–458.

＊89 Irving S. Friedman, *British Relations with China, 1931–1939,* New York, 1940, p. 33.

＊90 The Consul at Geneva (Gilbert) to Secretary Stimson, Geneva, March 15, 1932. あるいは *Foreign Relations, 1932,* III, pp. 585–586. あるいは Westel W. Willoughby, *The Sino-Japanese Controversy and the League of Nations,* Baltimore, 1935, pp. 299–301.

＊91 一九三二年四月四日、イギリスのラムゼイ・マクドナルド首相は、アサートン駐英米国公使と話し合った。その中で、首相は（国際連盟の決議に）懸念を表明した。アサートンは次のように述べている。

「国際連盟のやり方へは従前から批判があった。メンバー国が国際連盟の戦争禁止規約から逃れるために公式な宣戦布告なしで戦争することになるのはわかりきったことだ、という批判だった。実際それが中国で起きていたのである。現実には紛争の火もとに油を注いでいたのは中国である。ところがジュネーブでの国際連盟の協議では、中国代表が決議案を起草した。それを他の（国の）代表が公式決議案として提出した。そこでは日本が、国際連盟メンバー国と戦争状態にあることが主張されていた」

「国際連盟代表は決議案をジョン・サイモン卿にあらかじめみせていた。サイモン卿は先に決議案をみせられたことに自身は何の責任もないし、そのことを聞かれたら明確に否定するとした。そのこともあって、サイモン卿が事前に内容を知ることはなかった。マクドナルド首相は、日本が国際連盟メンバーと一触即発のところまで来ている、と語っていた」(*Confidential file.* MS, Department of State.)

第4章 戦争への扉

1 スティムソン・ドクトリンへの米メディアの反応

一九三二年一月七日、スティムソン国務長官は不承認政策を明らかにした。彼はこの方針を米メディアの大半が支持するはずだと自信をもっていた。アメリカの伝統的孤立主義はゆっくりとだが確実に、熱狂的な「世界は一つ主義者（One-Worlder）」の考えに侵食されていた。第一次世界大戦で弱体化したヨーロッパ諸国に代わって世界の安定にアメリカが大きな役割を果たすべきだという考えが浸透をみせていた。こうした新しい態度をリードしたのはニューヨークのメディアであった。その先頭に立ったのはニューヨーク・タイムズ紙だった。

スティムソンは二つの考えの対立のさまを注意深く観察していたが、伝統的な思想（非介入主義あるいは孤立主義）は消えたと確信していた。彼の主張する不承認政策こそがすべての国際主義者の共感を呼び、新しい考え方を創造する、そうなればアメリカの巨大な生産力がかならず必要になると考えた。ただそうなれば、とんでもない負担がアメリカの納税者の肩にかかってくることになる。

　スティムソンの訴えにまずポジティブに反応したのはニューヨーク・タイムズ紙だった。この新聞は、スティムソンによる率直な主張はデリカシーに欠け、外交的には粗野であるとかつては警戒的だったが、新しい時代が到来し、満州で惹起している紛争には国際協調で対処すべきだというスティムソンの主張は真摯なものであると書いた。[*1]

　リッチモンド〔バージニア州〕のタイムズ・ディスパッチ紙も似た論調で、「日本は世界の嫌われ者になるだろう」と書いた。[*2] ピッツバーグ・ポスト・ガゼット紙[*3]やロサンジェルス・タイムズ紙[*4]も同様な考えだった。インディアナポリス・ニューズ紙は、スティムソンの主張が時期を得たものだと誉めた。[*5] ボストン・デイリー・グローブ紙は「これこそが世界がずっと待ち望んでいたものだ」と激賞した。[*6] ほかにもクリーブランド・プレイン・ディーラー紙[*7]、シカゴ・デイリー・ニューズ紙[*8]、カンザス・シティー・スター紙[*9]が追随した。

　しかし、シカゴ・トリビューン紙はスティムソン長官が国際連盟と足並みを揃えたことに批判的だった。そうすることで日本はわが国に対して苦々しい感情をもつことになろうと懸念を表明した。[*10] アメリカの国際連盟への追随を、フィラデルフィア・レコード紙、そしてワシントン・ポスト紙も批判的に論じた。[*11]

　南部のアトランタ・コンスティチューション紙は次のように警戒的だった。

「わが国は危ない道を進んでいる。他国の日本への警告は脅迫と同じである。わが国はそれに同調し満州の紛争に巻き込まれる可能性まである。われわれ自身の権益が何らかの被害を受けるようなことがなければ、満州問題はわが国とは何の関係もないのである[*12]」

ハースト系の新聞は、スティムソンのやり方はかつての中世騎士が十字軍遠征でみせた宗教的無謀さを孕《はら》んでいるとして次のように書いた。

「アジアの宝島をめぐる争いごと（満州をめぐる覇権獲得紛争）に、わが国も国務省も苛つく必要はない。日本が満州に対してやろうとしていることは、わが国がかつてテキサスをメキシコから奪ったことと同じなのである[*13]」

ニューヨーク・デイリー・ニューズ紙も同じように批判的だった。

「フランク・B・ケロッグ元国務長官もおせっかい焼きで知られていた。その彼でさえスティムソン国務長官の口出し好きには敵わない[*14]」

東部のリベラルな月刊誌の中にもスティムソンを批判するものがあった。ニュー・リパブリック誌は「スティムソンの物言いは、『隣人の家を焼いた男（満州を占領した日本）に、その現実を認めない。その家はいまだに存在しているとみなす（中国の支配下にある）』というレトリックと同様である」と書いた。また同誌は戦争を起こしかねない物言いであることにも気づいている。「もしフーバー大統領、スティムソン長官が対日強硬外交をとり、日本がそれに応じなかったらどうするのか。戦うか、あるいは外交的敗北のどちらかになってしまうではないか[15]」と懸念していた。

アメリカ共産党の機関紙デイリー・ワーカー紙は、スティムソン・ドクトリンの真の狙いは中国における共産主義運動を叩くことではないかと疑った。同紙は米国内の労働者に向けてマニフェストを発表したが（二月二二日付）、その中で、「極東で戦いになれば、それは汗を流す労働者を倒そうとする戦いである。世界戦争を起こし、それで利益を貪ろうとする者がいる。中国には干渉するな。ソビエトを護れ[16]」

先に書いたように一月二八日に、日本軍による上海（の一九路軍）に対する攻撃が始まった。米メディアは興奮した。大学教授の職にある者は平和時には「無敵」の態度をとり、戦争が始まると見えなくなってしまうのが常だが、今次の事件では、一斉に日本を非難した。ハーバード大学ではそれが顕著だった。アボット・ローウェル学長は、同僚二〇人とともに日本をあらゆる観点からこき下ろした。学長は国際連盟に対日経済制裁を要求し、米国政府もそうすることを望んだ。[17]

プリンストン大学からはコストなど無視して、そして政治的立場にかかわらず、フーバー大統領は「適切な」対日政策をとるべきだとの声が聞かれた。[18]コーネル大学とジョンズ・ホプキンズ大学では、経済制裁に加えて日本製品のボイコットを要求する声が上がった。[19]さらにローウェル学長とニュートン・D・ベイカー〔ウィルソン政権の陸軍長官〕は各地の大学学長あるいは教授連をまとめあげ、日本への経済制裁を求める請願を実施した。[20]

この日本をこき下ろす動きに、極東問題委員会がすぐに呼応した。同委員会はおよそ一万の署名を集め、タイラー・デネット教授〔歴史学者。プリンストン大学教授〕がスポークスマンとなり、声明を発表した。「日本の満州侵攻を牽制できなければ、文明は暗黒の時代に後戻りする」[*21]という内容であった。

南部の新聞であるルイビル・クーリエ・ジャーナル紙（ケンタッキー州）、あるいはラーレイ・ニューズ・アンド・オブザーバー紙（ノースカロライナ州）、両紙[*22]も対日経済制裁を強く支持した。また他の地域の新聞（ボストン・ヘラルド紙、ミルウォーキー・ジャーナル紙、クリーブランド・プレイン・ディーラー紙など）[*23]が、同様の論調だった。スクリップス・ハワード系〔一八七八年創業。全米各地で新聞を発行〕の新聞は、大学教授らの請願に理解を示しながらも、日本への経済制裁を実行する場合には、英仏両国としっかり足並みを揃えることが肝要だと注意を促した。[*24]

しかし、前記のような経済制裁を訴える論調は、それに否定的な声が全国的に高まるとしだいに消えていったのである。ニューヨーク・サン紙は「経済制裁は戦争への招待状である」[*25]と非難した。ヘラルド・トリビューン紙は、経済制裁を毒ガス攻撃にたとえた。敵に向けた毒ガスは風向きによって自身に害を与える、と主張した。[*26]ウォルター・リップマンはヘラルド・トリビューン紙へ寄稿し、日本に対するこれ以上の制裁は戦争になると訴えた。

「戦争になっても致し方ないという考えは徹底的に排除されるべきである。仮に紛争（が物理的衝突）となり、戦闘地域からわが国民を退避させなくてはならない事態になってもだ[*27]」

ニューヨーク・デイリー・ニューズ紙は、学者グループの請願をこき下ろした。

「わが政府は、ベイカー氏や学者グループが出した愚かで挑発的な内容の請願書を無視していただきたい」[28]

ニューヨーク・イブニング・ポスト紙の論調も似たようなものだった。

「硬直的な考えの一部の人間が外交方針を決め、わが国を戦争に巻き込んでしまうようなことはおかしなことである」[29]

フィラデルフィアのイブニング・ブレティン紙も経済制裁請願の動きを強く牽制した。[30] フィラデルフィア・レコード紙は「(あの請願書のような) 思慮が浅く危険なものはわが国の歴史上にも類をみない」[31]とまで書いた。同じくフィラデルフィアのパブリック・レジャー紙は、経済制裁が「効果を発揮」したら日本との戦争になると指摘した。[32] ボストン・イブニング・トランスクリプト紙は「ローウェル学長はわが国を世界の警察官にしようとしている」[33]と書いた。ワシントン・ポスト紙は、アメリカが世界の警察官になる危険性を説いた。

「請願書の主張するような立場をわが国がとれば、外国のもめごとに巻き込まれ、わが国の若者の命がどれほど犠牲になることか」[34]

フランク・E・ガネット系〔現在ではUSAトゥデイ紙を発行〕の新聞は激しい論調で経済制裁に反対し、[35] ハースト系の新聞も同様の立場をとった。[36] 中西部では、シカゴ・トリビューン紙が批判の先頭に立ち、「わが国の平和主義者のやり方は度しがたい。博士号をもった学者連中がわが国をきわめて危険な立場に追い込んでいる」[37]と苛立ちの論調であった。デトロイト・フリー・プレス紙は「対日制裁は無益で危険でかつ犯罪的である」[38]、シンシナティ・インクワイアラー紙は「わが国は余計なことはせず自国のビジネスに傾注すればよい」[39]と主張した。

西部ではスポークスマン・レビュー紙が、「われわれはまた戦争を始めようとするのか」[40]と題する論説記事を掲載し、サンフランシスコ・イグザミナー紙は「ベイカーらの主張は日本との戦争を確実にする」[41]との見出しを付けた論説記事を書いた。

リベラル系のメディアの批判も辛辣だった。ネーション誌は「(日本製品ボイコット運動は) あまりに危険で弄ぶような主張ではない」[42]としたうえで、「そのようなやり方では決して平和的解決を見出しえない」とするエドウィン・M・ボーチャード博士の主張を掲載した。[43]ニュー・リパブリック誌は「日本を制裁しようとする国際連盟のやり方は、かならず戦争になる」[44]と訴えた。

ビジネス・メディアも日本に対する経済制裁に反対する声に加わった。コマーシャル・アンド・ファイナンシャル・クロニクル紙は「対日経済制裁を主張する輩は、堕落しかつ憐れむべき連中だ」[45]と書いた。ブラッドストリーツ紙は「制裁を軽々しく語ることは慎むべきだ」[46]とし、この論調にジャーナル・オブ・コマース紙もコマース・アンド・ファイナンス紙も同調した。[47]

こうした自重を促すメディアの声に、スティムソンは一切耳を傾けなかった。彼は日本に対する挑発を続けたのである。スティムソンはフーバー大統領に対して、一九三一年から三二年にかけての冬の時期に太平洋艦隊をカリフォルニアからハワイ方面に展開させ、日本への圧力をかけることを説いた。力を誇示するアメリカのやり方に腰が引けた国際連盟は、その総会で注意深く不承認政策をとることを決めた[*48]。しかし、この機を逸した決議は日本の満州政策を変えることはできなかった。日本は上海からの撤兵に合意したが（五月五日）、満州（占領地域）からは兵を引こうとはしなかった。

スティムソン・ドクトリン（不承認政策）は、日本の北部支那の行動を牽制することに失敗しただけでなく、両国の友好関係の維持をきわめて難しいものにしたのである。日本の政治家は満州における紛争は、これから不可避的に起きる資本主義と共産主義の衝突の前哨戦であると理解していた。彼らはなぜアメリカがこの戦いを支援しないのか、どうしても理解できなかった。

その意味で豊田（貞次郎）提督がフォーブス駐日大使に語った言葉は大きな意味をもっている。豊田は大使に宛てた書面の中で、太平洋方面での資本主義と共産主義の戦いが激化することを確信していた。この戦いは決して妥協できる性質のものではないと分析していた。

「われわれだけでなくこれからの世代も含めて、中国・ロシア型の共産主義をとるのか、アングロサクソン型の資本主義をとるのかの選択に迫られる。もし中国が共産主義の支配下に入り、日本がこれまでどおりの主張に沿った対処をすれば、日本自身がかつての壱岐や対馬の立場に立つことを意味する。つまり共産主義の攻撃を受けて立つ防衛の最前線に立つということである。日本はその道をとる[*49]」

2　日本の孤立化を目論むアメリカ

スティムソンは極東紛争の本質に目をつむった。豊田提督の賢明な言葉も無視した。日本が満州政策で受け身の姿勢をみせても酷評を止めなかった。どのような態度も彼には日本が満州での勢力拡大を狙っていると思えた。一九三二年四月四日、スティムソンは日本の出淵《でぶち》（勝次）駐米大使と長い時間にわたって会談した。その中で日本は満州での支配を拡張しつづけていると非難した。

スティムソンの狙いは、アメリカの徹底的な対日強硬姿勢を出淵に理解させることであった。そうすることで、アメリカが宥和姿勢をみせる可能性があるというような報告を本国にさせないことであった。要するに、日本の主張は聞かないということを示したかったのである。[*50]

六月一〇日にもスティムソンは出淵に長いお説教をした。日本の北部支那における動きをなじった。日本外務省は日本の傀儡国家満州を（世界各国に）承認させるという方針で動いていた。この地域の海関〔清朝が海港に設けた税関〕を日本はコントロールしようとしていた。この動きをスティムソンは強く警戒した。[*51]

日本の北部支那の動きを牽制させるために、スティムソンはジョセフ・グルーを駐日大使に起用した。彼が日本に着任したのは一九三二年六月のことである。日本のメディアは快く彼を迎えた。天皇は感じのよい人柄だった。グルーは耳が不自由（片耳難聴）であったが、そう感じられたのである。

しかし、満州問題は駐日大使館の抱える問題として彼の肩にのしかかってきた。グルー大使は、彼が関係改善に努力し、一部で日米間の相互理解が深まったとしても、この問題はいっそう悪化し、長引くことになろうと危惧した。

両国間の関係改善の障害はスティムソン・ドクトリンそのものだった。日本政府は、アメリカやヨーロッパ諸国の反対があっても満州国を承認させると決めていた。北部支那の安全保障は日本の政治家にとって国家的重要案件だった。満州は原材料の供給基地としてあるいは工業製品を捌《さば》く市場としてきわめて重要だった。満州は日本にとって特別の価値がある国だったのである。セオドア・ルーズベルト大統領もウッドロー・ウィルソン大統領も、北部支那の一部地域は日本の勢力圏であることを認めていた。ルート・高平協定（一九〇八年）もランシング・石井協定（一九一七年）も曖昧な表現でありながらもそれを認めていただけに、満州は日本の進出で大きな発展をみせた。

セオドア・ルーズベルト大統領はパナマという熟れた梨を食べただけに、日本が満州というメロンを少し食べることに反対などできはしなかった。ウッドロー・ウィルソン大統領の場合は、とにかくドイツとの戦いのことで頭が一杯で、満州に対する日本の思いのことなど深く考えていなかった（だからランシング・石井協定を結んだ）。

日本は、満州への勢力圏拡大に理解を示す大統領に勇気づけられた。だからこそ日本軍は北部支那各地に進出した。そんな状況の中でスティムソンが突然赤信号を点し動きを止めるよう命令したのである。日本政府はそれに従おうとはしなかった。満州への進出の動きはもはやアメリカ人警察官（スティムソン）の吹く停止命令の笛（不承認政策）に従えるような状態ではなかったのである。

ヨーロッパの政治家の動きも、スティムソンのそれに似たようなものだった。国際連盟は一九三一年一二月一〇日の決議にもとづいてリットン調査団を組織していた。調査団が東京にやってきたのは一九三二年二月二九日のことだった。日本では多くの政治家や団体から事情を聴いた。四月二〇日から六月四日までは満州の現地で調査にあたった。調査団はいったん東京に戻ったあと北平（北京）に入って報告書を書いた。

調査団が東京に入った時期、メンバーの一人であったフランク・R・マッコイ将軍はグルー大使に率直に自身の考えを示した。日本の満州での行動は二つの虚偽の前提にもとづいている。一つは自衛のためという主張であり、もう一つは民族自決という主張だ。また満州国のような傀儡国家を作ることは中国人の感情を傷つけ戦争に発展すると考えている。これが調査団の考えである。グルー大使はこの分析（主張）に同意はしたものの、アメリカが日本に対して強く抗議すれば日本の軍国主義勢力を強く刺激し、彼らの力を強めることになるとスティムソン国務長官に警告した。アメリカは黙っていたほうが外交的には賢い、と伝えたのである。[*52]

しかしスティムソンを黙らせることはナイアガラの滝を止めるほどに難しいことだった。彼は自身の判断が絶対的に正しいと信じていた。八月八日、スティムソンはニューヨークの外交問題評議会（CFR：Council on Foreign Relations）の席上で激しい日本批判を繰り広げた。このスティムソンの攻撃に対して日本は苦々しい思いをもったし、その感情を日本人の多くが共有した。グルー大使の怖れたとおりの事態になっていた。日本の激しい反発をみた大使は「わが国は目をしっかりと開き、起こりうる緊急事態に備えておく必要がある」と改めてスティムソンに警告した。[*53]日本を刺激しつづければかならずや危険な事態が起きることになると憂えたのである。

九月三日、グルー大使は「日本政府の満州政策は（アメリカの抗議があろうと）変わることはない」と改めて本省に意見した。[54]本省の報告に続いて、グルーは自身の日記に、日本の反発の対象はただ一人の人物に向けられている。それは当然スティムソンである、と書いた。グルーは多くの日本人に会っていた。日本の官僚との関係もきわめて良好だった。しかしスティムソンは飽くことなく日本を刺激した。[55]外交の専門家からみれば、このようなやり方がどのような結果となるかはわかりきったことであった。

日本の中には、政権が代わればアメリカの極東政策が変化するのではないかと期待する空気もあった〔一九三二年は大統領選挙の年である〕。それでもスティムソンはまだ半年も任期が残っていた。その間に彼は新国務長官が誰になったとしても変更できないほどに（対日強硬）外交政策を硬直化させてしまうのではないかと危惧された。日本からみた場合、確実なことが一つあった。それはスティムソンの態度は何があっても変わりはしないということだった。アメリカはさすがに日本との軍事衝突までは考えないだろうが、そこに至る道はスティムソンが作りあげ、日本との紛争の種が播かれたことは確かだった。新大統領には火種が用意されていたのである。

リットン調査団のメンバーにフランク・マッコイ将軍を指名したのも、スティムソンが自身の対日強硬外交を確実なものにするためであった。同調査団報告書が日本にきわめて厳しいものになるとしたら、彼が大きな役割を果たすことになろうことは予想できた。

一九三二年一〇月一日、ジュネーブでその報告書が発表された。そこにはいくつか興味深い内容があった。短い記述ではあったが、中国における共産主義思想の急速な拡散と、それを制御できない蒋介石政権の実態がはっきりと記されていた。[56]しかしそこでは、ソビエトの新疆《しんきょう》への浸透および外蒙古の実質的吸収の事実については一切触れられていなかった。

満州事変の犯人は日本でなくてはならなかった。ソビエトであってはならなかった。この主張の正当化のために、報告書は日本は北部支那への勢力拡大の計画に沿って満州事変を起こしたと結論づけた。日本の動機は同地域における特殊権益の保護である、とした。日本にそのような権益があったとしても満州国のような日本のコントロールを受ける国家を創設することはできない、したがって満州国は幅広い自治権をもたなくてはならない。その権利は、中国の主権と管理運営権限と合致するものでなくてはならない、としたのである。*57

リットン報告書は、満州国が一九三二年三月九日〔この日は溥儀が執政に就任した日。独立宣言は三月一日〕に創設され、執政には清国（最後の皇帝）溥儀《ふぎ》が就いた。ただ報告書には満州国を承認せず同地を中国の東三省という旧体制に戻すために、誰が執政（溥儀）を廃位させるのか、誰が日本軍を同国内から排除するのか書かれていなかった。いずれにせよ同報告書の内容は、スティムソンの不承認政策を追認するものだったのである。リットン調査団は、ご都合主義的に満州国が日本の管理下にある厳然とした事実に目をつむり、存在しているものを存在しないと主張すれば（不承認政策をとれば）、日本は屈するというシナリオの茶番劇を演じた。日本は九月一五日に満州国を承認していた。スティムソンは自身の政策に日本が従わないことが許せなかった。

一一月九日、ジュネーブに入った日本代表団団長の松岡（洋右《ようすけ》）は、同地にいたヒュー・ウィルソンとノーマン・デイヴィスに密かに「日本世論の反米感情は危険水域にまで達している」と警告の言葉を伝えていた。

「米国政府は満州問題に干渉し、鉄道権益を狙っているのではないかという疑いが日本国内では広がっている。これまで親米的だった勢力は急速にその力を失っている。日本国民は概して辛抱強い。しかしその我慢も限界に近づいている。いつ突然爆発するかわからない[58]」

松岡は学生時代の長い期間アメリカで暮らした〔松岡は一三歳で渡米、オレゴン大学法学部を卒業した〕。日本では「(松岡は)考えも振る舞いもアメリカ人のようだ」と言われていた[59]。(このような経歴をもつ)松岡の警告の言葉は、普通の国務長官になら届いてもおかしくはなかった。

しかし、スティムソンは一顧だにしなかった。スティムソンは「(奴の)性格も手法もお見通しだ」とヒュー・ウィルソンに伝えるほどに配慮を欠く行動をとった。そうすることで自身の賢さをウィルソンに印象づけたかったのである[60]。もしスティムソンがもう少し人の意見を聞く能力があったら、松岡の言葉が虚仮《こけ》脅《おど》しのような実質のないものだなどと早々に決めつけなかったはずだった。

松岡の言葉にはそれなりの賢慮があった。しかしスティムソンは日本の外相程度は跪かせるくらいできる、不承認政策によってそうさせてみせると強い自信をみせていた。松岡がきわめて苦しい立場にいて苦しんでいるとか、日本のメディアがいっそう反米で盛り上がったらどうするかなどといったことには一切の配慮をみせていない。日本には無理やりにでも苦い薬を飲ませる。その一点張りであった。

アメリカの政治評論家の中にも、スティムソンのやり方は危ないと感じていた者がいた。たとえば、レイモンド・L・ビュエル〔ハーバード大学教授。外交政策協会会長(在任一九三三～三九年)〕は、フーバー政権の対日外交を強く批判した。「わが国がその正義感を発揮して、日本が必要とする資源の獲得を力によって阻止しようとするなら、わが国は日本のために関税を低くするような配慮をしないのであろうか。そうすれば日本は人口圧力の問題を工業化によって解決できるようになるではないか」と訴えた。（日本との協議で）高関税率を逓減《ていげん》することで、日本の反米感情を抑制できる。同時に太平洋海域での海軍の演習も止めるべきだ。これがビュエルの主張だった。[*61]

ビュエルの建言は米国務省に届かなかった。[*62]いずれにせよスティムソンは日本へのいかなる妥協にも反対する立場をとったのである。さいわいなことに日本は、彼の反日的態度に、それほどの反発をみせなかった。日本はとにかくアメリカとの協調の道を探っていた。

一九三二年一二月二九日、日本の駐米大使（出淵勝次）は、ホーンベック米国務省極東部長に「日本の金融界、商工業界すべてがアメリカとの良好な関係を願っている。アメリカとの戦争を考えている者などいない」と伝えた。「ソビエトと中国が関係を深めている以上、日本はアメリカとの友好関係の強化をこれまで以上に重視している」[*63]。これが大使の主張のエッセンスであった。

国際連盟はリットン報告書の狙い（日本非難）を後押しする態度をとった。一二月六日、国際連盟総会は報告書を一九人委員会に付託した。メンバー国の中でもいくつかの小国は日本の満州での軍事行動に憤りの感情をみせた。彼らの軍事力は弱々しいものだったが、言葉は激しかった。スティムソンはこうした言葉に素早く反応した。それを拾って日本の大使に伝えたのである。

一九三三年一月五日、彼は再び出淵大使と会った。日本は条約義務を果たそうとしていない以上、「国際連盟から脱退すべきである、ケロッグ・ブリアン条約国からも抜けるべきである」と伝えた（脅した）[*64]。

日本大使への説教を終えたスティムソンは、今度はハイドパークに住む（昨秋の）大統領選挙に勝っていたフランクリン・デラノ・ルーズベルト（ＦＤＲ）の邸に向かった（一月九日）。ルーズベルトは彼の訪問を歓迎した。スティムソンはＦＤＲに向かって、自身が進めてきたスティムソン・ドクトリンを、新大統領の外交政策の核の一つとして継続するよう懇請した。スティムソンが出淵大使に、新政権もこれまでどおりの対日外交を継続すると伝えたのは三日後のことであった。[*65]

一月一六日、この方針はアメリカの在外公館にも伝えられた。さらにこの翌日、ＦＤＲはハイドパークの自邸で記者会見を開いた。ＦＤＲは、アメリカは「神聖なる条約の条文」を尊重する立場だと訴えた。[*66]このことは対日外交においては共和党（フーバー政権）も民主党（ＦＤＲ新政権）も足並みが揃っていたことを示している。

この記者会見の翌日、出淵大使はウィリアム・Ｒ・キャッスル国務次官と会談した。通常の挨拶を交わした後、出淵大使はアメリカがハワイ諸島海域に艦隊を展開していることを日本が不快に感じていることを伝えた。アメリカの外交圧力には屈しない日本の強い意志を感じたキャッスルは、米艦隊の配備についてはあくまで米国政府の専権事項であると素っ気なく返したのである。

出淵はたちまち舌鋒を緩めると、彼の真意は日本国内の高まる反米感情を少しでも鎮めることで、米海軍のハワイ海域での動きは日本の世論を刺激していると訴えた。キャッスルは出淵の主張にまったく耳を傾けていない。退出する出淵に次のように言い放ったのである。

「貴国はわが国内の反日感情を煽るためには何でもやるというような態度ですな[*67]」

米国務省が反日の空気で覆われていたことを示している。このことはホーンベック極東部長が残した覚書でも明らかであった。ホーンベックの下には両国関係の改善のためには高官による直接協議が必要ではないかとの意見が寄せられていた。たとえば、国務長官と日本の外相の間で和平維持のために率直な意見を交換したらどうかというものであった。
この提案は（その後の歴史を知っている者には）一九四一年夏の近衛首相からの大統領との直接交渉提案を思い起こさせる。一九四一年のときもそうであったが、一九三三年の両国高官の直接会談提案もホーンベックの強硬な反対で葬られた。会談はむしろ両国関係を悪化させると結論づけた。ただ（興味深いことに）スティムソンはこの提案を前向きに考慮した。スティムソンはホーンベックの覚書に次のように返している（一九三三年一月二八日）。

「貴殿の分析は有益でありそのほとんどに同意する。ただ一点考えるところがある。（直接協議の拒否は）あまりに保守主義的ではなかろうか。私としては日本からの移民受け入れ、あるいは直接会談の受け入れという点で譲歩があってもいいかもしれないと思っている[*68]」

たしかにスティムソンはいくらか妥協的姿勢に傾いたのかもしれない。しかし、もはや手遅れになっていた。数週間でルーズベルトに政権が移行する時期が迫っていた。先に書いたように、三月四日から始まる新政権はスティムソン・ドクトリンの継続を決めていた。そのようなときにあって、もうすぐ退任する国務長官が、外交姿勢を大きく変えるような動きをとれるはずもなかったのである。結局、スティムソンは何の行動も起こせなかった。日本はジュネーブで（国際連盟で）過激な行動に出ざるをえない立場に追い込まれていた。
ルーズベルトが一月一七日の記者会見で示した「神聖なる条約の条文」を尊重するとした訴えは、

日本の動きを牽制することにはならなかった。日本は、アメリカに同調する英仏の植民帝国が、征服した植民地の人々の血と汗と涙の上にできあがっていることを知っていた。なぜ日本の満州政策のときにだけ、「徳（倫理）」を説くのか。日本の苦々しい思いは松岡がいみじくも語った次の言葉に如実に表われていた。

「西洋列強は日本に（世界外交における）ポーカーゲームの方法を教え込んだ。ところが彼らは十分に儲けてしまうと、今度はポーカーを止めてコントラクト・ブリッジで遊ぼうと言い出したのである[*69]」

日本の政治家は「西洋列強は日本はその仲間ではないと考えている。だから日本に向かってだけ『吠える』のだ」と信じた。

3　日本の国際連盟脱退

ジュネーブの国際連盟総会での松岡は、メンバー国が日本にお説教を垂れるのを静かに聞く気分になれなかった。グルー駐日米国大使は、日本政府は松岡全権を全面的に支持していると本省に報告していた（一九三三年二月二三日）。彼らは満州は日本の安全保障の生命線だと固く信じていた。国際連盟の圧力に屈するくらいなら戦いも辞さない決意だった[*70]。日本の決然とした態度があっても、国際連盟は一九人委員会の決定（リットン報告書勧告）を日本が実行することを求めるよう決議した[71]（二月二四日）。

この国際連盟の決定は松岡を刺激し、彼はその場でアクションを起こした。「日本政府は、国際連盟と協力してやってきたがそれも限界に達した」と述べると国際連盟の会場を後にしたのである。日本代表団も彼に続いて退場した。ただ一人、フレデリック・ムーア（日本外務省顧問）だけは席を離れなかった。その彼でさえも、たった一人で日本非難の空気の溢れる会場に残ることは辛かった。結局は彼もゆっくりとした足どりで会場を後にした。彼は世界は大きな危機に直面したと確信した[72]。

メンバー国でないアメリカも会場にヒュー・ウィルソンを出席させていた。彼も松岡の退場をみていた。彼もフレデリック・ムーアと同様に世界の危機が訪れたと感じた。この危機を生んだのはアメリカ自身（スティムソンの不承認政策）であることもわかっていた。ウィルソンは自身の回顧録の中で、松岡の退場の場面を次のように回想している。

「総会の最後の場面は私の脳裏に焼きついている。松岡の演説は情熱的なものだった。普段のビジネスライクな話し方とはまったく違っていた。彼は日本のような大国を晒し者にし嘲笑するかのような態度をとることがどれほど危険なことか訴えた。日本はこれまで西洋列強の友国として行動していたが、国際連盟の決定でこれからは東洋だけでやっていくという態度をとらざるをえなくなった。今回の事態で、国際連盟とわが国のとる方針が本当に賢明なものかどうか、私自身も初めて不安になっている。それでも（わが国のような）強国が、誇りある国民を（国際連盟総会のような）公の場で激しく罵ることとは、その国民に消しがたい恨みと反発を起こすだろう。私は（国際連盟の）このような態度が賢いものだとは思えない。（日本をこのように扱うことで）秩序も国際的信頼関係もどうでもよいという連中を作りあげてしまうのではないか。（アメリカと国際連盟による）不承認政策は本当に正しいものなのか、初めてはっきりとした疑念が湧いた。考えれば考えるほどこの政策は（互いを）行き止まりの道に追いやってしまうのではないか*73」

ウィルソンと同様の懸念をもったのは、エール大学のボーチャード教授〔エドウィン・ボーチャードは、太平洋戦争期の日本人強制収容政策に対し違憲を訴えた裁判の原告弁護人〕だった。ボーチャード教授あるいは（同僚の）フェーベ・モリソンには、不承認政策は次のように危険なものだと理解された。

「（不承認政策は）言ってみれば不愉快なものはみないというガサツなやり方である。満州の状況は政治的判断が必要であるにもかかわらず、国際法の視点だけで正しいか正しくないかを判断している。国際法は、建設的な解決を認めないほど硬直的なものではない。不承認政策（スティムソン・ドクトリン）は、混乱した世界の秩序回復にまったく建設的貢献をしていない。むしろ、さらなる不安定化を促している*74」

しかし、新大統領フランクリン・デラノ・ルーズベルト（ＦＤＲ）には、スティムソンがランスロット〔アーサー王物語に登場する騎士〕にみえた。悪の力に立ち向かい激しく戦う現代の正義の騎士だった。不承認政策は、ランスロットが手にする槍の穂先であった。ＦＤＲは自身を二〇世紀のアーサー王とみなした。彼のまわりを円卓の騎士〔アーサー王に仕えた騎士。上下関係がなかったので王とともに円卓を囲んだ〕が囲んだ。騎士たちはニューディールという考え方（妄想）を、だまされやすい国民に吹き込んでいった。アーヴィン・S・コブ〔論評家。ニューヨーク・ポスト紙に寄稿〕は二枚舌的なニューディール政策の危険性を訴えることになるが、国民はこの政策の悪魔的性格の危険性を訴える彼の言葉に耳を傾けなかったのである。

ニューディール政策の本質は国内対策だった。この政策をリードする円卓の騎士〔FDRの経済政策を担当するブレインは「ブレイン・トラスト」と呼ばれた〕の中にも危ないと感じる者がいた。騎士の一人レックスフォード・G・タグウェル〔コロンビア大学教授。ニューディール政策の核となる計画経済化を主張した〕は、そうした騎士の一人だった。タグウェルは、スティムソン・ドクトリンの危険性を訴えない同僚に怒りをぶつけている。彼はスティムソン・ドクトリンの行きつく先は日本との戦争だと危惧していたのである[*75]。

レイモンド・モーレイはFDRのお気に入りの一人だった〔ブレイン・トラストの一人。コロンビア大学教授〕。それでも彼は、スティムソン・ドクトリン継続の危険性をはっきりとFDRに訴えていた。FDRはこれに次のように答えた。

「僕はずっと中国に同情してきた。スティムソンの対日方針を継続するに決まっているだろう[*76]」

ウエストブルック・ペグラー〔政治コラムニスト。反ニューディールの立場をとった〕のコラム「フェア・イナフ（Fair Enough）」〔一九三三年からペグラーが始めたこのコラム記事は各紙に配信された〕を読めばわかるが、母方のデラノ家の富は中国沿岸部での怪しい麻薬（アヘン）の密売によるものだった。ルーズベルト家のルーツは東洋の闇の部分に根ざしていた。

デラノ家の富によって、ルーズベルトの生活は豊かなものだった。そこから生まれた社会的地位や財力によって大統領の道を歩んだ。だからこそ、それを可能にした中国へ「感謝の気持ちがあったのではないか」と疑われてもしかたがないのである。

いずれにせよはっきりしていることは、ＦＤＲは日本の北部支那の政策を疑いの目でみたことだ。それが彼の外交方針の基本となったことは明らかである。そのことは政権発足後すぐの閣議（三月七日）で、極東での戦争の始まりを予期したことからもわかる。[*77]

ＦＤＲ政権は、スティムソン・ドクトリンの旗を高々と掲げて、（対日）戦争への道の第一歩を踏み出したのである。

4　幻の松岡・ルーズベルト会談

スティムソン・ドクトリンを明確に批判するためには、ケロッグ・ブリアン条約の本質について、つまりこの条約の秘める危険な意味合いについて理解しておかなくてはならない。不承認政策のルーツは米国務省が進めてきた汎米政策（Pan-American policy）にある。

一九一五年五月一一日、ブライアン国務長官が日本政府に対して警告を発したことがある。これはよく知られている警告で、中国との条約で認められたアメリカの利権を害することになる日中間の約束事は認めず、中国の政治的・領土的権利、あるいは（アメリカの）門戸開放政策を侵す合意は認めないとしたものだった。[*78]

パリ不戦条約、あるいはアメリカの南北アメリカ仲裁調停合意（一九二九年一月五日）には戦争禁止条項があり、不干渉政策をとることが謳われていた。この動きの中で（満州問題における）スティムソンの不承認政策が出てきたのである（一九三二年一月七日）。またこれに続いて発せられたアメリカを含む南北アメリカの一九カ国宣言（同年八月三日）でも、武力による領土獲得はこれを認めないとしていた。[*79]

フーバー政権はこうした合意に実質をもたせるために、これまでの歴代政権がこうした国と交わした帝国主義的な性格の合意は停止することにした。またラテン・アメリカ諸国に駐留する米軍を引きあげた。一九三六年になるとルーズベルト政権はラテン・アメリカ諸国に対する完全なる不干渉政策をとることを決めた。

しかし、一九一五年のブライアン国務長官の対日警告書にしても、一九二八年のケロッグ・ブリアン条約にしても、それが戦争をするための正当化に使われる可能性など誰も考えていなかった。好戦的なスティムソンは、本来的には和平を担保するために書かれたケロッグ・ブリアン条約の文脈の中に利用できる部分を嗅ぎつけた。またブライアンの警告文（一九一五年五月一一日）の中にも戦争も辞さずの文意を無理やり見つけ出した（文意を意図的に曲解した）。

外交に精通した者からすれば、スティムソンの不承認政策は和平を希求するのではなく、戦争を引き起こしかねない挑発的な性格をもつことはすぐに理解できた。ただ（さいわいなことに）「将来の和平確保のためにいま戦争をしなくてはならない」というロジックに従う空気はなかった。

東京のグルー大使も、スティムソンの性急な外交、つまり何が何でも日本の満州での（軍の）展開を阻止するという態度に懐疑的になっていった。彼は世界は過去一四年間にわたって和平維持に努力してきたが、そのやり方は賢明なものではなかったのではないかとの疑いを深めた。

ある国家に野心的な動きがあるときに、ケロッグ・ブリアン条約のような約定は何の役にも立たない。濁流を防ぐ堤防が紙でできているようなものである。（仮にこうした条約が過去にあったとしても）米西戦争（一八九八年）をアメリカが始めることを防げただろうか。倫理的主張によって、戦いを決めている国の行動を変えることはできはしない。また戦争の危機があってもみてみない振りをするのは戦争抑止にはならないのであれば、なぜ抑止力のないケロッグ・ブリアン条約に調印したのか。

いずれにせよケロッグ・ブリアン条約は、戦争防止のために武力を使うということも認めていなかった。強硬な外交あるいは経済制裁といった手段は、戦争すると決めた国の行動を変えることはできない。和平を実現するためには、紛争の原因を排除すること以外には方策がない。紛争国家の行動を制限したり、紛争そのものの悪影響を緩和させようとすることで解決は期待できない。[*80]

グルー大使はこうした観察を日記にしたためていたが、本省のスティムソン長官への報告のトーンは違っていた。「日本は本質的に邪悪な国であり、道徳観に欠けている。日本が国際条約の条文やその精神を遵守するなどと思ってはならない。日本の条約無視の性質は何世紀にもわたる歴史の中で醸成されたものだ。彼らにはローマ法で規定されるような抽象概念としての法による支配ということが理解できない。彼らはローマ法を理解できないがゆえに、西洋人のように約束事（契約や条約）に敬意を払わないのである」[*81]などと報告していたのである。

グルーが、日本を「不道徳的な国」として描きその観察を本省に報告する一方で、東京大使館の顧問であったネヴィルは、不誠実な中国の行動を報告していた。ネヴィルは、中国政府はワシントンで決まった協約（一九二一〜二二年）を守っていないことを知っていた。また共産党勢力が中国では日に日に勢いを増していることにも気づいていた。中国政府の手は汚れていたのである。

日本のアメリカに対する猜疑心や不信の念は、世界的経済恐慌によって増幅された。日本の国内問題や社会不安がそれに輪をかけた。ただでさえ困難な対中外交は激しい日本製品ボイコットに直面した。満州では中国政府は借款で得た資金を新線経営に流用し、日本の鉄道（南満州鉄道）に不利益をもたらしていた。中国と交わした数々の合意は実行に移されなかった。その背後では赤いロシアが暗躍していた。明らかにロシアは中国国内での一大勢力に化けていた。

ワシントンの外交政策は実効性に乏しかった。海軍軍縮協定を補完する会議が必要だとされたが、日本の直面する難題には無関心だった。その結果、日本は単独行動を余儀なくされたのであった（一九三一年）。このことは特別なことではない。イギリスは上海の事件では単独で行動し、米英は南京事件では二カ国で単独行動をとった（一九二七年）。

一九三一年九月の日本の行動を受けて、中国は国際連盟に提訴した。日本の行動を侵略行為と主張し、その矯正を連盟に求めた。しかし中国はワシントンでの合意事項を守っておらず、連盟に提訴などできる立場ではなかったのである。彼らは連盟の裁きの場に、「汚れた手」で現われたのである。[*82]

スティムソン長官は、中国政府のやり方は日本を刺激ばかりしていることは確かであるとする報告書には不服であったろう。松岡全権は、ジュネーブで国際連盟を脱退した。彼はその帰途アメリカを訪問している。彼はルーズベルトとの会見を望んでいた。

このことが米国務省に伝わると、ホーンベック極東部長は新大統領が松岡に会うのは好ましくないとする意見書を書いた。松岡が新大統領に会えば、世論は松岡は日本の主張の正当性を大統領に訴えたにちがいないとみなす。ホーンベックは、米国民が日本の主張を聞いてはまずいと考えたのである。[*83]その理由はわからない。松岡の主張に説得力（道理）があって、米国務省の対日強硬外交に影響が出てはいけないと考えたのかもしれない。結局はホーンベックの反対で、松岡はルーズベルトと会うことはできなかった。松岡は日本の満州国についての考え方を直接大統領に伝える機会を得られなかった。

米国務省は、日本からのアメリカとの関係改善を望む動きを無視した。そんな中で明治大学（東京）の学生がルーズベルトの選挙戦勝利を祝した。そして新大統領への抱負も伝えた。

「日本の人々は貴殿の勝利を喜んでいます。これは、（来年三月から始まる）新政権に日本国民が期待を寄せている証です。新政権が満州の問題を再検討してくれることを期待しています。そしてこの地で起きている問題の真因が巷で言われているような単純なものではないことを理解してくれるものと思います[*84]」

日本のメディアも、アメリカの新政権が満州問題について日本の主張を少しは理解する態度に変じることを期待した。かつての良好な日米関係に戻ることを望んだ。松岡はそれができると楽観的であった。彼は、巷でささやかれる日米戦争の噂を一笑に付した。もし日本が戦うことになればその相手国はソビエト・ロシアである。もし日ソ戦争になれば日本の側にアメリカがついてくれるだろう、と松岡は期待していたのである。

日本がアメリカとの戦いを望んでいなかったことは明白だった。日本の敵国は論理的に考えれば松岡が主張するようにソビエトになるはずだった。しかしルーズベルト政権の外交政策にロジックはなかったのである。スターリンの望みは日米が戦うことであった。そうなれば中国への共産主義拡散の邪魔をする日本の重しを排除できるのである。中国の地を「赤い津波」で覆いつくせるのである。スターリンのこの宿望が日米関係の悪化によって実現されていくさまは、次章以下で詳述する。

＊原注

＊1 January 9, 1932.
＊2 January 12, 1932.
＊3 February 18, 1932.
＊4 January 9, 1932.
＊5 January 9, 1932.
＊6 January 8, 1932.
＊7 January 9, 1932.
＊8 January 9, 1932.
＊9 January 8, 9, 1932.
＊10 January 9, 1932.
＊11 January 9, 1932.
＊12 January 9, 1932.
＊13 *San Francisco Examiner*, January 10, 1932.
＊14 January 8, 1932.

＊15 January 27, 1932.
＊16 January 9, February 20–23, 1932.
＊17 *Christian Science Monitor*, February 18, 1932.
＊18 *New York Times*, February 4, 1932.
＊19 同右、February 28, 1932.
＊20 同右、February 22, 1932.
＊21 同右、February 26, 1932.
＊22 February 21, 24, 1932.
＊23 February 18, 20, 21, 1932.
＊24 *New York World-Telegram*, February 22, 1932.
＊25 February 23, 1932.
＊26 March 19, 1932.
＊27 February 26, 1932.
＊28 February 21, 1932.
＊29 February 22, 1932.
＊30 February 23, 1932.
＊31 February 27, 1932.
＊32 February 24, 1932.
＊33 February 18, 1932.
＊34 February 24, 1932.
＊35 Rochester *Democrat and Chronicle*, February 26, 1932.
＊36 *Washington Times*, March 7, 1932.
＊37 March 9, 1932.
＊38 February 21, 1932.

＊39　February 21, 1932.

＊40　February 23, 1932.

＊41　February 25, 1932.

＊42・＊43　March 9, 1932.

＊44　February 10, March 9, 1932.

＊45　February 27, 1932.

＊46　March 5, 1932.

＊47　February 24, March 9, 1932.

＊48　Robert Langer, *Seizure of Territory,* Princeton, 1947, pp. 62–66.

＊49　Admiral Teijiro Toyoda to Ambassador William Cameron Forbes, Tokyo, March 3, 1932. MS, Department of State.

＊50　Memorandum by the Secretary of State, April 4, 1932. MS, Department of State.

＊51　Memorandum by the Secretary of State, June 10, 1932. MS, Department of State.

＊52　Ambassador Grew to Secretary Stimson, Tokyo, July 16, 1932. *Foreign Relations: Japan 1931–1941,* I, pp. 93–95.

　一九三二年六月二一日、石井（菊次郎）子爵は東京の日米協会で講演した。その中で、日本は隣国との友好を邪魔する障害物はすべて排除する、と語った。（Shanghai *Evening Post and Mercury,* June 21, 1932）

＊53　Ambassador Grew to Secretary Stimson, Tokyo, August 13, 1932. *Foreign Relations: Japan 1931–1941,* I, p. 100.

＊54　同右、p. 102.

＊55　Joseph C. Grew, *Ten Years in Japan,* New York, 1944, p. 40.［邦訳、ジョセフ・C・グルー『滞日十年』〈上・下〉石川欣一訳、ちくま学芸文庫、二〇一一年］

＊56　*Lytton Report,* Washington, 1932, pp. 20–23.

＊57　同右、p. 130.

＊58　Secretary Stimson to Ambassador Grew, Washington, November 21, 1932. *Japan and the United States: 1931-1941*, I, p. 104-105.

＊59　Frederick Moore, *With Japan's Leaders*, New York, 1942, pp. 130-131.［邦訳、フレデリック・モアー『日米外交秘史――日本の指導者と共に』寺田喜治郎・南井慶二訳、法政大学出版局、一九五一年］

＊60　Secretary Stimson to Hugh Wilson, November 21, 1932. *Japan and the United States: 1931-1941*, I, p. 105.

＊61　*New York Herald Tribune*, November 20, 1932.

＊62　Memorandum of the Division of Far Eastern Affairs, November 25, 1932. MS, Department of State.

この覚書では、日本への関税率逓減の配慮はむしろ日本の軍国主義者が権力を保持することを後押しすることになるとされていた。

＊63　Conversation between Mr. Hornbeck and the Japanese Ambassador, December 29, 1932. MS, Department of State.

＊64　Conversation between Secretary Stimson and the Japanese Ambassador, January 5, 1933. MS, Department of State.

＊65　Conversation between Secretary Stimson and the Japanese Ambassador, January 12, 1933. MS, Department of State.

＊66　*New York Times*, January 18, 1933.

スティムソンは、FDR新政権がスティムソン・ドクトリンを継続することを英外相ジョン・サイモンに伝えていた。これに対して外相はイギリスも足並みを揃えると約束した（一月一四日）。

＊67　Conversation between William R. Castle and the Japanese Ambassador, January 18, 1933. *Confidential file*, MS, Department of State.

＊68　Endorsement of Secretary Stimson upon Hornbeck memorandum, January 28, 1933. *Confidential file*, MS, Department of State.

＊69　Moore, *With Japan's Leaders*, pp. 38–39.

＊70　*Japan and the United States: 1931–1941*, I, pp. 110–112.

一九三三年二月七日、スティムソンは皮肉な調子で「アメリカは国際連盟の決定に影響を与えるような態度はとらない」と、ヒュー・ウィルソン駐ジュネーブ公使に指示していた。(*Foreign Relations, 1933*, III, p. 153.)

＊71　Russell M. Cooper, *American Consultation in World Affairs*, pp. 268–269.

＊72　Moore, *With Japan's Leaders*, p. 133.

＊73　Hugh R. Wilson, *Diplomat Between Wars*, New York, 1941, pp. 279–281.

＊74　Edwin M. Borchard and Phoebe Morrison, *Legal problems in the Far Eastern conflict*, New York, 1941, pp. 157–178.

＊75　Rexford G. Tugwell, *The Stricken Land*, New York, 1947, p. 177.

＊76　Raymond Moley, *After Seven Years*, New York, 1939, pp. 94–95.

＊77　James Farley MSS, in the possession of Walter Trohan.

＊78　Secretary Bryan to Ambassador Guthrie, Tokyo, May 11, 1915. *Foreign Relations, 1915*, p. 146.

＊79　Samuel F. Bemis, *The Latin American Policy of the United States*, New York, 1943, Chapter 12, 13, 16.

＊80　Grew Diary, February 23, 1933; *Ten Years in Japan*, pp. 78–80.

＊81　Ambassador Grew to Secretary Stimson, February 21, 1933. MS, Department of State.

＊82　Ambassador Grew to Secretary Stimson, February 24, 1933. に添付されたネヴィル意見書、MS, Department of State.

＊83　Memorandum by Mr. Hornbeck, Division of Far Eastern Affairs, February 28, 1933. 811. 4611 Japan/24, MS, Department of State.

一九三三年三月二一日、松岡はハル国務長官と短い時間だが会見した。松岡は気さくな態度で、「日本は少し時間がほしい。そうすれば世界が日本の考え方を理解してくれるはずだ」と訴えた。ハルはこの時の会話を次のように記録している。

「私は松岡に対して丁寧に接した。しかし彼の（右記の）言葉に対しては沈黙を通した」（*Foreign Relations, 1933,* p. 264.）

＊84　Memorial from the editorial staff of the *Sundai Shimpo,* student publication of Meiji University, Tokyo, Japan to President Roosevelt, February 22, 1933. MS, Department of State.

第5章　日本の和平提案を撥ねつけたハル国務長官

1　国際連盟にすり寄るアメリカ

日本がみせる対米関係改善の願いは、アメリカの外交に反映されることはなかった。フランクリン・デラノ・ルーズベルト（ＦＤＲ）政権は全面的とはいえないまでも、（前政権と同様に）日本の北部支那における行動を牽制する国際連盟の動きに協力していくことはすぐに明らかになった。

国際連盟は極東問題を検討する諮問委員会に米国代表が参加することを求め、ハル国務長官は躊躇することなくその要請を受け入れた。ジュネーブ駐在のヒュー・ギブソンは、国際連盟諮問委員会が満州国不承認政策をとる際のまとめ役を果たした。ハルはこれを若干の例外事項をつけて諒とした。国際連盟の決定に間接的に関与することで米国務省はスティムソン・ドクトリンの継続を示した。スティムソンが一九三一年から三二年にかけて行なった対日外交は露骨だっただけに、ＦＤＲ政権はそれを目立たせないように注意した。

軍縮に関わる問題については、ＦＤＲは国際連盟に積極的に関与した。彼は一九三二年〔大統領選挙戦のあった年〕には、アメリカがそうした姿勢をみせることを激しく批判していた〔ＦＤＲはこの年の選挙公約を平気で破った。このほかにも選挙中は均衡財政を主張しながら、当選後はそれとは対極的な積極的財政支出政策（ニューディール政策）をとった〕。一九三三年五月一〇日の記者会見では、新政権が戦争の危機に晒されている国々の安全を保障する協定に、アドバイザー的な立場で参画することにはやぶさかではないと述べた。[*1]この挑発的ともとれる大統領発言に続いて、国際連盟軍縮委員会のアメリカ代表団長であるノーマン・デイヴィスが、アメリカは大胆な軍縮に取り組むだけでなく、世界平和を脅かす事態になれば国際連盟各国と十分な協議をしたい（連携する）。仮に、国際連盟が侵略的な国家に経済制裁を科すという決定をすれば、米国政府もその効果を弱めるような行動（外交）はとらない、と述べた。[*2]

2　満州国をめぐる日本の主張

ルーズベルト新政権が国際連盟と足並みを揃える外交を進めている中で、日本は熱河《ねっか》に軍を進めた。日本はすでに山海関を攻撃しており、熱河省を通じて北部支那方面に進んでくる中国軍の動きを封じる行動をとるだろうことは予想されていた。

英外務省は、熱河は満州国建国に関わっていると判断していた。熱河省主席が宣言書に参加しているからである。そのこともあって英外相ジョン・サイモン卿は、熱河省を正式に満州国の一部とすることが日本による新たな満州国拡大の動きなのか、判断できなかった。[*3]

ジョン・サイモン卿もハル国務長官も中国にはいわゆる中央政府がないことがわかっていた。たしかにリットン調査団は、一般論として中央政府の存在を前提にして日本の満州国建国を非難できた。しかし満州の現実を知っている者からすれば、日本の動きは北部支那を安定させる力でもあった。カオスの中国にあって、日本はソビエトの赤化工作とあきれるほどの中国軍閥の強欲から、日本の権益を守らなくてはならなかった。

北京にいたネルソン・ジョンソン米国大使はこのことを認識していた。大使は「中国には法令を強制できる国軍は存在しない。二〇〇万を超える軍隊を擁してはいるが、近代国家の力にとうてい太刀打ちできるものではない。中国の軍は権力闘争を続ける軍国主義者の道具であり、彼らこそが中国のカオスの原因である。彼らの『国民党政府を支持する』という言葉にはほとんどの場合実質がない」とハル国務長官に報告していた。[*4]

中国の軍国主義者は国土のほとんどを荒廃させていた。その彼らが熱河省に進出してきた。だから日本政府は彼らを押し戻すと決めた。満州国内にすでに一〇万人の中国軍が入ってきていた。彼らが即時退去をしなければ、力で排除されなければならない。これが松岡の説明だった。[*5]

こうした状況の中で、米国務省極東部は「天津・北京方面における中日両国の衝突の可能性についての特別報告書」を作成した。同書には、満州国国境地帯における中国軍の動きの概説に続けて、次のような分析が示されていた。

「中国（軍）の行動が挑発的であり、こうした状況が続けば（満州国国境を越えて）中国の正当な領土の地域での軍事行動が避けられなくなろうと日本が警告している。この主張はかならずしも不自然だとはいえない」

「この地域での利権を最も有するのはイギリスであるから、この問題についてわが国がイニシアティブをとるべきではない」[*6]

たしかに日本の北部支那への軍事行動によって利権を脅かされるのは、アメリカではなくイギリスとフランスだった。しかし、両国の共同歩調はとれそうもなかった。そのためヨーロッパ諸国はこの問題でアメリカにイニシアティブをとってほしいと考えた。ルーズベルト政権は、スティムソンほどあからさまな反日外交を進めることには躊躇した。

一九三三年四月二二日、フランス外務省はマリナー米駐仏代理公使に接触し、米英仏三国が協議のうえ、日本の北部支那侵攻に対する態度を決めたい、と伝えた。[*7]

ハル国務長官は、極東において三国が共同で行動することについては消極的だった。アメリカがこの問題でイニシアティブをとるつもりもなかった。「イギリスは国際連盟のメンバー国であり、かつ同地方の権益を幅広く保有している。日中両国の争いに割って入るのであればイギリスがリーダーシップをとることが望ましい」[*8]と考えた。ホーンベック極東部長も同じ考えだった。彼は、あの不幸な国（中国）におけるカオスは当分続くだろうと分析していた。中国の政治および軍事指導者には、統一とか団結の姿勢がまったくみられない。もう五回目にもなる革命的混乱が続き、国家目標の統一、権限の集中あるいは自己の行動への責任というものがみられない。中国政府が何もできない状況に鑑みれば、日中両国の仲介に入る価値はない。これが彼の分析であった。[*9]

中国に利権を有するヨーロッパ諸国は、アメリカの姿勢が消極的であっても（アメリカにイニシアティブをとらせることを）諦めていない。とにかく日本の満州での軍事力強化に抗いたかったのである。ホーンベック部長はあらためて、この問題についてのルーズベルト政権の消極的方針をまとめた。

「今次の日本の華北への侵攻によって物質的なダメージを最も受けるのはイギリスである。次にフランスだ。国際連盟とは別に西洋列強が何らかの共同行動をとるとすれば、イギリスがまずそうするべきである。続いてフランスあるいはイタリアであろう。わが国はそのように主張してきた。振り返ってみれば、わが国は一九三一年九月一八日から積極的な（日本の行動の）牽制を試みた。そのときにはヨーロッパ列強は冷たい態度だったではないか[*10]」

ヨーロッパ列強と中国政府は、なんとか米国政府に対日牽制のイニシアティブをとってもらいたいと考えていたが、それは不調に終わった。中国はアメリカから日本非難の声明を引き出せなかった。だからこそ中国政府はあの塘沽《とうこ》協定（一九三三年五月三一日）に合意したのである。

この協定が調印された時点での日本軍は、熱河省を確保し、河北省の北東部のほとんどを占領していた。塘沽協定では以下の内容が合意された。

1　中国軍は河北省北東地域から撤兵すること。この地域では非武装地帯を設ける。その範囲は、北京・天津を結ぶ鉄道線に沿い、北西から南東に走る同線の北東側数マイルとする。
2　日本軍は、中国政府による条約義務履行を確認する権利をもつ。
3　日本軍は、長城線まで撤退し、非武装地帯の治安については中国の警察組織が担当する。[*11]

塘沽協定によって、日本は熱河省だけでなく河北省北東部までを支配下に置いた。たしかに河北省の一部においては中国の警察権を含む治安については中国の軍事力に任せることになっているが、日本のこの地域における権限は飛躍的に高まった。一九三五年秋には冀東《きとう》防共自治政府が日本の指導のもとに成立したが、塘沽協定は自治政府設置の準備作業とも言えた。冀東防共自治政府については後述する。

3　関係改善に動く広田新外相

ハル国務長官は塘沽協定を非難していない。日本の指導者の中には、ルーズベルト政権が、スティムソン国務長官以来とってきた対日強硬外交を軟化させるのではないかと期待するむきもあった。五月二日に松岡外相はグルー駐日米国大使と会談しているが友好的なものであった。グルー大使は「日米関係の改善が日本外交の根幹となろう」と本省に報告した。[*12] 翌月には日本の世論も外務省の考えに沿っているように見えた。このころ、モントゴメリー・M・テイラー提督（米国アジア艦隊司令官）の日本訪問があったが、日本政府の大歓迎を受けた。

こうした状況を観察した米国大使館は「日本の対米感情が大きく改善し、イギリスよりアメリカを最友好国とみなしはじめた」「長期にわたって、日本はイギリスが最も友好的な国と考えてきたが、多くの日本人は経済的利権の相反があれば、そうした関係も変わると考えている。むしろアメリカを頼る動きが出ており、（わが国は）かつてのイギリスの立場にとって代わろうとしている[*13]」

と分析した。

日本外務省は対米関係の改善を目論み、早くも一九三二年一二月の段階から親善使節の派遣を考えていた。一九三三年九月、グルー大使は広田弘毅外相と公式に会談した。広田外相はきわめて友好的な態度であった。広田は内田康哉外相の後を引きついだばかりだった。広田は、彼の外交の根幹は確固たる日米関係の構築であり、それに向けて最大限の努力をすると訴えた。グルー大使は、この広田の態度は誠実なものであるとみなし、「本音で話ができる人物」が新外務大臣に就いたことを喜んだ。[*14]

忌憚のない会談（非公式会談）の機会は数日後に訪れた。広田の私邸を訪れたグルー大使に、広田は日米関係改善を求める日本側の意思を示す友好親善使節の派遣計画を明かした。グルーは即座にそうした動きには不賛成であると答えている。グルーは、むしろ（民間人の）プリンス徳川〔作曲家徳川頼貞のことか〕のような人物による非公式訪問のほうが効果的であろうという考えだった。[*15]

この件を知らされたハル国務長官は、グルーに同意している。また日本がアメリカとの友好関係を築きたいのであれば、満州国においてアメリカが不利益を被るような可能性を排除することが大事であるとグルーに伝えた。[*16]

4　スターリンの構想に従った米外交

日本がアメリカとの友好関係を願った大きな理由の一つは、ソビエトとの対立の不可避性であった。一九三三年には外蒙古は完全にソビエトの支配下に入り、ソビエトのさらなる華北への侵入の前線基地となる可能性が高くなった。内蒙古や満州国へのソビエトの脅威は日に日に高まっていた。これに対抗するにはアメリカとの友好関係の構築が重要だった。したがって、米国政府は、共産主義の危険性をしっかりと認識し、日本とともに資本主義システムを脅かす最大の敵に共同で対処することもできたのである。

スターリンは、いかなるかたちであっても日米の接近は好ましくないと考えていた。両国が共同戦線を張れば、確実に赤化の動きは止められる。赤化工作は外蒙古や新疆《しんきょう》では順調に進んでいた。したがってアメリカが（日本ではなく）中国に友好的な態度をみせれば、ソビエト（の赤化工作）にきわめて有利になることをソビエトはわかっていた。

一九三三年三月はじめ「信頼できるソビエト発の情報」が、大使館の使っている情報提供者からグルー大使にもたらされた。「日本は対ソ戦争だけでなく対米戦争を準備している。いや両国同時の戦いも準備していると考えられる」というものだった。「だからこそソビエトはアメリカとの外交関係を樹立したい（しかしソビエトの対米負債がその障害になっている）。ソビエトは、ロシア帝国時代の借款返済が可能ではあるが、そうすることを了承できない。対米借款返済に同意すれば他国からのすべての借り入れの返済をしなくてはならなくなるからだ。しかしソビエト政府は、米国政府がこの借款を帳消しにしてくれれば、その見返りの経済的恩恵を喜んで与えたい」[*17]という内容だった。

この情報があった四カ月後、ソビエト政府は再び米国政府へアプローチをかけた。アレクサンドル・ボゴモロフ駐中国ソビエト大使がジョンソン駐中国米国大使に「両国に国交がないことが極東におけるソビエトの立場を弱いものにしている。アメリカの極東での立場が弱いのもこれが原因である」との考えを伝えてきた。この言葉の意味することは明らかだった。「(彼らからすれば)アメリカにソビエトとの国交を結ばせる必要がある。(それなしで)ソビエトと日本との戦いが始まった場合、日本は米国民に対して『日本の戦いは対ロシア(国民)ではない。対ソビエト(共産主義)政権である』と容易に納得させることができる」[*18]と怖れたからである。

一九三三年一〇月、グルー大使は詳細な極東情勢を報告した。その中で「日本は時機をみて日本の野望を邪魔するソビエトの動きを排除すると決めているようだ」と書いている。その動きが始まるのは一九三五年であろう。両国の衝突の根本原因は、日本の共産主義に対する恐怖である。共産主義思想は何としても排斥されなくてはならない、そのためには過激な手段も必要だと考えられていた。「日本は、共産主義の東漸と南下に対する防衛の前線に立っていると考えていた。日本はさらなる刺激を受ければ(共産主義者の新たな動きがあれば)、シベリアへの侵攻も辞さないだろう。日本は共産主義政権は何としてでも潰したい。そう考えているからである」[*19]

共産主義に対する日本の強い恐怖感が日ソの緊張の根幹だった。ところがルーズベルト政権は日本の恐怖感を共有しなかった。(日本が考えるような)共産主義拡散を何としてでも跳ね返すという態度をとらなかった。むしろソビエト外務省が進める対米宥和外交に乗った。

ソビエトはすでに書いたように、外蒙古は完全に支配下に置き、新疆への侵出も著しかった。そうした状況下で、日本が赤化攻勢に対する防衛の前線に立ち、さらなる東方(華北方面)への進出を押しとどめているという現実がルーズベルト政権には理解できなかった。それどころか(歴代の共和党政権が拒んできた)ソビエトを国家承認してしまうのである。これが中国国内における共産主義思想拡大の強い追い風となった。

一九三三年一一月一六日、米国政府はソビエトを承認した。このことは中国における日本の動きに、米ソで共同で対処するという意思をみせたことを意味した。先に書いたように日本はアメリカとの関係改善を望んでいた。共産主義の赤化攻勢に共同で対処したいからだった。ルーズベルト政権は、ソビエトを承認することでその日本の願いに背を向けた。極東方面においてその行動を矯正されるべき国がソビエトではなく日本になってしまったのである。

5　外交努力を続ける日本

ルーズベルトの、日本ではなくソビエトを大事にする決定は、極東に赴任する外交官の判断に反していた。駐日大使館のエドウィン・L・ネヴィル参事官は長文の意見書を一九三三年一〇月に提出しているが、その内容は中国情勢を包み隠さず伝えるものであった。

「満州国建国によって日本はソビエトと長大な国境線で対峙することになった。日本は、満州方面では中国の政治的動きを（ほとんど）考慮する必要のない立場にまでなった。ソビエトの軍事力が脅かさなければ満州の権益は侵されないだろうとみている。ところが日本が交渉を続けなくてはならない中国国内〔満州国の外を指す〕の問題に、ソビエトが軍事力をもってちょっかいを出してきた。これをみた日本は、少なくとも中国国内の政治的混乱を解消させておく必要があると考えた」

「わが国（アメリカ）について言えば、この地域に何らかのコミットメントをすることを国民は容認しないだろう。外蒙古におけるソビエトの行動、中国国内でのソビエト工作員の暗躍。こうした状況を鑑みたときに、ソビエトの（日本を抑えての）軍事的勝利は、中国の政治的あるいは統治機構の統一作業に役立つのか、と真摯に問うておく必要がある[*20]」

ネヴィルは、華北へのソビエトの侵出は危険だと考えていた。「ソビエトが日本に軍事的に勝利したほうが、中国の政治的あるいは統治機構の統一作業に役立つという考えは間違っている」と結論づけた。ルーズベルト政権がソビエトを承認するという意味についてのグルー大使の見通しは甘かったようだ。大使は（ネヴィルの分析がありながら）、日記に以下のように記している。彼の視野が狭かったことを示している。

「大統領（FDR）はうまい手を打った。満州問題を口にしないままで艦隊の建造を決め、ソビエト・ロシアを国家承認した。そうすることで、日本の対米外交の態度を一新させ、より親米的なものに変化させることができよう[*21]」（一九三三年一一月三〇日付）

グルー大使のこの日記の記述には驚かされる。ルーズベルトのソビエト承認で、「日本の対米外交の態度を一新させ、より親米的なものに変化させる」としていることは問題である。日本はすでに同年三月から対米宥和の方針をとっていた。米国務省の理解を求めていた。そうした日本の動きを読みとることを拒否し、日本にアンフェアな日記への書き込みをするグルー大使の態度には驚く。彼のアンフェアな態度は、対日強硬姿勢をとるハル国務長官の動きを悪い意味で刺激した。

広田外相はそうしたアメリカの姿勢にもかかわらず、対米宥和の態度をとり続けた。これにはグルーも、「（広田）外相は、すべての国との関係を改善しようと真摯な努力を続けている」と認めざるをえなかった。日本の外交に鑑みれば、スティムソン・ドクトリンに関わる声明をあらためて出すようなことは賢明ではなかった。（対日政策を宥和の方針に舵を切らないにしても）黙ってそれ（スティムソン・ドクトリン）を維持していればよかったのである。[*22]

時の経過とともに、グルー大使は日本の指導者の穏健な性格に気づいた。天皇は温和な性格であった。西園寺（公望《きんもち》）、牧野（伸顕《のぶあき》）などの元老たちはみな戦争の悲惨さを身に染みて知っていた。首相（斎藤実《まこと》）は好戦的というよりも和平を願うタイプであった。広田外相は各国との関係改善にあらゆる努力を続けていた。林（権助《ごんすけ》）男爵〔枢密顧問官〕は東京倶楽部の晩餐会〔主賓はフランシス・リンドレイ駐日英国大使〕で、日本政府は何としてでも戦争にならないようにしたいと訴えた。林は天皇のお気に入りの人物だった。[*23]

こうした日本政府の姿勢を如実に示したのが、斎藤博の駐米大使への起用だった（一九三四年二月一三日赴任）。彼はアメリカ史を学び、アメリカのことはわかっているという自信があった。西海岸で領事の経験があり〔シアトル領事〕、ワシントンでも書記官として勤務したこともあった。彼はアメリカ的思考の「癖」を知っていた。フレデリック・ムーアは、アメリカのキャリア外交官でも彼の右に出る者はいない、とまで語るほど高く評価していた。[*24]

斎藤がワシントンに赴任して最初にしかけた作業が、ハル国務長官と交渉し新しい日米条約を締結することであった。条約交渉過程で、将来に惹起しそうな両国の紛争の種をあらかじめ摘んでおくことができたかもしれなかった。それができなかったとしても、両国間の問題について率直に語り合うことぐらいはできただろう。そうすることで、極東の安定には日米両国の相互理解が鍵になることぐらいはわかったかもしれない。

日本はソビエトの華北への勢力拡張をひどく怖れていた。ハルは日本のこの怖れを外交交渉のツールにできた。アメリカの極東における外交目的達成にうまく利用できるチャンスだった。しかし、それをするにはかなりの外交スキルが必要だった。ハルは自分にはそこまでの技量がないと考えたようだ。彼は斎藤大使からの新条約締結の投げかけをいともあっさりと拒絶した。[*25] もし斎藤の投げかけに応えていたら、両国関係の改善もありえたのである。

ハルは最終的には、声明を出すことには同意した。それはただ願望を普通にあっさりと述べた文書にすぎなかった。それでも広田は諦めていない。過去八〇年にもわたって日米両国が友好親善関係を築いてきた歴史を強調した。両国間のますます盛んになる交易の事実に触れながら、両国間に横たわっているすべての懸案を、友好的に解決できると信じていると述べた。それは日本政府の切なる願いであったといえよう。太平洋の向こう側の偉大なる隣国アメリカとの最大級の友好関係構築の願いであった。

これに対するハルの応えは丁寧だったがうわべだけのものだった。言葉の端々にスティムソン・ドクトリンの影を感じさせた。[*26] もしハルが広田の訴えに前向きに応え、新条約締結に向けての外交交渉が始まっていれば、日本の真珠湾攻撃がなぜ起こってしまったかの答えを見出せるような会話があったにちがいない〔この部分の表現は曖昧だが、日米の戦いは回避できたという意味か？〕。

ハルの回答は丁寧な表現だったが、日本の華北への拡張に関わる案件についてはあえて触れていない。ハルはこの問題は日米関係を悪化させるような、皮膚の奥深くに隠れたような小さな癌であることをわかっていた。この病への対処には、戦争という外科手術のような荒っぽいやり方もあるし、あるいは放射線治療のようなやり方、すなわちとにかく互いを理解する外交交渉というやり方もあった。ハルは癌細胞を放置した。その結果、最後は戦争という方法でしか解決の道がなくなった。外交史を学ぶ者からすれば彼の責任は大きい。

6　極東モンロー主義

日米関係を考えるとき、最も難しいのは満州国の扱いである。日本外務省は斎藤大使から、ハル国務長官は両国間の懸案をまともに議論しようとしない、との報告を受けた。広田外相は、すべての懸案を除去したいという願いは虚しいことだと思い知らされた。

それでも広田はアメリカに対して友好を願う態度は変えようとはしなかった。その象徴が、タウンゼント・ハリスを顕彰することだった。ハリスは初代アメリカ駐日領事だった。一九三四年四月二二日、グルー大使を乗せた日本の駆逐艦が下田港に入った。下田の港では学童が長い列を作って、万歳の声で大使を迎えた。下田では、日米両国の長い友好の伝統を称える多くの講演があった。グルーはそれが心を動かすものだったと日記に書いた[*27]〔これがいまでも続いている下田黒船祭りの第一回となる〕。

しかし友好を願う灯は、天羽《あもう》（英二）外務省情報部長の声明（天羽声明）でたちまち消えた。（下田での親善行事の少し前の）一九三四年四月一七日、天羽は日本のメディアに対して外務省の対中外交方針を出した。

その表現は素っ気ないもので、中国に利権をもつすべての国に対して挑戦するような響きがあった。日本は東アジアの安定に特別な責任があると述べたうえで、その遂行にあたっては日本軍はみずからイニシアティブをとらなくてはならない、他国の協力を求めない、したがって、中国が日本に抵抗するために他国の影響力を利用しようとすれば、日本がそれに反対するのは自然なことである、中国への外国からの借款や軍需品の供給があれば、日本はそれを疑いの目でみる、というものだった。[*28]

グルー大使はただちにハル国務長官に内容を電信で伝えた。米国務省のマックスウェル・M・ハミルトン（米国務省極東部）はこれについて覚書を準備した。日本政府が天羽声明の写しを米国務省に伝えてくる場合、その対応は文書の受け取りを認めるだけにして、米国政府の極東外交方針は、これまでどおり変更がないこと、徐々に固まりつつある国際法の精神あるいは米国政府が結んでいる関係条約に沿ったものになると述べるにとどめる、という内容だった。[*29]

四月二〇日、グルー大使は、極東における日本のモンロー主義についてハル国務長官に報告書を出した。四月一七日、日本政府はこのドクトリンを非公式に発表していたが、その写しが添付されていた。[*30]この文書の解釈についてコンスタンチン・ブラウンに説明したのは斎藤大使だった（四月二一日）。日本政府は、中国政府への借款や航空機販売の行為を日本に対する非友好的態度とみなす。西洋諸国は中国（人）の扱いをまったくわかっていない。日本政府は中国の混乱が、西洋諸国によるさらなる借款によって悪化することを回避しなくてはならないと考える。借款は乱立する中国の指導者に、それぞれの野心を実現させようとの思いに油を注ぐことになる。これが斎藤の説明だった。[*31]

この声明は米国務省に強い警戒感を生んだ。フィリップス国務次官は、斎藤大使を呼び、日本外務省の行動（天羽声明）についての説明を求めた。斎藤のフィリップス次官への回答は明瞭さに欠け、次官を苛立たせた。

「天羽氏の声明は厳密な形式で出されたものではない、したがって適切な説明をすることはできない」

フィリップス次官は、これではなんの説明にもなっていないと苛立ち、会談は不満足なかたちで終わったのである。[*32]

一方でイギリスの新聞（四月二一日から二四日）は日本の考えを理解する記事を掲載した。ロンドン・デイリー・メール紙は「中国において日本には（他国に比べたときに）特別な権益がある。そのことがなぜ問題視されるのか理解に苦しむ[*33]」と書いた。ロンドン・モーニング・ポスト紙の記事はより直截だった。「満州あるいは上海での（他国の）介入は、それがいかなるかたちであれ、中国自身の責任である。中国は無政府状態であり無法がまかり通っている。敵対行為が日本に向けられていないときは、他の列強の権益を脅かしている[*34]」と主張した。

ジョン・サイモン卿（英外相）は、イギリス・メディアよりも慎重な物言いでイギリスの考えを表明した。ホーンベック米国務省極東部長には、サイモン卿の声明は曖昧に感じられた。駐米英国大使（ロナルド・リンゼイ）も、ホーンベック部長との会話の中で、外相の表現が用心深い（曖昧な）ものであると認めていた。

このとき大使はアメリカの対中外交方針について尋ねているが、ホーンベックは「各国の南満州鉄道並行線建設問題や対日外交共同対処構想に関わる動きにはそれなりの効果があるとは認めるが、わが国が共同行動をとることは考えていないし、リーダーシップをとる立場にもない」と答えている。[*35]

米国務省が極東問題で具体的な方針を立てようとしているころ、東京ではグルー大使が広田と会談していた。広田はアメリカの疑いを払拭したいと考えていた。彼は「(満州における日本の特殊権益の主張をしたからといって)九カ国条約が規定する締約国の権限あるいは義務を蔑ろにする意図はない」「外務省は天皇陛下の方針を粛々と進めているだけであり、陛下はすべての国との、とりわけアメリカとの友好親善関係を構築したいとの考えである」と伝えた。[*36]

グルーは広田の友好を訴える説明に懐疑的だった。日記には「(天羽声明は)日本の今後の方針を正確に語ったものだと思う」と記している。[*37] ホーンベックもグルーと同じ考えだった。[*38] ホーンベックはハル国務長官に「これまでの状況を勘案すれば、日本の声明(天羽声明)には反応しないほうが得策だと考える。他国も(天羽声明に対して)強く反発する様子もみえない。わが国の中国における利権は、イギリス、ソビエト、おそらくフランスのそれと同程度のものにすぎない。したがって、わざわざわが国がイニシアティブをとり、アンチ日本の急先鋒となることはない」との意見書を出した。[*39]

ハルはホーンベックの意見を斟酌しなかった。四月二八日、ハルは、米国務省の考えをまとめた覚書を日本外務省に届けた。日本に外交的圧力をかけるべきだとする対日強硬派の意を汲む内容であった。そこにはアメリカの中国利権に関わる諸条約が列挙され、こうした条約は修正されるにしろ破棄されるにしろ、条約締結国が条約の規定に沿って実施しなくてはならない、と書かれていた。[*40]

ハルの文書が東京に届いたのは四月二九日のことであった。この日は日曜日であり（昭和）天皇の誕生日でもあったが、グルーは急いでこれを広田に届け会談を求めた。「天羽の使った言葉がまずかったようだ。それが大いなる誤解を生んだ」と広田は語った。広田は友好的な態度で対応し、天羽声明に対するアメリカの反発に不快感を示すことはなかった。*41

広田は、満州での日本に対するソビエトの挑戦という現実を前にして、何としてでもアメリカの機嫌をとらなくてはならないと考えていた。満州は日本の生命線であった。そこに共産主義（者）が怪しい影を落としていた。天羽声明の本質はソビエトに向けて発せられたものであり、アメリカに向けたものではなかった。一九一七年にはボルシェビキがロシアを支配したが、日本はこれに脅威を感じた。シベリア出兵もその怖れによるものだった。共産主義の拡大を何としてでも抑制したかった。ボルシェビキが支配体制を固めるに従い、日本の恐怖感はいっそう高まった。このことはリットン調査団の報告書にも記されている。

「ソビエト政府および第三インターナショナルの対中国外交方針は、他の帝国諸国の方針とは真逆である。各国は既存の条約をベースにした対中外交関係を維持したいと考えているのに対し、ソビエトは中国の何が何でも主権を回復するという（条約無視の）戦いを支援している。これが日本がソビエトを警戒する理由である*42」

日本の懸念は、中ソの条約調印（一九三二年一二月一二日）で確かなものになった。この条約で両国の国交が回復した。この動きは華北利権を脅かす兆候だと日本は警戒した。当時の内田（康哉）外相は国会で次のように説明している。

「揚子江沿岸部あるいは華南地方は、共産主義者の工作活動およびその軍隊の強奪破壊行為に苦しんできた。中ソの接近でこうした状況はさらなる悪化をみせている。東洋の和平にとって重大な脅威になっている。わが国はそれに対してしっかりと警戒しなくてはならない[*43]」

日本によって建国された満州国は傀儡国家だったが、ソビエトの脅威への対抗策の一環であった。満州国の立場を強化するために、日本は溥儀《ふぎ》を執政から皇帝に引き上げ、一九三四年三月一日に新京〔現・長春〕で戴冠させた[*44]。こうすることで、満州国を国際的に認めさせようとした。ロンドン・タイムズ紙は、極東で大きな利権をもつ国は「満州国を承認し貿易を再開させるという方針」をとらざるをえないだろうと書いた[*45]。ニューヨーク・ジャーナル・オブ・コマース紙は、満州国は「中国の中で最も安定し効率的な国家運営をしている[*46]」と称賛した。

T・J・リーグは中国での生活が長い人物だったが、満州の真の状況についてホーンベックに次のように説明していた。

「満州という地域は歴史上一度も中国の政体の中に組み込まれたことはありません。過去も現在も、固有の地域であり中国とは完全に分離しています。ソビエトは（満州国建国について）これまでも、そして現在も日本を批判しています。しかしそれは日本を貶めようとするソビエトのプロパガンダであり、有害なものです。これに惑わされてはなりません」

「（わが国が）満州国を承認すれば、（ソビエトのプロパガンダの効果を）減殺させることになるでしょう。満州の状況はまったく違うものになり、より好ましい状況が生まれると予想します。個人的な意見ですが、日本の（満州国建国についての）主張と目的は誠実なものだと考えています[47]」

西洋列強が満州国の承認に躊躇している中で、ソビエトは極東での立場をますます強化していった。まず、シベリア沿海州地方への移住を勧奨する政策をとった。次に、同地で集団農業に従事する農民への税を免除した。労働者の賃金も割高に設定した。政府の魚介類買付価格も引き上げた[48]。日本はソビエトのこうした動きを警戒した。さらに東清鉄道を何とか買収したいと考えた。ソビエト政府はその譲渡価格を一億六〇〇〇万円としたが、広田はそれをはねつけ、一億二〇〇〇万円を提示した。一九三四年八月、交渉は決裂し両国関係も緊張した[49]。アオキ・セイイチ中佐〔青木成一。後の中将のことと思われる〕は日本の大衆雑誌に寄稿し、日ソ戦が近いと述べた[50]。スターリンは「われわれは脅しには屈しない、目には目を歯には歯をの戦いも覚悟している[51]」と反発した。

近い将来のソビエトとの衝突に備え、日本は華北において一〇六〇マイル〔約一七〇〇キロ〕の鉄道新線を完成させ（一九三三年）、満州国国境までつながる軍事用道路も完成させた[52]。一九三四年一一月、日本はこれまでで最大となる軍事予算を閣議決定した。ソビエトもこれに対抗し、予算を一五億七三〇〇万ルーブル（一九三三年）から一七億九五〇〇万ルーブル（一九三四年）に増加させた[53]。

ソビエトの極東での立場は、ルーズベルト大統領による国家承認で強化された。それが日本の満州での立場強化の障害となった。日本は、ソビエトが中国を共産化する長期計画をもち、最終的には東アジアの大部分を支配する狙いであると警戒した。国際共産主義の性格からソビエトとの安定的な関係構築は難しいと考える日本は、一九三四年五月、あらためてアメリカとともに対共産主義共同戦線を組めないかと願い、再びアプローチした。日本は、ルーズベルトがソビエトを国家承認した以上、共産主義の危険性を訴えることは賢明ではないと考えた。駐米大使（斎藤）はハル国務長官に対して新たな相互理解を求める旨の文書を出した。中国が、昔ながらの外交テクニックでアメリカを使って日本を牽制するようなことにならないよう工夫した文面だった。

日本は、両国間に渦巻く相互不信の感情を排除できるような日米共同のアクションを起こしたいと考えていた。たとえば、互恵の交易関係の促進を訴え、太平洋地域での商業的機会均等保障宣言のようなものが出せないかと考えた。さらに、領土および利権の相互尊重を謳い、互いの行動を抑制的なものにする、そうすることで両国の友好親善関係は確固たるものになる。そうした内容になることを願った。[*54]

7　中国市場に固執したアメリカ

斎藤大使の頭には、かつてのルート・高平協定（一九〇八年）やランシング・石井協定（一九一七年）のような共同声明があった。しかしハルはその誘いに乗らなかった。先に述べたようにハルは二国間の新たな条約締結の誘いを拒んでいた。日本の華北における特別な権益を認めるような協定を結ぶことなどできなかった。

しかし、もしハルがルートやランシングのようにそうした声明を出していれば、アメリカの太平洋方面の外交の歴史はまったく違ったものになっていただろう。そして真珠湾の悲劇もなかったにちがいない。しかし結局は、スティムソン・ドクトリンが障害になった。日米両国による和平構築の動きの障害になった。[*55]

日本は二度にわたってハルに拒否されたことになる。その結果、日本はドイツを頼らざるをえなくなった。一九三四年夏、日本はドイツに親善目的の艦隊を遣った。続いて陸海軍の専門家を派遣した。通商条約がそれに続くアジェンダだった。[*56] 両国関係はしだいに深まり通商も盛んになった。ポーランドは日独の宥和をみて満州国との貿易に期待した。他のヨーロッパ諸国も同様だった。スティムソン・ドクトリンに追随することとの是非を再検討する動きだといえよう。

このころ、経済の分野で、当時の外交関係のありようを変化させる動きがあった。一九三三年、日本の紡績製品が世界に溢れたのである。この市場は長きにわたってイギリスの独壇場だった。特に英国製品は、インド、エジプト、東アフリカで強い立場を誇っていた。一九三四年、日英両国の紡績業者は相互の販売割当量を決めようとロンドンで協議した。しかし合意には至らなかった。イギリス商務大臣のウォルター・ランシマンは、対日経済戦争の宣戦布告とでもいえそうな声明を発した。[*57] 貿易摩擦は往々にして軍事衝突の前触れとなる。

アメリカもイギリス同様に日本の綿布の輸出増に悩まされていた。一九三三年には一一一万六〇〇〇平方ヤード（約九三万七〇〇〇平方メートル）だったものが、翌三四年には七二八万七〇〇〇平方ヤード（約六一二万平方メートル）に激増した。一九三五年に入るとわずか三カ月で、一二七七万一〇〇〇平方ヤード（約一〇七三万平方メートル）となった。ニューイングランド地方の紡績業者は倒産の危機に瀕した。

ただ総体でみた場合、日米貿易は安定していた。一九三四年の日本の対米輸出は前年を下回っていた。一方でアメリカの対日輸出は、三三年には一億四三〇〇万ドルだったものが、三四年には二億一〇〇〇万ドルにまで伸びていた。

この増加の理由の一端は、拡大する紡績業が原綿の供給のほとんどをアメリカに頼っていたからであった。アメリカの原綿輸出に日本が占める割合は一九二九年には一五パーセントだったが三四年には三〇パーセントにまでなっていた。多くの国が、アメリカの重要産品である原綿の輸入を減らしていた中で、日本はその輸入を順調に増やしていた。これが両国の結び付きを強めた。両国の貿易は順調だったのである。

そうでありながら、中国市場でのオープンドア政策を求めることで、（アメリカは）ハバードおばさんの食器棚に入りこんだようなものだったのである[*58]〔イギリス古謡にある一節に、腹をすかせた犬に、骨を上げようと食器棚を開けたら何もなかったとある。要するに中国市場には貿易上の実益は何もなかったのに、アメリカは、無益なオープンドア政策に固執していった、という意味である〕。

8 満州での石油資源をめぐる争い

日本は市場を拡げ、それにともなって日本の紡績工場はアメリカからの原綿輸入を順調に増やしていた。この状況からみれば、日米の経済的協調のベースはできていたように感じられる。

しかし、ハル国務長官は満州市場にこだわり続けた。日本が圧力をかけ満州市場のドアが閉じられているとの主張が拡がった。先に述べたように、日本は満州国をソビエトの侵出に対する防衛の最前線とみなしていた。ソビエトの侵出はすぐにはないだろうが、中国内で暗躍する共産主義者は一大勢力となり、満州国内の日本の出先機関を襲ってくるかもしれない。それを抑えることはかなり難しいと思われた。ソビエトの攻勢に対する防衛拠点が注意深く構築されなければ、たちまち満州は陥落し、数十年にわたる日本の努力は無になると怯えた。

満州をどうやったら防衛できるか。それが日本の政治家の悩みだった。この危機感があったからこそ、日本外務省は東アジアにおけるモンロー主義構想を発表（一九三四年四月）したのである。広田外相は、アメリカのモンロー主義は、言ってみれば間口を広げた防衛思想であることを理解していた。セオドア・ルーズベルトが侵略的にパナマを確保したのも防衛の意味合いがあったことを広田はわかっていた。

一九一二年に日本の会社が、（メキシコの）マグダレナ湾岸に土地を購入する計画があった。それを阻止した理由もモンロー主義によっていた〔缶詰工場のための土地の購入計画だった。この事件の具体的経緯については拙著『日米衝突の萌芽』（草思社）の三八三頁、「一九一二年四月一日の与太記事」に詳述〕。この湾はメキシコ領土だったが、将来的にアメリカを攻撃する軍港にされる惧れがあるとされた。日本の企業は米国務省からの強い圧力を受け計画を諦めた。連邦議会上院は、他の日本の会社への警告として、米国内の戦略的価値のある土地を非アメリカ法人に移転させることを禁じる決議案を採択した。そうした法人は外国政府の代理人として行動することが懸念されるという理由であった。*59

したがって一九一二年の段階で、日本政府は、米国政府がメキシコの領土であってもアメリカ国境に近い土地が少しでも外国政府の支配下に入ることを許さないことを知っていた。アメリカの政治家にとって国家防衛こそが最重要事項であり、メキシコの国内政策（外国とのビジネス）へのヤンキー（アメリカ）の介入にメキシコの政治家が反発しようが一切斟酌しなかった。

一九三四年四月段階においての日本の行動は、アメリカの「防衛指針書」にならったようなものであり、満州国の（潜在的）石油資源について間接的にコントロールするとの意思を示しただけだった。中国も北支那にある資源を狙っていた外国勢力も日本のこの動きを嫌った。しかし日本は満州問題を国家存亡の死活に関わる重大事と捉えていた。

満州の石油資源開発についての最初の動きは、満州石油会社の定款（設立趣意書）を満州国が決定したことであった（一九三二年二月二一日）。これによれば、新会社は満州国における石油の流通販売を独占し、その株式は満州国政府および日本の投資家が所有することになっていた。したがって、外国の石油会社が経営に参加することはできず、同社の利益の分け前にあずかることもできなかった。

満州国における石油事業の厳しい統制によって、外国企業は小売り事業を失うことになった。販売網は彼らが長い時間をかけて構築していた。一九三二年時点で、満州の石油は、アメリカ系二社（アメリカン・スタンダード・バキューム石油とテキサス石油会社）が五五パーセント、英ソ蘭三国の石油会社が三五パーセントを押さえていた。日本の占有率はわずか一〇パーセントだった。[*60]日本政府がこの状態を変え、日系の会社への便宜を図ろうとしていることは明らかだった。石油は近代戦争において重要な資源だった。満州国政府が自国内での石油資源を統制すると考えたこと自体は常識の範囲内だった。

当初満州国による統制策はオープンドア政策に反すると批判されたものの、しばらくすると米国石油企業の利益が毀損されることはほとんどないことがわかった。一九三六年の満州国への石油輸出は七八万二〇〇〇ドル相当だったが、翌三七年には三四三万六〇〇〇ドルに急増した。一九三八年も増加傾向が続いた。ところが米国務省は、米国企業にとって好ましい状況であったにもかかわらず、増加の理由は日本が戦争を目的として石油備蓄を進めているからだと説明した。この説明は一九三八年には当てはまるが三〇年代はじめについては正しくない。

一九三二年にはアメリカの満州への輸出はわずかに一一八万六〇〇〇ドルであった。満州国が日本の庇護のもとに建国されるとアメリカの輸出は急増した。一九三三年には二六九万一〇〇〇ドル、一九三五年には四一八万八〇〇〇ドルにまでなった。仮にオープンドア政策がなし崩しにされていたとしても、アメリカの貿易が成長できる余裕が十分にあった。[*61]

米国務省は輸出統計の数字が増加していても日本を非難した。ハル国務長官は、満州石油株の独占権に抗議を繰り返した。[*62]アメリカの国内世論も日本への有利な扱いに不満を募らせた。一八九九年以来、アメリカ人の多くが中国という巨大市場に幻想をもった。[*63]この幻想は決して現実にはならなかったがその夢を追い続け、現実にはより大きな商機のある日本市場を蔑ろにした。

ハルはとにかく日本にオープンドア政策をとるよう圧力をかけつづけると決めた。彼はそうすることで日本の対米不信感が高まり、最終的には戦争となる可能性があることに気づかなかったようだ。

＊原注

＊1　*The Public Papers and Addresses of Franklin D. Roosevelt*, ed. Samuel I. Rosenman, New York, 1938, II, p. 169ff.

＊2　*Peace and War: United States Foreign Policy, 1931–1941*, Washington, 1943, pp. 186–191.

*3 Sir John Simon to Ambassador Mellon, London, January 13, 1933. *Foreign Relations, 1933,* Ⅲ, pp. 88–90.
*4 Ambassador Johnson to Secretary Hull, Peiping, February 13, 1933. *Foreign Relations, 1933,* Ⅲ, pp. 171–172.
*5 Hugh Wilson to Secretary Hull, Geneva, February 13, 1933. *Foreign Relations, 1933,* Ⅲ, pp. 174–175.
*6 Memorandum prepared by the Division of Far Eastern Affairs, March 16, 1933. *Confidential file,* MS, Department of State.
*7 Mr. Marriner to Secretary Hull, Paris, April 22, 1933. *Foreign Relations, 1933,* Ⅲ, p. 286.
*8 Secretary Hull to Ambassador Johnson (China), Washington, April 25, 1933. *Foreign Relations, 1933,* Ⅲ, p. 290.
*9 Memorandum by Mr. Hornbeck, chief, Division of Far Eastern Affairs, April 26, 1933. *Foreign Relations, 1933,* Ⅲ, pp. 293–294.
*10 Memorandum by Mr. S. K. Hornbeck, May 16, 1933. *Foreign Relations, 1933,* Ⅲ, pp. 327–328.
*11 Memorandum by Mr. S. K. Hornbeck, July 15, 1937. MS, Department of State.
　ホーンベックは塘沽協定に関わる報告書を以下のように結んでいる。
「日本陸軍は塘沽協定本文のほかに秘密合意があることを時折仄めかしている。隠れた協定は、華北・満州間の鉄道あるいは航空機による通信に関わるものであるらしい。中国側は、そうした秘密協定の存在を否定しているが、実際のところ華北・満州間の通信はなぜか機能している」
*12 Ambassador Grew to Secretary Hull, Tokyo, May 8, 1933. *Foreign Relations, 1933,* Ⅲ, p. 307.
*13 Monthly report of the American Embassy in Tokyo, June, 1933. MS, Department of State.
*14 Grew *Diary,* September 18, 1933; *Ten Years in Japan,* New York, 1944, pp. 99–100.
*15 Ambassador Grew to Secretary Hull, October 3, 1933. *Japan: 1931–1941,* I, pp. 123–124.
*16 Secretary Hull to Ambassador Grew, October 6, 1933. *Japan: 1931–1941,* I, pp. 125–126.
*17 Ambassador Grew to Secretary Hull, Tokyo, March 9, 1933. *Foreign Relations, 1933,* Ⅲ, pp. 228–230.

＊18 Memorandum by the United States Minister to China (Johnson), Peiping, July 20, 1933. *Foreign Relations, 1933*, Ⅲ, pp. 377–378.
＊19 Ambassador Grew to the Under Secretary of State (Phillips), Tokyo, October 6, 1933. *Foreign Relations, 1933*, Ⅲ, pp. 421–424.
＊20 Memorandum written by Mr. Edwin L. Neville on the situation in the Far East, Tokyo, October 6, 1933. MS, Department of State.
＊21 Grew *Diary*, November 30, 1933; *Ten Years in Japan*, p. 108.
＊22 Grew *Diary*, January 23, 1934; *Ten Years in Japan*, pp. 115–116.
＊23 Grew *Diary*, February 8, 1934; *Ten Years in Japan*, pp. 117–119.
＊24 Moore, *With Japan's Leaders*, pp. 70–77.
＊25 同右、pp. 85–86.
＊26 広田の考えを示す文書がハルに渡されたのは一九三四年二月二一日のことである。ハルの回答は三月三日になされた。*Japan: 1931–1941*, I, pp. 127–129.
＊27 Grew *Diary*, April 22, 1934; *Ten Years in Japan*, pp. 125–127.
＊28 同右、April 28, 1933; 同右、pp. 128–133.
＊29 Memorandum prepared by the Division of Far Eastern Affairs, April 20, 1934. *Confidential file*, MS, Department of State.
＊30 Ambassador Grew to Secretary Hull, Tokyo, April 20, 1934. *Japan: 1931–1941*, I, pp. 223–225.
＊31 *Washington Evening Star*, April 22, 1934.
＊32 Memorandum by the Under Secretary of State (Phillips), April 24, 1934. *Japan: 1931–1941*, I, pp. 225–226.
＊33 April 21, 1934.
＊34 *Morning Post*, April 24, 1934.
＊35 Memorandum of a conversation between the British Ambassador, Sir Ronald Lindsay, and Mr.

Hornbeck, April 24, 1934. *Confidential file*, MS, Department of State.

＊36 Ambassador Grew to Secretary Hull, Tokyo, April 25, 1934. *Japan: 1931–1941*, I, pp. 227–228.

＊37 Grew *Diary*, April 28, 1934; *Ten Years in Japan*, p. 130.

＊38 Memorandum prepared by Mr. Hornbeck and addressed to Mr. Phillips, April 25, 1934. *Confidential file*, MS, Department of State.

＊39 Memorandum prepared by Mr. Hornbeck on Amau statement, April 25, 1934. *Confidential file*, MS, Department of State.

＊40 Secretary Hull to Ambassador Grew, April 28, 1934. *Japan: 1931–1941*, I, pp. 231–232.

＊41 Grew *Diary*, April 29, 1934; *Ten Years in Japan*, pp. 133–134.

＊42 *Lytton Report*, League of Nations, Geneva, October 1, 1932, pp. 36–37.

＊43 *Contemporary Japan*, published by the Foreign Affairs Association of Japan, Tokyo, March, 1933, I, No. 4, pp. 766–767.

＊44 *The United States in World Affairs, 1934–1935*, ed. W. H. Shepardson and W. O. Scroggs, New York, 1935, pp. 152-153.

溥儀は一九三二年三月九日に執政に任命された。一九〇六年生まれの溥儀は清国の西太后によって後継指名され宣統帝と称されることになった。一九一二年に清朝が滅びると、彼はしばらく北京に留まっていたが、一九二四年には天津の日本租界地に移った。清朝皇帝から退位し満州国執政となるまでの間は溥儀(Henry Pu-yi)と称した。

＊45 May 4, 1934.

＊46 March 5, 1934.

＊47 T. J. League to Mr. Hornbeck, March 23, 1934. MS, Department of State.

＊48 *Economic Review of the Soviet Union*, January, 1934, p. 23.

＊49 Harriet L. Moore, *Soviet Far Eastern Policy, 1931–1945*, Princeton, 1945, p. 37.

＊50 Tyler Dennett, "America and Japanese Aims," *Current History*, XXXIX, March, 1934, p. 767.

*51 *New York Times*, January 28, February 4, 1934.

*52 H. J. Timperley, “Japan in Manchuria,” *Foreign Affairs*, XII, January, 1934, pp. 295-305.

*53 League of Nations, *Armaments Year Book*, *1934*, pp. 441, 725.

*54 Ambassador Saito to Secretary Hull, May 16, 1934. *Japan: 1931-1941*, I, pp. 232-233.

*55 Mr. Phillips, the Acting Secretary of State, to Ambassador Grew, June 18, 1934. *Japan: 1931-1941*, I, pp. 237-239.

*56 Moore, *Soviet Far Eastern Policy*, *1931-1945*, pp. 38-39.

*57 *Parliamentary Debates*, House of Commons, May 7, 1934, CCLXXXIX, 718.

*58 *The United States in World Affairs*, *1934-1935*, ed. Shepardson and Scroggs, pp. 174-178.

*59 Thomas A. Bailey, “The Lodge Corollary to the Monroe Doctrine,” *Political Science Quarterly*, XLVIII, 1933, p. 235ff.

*60 *The United States in World Affairs*, *1934-1935*, ed. Shepardson and Scroggs, pp. 156-159.

*61 Department of State, *Press Releases*, April 6, 1939. *Japan: 1931-1941*, I, pp. 155-156. Ralph Townsend, *The High Cost of Hate*, San Francisco, 1939, pp. 24-25.

右記の文献による具体的なアメリカの満州国向け輸出額は以下のとおりである。

一九三一年……　二一七万六〇〇〇ドル
一九三二年……　一一八万六〇〇〇ドル
一九三三年……　二六九万一〇〇〇ドル
一九三四年……　三三九万八〇〇〇ドル
一九三五年……　四一八万八〇〇〇ドル
一九三六年……　三五二万二〇〇〇ドル
一九三七年……一六〇六万一〇〇〇ドル

*62 *Japan: 1931-1941*, I, pp. 130-157.

*63 中国との貿易は拡大しないという考えは、現実主義に立つ外交官の間ではっきりとしていた。ジェ

イコブ・シャーマン博士は米国務省極東部のハミルトンに次のように書いている。

「中国はアメリカ製品の大市場とはなっていない。これからそうなるという根拠もほとんどない」(MS, Department of State.)

第6章　極東でのソビエト外交

1　日本のシグナルを黙殺したハル

先に述べたように、日本は一九三四年六月に対米関係改善を求めるシグナルを送ったが、ハル国務長官はそれに応えようとはしなかった。アメリカは日本の恒久的な友好関係を築きたいという思いを拒んだのである。

米国務省の冷たい反応にもかかわらず、日本政府はアメリカの理解を得ようとする試みを諦めていない。日本では岡田（啓介）内閣が成立（一九三四年七月八日）したが、広田弘毅は外相に留任した。日米関係改善の意思をもつ西園寺、牧野らも影響力を保持していた。日本のリベラル派のある有力者は「アメリカがわが国の内閣を組閣しようとしても、この内閣以上の（アメリカに都合の良い）布陣は期待できないだろう」とグルー大使に語るほどだった。[*1]

日本の対米関係の改善を望むこうした態度を一顧だにしなかったのがハル国務長官だった。彼の日本に対する言葉にはつねに棘があった。そうした態度は岡田首相を不快にした。アメリカにいかなる友好的な態度をみせても無駄ではないかと思わせた。その結果、日本海軍はアメリカとイギリスに匹敵する規模にすべきだとする軍拡圧力に屈することになるのである。

2　日本がワシントン条約を破棄した理由

ワシントン海軍軍縮条約が締結されたのは一九二二年二月六日のことである。日本の軍国主義者はこの条約が規定する（対米、対英に比して）低い艦船保有率に不満をもっていた。彼らは英米と同量の艦船を保有すれば、日本の華北への侵出に対して両国からの干渉の可能性が低くなると期待した。

ワシントン会議から一〇年間、列強の政治家は中国の混乱した状況に大いに悩んできた。帝国（清国）の崩壊以来混乱の続く中国で、何らかの平和的状況を蔣介石が作り出せるのではないかと期待した時期もあった。しかし国内に渦巻くナショナリズムを前にして孫文の後継者（蔣介石）にとって国内統一は荷の重い作業であった。アメリカが南京で被った被害（一九二七年）、ソビエトとの東清鉄道沿線での紛争（一九二九年）を通じて、米ソ両国とも中国の混乱がもたらす破壊的力の凄まじさを思い知った。

一九三一年、日本は満州を、そうした台風のような破壊力に抗する安全な地域に変えることを決断した。それは同時にソビエトのシベリアからの侵攻の防波堤でもあった。しかしスティムソンはとにかく日本の判断（方針）が気に入らなかった。日本のとった予防的措置を激しく非難した。アメリカはハワイ海域での太平洋艦隊の演習を実施した。

日本の政治家はスティムソンの態度に反感をもち、米海軍の演習は日本の極東での動きを脅かす行動だと抗議した。日本がアメリカと同規模の艦隊を保有できれば、和平を口にしながら心の底では戦争をしたがっているようなハル国務長官を黙らせることができるのではないか。そのように日本は考えたのである。

ただ、スティムソンが日本を苛立たせる発言を続ける一方で、アメリカの建艦状況はワシントン海軍軍縮条約で認められた上限より相当に低いレベルであった。一九三三年三月四日の段階では、米海軍の艦船保有率は上限の六五パーセントにすぎなかった。一方で日本は上限の九五パーセントの艦船を保有していた。日本が軍縮条約を破棄し上限を超えた建艦を進め、アメリカがこれまでどおり軍艦の建造に無関心な態度を続ければ、日本とアメリカの保有量は同じになるはずであった。そうなれば、スティムソンが対日強硬外交を続けることは困難になると考えられた。

しかし、そうはならなかった。ルーズベルト大統領がニューディール政策の一環である全国産業復興法による予算の一部、二億三八〇〇万ドルを建艦予算に充てたのである。日本の海軍提督らはこれでジレンマに陥った。来年（一九三四年）に迫る軍縮条約の改定期に、条約を破棄し、日本より豊かな国々との建艦競争を始めるのか、あるいは現行の比率を遵守し世論の批判に甘んじるかの選択を迫られた。[*2]

日本海軍の指導者は世論の批判に晒される恥を忍ぼうとはしなかった。彼らは広田外相への圧力を強めた。結局、広田は一九三四年一二月三一日前には海軍軍縮条約の破棄の通知をするとグルー大使に伝えた。[*3]

一九三四年一〇月からロンドンで一九三〇年条約（ロンドン海軍軍縮条約）延長に関わる事前交渉が始まった。日本代表は、対米英と同じ保有比率を要求した。日本の主張の根拠は「国の威信と（日本型の）明白なる宿命」であった。「明白なる宿命」というコンセプトはアメリカが一九世紀に好んで使ったスローガンだった。これにハル国務長官は激怒した。日本の政治家が、このコンセプトを満州における日本の満州政策の正当化に使うことが許せなかった。ハルは、日本が対英米同一比率の軍艦保有を要求するのは、日本が東洋において圧倒的な優越的立場を構築し、特権的立場を確保しようと企んでいるからだと疑った。[*4]

英外務省は日本が満足できるような妥協案が必要ではないかと考えた。英米日三国による極東に関わる不可侵条約のようなアイデアもあったが、ハルの態度は冷淡だった。次に予定されているジュネーブでの交渉では、アメリカ代表は決して日本に何かを期待させるような姿勢をみせてはならない、ワシントン海軍軍縮条約に代わる新条約が結べるなどと思わせてはならない。これがハルの意思だった。[*5]

ノーマン・デイヴィスは、イギリスがハルの強硬な態度を嫌っていることに気づいている。イギリスは、解決策がみえないなかにあっても、日本との交渉は継続すべきだとの考えであった。この報告を受けたハルは渋々ながら、交渉をただちに打ち切らないことには同意した。しかし一方でデイヴィスに対しては、日本を辱めることに躊躇があってはならないと指示していた。ハルにはまるで長年の宿敵に対するような日本嫌いの感情があった。[*6]

まったく歩み寄りをみせないハルの態度をみて、日本外務省はワシントン海軍軍縮条約（一九二二年二月六日調印）を破棄することをハルに伝えた（一九三四年一二月二九日）。同条約による保有艦船量の規制は一九三六年一二月末日に失効することになっていた。したがってジュネーブの交渉が続けば、何らかの妥協が成り、日本にこの決定を再考させられる可能性がないわけではなかった。

イギリスの政治家は比率について妥協の道を探りたかった。しかしハルは日本に対しては甘い外交的言語よりも叱りつけるような厳しい口調で接しなくてはならないと信じていた。[*7] 残念なことに、フランクリン・D・ルーズベルト大統領も同じ考えであった。セオドア・ルーズベルト大統領がみせた丁寧な対日外交とは対極をなす二人の態度だった。一九一〇年冬のことであるが、セオドア・ルーズベルトは極東情勢を十分に検討したうえで、後継のタフト大統領に日本の満州進出について次のようにアドバイスしていた。現実的でまっとうなアドバイスであった。

「わが国は、日本からの移民を排除することが必要だが、その一方で日本の対米友好の意思（気持ち）を大事にしなくてはならない。日本が重視しているのは満州であり朝鮮である。したがって奇異に感じられるかもしれないが、満州についてはいかなる口出しもしないことだ。口出しをすると日本はわが国が日本に敵意があるのではないかと疑ってしまう。彼らの疑念に合理性があろうとなかろうと関係ない。（日本の動きを牽制しようとすれば）それが些細なことであれ、日本は国益が脅かされると感じてしまうからである」[*8]

3　満州というパンドラの箱

日本が満州を防衛の最前線であり同時に要の地でもあると考えていることを、セオドア・ルーズベルト大統領ははっきりと理解していた。日本は満州からは撤収できない、それをさせようとすれば戦争になる、そう考えた。

ところがフランクリン・D・ルーズベルト大統領とハル国務長官は、満州国不承認というスティムソンの考え方（スティムソン・ドクトリン）を継承した。そうすることでセオドア・ルーズベルト大統領が避けようとしていたパンドラの箱を開けてしまうことになる。彼らは、対日強硬外交の一方でソビエトが外蒙古を占領したことには沈黙した。こうしたアメリカのご都合主義的外交はパンドラの箱の中のあらゆる悪魔を解放した。自由になった悪魔は満州国境地帯を徘徊し、紛争の火種を撒き散らした。

混乱（治安の乱れ）は共産主義にはつきものである。日本は、華北でソビエトの工作員がしゃにむに混乱を煽っていることに気づいていた。工作員はまず農民を焚きつけて、よちよち歩きの蔣介石政権に反抗させた。革命的気運が拡がり国民党政府の脆弱な統治を破壊すると、毛沢東あるいは朱徳《しゅとく》支配下の共産党軍が荒れる農民を力で抑え込んだ。

このやり方は単純ではあるが実に効果的であった。日本が華北でこうしたやり方を座視すれば、満州でも朝鮮でも狂信的な共産主義者集団が同じように荒れ狂うことになる。日本がとりえた手段は、満州国との国境を華北に広げていくか、あるいは日本軍が海に放り出されるかであった。

塘沽《とうこ》協定（一九三三年五月三一日）により、中国軍が熱河省東北部から撤退すると、当該地域は非武装地域となり名目上は中国の施政下となった。この地域の治安は不十分ながら中国官憲が担っていた。彼らは日本に対してかならずしも悪感情をもっていなかった。[*9] 治安の悪化にともない日本は力でその回復をめざし日本の監督下に置くことを決めた。一九三五年五月、日本軍は河北省の非武装地帯に入った。数週間後には、中国側に新しい休戦協定を結ばせた。

新協定（梅津・何応欽《かおうきん》協定）は、日本軍司令官・梅津将軍（梅津美治郎《よしじろう》中将）と中国陸軍大臣（北平軍事分会委員長）何応欽の間で七月六日に調印された。これによって、河北省からの中国軍の撤兵と、（日本に敵対的で）好ましからざる団体の解散が決められた。また、中国全土における反西洋人、反日本人の活動を禁止させた。[*10]

この協定は、広田が一九三五年の夏の終わりに表明していた方針を具体化するものであった。ソビエトとの軋轢《あつれき》の大きな要因であった東清鉄道を日本は買収していた（三月二三日）。これを受けて広田は華北の問題解決に集中した。一〇月、広田は対中方針の基本方針を発表した。

一、中国による満州国の承認
二、中国による反日運動の抑制
三、共産主義者の工作への共同対処

南京の中国政府がこの方針を真剣に考慮しないことを知った日本は、北部五省（察哈爾《チヤハル》省、河北省、山西省、山東省、綏遠《すいえん》省）が自治を求める動きがあると発表させた（一一月二四日）。この五省がまとまった自治組織を作ることはできなかったが、日本は、冀東《きとう》防共自治政府を組織させることに成功した。この組織は殷汝耕《いんじょこう》に指導されることになった。彼は日本の考えに理解を示していた人物だった。さらに冀察《きさつ》政務委員会を組織し形式上は中国政府の管理下に置いた。この組織の長には日本の傀儡として宋哲元《そうてつげん》将軍が就いた。察哈爾省の万里の長城の北にはモンゴル人の独立国家を設立した。この地域は察哈爾省のおよそ九割を占め、名目上の指導者にはモンゴル王子、徳王《とくおう》が就いた。[*11] この動きは明らかに、北部五省による本格的な自治政府設立に向けてのステップだった。

4 日本に対する米英の温度差

イギリスは、日本の華北拡張政策が急激に進んでいることに警戒感を強めた。著名なイギリス政治アナリストであるジェイムズ・L・ガーヴィンは「何か悪意をもった動きが極東に起きている」[*12]として注意を促している。サミュエル・ホーア卿〔一九三五年七月から一二月まで英外相〕は、中国の内政や統治のあり方について日本が影響力を高めている、と嘆いた。[*13]

イギリスは注意深く言葉を選んで日本に対する警戒感を示したが、ハル国務長官は不快感の表明に遠慮はなかった。

「華北において政治闘争が続いている。それはこれまでとは異なる性質のものであり、広範囲に影響を及ぼす可能性がある。中国国内のどの地域であっても、普通ではない事態となれば、中国政府や人民に対してだけでなく、中国に利権のある多くの列強の懸念を惹起する。政治的な混乱や（それを促す）圧力があれば、将来への不安や疑心暗鬼の念が起きる。そうした感情が条約による権利と義務の遂行を阻害することになる。国家間関係においては、理念や約束を守るという信条が重要だ」[*14]

5　中国経済に打撃を与えた銀買い上げ法

ハル国務長官が高慢な態度で中国を助けると発言する一方で、米財務省の一九三四年の銀買い上げ法にもとづく行動が、日本の華北進出を助ける結果になった。アメリカは同法にもとづいて中国から銀の買い上げを進めたため、中国の銀の保有量が減少した。そのため銀本位制度下にある中国国内の貨幣量が減少しデフレにより諸物価が下落した。

中国政府は銀輸出に税を課す対策をとったが大量の密輸出が続いた。これによって中国の貿易は停滞した。[*15]期待していた外国からの借款も実らない中で、中国政府は銀の国有化を決めた（一一月三日）。銀の所有者は、認定された三つの銀行の兌換銀行券との交換を命じられた。

銀価格の騰貴により中国の経済は大きな打撃を受けた。これによって日本の侵出に対しての経済的抵抗力も弱まった。結果として、多くの中国のまともな経済的指導者層も、（銀の高価格政策を主張する）アメリカの一四人の上院議員の犠牲になるよりも、[*16]経済については日本を信頼したほうがよいと思うにいたった〔一四人の上院議員とは、銀価格上昇を主張する銀産出州七州（アリゾナ、カリフォルニア、コロラド、アイダホ、モンタナ、ネバダ、ユタ）選出の議員の意味である〕。銀買い上げ法によって中国の購買力が上がるので、アメリカからの対中貿易の輸出増加が見込まれたが、逆に大幅な減少となった。[*17]

ハル国務長官は、財務省の施策により中国から大量の銀の流出が続いていることを認めたが、それをモーゲンソー財務長官が矯正できるのは一九三六年五月以降になると嘆いた。[*18] この時期に日本は華北の広大なエリアの支配を確立していった。

6　海軍艦船の対等保有を求める日本

ロンドン海軍軍縮条約（一九三〇年）では、一九三五年に再び会議を開催し、軍縮に関わるすべての懸案を議論することになっていた。この会議は一九三五年一二月九日に始まった（第二次ロンドン海軍軍縮会議）。日本の代表は対英米同一比率を望んだ。現行の英米日5：5：3の比率から3：3：3にするという提案だった。日本の艦船保有量を上げるのではなく、米英両国の艦船を大量に廃棄することで同一比率となるよう求めた。[*19]

南雲忠一《なぐもちゅういち》提督は、比率を同じくすることが日本を侵略的にすることにはならない、むしろそうすることで西洋列強の侵略を不可能にする、と主張した。「現行の5：5：3の比率であれば、もしアメリカが全艦隊を東洋に集結させれば日本の安全保障を脅かす」という理屈だった。これに対してノーマン・デイヴィス米国代表は、日本の提案はフェアではないと反論した。そのうえで、上限や比率を決めないかたちでの暫定協定が必要だと主張した。ウィリアム・スタンドレイ提督（米国代表）は、何らかの量的制限をかけたうえで、前文に「適当な海軍を保持することはすべての独立国家の保持する当然の権利である」との文言を挿入することを提案した。日本はこの提案の検討を了承した。[*20]

ノーマン・デイヴィスは、自身の見解を述べるにあたって、過去三年間において日米関係の改善があったことを評価していると語った。日本国民を誉め、その発展を喜んだうえで、それを平和的なやり方で進めてほしいと語った。フィリップス国務次官も、改善した日米関係について言及した。そのうえで、日本の保有比率同率要求はその動きを逆行させ、日本に対する疑念を生むと懸念を表明した。[*21]

このような警告はあったものの、日本の同率要求は変わらなかった。英仏伊の新たな提案も検討しないことを決めた。一九三六年一月一五日、列強が日本の要求を拒んだことを受け、日本は協議から抜けた。[*22]太平洋方面における集団安全保障の枠組は、ムッソリーニの軍隊がエチオピアに侵攻し、こうしたやり方がすでに時代遅れになっていることを示す以前に崩壊していたのである。

7　日独伊を非難するルーズベルト

ベルサイユ体制後の集団安全保障の枠組は、アフリカでも中国でもガタガタと音を立てて崩れていた。ルーズベルト大統領は日独伊三国の独裁者に対して警告を発しようと考えた。一九三六年には、ナチス政権は米国民への反感を強めた。その一方で、米国民はムッソリーニのエチオピア侵攻に憤った。アメリカの評論家や学者は、アメリカの国境は地球のどの場所とも接しているような感覚になった。そうした彼らにとって、日本の華北での動きは特に気になるものだった。彼らは「世界は一つと考える国際協調主義者（One-Worlder）」だった。こうした連中はどういうわけかソビエトの外蒙古の支配と新疆《しんきょう》への侵出についてはは目をつむった。

一九三五年に、米国務省はソビエトに対して米国内におけるプロパガンダ活動を止めるよう警告した。ところが米国務省はソビエトの華北への侵出の動きには何の関心も示さなかった。ソビエトには限りなく大きなシベリアがあり、その潜在力は途方もなく大きい。中国に対する脅威という点でいえば日本の軍隊よりも危険であった。しかしルーズベルトとハルの東アジアをみる眼は、スティムソン同様に近視眼的であった。スティムソンの一九三一年から三二年の（満州事変前後の）考え方（スティムソン・ドクトリン）は、この時点においても二人の心に影響を与えていた。

一九三六年一月三日、ルーズベルトは議会に対して年頭教書を読みあげた。その中で、邪悪な独裁者による侵略行為が新たな世界大戦を惹起するかもしれない、と強く警告した。演説は自身の政権の推進してきた善隣外交を自画自賛すると、返す刀でそれができない他国の指導者をこき下ろすものだった。彼らは平和的な交渉ができない、道義心に欠ける、交渉に必要な辛抱がないと批判した。ルーズベルトはベルサイユ体制の不正義は決して国際連盟などの国際機関を通じた交渉では是正できないことをわかっていた。そうでありながら、そうすべきだと主張した。これは不誠実な態度だった。

ルーズベルトは「素行不良の国」に対してお説教を垂れる立場をとった。

「彼ら（日独伊）は辛抱が足りず、昔ながらの力に頼るやり方をしている。彼らだけがそうしたやり方で目的を達成できるという考えをもっている。私のこの言葉はそうした国々にとっては苦々しいものだろう。彼らは自分の好みに合うように世界を変えようと考えているからである」[*23]

このころ東京では、グルー大使が大統領の脅かしの言葉をまともな政治家の訴えであるとみなしていた。ただこの棘のある勧告も、日本の中国での外交を変えさせることはできないだろうと考えていた。それでも少しの牽制にはなるだろうと期待した。[*24] グルーはこれ（大統領演説）が、アメリカが日本と戦うはめになる一歩になっていることを素直に認めるほど自身に正直ではなかった。

大統領演説に対する日本の冷ややかな反応は広田のスピーチに表われている。彼は、アメリカの政治家はいつでも自身が神の代理人のように話すと非難した。

「遺憾なことに、外国の政治家には個人的な信条にもとづく世界のあり方（秩序）を他国に押しつけようとする者がいる。そうした（一方的な）指図に抵抗しようとすると、世界の平和を乱す輩だと非難するのである」[*25]

斎藤駐米大使はジャパン・ソサエティ（ニューヨーク）の講演で、日本の対中外交方針をアメリカのモンロー主義になぞらえて擁護した。[*26]

この斎藤の主張が、待ってましたとばかりの態度でいたピットマン上院議員〔上院外交委員会委員長〕を怒らせた。ピットマンは斎藤がモンロー主義をもち出したことに対して「われわれはラテン・アメリカ諸国の保護をしようとしているのであって、破壊しようなどとはしていない」[*27]と斎藤を批判した。

ピットマンのこの発言は繰り返し引用された。グルー大使はこの発言が好戦的なことはわかっていたが問題視しなかった。むしろこの発言はよりよい結果を生むと期待した。こうした発言に日本政府が接することで、アメリカの辛抱にも限界があることに気づくと考えた。（皮肉な言い方だが）日本がアメリカの歴史に精通していれば、米国民が世界の中でも特に「火がつきやすい」性質であることがわかったであろう。極東での何でもない事件が、米国民の怒りに火をつける火口《ほくち》になりうる。それが破壊的な長期戦争となってしまう可能性があった。

一方でグルーが見逃したのは、ピットマン議員のような物言いは日本人の心の中にアメリカ嫌いの感情を生んでしまう可能性だった。そうした感情が積み重なると、アメリカ高官の日本へのちょっとした非難めいた発言が、両国の対立を爆発させる火種になる可能性を見逃した。

8 中国の「共通の敵」にされた日本

アメリカの軍国主義者たちが日本の対中政策をなじる一方で、日本の政治家たちはアメリカとの良き外交関係の構築に懸命であった。一九三六年三月第一週、天皇は広田弘毅に組閣を命じた〔広田内閣の発足は三月九日〕。天皇が広田を選んだことにグルーは安堵した。広田を政治力がある安定した政治家だとみなしていたからである。グルーは広田に対中政策について聞いているが、彼は前年一〇月に示した三つの方針を繰り返した。

一、中国による満州国の承認
二、中国による反日運動の抑制
三、共産主義者の工作への共同対処

この方針の遂行にあたって「日本が諸外国の利権を脅かすことはない。オープンドア政策も堅持される」とも述べた。広田はあらためて新内閣は和平維持を基本とし、アメリカとの友好関係の構築は最重要課題であると強調した。[*29]

この考えをワシントン訪問中の吉田（茂）駐英大使も繰り返した。彼はまず、日本における急激な人口増加についての理解を求めた。だからこそ新しい領土を必要とすると訴えた。[*30] 日本の領土的欠乏は北部支那の一部をとれば満たすことができた。

ハル国務長官は吉田の訴えに冷ややかだった。日本はアジアにおける経済支配を目論んでいる。まず東アジアを支配し、次に他の地域を日本の都合に合うように変えていく。政治的支配と同時に軍事支配を進め、最終的な狙いは中国との貿易からアメリカなどの西洋諸国を排除すること。このように米国民は疑っていると主張した。さらに、ハルが進めている貿易協定交渉が成功し関税障壁をなくすことができれば、二〇〇億ドルの貿易量が徐々に戻ってくる。日本が北部支那における帝国主義的な、そして利己的な政策を止め、アメリカの指導に沿った貿易政策をとれば、日本はより豊かな商業的繁栄を享受できよう、と説教した。[*31]

日本の政治家はハルの進めようとしている互恵貿易の全容を理解していた。彼らも（十分な配慮を必要とはするものの）貿易障壁をなくすことには賛成であった。ただ彼らにとって、北部支那における最重要の懸案はソビエトに対する防衛であった。満州は原材料の供給地として重要であり、工業製品の市場としても同様の価値があった。ただ、満州は、すでに外蒙古を支配下に置くソビエトの赤化攻勢を迎え撃つ前線基地だという側面があった。この点については、広く理解されていたとは言いがたかった。

極東のソビエト赤軍は、一九三六年から三八年にかけて三〇万を超える規模に増強された。*32 赤軍は、外蒙古を攻勢時の踏み台として使おうと目論んでいた。新疆でもさらなる支配強化を進めていた。アレクサンドル・バルミン〔赤軍参謀本部情報総局（GRU）に所属、一九三五年から貿易担当で海外赴任、一九三七年パリに亡命〕は、この地域の軍へのソビエト製兵器の供給を担当していた。彼は新疆は実質的に完全にソビエトの支配下にあったと語っている。一九三五年当時ソビエトの植民地と化していたのである。*33

ここで重要なのは、ソビエトが新疆を支配下に置いたことに米国政府が何の抗議もしていないことである。アメリカは中国の領土的主権が侵されることを懸念してはいたが、日本に対してだけ警告していた。ルーズベルト政権は、ソビエト外交を盲目的に信頼していた。それが同政権の極東政策の「肝」であった。

米国務省の官僚は、外蒙古と新疆へのソビエトの急速な勢力浸透を見逃した。それだけでなく、陝西《せんせい》省において共産軍が創設されたことが何を意味するかにも故意に目をつむった。共産主義者は一九二七年には総崩れとなり、毛沢東と朱徳は江西省と広東《カントン》省の僻地に逃れた。そこで注意深く勢力を拡大させていた。一九三一年八月、モスクワから中国共産党に指令が発せられた。「一人前のソビエト政府」を樹立せよというものだった。できるだけ早い時期に、最も安全な地区に中央ソビエト政府を作れ、という指示だった。

一九三一年一一月、第一回中国ソビエト議会が江西省瑞金《ずいきん》で開かれ、ソビエト憲法に沿った新憲法が公布された。中央執行委員会が創設され組閣した。閣僚には強烈な共産主義者である毛沢東、朱徳、周恩来らが選出された。内閣には行政命令を出す権限が与えられ、それが法律としての強制力をもった。この議会の進める政治プログラムは共産主義者の考えに沿ったものだった。地主から土地を接収し、すべての外国人の持つ産業の国有化を進めた。[*34]

一九三二年九月までには、中国赤軍は二六軍団と一五の地方師団をもったとコミンテルンに報告した。同時に十分な武力をもち反革命の動きを抑え込む政治保安部（ＧＰＵ）を組織したことも報告されている。翌三三年に入ると、中国共産党のコミンテルン代表王明は、訓練を終えた三五万と、非正規の兵六〇万の規模の共産党軍を作りあげたと語った。この軍がおよそ六〇〇〇万の人口を完全に抑え込んでいた。[*35]

しかし中国赤軍の江西省および広東省での基盤は不安定であった。一九三四年一〇月、彼らはいわゆる長征を開始し、甘粛《かんしゅく》省および陝西省に入った。[*36] 一九三五年には陝西省の北部において共産党によるソビエト化が進んだ。ソビエトにとっては、中国共産党軍が同地に勢力をもったことは好都合だった。内蒙古と境を接し、この地域に進出する日本との戦いの最前線となる位置にあった。ソビエトに近いこともあり、作戦遂行に必要な物資も容易に供給できた。ソビエト外交の先兵となった中国共産党軍は、モスクワの命令でいつでも戦いを始めることができた。

しかし当時のクレムリンは、中国赤軍をそのまま日本軍への攻撃に使うことには慎重だった。まず蔣介石の国民党軍との間に休戦協定を結ばせ、日本の侵略軍と戦わせるべきだと考えた。日本を排除した後、日本との戦いに疲れ弱体化した蔣介石の軍を叩く。そうなれば中国全土を赤い波で覆いつくせるのである。

したがって、中国共産党の戦術は、国民党政府との間で急いで何らかの協定を成立させ、彼らを共産党の最終目的実現の道具にすることだった。その最初の一手は、毛沢東が作ったスローガンを共通目的にすることだった。「すべての政党と階級は日本や裏切者との戦いに団結しなくてはならない。内戦などしている場合ではない」[*37]。他の共産党指導者も同じ笛を吹いた（同様の呼びかけをした）。

一九三六年一二月、蔣介石は張学良に捕らえられた。モスクワはすぐにこの事件に介入し、蔣介石を解放させた[*38]。蔣介石は、当面の間はソビエトの宝であった。注意深く利用しなくてはならなかった。用が済めば、ファシスト軍国主義者として銃殺すればよいだけだった。

9 日独防共協定の背景

共産党指導者と蔣介石の接近をみた日本はドイツに接近し、よく知られている日独防共協定を締結することになる（一九三六年一一月二五日）[*39]。この協定はコミンテルンの活動について互いに情報を共有し忠告するというものだった。秘密協定もあった。一方の協定国がソビエトから攻撃を受けたり受ける惧れがある場合、他方の協定国はソビエトを助けるような行動をとらないこと、さらに協定国は共通の利益を守るために協議することが規定されていた[*40]。

防共協定について日本外務省は声明を出しているが、その中で、共産主義者のプロパガンダ工作と世界革命、つまり全世界を赤い力で制圧をめざす活動（の実態）に触れていた。なかでも、外蒙古と新疆で支配的立場を築いている事実に注意を喚起した。日本は安全保障を脅かされたからこそドイツとの防共協定を結ぶ必要があった。より広範な防共協定が必要になっていることも他の列強に示唆していた[*41]。

堀内（謙介）外務次官はディックオーバー駐日米国代理公使との会談の中で、ドイツとの防共協定には軍事に関わるいかなる秘密協定もないと断言したが、[42] ソビエトは何らかの軍事秘密協定が結ばれているはずだと確信していた。ソビエト駐日大使は、少し興奮した調子で、日独防共協定は極東における英蘭植民地帝国に対しても向けられている、とグルー駐日大使に語った。そこには根拠はなかっただけに、グルー大使は気に留めていない。

10　激化する中国の反日活動

前項で述べたように、グルーはソビエト大使の「日独両国は最終的には英蘭の極東植民地の一部を略取しようと企んでいる」という説には与《くみ》しなかった。グルー大使は一九三七年を、日米間にたいした懸案もなく迎えることができたと安堵していた。[43] しばらくして、グルーは日本外務省スポークマンの天羽と率直に意見を交換した。長時間の協議であったが、両国関係は満足できる状況にあることを確認できた。[44]

しかしグルーには何か起こるとの懸念はあった。いつ爆発するかも知れない火山のまわりに暮らす感覚のようなものであった。[45] それでも日米関係が少なくとも表面上は平穏になってきたのは広田首相の努力があったからだった。これが当時のグルーの評価だった。広田は、新聞がアメリカへの敵意あるコメントを出さないよう努力していた。天羽も国民がアメリカに好意をもつように尽力していた。

ただ日米関係が座りが悪いことには変わりはなかった。座りの悪さが安定するか否かは華北の状況いかんだった。同地での共産主義者の活動は激しさを増していた。それを抑えようと日本（軍）はやっきになり制圧地域を拡げた。それが蒋介石政権との軋轢を高めた。何らかのセーフガードを両国間に作らなければ、早晩軍事衝突に発展することは誰の目にも明らかだった。日本は衝突を避ける努力を続けた。

一九三六年夏、中国群衆が日本人に対してひどい扱いをした事件があった。広田は冷静にこの問題の解決に取り組んだ。その事件は八月二四日に起きた。成都《せいと》にいた二人の日本人新聞記者が殺され、同地のホテル（大川旅館）に宿泊していた日本人二人が建物から引きずり出され、ひどい暴行を受けたのである[46]〔成都事件と呼ばれるもので渡辺洸三郎（大阪毎日新聞）、深川経二（上海毎日新聞）が殺害された〕。この事件を起こした群衆を煽ったのは国民党であり、同政府がそれを傍観したことを日本の外務省は知っていた。

同様な事件は続いた。九月一七日には、汕頭《さんとう》（広東）で日本人経営のレストランに手榴弾が投げ込まれた。翌一八日には、漢口《かんこう》で満州国官吏が鉄道車内で群衆に襲われ貴重品を奪われた。また同地の日本人租界地の境界付近を警備していた公使館警備の警察官〔領事館付吉岡巡査〕が数人の中国人に殺害された。

九月二三日、今度は上海で、一人の陸戦隊員（水兵）〔第三艦隊旗艦「出雲」所属〕が射殺され、二人が負傷した。一連の事件は一方的にしかけられたものだった。九月二八日、日本の外相は、中国との交渉をこれ以上だらだらと続けられない、中国政府は、日本と協調するのかそうでないのかを決める分岐点にきている、とする声明を出した。[47]

この声明を受けて、中国政府はハル国務長官を通じて、日本には中国に対して穏便でかつ宥和的な態度をとらせるよう要請した。[48]英国政府も、駐日大使を通じて、日本がそうした態度で中国に臨むよう有田（八郎）外相に要望した。[49] 一〇月二日、事態の鎮静化を求めて、外務省は桑島（主計《かずえ》）東アジア局長（東亜局長）を中国に遣り、川越（茂）駐中国大使と協議させた。外務省のスポークスマンは、この協議の目的は日本の考え方をしっかりと蔣介石に伝えることにあると説明した。[50]

これに対して、中国の駐仏、駐英大使は日本の真の狙いは中国が決して容認できない要求を押しつけようとするものだと主張した。彼らは、日本政府は中国全土における防共と北部五省の自治に不必要なほどの重要性を強調している、と説明した。[51]

一〇月一日、日本外相は英駐日大使に対して「日本は華北の安全を満州国のためにも確立しなくてはならない。断固たる態度で臨む」と伝えた。[52] この二日後、日本外務省は、東京の米国大使館に、日本の要求は反日プロパガンダ活動と扇動行為を止めさせることであり、それに尽きると説明した。[53]

しかし、中国の反日活動は激化する一方であった。それを煽っているのは蔣介石と共産主義者であることは疑いの余地はなかった。共産主義者は、日本政府と蔣介石の間にいかなる妥協も成立させないと決めていた。

一〇月三〇日、デイヴィッド・バーガーは南京の財務省地方官吏から入手した情報をハル国務長官に知らせる文書を書いた。

「（その人物によれば）南京政府の外交方針はソビエトの考えに沿ったものになる」[54]

ソビエト側に立った方針とは、中国と日本の間の溝をさらに深くするという意味である。一二月三日、須磨（南京大使館一等書記官）はジョンソン米国大使に対して、この一月で中国の対日交渉の態度が劇的に悪化し、蔣介石直属の軍までも反日の態度を煽っていると説明した。[*55]

中国のこうした姿勢を英外務省は懸念した。アンソニー・イーデン英外相は中国駐英大使に対し、やり過ぎを慎むよう要求した。もしこれからも南京政府が日本の講和の動きに完全に背を向ければ、日本の世論を硬化させ日本はより強硬な外交をとらざるをえなくなる、と懸念を伝えた。東京では中国駐日大使が、グルー米国大使に対して事情を説明したがその態度は高慢であった。「中国は浮かれている。日本の講和交渉を一切受けつけないのだろう」とグルーは危惧した。[*56]

11 国共合作の影響

中国が高慢にも思える態度に変じた理由の一つは、国共合作にあった。合作によって中国の軍事力はたしかに強化された。ただ問題はイニシアティブを共産党軍がとってしまうことであった。彼らは都合の良い場面だけで戦った。共産主義者の目的を達成するためにだけ戦った。

日本はこの状況を理解していただけに警戒感を強めていった。グルーによれば、日本政府の対中政策の基本は共産主義者の起こす動きには徹底的に対抗し、反共産主義の動きを支援するというものであった。つまり日本の対中方針は、ソビエトの、あるいは共産主義者への対抗策の一側面だったのである。[*57]

日本の考え方を、ホーンベックは理解していた。米国務省極東部にその考えを示す報告書を数多く残している。一九三七年一月一六日、陝西省に関わる問題の検討会議で次のように発言した。

「西安（陝西省）および甘粛省の反抗的傾向のある政府軍が、同地を占領する共産党軍と合流するようなことになればたいへんな危機となる。中国北西部に強力な共産主義者の前線が形成されてしまう。そうなれば中国の内政も、中国と日本の関係も混乱する」[*58]

ナショナリスト（国民党）と共産主義者（中国共産党）との間で、両者が満足できる共通の狙いと方法論に合意があったことは間違いない。蔣介石は、厳しい条件を共産党側に受け入れるよう要求したらしいが、「なあなあ」でうまくやっていけばよいというような合意であったらしい[*59]。そうした事情をつかんでいた日本は、ますます共産主義者の動きに敏感になった。

12　中国との関係改善を諦めない日本

日本の議会は、広田政権の日中外交の行きづまりに不満であった。一九三七年一月二三日、同政権は倒れ、林（銑十郎）将軍が首相となった（二月二日）。林は「私は中国に対して喧嘩腰の外交はしない」「中国政府が、日本が侵略的な外交を進めていると考えているならきわめて遺憾である」と述べ、宥和的対中外交を確約した。

林はこの主張どおり、前政権のような難しい要求を中国には求めない政策に変化させた。彼の対中外交には二つの指針があった。一つは、中国に関税の低減を求めることであり、もう一点は日中間の空の航路の開設であった。林の方針を日本のメディアも支持し、「林内閣には独立国家中国の主権を侵す考えはない」と伝えた。メディアのトーンはそれまでとは大きく違っていた[*60]。

外相には佐藤尚武が就いた（三月三日）。佐藤はグルー大使と会談し、日中関係を目に見えるかたちで改善させるとの意気込みを語った。日米関係についても、グルーは佐藤が知米派であることを知っていただけに、改善されるだろうと確信した。[*61]

新内閣の対中宥和方針が具体的に示されたのは、経済視察団の派遣だった。団長は前横浜正金銀行頭取の児玉謙次だった。児玉は中国問題に詳しい権威とみなされていたし、中国での評判もよかった。同視察団は南京で二日にわたって協議を続けた（三月一六・一七日）。視察団を迎えた蔣介石は「日本の支援とアドバイスを期待する」と述べた。さらに「中国の産業経営者は、日本の専門家のアドバイスを聞き入れ、興業への第一歩を進めるだろう。それによって中国の経済文化は日本が歩んだ道をたどり、東洋の平和と幸福を実現していくことになろう」とまで述べた。[*62]

日本はこの親善友好の言葉に沿って中国が動くよう働きかけたが、実質のない空約束だった。三月二四日、ジョンソン駐中国大使は児玉視察団が何の成果も生まなかったことを本省に報告した。中国側が、経済協力についての具体策を協議する前に、両国の政治に関わる関係の再調整を主張したからであった。[*63]四月になるとジョンソン大使は、日中間の関係改善については悲観的になっている。この数カ月で中国の日本に対する態度はかたくなになったと判断した。中国外交部は、経済問題を話し合うには、華北における政治状況を根本的に変えることを条件にした。[*64]

中国政府は、日本が塘沽協定（一九三三年五月三一日）を破棄したり、冀東防共自治委員会（防共自治政府、一九三五年樹立）の解体など呑めないことをわかっていた。日本にとっては、華北に急速に広がるソビエト・ロシアへの防波堤となるメカニズムだったからである。中国政府はソビエトによる外蒙古および新疆における支配の広がりにまったく無頓着だった。それが日本の懸念であった。日本は、中国政府がそうした動き（ソビエトの帝国主義的行動）に鈍感である一方で、日本の華北での動きになぜこれほど過敏になるのか理解できなかった。もし蔣介石がソビエトの軍門にすでに下っているのであれば、彼と妥協することは危険であった。

それでも林首相は、中国との関係改善を諦めていない。経済面でそれができれば政治的理解も進むと期待した。しかし、そうした投げかけも失敗した。グルー大使の東京からの報告は「中国の態度は日本の宥和的態度にもかかわらず硬化している」というものであった[*65]。それでも日本は交渉を止めなかった。五月一〇日、佐藤外相は在東京外国特派員に対して、日本は中国に排他的特権など要求していないことを説明し、中国とは経済面では平和的に共存できると信じている、と語った[*66]。

このころにはグルー大使は、中国とあくまで協調的な外交をとるとした日本の外交も曲がり角に来ていることに気づいた。日本の外相が、もはや断固たる日本の立場を表明せざるをえないと決めたのである。反日を煽るアジテーションが再発し、日本を懸念させる事件が相次いだからだった[*67]。

日本を特に悩ませたのは河北省東部の治安をめぐっての宋哲元将軍の非協力的態度だった。将軍は、一九三六年秋の時点では、日本との経済協力を約束していた。しかし、彼は日本の準備した協力協定の書面に署名しようとしなかった。日本は経済発展の基礎となる鉄道敷設、鉄鉱石鉱山開発、綿花栽培などの分野で共同開発を考えていた。蔣介石は華北では現状維持で良しとの判断であり、日本との揉め事は（当面は）避けたいという判断であったらしい。しかし部下がそうした態度に反対した[*68]。

一九三七年五月最終週、林内閣が倒れた。中国との経済協力構想も実らずに終わった。六月四日、プリンス近衛（文麿）が首班となり、外相には広田弘毅が再任された。六月七日、グルーは広田と会談している。広田は先に示した対中外交の三つの基本方針は曖昧にすぎた、中国の現況に鑑みれば、諸懸案の解決には具体的な提案が必要だと説明した。[*69]

これを聞いたグルーは次のような感想をもった。

「中国はいま幸運な（有利な）立場にいる。日本は軍事力を行使するつもりはない。その一方で中国から経済開発に関わる譲歩を引き出したいと考えている[*70]」

13 ソビエトの筋書きで進む日中衝突

一九三七年の夏、多くの中国政府関係者が、日中間の戦いを止める気はなくむしろ煽ろうとしていた。そのことは南京と東京（の大使館）から寄せられた米国務省本省への報告書ではっきりしている。

一九三七年六月、東京のアンドリューズ二等書記官は、在東京中国大使館で同じ立場にあったマー博士と交わした言葉をグルー大使に報告している。報告書を読んだグルー大使は、マー博士が、獰猛とでも言えそうな強硬な態度であること、また同時に中国の将来にきわめて楽観的であることを知った。これは前年（一九三六年）の状況の変化（ソビエトとの協力関係の構築）を受けて、中国が日本に対して強気になっていることの証だった。[*71] 中国は日本との間に揉め事を起こしてもかまわないとする覚悟ができたのである。日本との妥協はまったく考えていなかった。

中国では、日本の大使が、両国が互いを理解できるときは来る、と繰り返していた。ガウス駐上海米国総領事は、こうした日本の宥和的態度は中国国内の事情に明るい者にはよく理解されていたと報告している。「いま日本とイギリスとの間で中国問題についての相互理解を進める動きがある中で、日本が中国に対して厳しい態度をとったり、華北で強硬策（軍事行動）に及ぶようなことは考えにくい」とガウス大使は報告していたのである。[*72]

この報告書からもわかるように一九三七年六月から七月の時点で、外交関係者の多くは、日中間で軍事衝突が起こることはまずないと判断していた。近衛内閣も、これまでの政権同様に対中宥和政策を継続するとみられていた。それだけに、北京近郊で軍事衝突が起きたことを聞いた列強の外交関係者は一様に驚いたのである。

事件が起きたのは七月七日夜のことであった。有名なマルコ・ポーロ橋（盧溝橋）近くで、日本の歩兵が中国第二九軍の部隊と交戦状態に入ったのである。[*73] 極東外交劇場において、ソビエト支配の物語が華々しく開幕した。この劇に世界中が注目した。しかし、この劇がソビエトの思うとおりの筋書きで進んでいくことまで理解できていた者はほとんどいなかった。中国も日本もアメリカも、モスクワの思惑どおりの振りつけで舞台に登場させられたのである。

＊原注

＊1　Grew *Diary*, July 6, 1934; *Ten Years in Japan*, New York, 1944, pp. 139–140.

＊2　Ambassador Grew to Secretary Hull, September 15, 1933. *Japan: 1931–1941*, I, pp. 249–250.

＊3　Ambassador Grew to Secretary Hull, September 18, 1934. 同右、pp. 253–254.

＊4　Secretary Hull to Norman Davis（at Geneva）, November 13, 1934. 同右、pp. 259–260.

*5 Secretary Hull to Norman Davis, November 22, 1934. 同右、pp. 262–263.

*6 Secretary Hull to Norman Davis, November 26, 1934. 同右、pp. 266–267.

*7 Hull, *Memoirs*, pp. 290–291.

*8 Theodore Roosevelt to President Taft, December 22, 1910. Knox Papers, Library of Congress.

*9 Memorandum written by Stanley K. Hornbeck of the Division of Far Eastern Affairs, July 15, 1937. MS, Department of State.

*10 Memorandum by Stanley K. Hornbeck, chief of the Division of Far Eastern Affairs, July 15, 1937. MS, Department of State.

*11 同右。

この報告書についてホーンベックは次のようにコメントしている。

「中国政府は梅津・何応欽協定は存在しないと主張しているようだが、駐北京大使館の報告によれば、この協定文書は本物であることを示す状況証拠があるようだ。中国が日本の要求を呑んだか拒んだかだが、中国政府のその後の動きは、日本の要求に反するようなものではなかった」

*12 *New York Times*, December 1, 1935.

*13 *Parliamentary Debates*, House of Commons, December 5, 1935, CCCVII, p. 336.

*14 Department of State, *Press Releases*, December 5, 1935. *Japan, 1931–1941*, I, pp. 240–241.

*15 *Parliamentary Debates, loc. cit.* Statement of Sir Samuel Hoare.

*16 *The United States in World Affairs, 1936*, p. 78.

*17 アメリカの対中貿易輸出額の減少

一九三四年……六八六六万七〇〇〇ドル

一九三五年……三八一五万六〇〇〇ドル

*18 Hull, *Memoirs*, p. 446.

*19 *New York Times*, December 10, 1935.

*20 Memorandum of conversation between the American and the Japanese delegations at the London

Naval Conference, December 17, 1935. *Japan, 1931–1941*, I, pp. 285–289.

＊21　同右、pp. 288–289.

＊22　The chairman of the Japanese delegation (Nagano) to the chairman of the conference (Monsell), London, January 15, 1936. 同右、p. 297.

＊23　*Peace and War: United States Foreign Policy, 1931–1941*, pp. 304–307.

＊24　Grew *Diary*, January 5, 1936; *Ten Years in Japan*, pp. 162–163.

＊25　同右、January 21, 1936, p. 164.

＊26　*The United States in World Affairs, 1936*, p. 66.

＊27　*Congressional Record*, LXXX, p. 1703.

＊28　Grew *Diary*, February 11, 1936; *Ten Years in Japan*, pp. 164–165.

＊29　Grew *Diary*, March 13, 1936; *Ten Years in Japan*, pp. 179–181.

＊30　Memorandum of Secretary Hull after a conversation with Ambassador Yoshida, June 12, 1936. *Japan, 1931–1941*, I, pp. 241–244.

＊31　同右、pp. 241–244.

＊32　一九三八年六月、ソビエトのリュシコフ将軍が日本に逃亡した〔訳注：ゲンリフ・リュシコフ、一九三八年六月一三日、満州国国境を越えて亡命〕。彼はソビエト赤軍の極東における兵力は四〇万と推定している。日本の考える数字はこれよりも低かった。*New York Times*, July 3-14, 1938. N. Hidaka, *Manchukuo-Soviet Border Issues*, Sinkiang, 1938, p. 260.

＊33　Alexander Barmine, *One Who Survived*, New York, 1945, pp. 231–232.
　一九三六年一月一日、ソビエトの工作員はソビエトと新疆地区の緊密な政治的結び付きを進める協定に調印している。このことは、Martin R. Norins, *Gateway to Asia: Sinkiang*, New York, 1944. にも詳しい。

＊34　David J. Dallin, *Soviet Russia and the Far East*, New Haven, 1948, pp. 108–109.

＊35　同右、pp. 111-112.

＊36　Edgar Snow, *Red Star Over China*, New York, 1939, pp. 189–218.〔邦訳、エドガー・スノー『中国の赤

い星』松岡洋子訳、ちくま学芸文庫〕

＊37 Dallin, *Soviet Russia and the Far East,* p. 131.

＊38 同右、pp. 67–70.

＊39 *United States and Japan, 1931–1941,* II, pp. 153–155.

＊40 *Documents on German Foreign Policy, 1918–1945,* I, Washington, 1949, p. 734.

＊41 Statement of the Japanese Foreign Office, November 25, 1936. *Japan, 1931–1941,* II, pp. 155–157.

＊42 Grew *Diary,* December 3, 1936; *Ten Years in Japan,* p. 191.

＊43 同右、January 1, 1937; 同右、p. 192.

＊44 同右、February 12, 1937, pp. 205–206.

＊45 同右、March 19, 1937; 同右、p. 207.

＊46 R. Y. Jarvis to Secretary Hull, Hankow, September 8, 1936. P. R. /Hankow/112, MS, Department of State.

＊47 E. R. Dickover to Secretary Hull, Tokyo, October 1, 1936. MS, Department of State.

＊48 Memorandum prepared by Maxwell M. Hamilton, Division of Far Eastern Affairs, October 2, 1936. *Confidential file,* MS, Department of State.

＊49 Memorandum prepared by Mr. Hamilton recounting a conversation with André de Laboulaye, the French Ambassador, October 2, 1936. MS, Department of State.

＊50 E. R. Dickover to Secretary Hull, Tokyo, November 25, 1936. MS, Department of State.

＊51 日本の具体的な要求は次のようなものである。

1 五省の自治
2 中国全土と日本の経済協力
3 共同防共協定の締結
4 中国政府への日本人顧問の任命
5 日中間の航空路線の開設

6　特恵関税
7　中国国内における反日プロパガンダ活動の完全なる停止

Memorandum by Maxwell M. Hamilton, of the Division of Far Eastern Affairs, October 3, 1936. MS, Department of State.

＊52　Memorandum of conversation between Mr. Mallet, British chargé d'affaires at Washington, and Mr. Hornbeck, October 6, 1936. MS, Department of State.

＊53　E. R. Dickover to Secretary Hull, Tokyo, October 3, 1936. MS, Department of State.

＊54　David Berger to Secretary Hull, October 30, 1936. MS, Department of State.

＊55　Interview between Ambassador Johnson and Mr. Suma, Nanking, December 3, 1936. MS, Department of State.

＊56　Ambassador Grew to Secretary Hull, Tokyo, December 14, 1936. MS, Department of State.

＊57　Ambassador Grew to Secretary Hull, Tokyo, December 31, 1936. MS, Department of State.

＊58　Memorandum prepared by Stanley K. Hornbeck, January 16, 1937. MS, Department of State.

＊59　Ambassador Johnson to Secretary Hull, Nanking, February 23, 1937. MS, Department of State.

＊60　Ambassador Grew to Secretary Hull, Tokyo, February 25, 1937. MS Department of State.

＊61　Ambassador Grew to Secretary Hull, Tokyo, March 5, 1937. MS, Department of State.

＊62　Ambassador Johnson to Secretary Hull, Nanking, March 18, 1937. MS, Department of State.

＊63　Ambassador Johnson to Secretary Hull, Nanking, March 24, 1937. MS, Department of State.

＊64　Ambassador Johnson to Secretary Hull, Nanking, April 12, 1937. MS, Department of State.

＊65　Ambassador Grew to Secretary Hull, Tokyo, April 30, 1937. MS, Department of State.

＊66　Ambassador Grew to Secretary Hull, Tokyo, May 10, 1937. MS, Department of State.

＊67　Ambassador Grew to Secretary Hull, Tokyo, report on political conditions in Japan for May 1937. MS, Department of State.

＊68　Ambassador Johnson to Secretary Hull, Peiping, June 17, 1937. MS, Department of State.

＊69・＊70・＊71　Ambassador Grew to Secretary Hull, Tokyo, June 24, 1937. MS, Department of State.
＊72　C. E. Gauss to Secretary Hull, Shanghai, June 30, 1937. MS, Department of State.
＊73　Walter H. Mallory, "Japan Attacks, China Resists," *Foreign Affairs*, XVI, October 1937, pp. 129–133. あるいは T. A. Bisson, "Origins of Sino-Japanese Hostilities," *Foreign Policy Reports*, XIII, March 1, 1938, pp. 291–300.

第7章 ムッソリーニのエチオピア侵略

日本がその帝国の版図を満州方面に広げているとき、ムッソリーニはイタリアの勢力をアフリカで拡張しようとした。イタリアの野心はムッソリーニ以前からのものだった。イタリアの版図拡大の動きが始まったのは一九世紀後半からであったが、それを実現させるには列強国のどこかにその動きを支援してもらう必要があった。

1 イタリアのアフリカ侵攻を支持したイギリス

イタリアのアフリカ侵出は宣教師サペト〔ジウゼッペ・サペト。一八一一〜九五年。ローマカソリック宣教師〕がマッサワ〔現エリトリア〕に上陸したことから始まった（一八三八年）。彼は、紅海とアデン湾を分かつ複数の海峡を入念に調べあげた。そのうえで、アッサブ〔現エリトリア〕に、イタリアのルッバチーノ社のための商業特権を手に入れた（一八六九年一一月一五日）。一八八二年三月、同社はその特権をイタリア政府に売却することに同意した。この契約が議会で承認（一八八二年七月五日）されると、イタリアはアフリカでの植民地獲得を国家方針とした。[*1]

イギリスはアッサブにおけるイタリアの統治権を承認した（一八八二年）。イタリア外務省は、アフリカの他の地域にも触手を伸ばした。一八八五年二月にはマッサワを占領した。この港を梃《てこ》にして、アフリカ大陸北東部へのさらなる侵出を進めた。領土的拡張は、一八八九年五月にエチオピアとの間でウッチャリ条約（講和条約）を結ぶまで続いた。この条約では、アビシニア（エチオピア）は名目上イタリアの保護領とされた。

この解釈の法的根拠は同条約第一七条（イタリア語版）にあった。ところがアムハラ語〔エチオピア公用語〕版では、同国の外交権までイタリアに委譲してはいなかった。実際に調印されていたのはアムハラ語版であったから、皇帝メネリク二世の、エチオピアは独立国家のままである（保護領ではない）との主張にはしっかりとした法的根拠があった。[*2]

こうして始まった伊エ両国の紛争で、イギリスはイタリアの主張を支持した。英伊両国は、一八九一年三月二四日、四月一五日と協議し、アフリカ北東部の広い範囲をイタリアが支配することを認めた。[*3]一方で、フランスはイタリアのエチオピア侵出を嫌った。フランスは皇帝メネリクにウッチャリ条約のイタリア語版の解釈に抗議するよう勧めた。そのうえでエチオピアの領土はハルツーム〔現スーダン〕にまで広がっていると主張させた。

エチオピアのフランスと組んだ動きはイギリスを刺激した。一八九四年五月五日、英伊両国は新たな協定を結び、イタリアの支配はハラリ州〔現エチオピア東部〕にも及ぶことを認めた。この協定は、この地域の領有について英仏両国での決定（一八八八年英仏協定）を無視していた。[*4]

2　イタリアでファシズムが生まれた理由

イギリスがイタリア寄りの外交を進めると、仏露両国はエチオピアの独立擁護に動いた。フランスからは武器弾薬が届けられ、勇気づけられた皇帝メネリクはウッチャリ条約の破棄を表明した（一八九三年二月）。これに反発したイタリアは、ティグレ〔現エチオピア北部〕に進駐した。しかしイタリア軍はティグレ近くのアドワでの戦いに敗れた（一八九六年三月一日）。これを受けて伊エ両国はアディスアベバ条約〔一八九六年一〇月調印〕を結び、イタリアはエチオピアが独立国家であることを承認した。

それでもローマの政治家たちはこの広大な地域を支配する野望を棄てはしなかった。そのためには英仏両国の支持（承認）が必要だった。そんな中でフランスのデルカッセ外相が対伊宥和に動き、両国の協議が始まった（一九〇〇年一二月）。そこでフランスは、北アフリカのトリポリ〔現リビアの首都〕は将来イタリアの植民地にしてかまわないとした。[*5] これに応えるように、この二年後の一九〇二年一一月一日、イタリアは、フランスが他国から攻撃された場合には中立の立場をとると約束した。[*6]

一九〇六年（一月～四月）のアルヘシラス会議で、このときの仏伊両国の接近が、英仏両国にさいわいした〔アルヘシラス会議は、ドイツの北アフリカ方面への侵出の動き（モロッコ危機）に英仏が反発して開催された。ドイツの主張に与したのはオーストリア・ハンガリー帝国だけであった〕。英仏の主張に同調したイタリアに応えるかたちで英仏伊三国はアビシニア条約（一九〇六年一二月一三日）を結んだ。そこでは表面上はエチオピアの独立を認めていたが、実際は二枚舌外交であった。英仏は、一八九一年の英伊協定を容認しており、イタリアがエチオピアを支配してもかまわないことが暗黙に了解されていた。

この動きにロシアも追随した。一九〇九年一〇月、露伊はラッコニージ協定を締結し関係を深めた。英仏露との良好な関係が、イタリアのトリポリ侵出への道筋をつけた。[*7] 自信をもったイタリアは一九一一年にはトルコに戦いをしかけ、翌年一〇月には同国からリビアを奪った。[*8] 三国協商（露仏同盟、英露協商、英仏協商）に三国同盟（独墺伊同盟）が拮抗することで、イタリアは独自の外交目標を達成することができた。

イタリアは第一次世界大戦に参戦した。しかしこのときのイタリアは勝利者の分け前に与れなかった。ベルサイユ会議（一九一九年）での、連合国の政治家はイタリアに冷たかった。それが結果的に同国のファシズム発生の原因になってしまったのである。

ウィルソン大統領はイタリア国民に怒りを抑えて冷静になるよう訴えたが、イタリア代表（ヴィットーリオ・オルランド首相、シドニー・ソンニーノ外相）は憤りのあまり会議から退席した。一方で英仏両国はドイツのアフリカ植民地を思うままに分割した。イタリアは蚊帳《かや》の外であった。

イタリアはベルサイユ会議の決定を受諾したが、これについては違う場面でイタリアへの何らかの補償があると理解したからだった。しかしそれを得る機会はいつまでもやってこなかった。イタリアは苦々しい感情をもち続けた。エチオピアへの侵攻も、一九四〇年にナチス・ドイツ側の枢軸国に与したのも、このときの恨みに起因した。[*9]

3　ムッソリーニ懐柔に動くイギリス

一九一九年一一月、イタリア政府は、パリ講和会議での不満（ドイツ植民地分割からの排除）をイギリスにぶつけ、同国のアフリカ植民地から何らかの補償が得られないか探る交渉に入った。

イタリアはイギリスに対して、タナ湖上にダム建設の許可を与えることを交渉の条件にした（タナ湖はエチオピア中央部の同国最大の湖）。タナ湖はイタリアの支配下にあった。さらに同湖からスーダンに続く道路建設の権利も条件に加えた。イタリア側の要求は、エリトリアとソマリランドを結ぶ鉄道建設と運営の権利であった。この鉄道はアディスアベバの西までつながることになっていた。また西部エチオピアにおける排他的経済開発も条件であった。

イギリスはこの提案を拒否した。ナイル川上流（タナ湖は青ナイルの源流となる湖である）地域をイタリアが支配することを嫌ったからである。[*10] しかし一九二五年に入ると、イギリスに「心変わり」があった。イギリスのロナルド・グラハム駐伊大使と、ムッソリーニがある覚書を交わした（一九二五年一二月一四・二〇日）。その文書では、一九一九年になされたイタリアの提案を容認していた。このことは、イタリアの、エリトリアからエチオピアを抜けてソマリランドに達する鉄道建設とその運営、さらにイタリアの西部エチオピアにおける資源の排他的開発を容認したことを意味していた。これは、一八九一年の英伊協定がいまだに有効であると認めたことにほかならなかった。[*11]

フランス政府はただちに英伊協定に抗議した。英伊両国はそれを受け、急ぎ国際連盟事務総長に書簡を送り、両国はエチオピアに対する他意（侵略の意図）はないと説明した。しかし、一九二五年の英伊両国の協定は現実に生きていた。イタリアは一九二三年以前にはアビシニアに対する排他的経済利権をもっていると主張し、それをイギリスが完全に認めていた。そして結局はフランスもそれを追認した。[*12]

ムッソリーニはイギリスの理解を喜び勇気づけられた。一九二八年八月二日、イタリアはエチオピアと友好条約を締結した。さらなる協議で、アッサブからデシーまでの道路建設の権利を得た。この道路建設はエチオピア国境までくると中断した。イタリアは、一九二八年の協定が、両国の協力および（紛争の場合の）仲裁を規定する条項以外は無視されていることに気づいたからである。エチオピアの経済開発権利については蔑ろにされていることにイタリアは憤ったのである。[*13]

4 植民地の必要性を訴えるイタリア

イタリアの植民地が必要であるとの主張の根拠は、イタリア半島内における人口圧力だった。一九一三年には、七〇万以上の国民が海外に移住した。平均すれば毎年五〇万人ほどが国を出ていた。こうした移民がイタリア本国に巨額な送金をしており、イタリアの国際収支に貢献していた。しかしアメリカを筆頭にして移民受け入れが制限されてくると移住者は減った。受け入れる国がなくなると、イタリアはあらたに移民を歓迎する植民地を獲得しなくてはならなかった。そうした植民地から、イタリア本土の製造業が必要とする原料の確保も期待できた。エチオピアは人口も多く、マーケットとしても魅力があった。

5 戦争のきっかけとなったワルワル事件

イタリアとエチオピアの関係は緊張していたが、エチオピアのハイレ・セラシエ皇帝率いる部族はイタリアに対してつねに強硬姿勢だった。エチオピアとソマリランドの国境が小競り合いの舞台だった。エチオピアは一九二三年に国際連盟に加盟したが、周辺各国との関係は敵対的だった。特にイタリアに対してはそれが目立っていた。イタリアの植民地にエチオピアの部族が頻繁に侵入した。[*14] イタリアは、ヨーロッパでの戦いに巻き込まれた場合、エチオピアの態度が植民地の安全を脅かすと危惧した。この懸念をムッソリーニが口にしたのは一九三五年五月一四日のことである。

「エチオピアがわが国に対していつまでも敵対的でいることは好ましくない。ヨーロッパで有事となった場合、東アフリカでのわが国の立場が危うくなる」

ワルワル事件の発端はワルワルの井戸の所有権をめぐる争いであった。同地は長年にわたってイタリアが支配し、要塞化を進めていたが、エチオピアは抗議していなかった。[*15] エチオピア皇帝はワルワルはエチオピア領であると主張したが、同地の重要拠点にはイタリア軍が五年にわたって駐屯していた。[*16]

同地をめぐる敵対感情はたちまち軍事衝突になり得たが、それをためらわせる要因がいくつかあった。イタリアは次の四つの理由で動けなかった。

一、国際連盟規約
二、パリ（ベルサイユ）条約
三、一九〇六年の三国協定（アビシニア条約）
四、一九二八年の伊エ仲裁条約規定

ムッソリーニはこういったペーパー（条約）上の縛りをそれほど気にしていなかった。彼は一九三三年からすでに対エチオピア戦争を考えその準備を進めていた。[*17] それでもしばらくは平和的解決を模索した。しかし、ムッソリーニは武力衝突にそなえ正当化の理屈も考えていた。

ハイレ・セラシエ・エチオピア皇帝はムッソリーニの先手を打った。一九二八年協定にある仲裁に関わる規定を利用してワルワル事件を解決しようとした。イタリアはそれを拒否すると、ただちに損害賠償を求めた。皇帝はこの事件の解決を国際連盟に求めた（一二月一四日）。一二月一六日、イタリアは国際連盟にイタリアの主張を文書で提出した。年が明けた一九三五年一月三日、エチオピアは正式に国際連盟に仲裁を求め、国際連盟規約一一条の適用を要求した。[*18] 一月一一日の国際連盟理事会で伊エ紛争について何らかの結論を出すことになった。

フランスは国際連盟の決定の前に動いた。イタリアとの関係を改善し、ドイツへの圧力を確保するためであった。ピエール・ラヴァル仏外相は、ローマに飛び、ムッソリーニとの間で協定を結んだ（一九三五年一月七日）。この合意で、イタリアはチュニス（チュニジア）に関わる利権ではフランスに譲歩し、その見返りに、ジブチ鉄道株（二五〇〇株）を譲り受けた。イタリア領リビア、エリトリアでも領土を広げた。紅海にあるドゥメイラ島も得た。こうしたフランスの配慮の代償に、イタリアはヨーロッパの現状を脅かす事態が発生した場合、かならずフランスと協議することを約したのである。

これが仏伊協約の公開された内容であった。秘密協定部分もあった。ムッソリーニは、ジャーナリストのウォード・プライスから質問を受けたことがある。ラヴァル外相との間で、イタリアはエチオピアの扱いにフリーハンドを得たのではないかとの問いであった。ムッソリーニの回答は曖昧なものだった。「たしかにわが国とフランスとの揉め事は一月七日の合意で解決をみた[*19]」というものであった。エミーリオ・デ・ボーノ将軍の答えはムッソリーニの言葉に比べれば直截だった。

「ラヴァル外相との会談を通じて、われわれがアビシニアに対してとろうとするやり方に対して、少なくともフランスは妨害しないだろうと期待できる[*20]」

仏伊合意の狙いははっきりしていた。フランスはヨーロッパ内での外交においてイタリアの協力を欲しがっていた。そのためには何を犠牲にしてもよい、必要なら国際連盟を脱退してもかまわないとまで思っていたのではないかと思わせる。その後に起こった事件の連鎖からそう考えられるのである。ムッソリーニもそのように理解した。だからこそ、合意の中でイタリアは何ができるかを考えたのである[*21]。

国際連盟理事会は予定どおり一月一一日に開催された。ムッソリーニは引き延ばし作戦を考えていた。彼はエチオピア問題の難しさを説明しながら、国際連盟に協調的な振る舞いをみせた。そのうえで、イタリアは、一九二八年の伊エ条約の規定に従う用意があるとした。（ムッソリーニが狙ったように）この後二カ月間にわたって交渉が続いただけで、解決に向けての実質的な動きはみられなかった。

三月一七日、エチオピアは国際連盟規約第一五条に従い、この問題の調査を求めた。ところが、このころになると国際連盟はそれどころではない事態に直面した。三月一六日、ドイツがベルサイユ条約で規定された軍備制限条項の破棄を決めたのである。これを受けて、英仏伊首脳はイタリアの町ストレーザに集まった。ヨーロッパにおける和平維持のための協議だった。

一方で伊エ問題に関わる案件についての国際連盟の協議は遅々として進まなかった。ワルワル事件の解決策も決まらなかった。五月二五日、国際連盟はようやく二つの決議をした。一つは、伊エ両国に調停委員会の委員四名を選出するよう求め、当該委員会が八月二五日までに結論を出すことを求めた。これは伊エ条約の規定に沿ったものであった。第二の議決は、もし当該委員会が両国が納得できる調停に失敗した場合、あらためて理事会を開催するというものだった。[22]

しかし多くの政治家が予想したとおり、調停は失敗に終わった。七月九日、調停委員会は、エチオピアの主張を認め、ワルワルはエチオピア領内にあると結論づけた。この決定に怒ったイタリア代表は議場を退席した。両国の対立はいっそう険悪になった。この後数週間にわたって、イタリア政府は軍事衝突にそなえ、軍需物資を現地に送っている。ムッソリーニは黒シャツ隊〔ファシスト党の民兵組織〕をすでにアフリカに遣っていた。同隊をカリャリの町〔サルデーニャ島にある港湾都市〕で送る際、ムッソリーニは次のように述べた（六月八日）。

「これまでも、そして現在も、われわれの主張が正しいと考えている。かならず解決する。われわれは自国領土の外についてては何も言わない。しかし領土内の問題はわれわれだけで誰にも邪魔されずに解決する。われわれ自身が国益を判断する裁判官であり、わが国の将来の保証人である[23]」

6　スティムソン国務長官とムッソリーニの友好関係

ルーズベルトとハル国務長官は、伊エ紛争の行方に強い関心をもっていた。イタリアもアメリカの反応を気にしていた。はっきりしていたのは、イタリアは何としてでもフーバー政権時代からスティムソン国務長官と築いてきた友好関係をそのまま維持したいという意志である。一九三一年七月、スティムソンはローマを訪問し、ムッソリーニに会っていた。軍縮案件の協議のためであった。七月三日、イタリア外相ディーノ・グランディはＡＰ通信社にスティムソン訪問に関わる声明を出した。

「私はロンドン海軍軍縮会議の際に同地でスティムソン氏と会っている。われわれの関係はつねに友好的である。（今回の訪問についてだが）議題が決まっているわけではない。（スティムソン氏とは）率直な意見交換ができると思う。わが国は、世界のブロック化を好ましいことだと思っていない。ヨーロッパはアメリカとうまくやっていかなくてはならない」[*24]

スティムソンがローマに入ったのは七月八日のことである。翌九日、彼はヴェネツィア宮殿でムッソリーニとの会談に臨んだ。和気あいあいの空気の中で、スティムソンは軍縮の重要性を訴えた。ムッソリーニはこの考えに全面的に同意すると述べたうえで、「イタリアのそうした方針を誰（世界各国）もが理解し、みな軍縮と和平を希求している」と語った。[*25]

スティムソンは週末をネットゥーノ（ローマの南六〇キロにあるティレニア海に面した観光都市）でグランディ外相と過ごした。ムッソリーニとともに快速艇でクルージングを楽しんだ。翌週にはローマに戻り、イタリアの指導者との会談を続けた。「ヨーロッパにおいてフランスが覇権を握ることは危険である」「フランスはつねにイギリスと並んでパワーバランス外交に熱心である」といった考えをスティムソンに伝えた。

ムッソリーニは、自身の魅力的なキャラクターをスティムソン夫妻にみせた。夫妻はムッソリーニに好印象をもった。[*26] グランディ外相の印象もよかった。スティムソンはイタリアを去るにあたって次のような声明を出した（七月一四日）。

「この旅の想い出は素晴らしいものです。イタリア政府による気配り、国民の皆様の歓迎ぶり。米伊両国民の間にはしっかりとした情愛の気持ちがあることを確信しました。この深い相互理解によって、両国の関係はますます深化していくでありましょう[*27]」

両国の友好関係を示すかのように一九三一年一一月、グランディ外相は短期間ではあるがアメリカ訪問を決めた。彼がニューヨークに向けて出港する夜、ロンドン・タイムズ紙は、米伊関係を論評した。グランディが、第一次世界大戦後にイタリア代表団の一員として、ワシントンを訪問したこと、イタリアの対米債務の返済に関わる案件が話し合われたが、そのときのグランディはアメリカ代表に好印象を与えたこと、今回のアメリカ訪問では両国間に特に懸案もないと書いた。ただアメリカのイタリア人移民制限については若干の懸念事項であると指摘した。

ムッソリーニは移民問題については「これまでのアメリカのやり方（大量の移民受け入れ政策）

でイタリアの人口が大きく減少していることは懸念事項である」と述べていた。イタリアの人口減を防ぐ方策として、農業生産の改良（科学的集約農法）、開墾開拓の奨励などの施策を打ち出していた。タイムズ紙は次のように結んでいた。

「両国の関係はおおむね満足できる状況にある。一九三一年一月一日以降、その関係が顕著に改善された。ムッソリーニ氏はいっそうの関係改善を願っている」[*28]

アメリカに向かうグランディ外相は、アメリカの記者に対して「私は親善大使のような立場でアメリカを訪問する。米国民にイタリア国民がどれほどアメリカに親しみをもち友好を願っているかを伝えたい」と語った。[*29]

一一月一六日グランディ外相はニューヨークに入った。ウィリアム・R・キャッスル国務次官が待っていた。グランディは、ワシントンに向かう列車の中で、キャッスルにヨーロッパ情勢についての考えを率直に語った。フランスとの関係については、イタリアは絶対的な平和的安定を欲しているが簡単ではないこと、軍縮問題はきわめて複雑であるが、次のジュネーブ会議の前にアメリカの考えを確認しておきたい、イタリアはアメリカが考えている軍縮のレベルに追随する、といった内容であった。

キャッスル次官が、「軍縮会議を成功させるのは容易ではない、まず先にヨーロッパが抱える政治懸案を解決しなくてはならない、まず議論しなくてはならないのはポーランド回廊問題であろう」とするスティムソンの考えを伝えると、外相はこの見立てに同意した。ただ物理的な戦いを回避して外交交渉だけでそれが実現できるかについては懐疑的であった。イタリアは一九一九年の条約（ベルサイユ条約）は、修正すべきだと考える立場だが、重大な修正については年単位の時間をかけて進めることが望ましいと考えていた。

グランディ外相は、この考えをドイツのブリューニング首相に伝えていること、これを受けてブリューニングが、この問題の解決にあまりに時間をかけてしまえば自身が失脚する惧れがあること、それでも拙速な解決を要求する声は抑えたいと述べたことを伝えた。

グランディは、ドイツ問題についてフランスの考えに同意したいようであった。ナチスをドイツの政権にしばらく参加させたほうがよい結果が期待できるかもしれないということである。なぜなら、そうしたとしてもドイツの外交方針は大きくは変わらないだろうし、ナチスでさえも（政権に参加することで）ドイツ再興には諸外国の理解と支援が必要であることを知るであろう。そうなれば、ドイツ国民も落ち着きをとり戻し、置かれた条件の中で何がベストなのかを冷静に考えるだろうと思われたからだった。[*30]

グランディ外相はワシントンに入るとフーバー大統領との会談に臨んだ。二人は賠償金問題および軍縮についてじっくりと意見を交わした。二人の協議は三時間に及んだ。この会談の空気にイタリアは好印象をもった。ヴィルジニオ・ガイダ〔イタリアのジャーナリスト〕は「米伊両国の国際問題についての理解は一致している」と考えた。ワシントンでは「率直な意見交換が進み、『両国の友好関係は果てしなく進んでいく』（スティムソン国務長官）との言葉があったことで、イタリアのメディアはグランディ外相の訪問は成功だったと報じた[*31]」。

一一月二七日、グランディ外相はニューヨーク港から帰国の旅路についた。彼は、フーバー政権に対する好印象をもった。また多くの良き思い出を作ることができた。[32] こうして米伊両国の間には、結果として短い期間だったが相互理解が生まれたのである。一九三二年春、ジュネーブ軍縮会議〔一九三二年から三四年、世界軍縮会議とも呼ばれ六一カ国が参加〕が開かれた。会議に出席したグランディ外相はアメリカが期待する振付に沿って活躍した。しかし、フランスがそれを妨害し、ドイツ国内ではブリューニング政権が倒れた。ブリューニングに代わって宰相に登用されたのがヒトラーであった。[33]

ジュネーブ軍縮会議は軍縮を達成できなかったが、スティムソンがイタリアを責めるようなことはなかった。ルーズベルト政権の発足を前にして任期の切れるスティムソンを、イタリア駐米大使アウグスト・ロッソが訪問した。別れの言葉が交わされた後、スティムソンは大使への感謝の言葉を述べた。

「米伊関係には個人的に満足しています。ムッソリーニ首相と知り合えただけでなく、彼を支える人々とも交友できたことはうれしい経験でした[34]」

スティムソンはイタリアの独裁者（ムッソリーニ）との会見で、外交の機微（ムッソリーニの独裁者としての本質）を理解していなかったのであろう。一九三三年三月四日、スティムソンは国務長官の職を離れた。スティムソンによって米伊関係はたしかに輝いた。しかし、ルーズベルト政権の登場でこの輝きはたちまち褪せていった。

7　ルーズベルト政権のイタリア軽視

スティムソンが作りあげた良好な米伊関係は、ハル新国務長官のイデオロギーに固執した外交でたちまち崩壊する。先鞭をつけたのは、ヒュー・S・ジョンソン将軍の全米製造業者協会での演説であった（一九三三年一二月七日）。将軍は感情をコントロールできない性格だった〔ジョンソンは退役軍人。当時はニューディール政策で設立された全国復興庁長官〕。

ジョンソンは、第一次世界大戦時の連合国の買いつけを調整する役職にあったアレキサンダー・レッグ〔戦時産業委員会のメンバー〕の逸話を語った。イタリア高官がいつものように物資提供を申し込んできたときのことである。レッグは次のようにその人物をからかった。ジョンソンはその話を面白おかしく語った。

「『グッドモーニング、いつも陽気なイタリアさん。いったいいつになったら君たちはおたおたするのを止めて真面目に戦うのかね』とレッグ君が嫌味を言うと、その高官は困ったような表情で、訛りの強い英語で、『待ってください、われわれは戦わないふりをして（敵を）だましているだけです』とぼそぼそと返事したらしい」

この話を聞いたイタリア大使は、イタリアがこんな風に馬鹿にされてみられていることに驚き、国務次官（ウィリアム・フィリップス）に説明を求めた。[*35] フィリップスは、将軍の言葉は間違って伝えられているのではないか、将軍がイタリア政府や国民の気分を害するようなことを言うとはまったく考えられない、となんとかとり繕った。[*36]

現実には将軍のスピーチが米伊関係に影響を及ぼすようなことはなかったが、ルーズベルト政権の対伊外交方針の変更を象徴する事件だった。

フーバー政権時代には、配慮のないおしゃべりでイタリアの感情を害するような官僚はいなかった。一九三三年三月四日から始まったルーズベルト新政権では、明らかにイタリアに対する態度に変化が生まれていたのである。

8　ベルリン・ローマ枢軸の始動

ルーズベルト政権が始まると、ローマでも米国外交の変質に合わせるようにその外交を変えていった。

一九三四年六月一四・一五日の両日、ヒトラーとムッソリーニはヴェネツィアで会談した。この会談は、二週間後に起きたナチス党内の粛清と関連しているとみられている。米駐伊大使ブレッキンリッジ・ロングは「ムッソリーニがヒトラーに対して、権力維持にはドラスチックな措置も必要だとアドバイスした」にちがいないと確信している。[*37] ムッソリーニは、党規を厳密に順守させる重要性を語ったことは間違いない。ただ、彼がヒトラーが進めた血の粛清に具体的なアドバイスをしたとは考えられない。ナチス指導者のやり方とは異なる、反感を買わないやり方もあった。

六月三〇日、ナチスは党内粛清事件を起こした〔長いナイフの夜〕。ヨーロッパ首脳は、独伊両国間でヨーロッパの平和を脅かす何らかの合意があったのではないかと疑った。アメリカでも同様の疑念があった。アメリカ（FDR政権）は、スティムソンが苦心して作りあげたイタリアとの良好な関係を悪化させていった。米国民のヒトラー嫌いは彼が宰相となった時点から始まっていた。それが粛清事件で頂点に達したともいえる。そのヒトラーがムッソリーニとうまくやっているとなると、それを面白く思わない者も多かった。その結果、二人は同じ穴の狢《むじな》であるとみなされた。

エチオピア紛争は、こうしたアメリカのイタリアに対するネガティブな空気が満ちていたときに起きたのである。それによって反ムッソリーニの感情はさらに悪化した。

9　アンソニー・イーデンの腹案

一九三五年五月二五日、国際連盟理事会は二つの決議案を採択した。イタリア・エチオピア紛争解決の原則に関わるものだった。それでもアンソニー・イーデン（イギリスの王璽尚書。後の外相）は紛争が早期に解決するとは考えていなかった。彼はジュネーブで、アメリカのヒュー・ウィルソン駐スイス公使と会食した。クランボーン卿（イーデンのアシスタント）も同席し、国際情勢の話題で盛り上がった。

当時のイーデンはかなり難しい舵取りが必要な立場にあった。エチオピア問題では、イギリス世論はイタリアに厳しかった。しかし、イギリスはイタリアに厳しく当たることをためらっていた。そうしてしまうと、ベルサイユ条約の遵守（対ドイツへの厳しい制裁）を再確認したストレーザ合意（ストレーザ戦線、四月一四日成立）で形成された英仏伊の協調関係を危うくしかねなかった。

フランス外相ピエール・ラヴァルとの交渉も簡単ではなかった。ラヴァルは、伊エ紛争についてのイーデンの考え方をまったく理解しなかった。むしろ国際連盟の責任回避のような決議案を支持し、結果としてイタリアにこの問題を好きに対処してかまわないという態度であった。チェコスロバキアのエドヴァルド・ベネシュ外相の態度もイーデンを苛つかせていた。ベネシュは、オーストリアの出方ばかりに注意を向けていただけに、(オーストリアを西から牽制する立場にある) イタリアには寛容であった。ヨーロッパ大陸内の安定を乱す可能性のある動きには鈍感だった。

イーデンのヒトラーとドイツへの態度には注意が必要である。彼は、ヒトラーのそのころの演説で示された政策に疑いの目を向けていた。それでもドイツとは何としてでも和平を維持したかった。そのためにはドイツを国際連盟のメンバーに戻したかった〔ナチス政権はベルサイユ条約で否定されていた再軍備を求めた。一九三三年一〇月、それを認めない国際連盟から脱退した〕。イーデンはヒトラーと話し合い、ドイツが望むならイギリスは再軍備禁止規定をベルサイユ条約から切り離す(除外する)ことも考えていると伝えた。ウィルソンは、この内容はきわめて過激であり極秘にしておく必要があると語っている。

ウィルソンはこの夜の会話を通じて、ラヴァルとイーデンは良いコンビではないかと結論づけている。ラヴァルはフランス外交を、かつてパリ不戦条約締結に尽力したアリスティード・ブリアンがリードしたような和平を追求する方向に舵を切っており、それは政治的リアリズムと合理的思考にもとづいた外交であった。互いを認め合う仲であり、二人とも高度な政治手腕をもっている人物だと評価した。[*38]

10　ワルワル事件仲裁調停の遅れ

ジュネーブ駐在のプレンティス・ギルバート米領事は、ワルワル事件の仲裁調停はかなり遅れるとみていた。エチオピア政府は調停委員会に代理人を選定したが、その人選にギルバート領事は不安だった。代理人に選任されたド・ラ・プラデルの評判は芳しくなく、もう一人のピットマン・ポッターも、とても難しい外交案件を処理できる人物とは思えなかった。サンタクロースがそのうちやってきて解決策をプレゼントしてくれる、とのんびり夢想するような（いい加減な）人物だとみなしていた。[*39]

調停委員会のイタリアに甘い裁定をイタリアは喜ぶだろうと思われていたが、ムッソリーニはワルワル事件の先にある外交目標をすでに立てていた。ロング米駐伊大使とスヴィッチ伊外務次官との会談で、ムッソリーニの考え方の一部は知られていた。次官は「国際連盟はその仲裁権限を使って、エチオピアをイタリアの保護下に置くべきである。そのほうがエチオピアのためである。あの国は未開発であり、法律も整っていない。イタリアは決して撤兵しない。必要であれば増派も辞さない。植民に入っている国民をエチオピアの侵略から守らなくてはならないからだ[*40]」と堂々と話していた。

イタリア国内では、エチオピアがイタリア植民地を侵略したことをなじる評論が出ていた（ヴィルジニオ・ガイダの論説〔社説〕。ジョルナーレ・ディタリア紙、六月一八日から二〇日）。イタリア国民に、このような状態がいつまでも続いてよいはずがないと訴えていた。イタリアにとっての解決策は戦争か、あるいは国際連盟が認める保護国化しかなかった。[*41]

11　イギリスの提案を拒否したムッソリーニ

アンソニー・イーデンは、ガイダの考えに同調していない。エチオピアの保護国化を認めることは、ムッソリーニの植民地拡大の野望を刺激するだけであると懸念した。一方でエチオピアというおいしいリンゴを口にすれば、ムッソリーニはそれで満足するかもしれないとも考えた。イーデンは、ローマに向かいムッソリーニと会談した。

イーデンは、エチオピアに対して海への出入り口として英領ソマリアの港ゼイラを提供する、また同港へのエチオピア領からのアクセスを確保するための細長い領土を与える、そのかわりに、（エチオピアを説得して）オガデン地方の一部をイタリアに譲渡させ経済利権も与える、と提案した。

ムッソリーニはこの案をただちに拒否した。ムッソリーニは、エチオピアの真の領土（エチオピア・プロパー）とみなされない土地すべてをとる、残ったエチオピア自体もイタリアが支配する、と主張した。武力に訴える必要があればそうするし、その場合はエチオピアは世界地図から消えるとまで言い放った。[*42]

ムッソリーニの拒絶に対してイーデンがどう反応したかはよくわかっていない。イタリアは、イーデンは、イギリスが独自で進めた英独海軍協定〔一九三五年六月一八日調印。これによってドイツの再軍備禁止のベルサイユ条約はなし崩しになった〕に対するイタリアの不満を鎮めにやってきたものであるとストーリーを創作した。そうしたこともあって表面的にはムッソリーニ・イーデン会談はスムースに進んだと理解されている。[43]
ジュネーブの米国代理公使は「ムッソリーニはエチオピアの保護国化を決断したとの情報を確かな筋から入手した。もちろんイーデンはこのことを知っている」と本省に報告した。ソビエト外交官も、「ソビエト政府は、ムッソリーニが対エチオピア外交で虚勢を張っているとみていたが、そうではなく本気のようだ、と語っていたとも付言した。[44]
イタリアの新聞はイーデンの提案を批判し、フランスの新聞は「彼の提案した港ゼイラは、（フランス植民地の）ジブチと競合関係にあり、一九〇六年の三国協定に違反する」と主張した。ヴィルジニオ・ガイダは、イーデンの妥協案は、英国政府のこれまでの考えと一致せず、イタリアの安全保障要求と経済開発を望む姿勢への配慮がないと批判した。[45]
カーク駐ローマ米国代理公使は、シャンブラン仏駐伊大使と意見を交わした。シャンブラン大使は、一時帰国の際にムッソリーニから、イタリアがエチオピア問題で平和的解決を望んでいること、ただしイタリアの威信と利権は守られることが前提である、とフランス政府に伝えてもらってかまわないと言われていたと話した。そのこともあって、シャンブラン大使は「とにかくイタリアの名誉を守ることは必要だ。そのためにはアドワの譲渡も考えなくてはならない。そうなれば、ムッソリーニは前政権の外交的敗北からの回復がなったと国民に説明できるからである」とも語った。[46]

12　アメリカの介入を要請したエチオピア皇帝

前述のようにヨーロッパ列強は、それぞれの国益を考慮しながら伊エ紛争の落としどころを探っていた。一方、エチオピア皇帝ハイレ・セラシエはアディスアベバの米国代理公使に、米国政府がこの紛争に介入し、イタリアのエチオピア侵攻を阻止するよう要請していた。アメリカを通じてパリ協定（ケロッグ・ブリアン条約）の発動を願ったのである。

しかしハル国務長官の反応は冷たかった。「わが国政府は、調停機関が両国政府が満足する解決策を示すことを期待する。両国政府が紛争解決に平和的でない手段をとることを望まない」（七月五日）と述べるにとどめた。[*47]

アメリカの方針がメディアに伝えられたのは翌六日のことである。ハルの物言いは前任のスティムソンのやり方に比べれば明瞭さに欠けていただけに、メディアはアメリカの真意をはかりかねた。国際法の専門家は、ハルはこの紛争解決にあまりに臆病ではないかと批判した。クインシー・ライト教授〔シカゴ大学教授〕は「わが国が積極的に関与しなければ和平維持に大きなダメージとなろう。パリ協定への冒瀆にもなる。国際連盟の要請による介入というようなかたちで関与ができないだろうか」[*48]と訴える文書をハルに届けた（七月八日）。

こうした圧力もあり、ハルはロッソ駐米イタリア大使を米国務省に呼んだ。ハルはアメリカが世界の和平維持を強く望んでいることを述べたうえで、イタリアのやり方に懸念を示し、とにかく平和的に紛争解決にあたるよう要請した[*49]（七月一〇日）。

翌一一日の午後、英仏両国の大使も米国務省を訪問した。ハルは両国大使にロッソ伊大使への文書と同じ内容の書面を渡した。フィリップス国務次官は、英国大使と長いこと話し込んでいるが、その際にボストン・イブニング・トランスクリプト紙の記事を示した。そこには「アメリカが介入を拒否した以上、ケロッグ・ブリアン条約は死に体になったとロンドン（英国政府）はみている」

と書かれていた。フィリップス次官は「このような論調は事実とは異なる。アメリカがエチオピア皇帝に示した文書の趣旨は、イギリスメディアの理解とはまったく逆（ケロッグ・ブリアン条約に期待する）であることを理解してほしい」と訴えた。[*50]

米国務省の考えをいっそう明確にしなくてはならないと考えたハル国務長官は声明を出した（七月一二日）。「パリ協定は六三カ国が調印した時点と何の変わりもなくその効力をもっている。アメリカも他の調印国も協定を維持していこうとしている。和平維持に向けた調印国の高潔な願いにいささかの変わりもない」とする内容であった。[*51]

ニュートン・D・ベイカー前陸軍長官は、この米国務省声明を歓迎した。「わが国が（こうした紛争の解決にあたって）国際連盟に協力し、戦争一歩手前の方法で同条約の遵守を要求すべきである。和平維持には言葉以上の強い姿勢が必要だ」との考えであった。[*52]

13　アフリカにおける「白人の義務」

「言葉以上の強い姿勢」をとればアメリカが戦争に巻き込まれることをハルは理解していた。ムッソリーニは、その代償がいかに大きなものであっても、アフリカ方面では強硬外交を進めると決めていた。ロンドンからは、（伊エ紛争によって）ヨーロッパ内の和平維持も危うくなっているとの声が聞こえていた。「イギリスはこの問題の解決に向けて努力を重ねるだろうが、解決できる可能性はほとんどない」というのが米駐英大使の観測だった。[*53]

パリではストラウス米駐仏大使がラヴァル仏外相と会談した。ラヴァルはエチオピアの紛争が戦争になることを何とか止めたいと語った。ラヴァルはエチオピアをイタリアの保護国にする案を模索していた。イタリアに領土の一部を譲渡し、経済利権も認め、さらに政治的にもエチオピア内政に関与させるという案であった。こうした条件を一挙に交渉のテーブルに乗せなければ、ムッソリーニは戦争に打って出るだろうという見立てだった。イタリアが戦争に打って出た場合にヨーロッパ諸国はどう反応するだろうかとの質問があったが、ラヴァルは、それを考えるのはムッソリーニであって自分ではないと応じた。[*54]

イタリアの考えは、ラジオニュース解説者のＨ・Ｖ・カルテンボーンを通じて伝えられた。ムッソリーニは「まだ平和的解決の道があり、イタリアの要求を（エチオピアが）呑むだけの話である」と彼に伝えたというのである。ムッソリーニの主張は、たんなるエチオピア征服が目的なのではなく、植民地での興業（経済振興）が目的であるというものだった。「植民地興業には当然に軍事行動がともなう。イタリアの威信を護り、エチオピア皇帝の力を削いでおかなくてはならない。それができてはじめて経済振興の作業が始められる」。これがムッソリーニの主張だった。[*55]

日本政府は、イタリアの主張を理解し、エチオピア紛争においては中立の立場をとると表明した。イタリアの新聞は日本の態度表明を評価し、今後は伊日関係が友好的になる兆しをみていた。[*56]

ムッソリーニの考えは、ニューヨーク・ヘラルド・トリビューン紙のウィリアム・Ｂ・メロニー夫人の質問への回答からも知ることができた。

「イタリアは誠心誠意の態度で交渉したがエチオピアはかたくなに妥協しなかった。そのうえワルワルでは襲撃事件を起こした。この事件は、エチオピアが過去半世紀にわたってわがイタリアに敵意をもって接してきた証である。国境を防衛するのは当然である。さらに言えば、わがイタリアはエチオピアの地において（神の命じた啓蒙の）使命を果たさなくてはならない。イタリアのためだけではない。西欧文明全体への奉仕でもある」[57]

西側諸国には、ムッソリーニの「白人に課せられた義務（未開の民族の啓蒙）」を果たすという主張を疑う国もあった。疑念の解消に、ムッソリーニはメディアのインタビューを受けた。その一つが、パリの声（*L'Echo de Paris*）紙記者とのものであった（七月一六日付）。ムッソリーニは「イタリアがエチオピアに対して行なおうとすることは、英仏両国がその植民地で国益のためにしてきたことと同じ性質である」と述べた。「イタリアの外交方針はオーストリアの独立を尊重することが基本である」とも付言した[58]（オーストリアとの領土紛争問題ではイタリアは穏健な態度をとるという意味）。ドイツは、イタリアの対エチオピア外交がナチスの脅威になるとはみなさなかった。フォン・ビューローは、ドッド駐ベルリン米国大使に「イタリアにケロッグ・ブリアン条約を強制すれば事態を悪化させるだろう」と警告した。ヒトラー政権は、イタリアとの摩擦は避ける方針をとった。[59]

14　ムッソリーニを説得するルーズベルト

イタリア・エチオピア紛争に対する国際連盟の態度は、独仏両国と同様に慎重であった。たしかに九月四日には理事会開催の決議がなされ、また国際連盟の関与は最小限にとどめるとする決議もしていた。そうした状況の中で、ルーズベルト大統領は、米国民と政府を代表して、平和的な解決がなされることを望むとの声明を発した[*60]（一九三五年八月一〇日）。

この声明はハイレ・セラシエ皇帝を喜ばせた。しかし皇帝周辺は、アメリカの外交姿勢はきわめて慎重であり、実際に行動を起こすことを避けようとしている、つまり積極的干渉は考えていない、と皇帝に注意を促していた。[*61]ハル国務長官は駐英・駐仏両大使に、あらゆる関連情報を本省に上げるよう指示していた。彼はケロッグ・ブリアン条約調印国として何らかのアクションを起こしたいと考えていたが、その確認をしたかったのである。[*62]

駐パリ代理公使からは、英仏両国はアメリカの何らかの積極的介入が望ましい、そうすればムッソリーニの強硬な態度を抑制できるだろうと考えている、との報告があった。これを受けて米国政府は対応策をホワイトハウスで協議し、ルーズベルト大統領は、ムッソリーニに警告することを決めた。ハル国務長官はカーク駐ローマ代理公使に対して「大統領は、伊エ紛争は平和的手段で解決されることを望む」とするメッセージを伝えさせた[*63]（八月一八日）。

翌日、カーク代理公使は指示どおり親書を届けた。ムッソリーニは「アメリカの勧告とその友情に感謝するが、すでに一〇〇万の軍を動員しており、国際連盟がいかなる態度をとっても、衝突は不可避である」と説明した。イタリアが、国際連盟の決定に従うことはないし、仮に第三国が干渉に入れば必要な措置をとる、と述べた。[*64]

イタリアの強い意志をみてとった英仏両国は、戦争一歩手前で止める外交攻勢に出た。八月一五日から一八日まで英仏伊三国は交渉を重ね、エチオピアの主権は少なくとも名目上は保てる妥協案をまとめ、ムッソリーニに提示した。しかし彼の意志は固く全エチオピアを植民地化するとかたくなだった。イーデンとラヴァル両外相によってまとめられた妥協案が一蹴されると、ラムゼイ・マクドナルド英首相は「一九一四年以来の危機である」と訴えた。これには全ヨーロッパが、すわ新たな大戦の勃発かと恐怖した。[*65]

ほとんどのヨーロッパ諸国は、マクドナルド首相の見立てを疑わなかった。また、あのような大戦が勃発するとすればその導火線に火をつける主役はイギリスであろうと考えた。イタリアもそのようにみており、イギリスの動機はきわめて自己都合的であると批判した。[*66] ヴィルジニオ・ガイダは、ジョルナーレ・ディタリア紙の連載記事の中で、一九〇六年の英仏伊三国協定の精神に反するとして、イギリスを牽制した。[*67]

15 ダラー外交を否定するホワイトハウス

事態をさらに複雑にする事件が起きた。一九三五年八月三一日、エチオピア皇帝は、アフリカ資源探査開発会社に対して石油・鉱山開発の権利を同国のほとんどの地で与えると発表したのである。同社は米国スタンダード石油の子会社〔一九三三年設立〕で、この利権獲得に関与したのはフランシス・リケット卿〔イギリス人。ロックフェラー系のソコニー・バキューム石油役員。出典は章末原注の＊＊を参照〕であった。

この契約で、多くのイギリス資本がエチオピアに入ると誰もが予想した。イタリアの新聞各紙も同様の見立てだった。スタンダード石油関連会社の役員はこの契約を承知していないとしたが、皇帝は開発権利をアフリカ資源探査開発会社に与えたと明言した。[*68]

驚いた英国政府はただちに介入した。駐アディスアベバ公使を通じて同社への開発認可をいったん保留にするよう要請した。[*69]

アサートン駐ロンドン米国代理公使は、英外務省はリケットなる人物を危険人物とみなしていると伝え、この時期に、アメリカ企業に営業許可が出されるようなことは好ましくないと本省に意見した。[*70] マリナー駐仏代理公使も「当地の新聞および政府関係者は、ジュネーブでの対伊交渉における（イギリスの）立場は、たとえこの件でのイギリス人の関与が否定されたとしても、弱いものにならざるをえないだろう、結果的にイタリアの主張を補強し、イタリアに何らかの制裁を科すという案はつぶれるだろう」とハルに伝えた。[*71]

ハル国務長官はイーデン外相と同様に、エチオピアがスタンダード石油に開発許可を与えたことを憂慮した。九月三日、同社幹部二人が米国務省を訪問し、ウォーレス・マレー近東部長と長時間にわたって対応策を協議した。マレー部長は直截に、この案件では米国政府だけでなく他の関係諸国も非常に困惑していることを伝え、わが政府は恥をかいていると語り、伊エ紛争を平和的に解決しようと関係各国が努力を重ねている中でこのニュースが発表されたことに不快感を示した。英国政府の難しい立場を説明し、米国政府も同じような立場でありアメリカが利己的動機をもっていると疑われることはまずいと述べた。

問題解決のためにはスタンダード石油はただちに、そして無条件に権利を返上するのがベストの選択だと諭すと、同社幹部も了承した。ハルはこの決断を喜び少しばかり気のきいた言葉で応じた。同社幹部はアメリカ外交の方針を若干は理解した様子で米国務省を後にした。米国政府はただちに「ダラー外交を進めてはいない」と関係各国に伝えた[*72]〔ダラー外交はウィリアム・タフト大統領（在任一九〇九～一三年）が進めた経済協力に主軸をおいた外交政策〕。

米国政府の声明は、スタンダード石油への開発許可案件を進めたハイレ・セラシエ皇帝を落胆させた。たしかに皇帝はそれまではウォール街の金融機関からの融資の圧力は跳ね返してきていた。

それでも同国の経済開発にあたってはアメリカの大企業に任せるべきだと考えていた。そうすることでアメリカのエチオピアへの関心が高まると期待していた。ハルは皇帝に対して（時には）外交に筋を通すことが経済問題に優先すると説いた。ハルの説得に応じた皇帝は、逆に国際連盟の調停に期待を寄せた。しかし、たちまち失望させられるのである。[*73]

＊原注

＊1　Maxwell H. H. Macartney and Paul Cremona, *Italy's Foreign and Colonial Policy, 1914-1937*, New York, 1938, p. 276. あるいは Charles F. Rey, *The Real Abyssinia*, Philadelphia, 1935, p. 139.

＊2　William L. Langer, *The Diplomacy of Imperialism*, New York, 1935, I, pp. 109, 272. あるいは Elizabeth P. McCallum, "Rivalries in Ethiopia," *World Affairs Pamphlets*, No. 12, World Peace Foundation, Boston, 1935, p. 28.

＊3　Augustus B. Wylde, *Modern Abyssinia*, London, 1901, chap. 9.

＊4　Leonard Woolf, *Empire and Commerce in Africa*, New York, 1920, pp. 211 ff.

＊5　F. Pribram, *The Secret Treaties of Austria-Hungary*, Cambridge, 1920, II, pp. 227, 240-245.

＊6　Livre-Jaune: *Les Accords Franc o-Italiens de 1900-1902*, Paris, 1920, pp. 7-9.

＊7　Sidney B. Fay, *Origins of the World War*, New York, 1929, I, pp. 406-411.

＊8　Macartney and Cremona, *Italy's Foreign and Colonial Policy, 1914-1937*, p. 279.

＊9　Baily, *Woodrow Wilson and the Lost Peace*, p. 266. あるいは Luigi Villari, in his *Expansion of Italy*, London, 1930, p. 41.
　ベルサイユ会議の結果、イギリスは新たに九八万九〇〇〇平方マイル、フランスは二五万三〇〇〇平方マイルを得た。その一方で、イタリアはわずかに二万三七三七平方マイルを得たにすぎなかった。

＊10 Macartney and Cremona, *Italy's Foreign and Colonial Policy, 1914-1937*, pp. 289-290.

＊11 Robert G. Woolbert, "Italy in Abyssinia," *Foreign Affairs*, XIII, 1935, pp. 499-508.

＊12 Macartney and Cremona, *Italy's Foreign and Colonial Policy, 1914-1937*, p. 293.

英伊の一九二五年協定については、ガエターノ・サルヴェミーニ〔訳注：イタリア社会党〕は次のように語っている。

「フランス外務省は、エリトリアとソマリランドを結ぶ鉄道敷設を容認したくないと考えていたことは明らかだ。この鉄道が完成すれば、（エチオピアを）イタリアが軍事占領し政治的コントロールを可能にしてしまうからである。一九二五年の英伊協定は、（フランス外務省の黙認で）エチオピアの大部分をムッソリーニの好きなようにしてかまわないとしたのである」

"Mussolini, the Foreign Office and Abyssinia," *Contemporary Review*, CXLVIII, September 1935, p. 271.

＊13 Macartney and Cremona, *Italy's Foreign and Colonial Policy, 1914-1937*, pp. 294-295. あるいは McCallum, "Rivalries in Ethiopia," *World Affairs Pamphlets*, No. 12, pp. 39-40.

＊14 Macartney and Cremona, *Italy's Foreign and Colonial Policy, 1914-1937*, p. 285.

＊15 E. W. Poison Newman, *Italy's Conquest of Abyssinia*, London, 1937, p. 17.

＊16 Publications of the League of Nations, *Official Document C. 49, M. 22, 1935, VII.*

＊17 General Emilo de Bono, *Anno XIII*, London, 1937, pp. 1-17, 55-89.

＊18 同規約では、戦争の怖れがある場合、国際連盟全体の問題としてとらえ、各国の和平が乱されないための賢明な措置をとることが決められている。

＊19 *Daily Mail*, August 24, 1935.

＊20 Macartney and Cremona, *Italy's Foreign and Colonial Policy, 1914-1937*, pp. 299-300.

＊21 C. Grove Haines and Ross J. S. Hoffman, *The Origins and Background of the Second World War*, New York, 1943, pp. 378-379.

＊22 *Survey of International Affairs, 1935*, pp. 143-165.

＊23 同右、p. 159.

*24 Statement to the press made by Dino Grandi, July 3, 1931. Stimson, Henry L. /137. MS, Department of State.

*25 Memorandum of a conversation with Signor Benito Mussolini, head of the Italian Government, at Rome, Thursday, July 9, 1931. Stimson, Henry L./141, MS, Department of State.

*26 Henry L. Stimson and McGeorge Bundy, *On Active Service in War and Peace,* New York, 1948, pp. 268–269.

*27 John W. Garrett to the Secretary of State, Rome, July 16, 1931. Stimson, Henry L./137, MS, Department of State.

*28 London *Times,* November 5, 1931.

*29 Alexander Kirk to Secretary Stimson, November 10, 1931, inclosure No. 2. Grandi, Dino/87, MS, Department of State.

*30 Memorandum of a conversation between Signor Grandi and William R. Castle, November 16, 1931. Grandi, Dino/99, MS, Department of State.

*31 Alexander Kirk to Secretary Stimson, November 19, 24, 1931. Grandi, Dino/85–86, MS, Department of State.

*32 Dino Grandi to Secretary Stimson, November 27, 1931. Grandi, Dino/88, MS, Department of State.

*33 本訳書、第1章七二―七四頁参照。

*34 Memorandum of a conversation between Secretary Stimson and the Italian Ambassador, Signor Augusto Rosso, February 23, 1933. MS, Department of State.

*35 Augusto Rosso to William Phillips, Acting Secretary of State, December 8, 1933. MS, Department of State.

*36 William Phillips to Signor Augusto Rosso, December 12, 1933. MS, Department of State.

*37 Breckinridge Long to Secretary Hull, Rome, July 5, 1934. MS, Department of State.

*38 Ambassador Hugh Wilson to Secretary Hull, Geneva, May 29, 1935. MS, Department of State.

＊39　Prentiss B. Gilbert to Wallace Murray, June 1, 1935. MS, Department of State.
　ピットマン・B・ポッター教授は、ワルワル仲裁調停に関わる研究論文を発表している（一九三八年）。調停委員会に提出された証拠や書類を検討し、委員会が最も重要な点についての判断を回避していることを指摘した。つまり一九三四年一二月時点において、ワルワルが伊エどちらの領土に属するかという判断を示さなかったのである。

＊40　Ambassador Long to Secretary Hull, Rome, June 10, 1935. MS, Department of State.

＊41　Alexander Kirk to Secretary Hull, Rome, June 20, 1935. 765. MS, Department of State.

＊42　Macartney and Cremona, *Italy's Foreign and Colonial Policy, 1914-1937*, p. 303.

＊43　Alexander Kirk to Secretary Hull, Rome, June 28, 1935. MS, Department of State.

＊44　Mayer to Secretary Hull, Geneva, June 29, 1935. MS, Department of State.

＊45・＊46　Alexander Kirk to Secretary Hull, Rome, July 2, 1935. MS, Department of State.

＊47　Secretary Hull to American chargé at Addis Ababa, July 5, 1935. MS, Department of State.

＊48　Quincy Wright to Secretary Hull, July 8, 1935. MS, Department of State.

＊49　Statement of Secretary Hull to the Italian Ambassador, July 10, 1935. MS, Department of State.

＊50　Memorandum of a conversation between Mr. Phillips and the British Ambassador, July 11, 1935. MS, Department of State.

＊51　Department of State, *Press Release*, July 13, 1935, pp. 53-54.

＊52　Newton D. Baker to Secretary Hull, July 12, 1935. MS, Department of State.

＊53　Ambassador Bingham to Secretary Hull, London, July 16, 1935. MS, Department of State.

＊54　Straus to Secretary Hull, Paris, July 13, 1935. *Urgent and Confidential*, MS, Department of State.

＊55　Alexander Kirk to Secretary Hull, Rome, July 17, 1935. *Confidential file*, MS, Department of State.

＊56　Alexander Kirk to Secretary Hull, Rome, July 18, 1935. *Confidential file*, MS, Department of State.

＊57　Alexander Kirk to Secretary Hull, Rome, July 18, 1935. *Strictly Confidential*, MS, Department of State.

＊58　Alexander Kirk to Secretary Hull, Rome, July 23, 1935. MS, Department of State.

＊59 Ambassador Dodd to Secretary Hull, Berlin, July 18, 1935. MS, Department of State.

＊60 Department of State, *Press Release*, August 10, 1935, p. 119.

＊61 C. Van H. Engert to Secretary Hull, Addis Ababa, August 9, 1935. MS, Department of State.

＊62 Hull, *Memoirs*, I, p. 421.

＊63 Secretary Hull to Alexander Kirk, August 18, 1935. あるいは *Peace and War: United States Foreign Policy, 1931–1941*, p. 266.

＊64 Hull, *Memoirs*, I, p. 422.

＊65 *The United States in World Affairs, 1934–1935*, ed. Shepardson and Scroggs, p. 245.

＊66 Alexander Kirk to Secretary Hull, Rome, August 23, 1935. MS, Department of State.

＊67 とりわけ一九三五年八月一六・一七日の記事。

＊＊ 訳注の出典は〈https://docs.google.com/document/d/1FRph8nMUKCy-eYziW5gnvR-3McjFFZAVcK2aCpD_kj0/edit#!〉

＊68 *New York Times*, August 31, September 1, 1935.

＊69 London *Times*, September 1, 1935.

＊70 Atherton to Secretary Hull, London, August 31, 1935. African Exploitation and Development Corporation/2, MS, Department of State.

＊71 Theodore Marriner to Secretary Hull, Paris, September 3, 1935. MS, Department of State.

＊72 *New York Times*, September 5, 1935.

＊73 Hull, *Memoirs*, I, pp. 423–425.

面白いことに、スタンダード石油が開発利権を得たことにイタリアの新聞は反米の態度を示していない。一九三五年九月四日、ブレッキンリッジ・ロング駐伊大使はハルへの報告の中で、「この問題が発覚した時点から、新聞がアメリカを非難した形跡はない、むしろアメリカの投資がイギリスへの牽制になるという空気だった。いずれにせよ、米国政府とスタンダード石油がこの開発案件から手を引くと決めたことで、イタリアはアメリカが伊エ紛争に中立の立場をとると理解した」と分析している。

第8章——戦争を怖れる英仏

1　イギリスの外交支援を求めるフランス

一九三五年九月二日、国際連盟理事会を控えたアンソニー・イーデン〔イギリスの国際連盟担当無任所大臣。同年一二月に外相就任〕とピエール・ラヴァル仏外相は、伊エ紛争の解決策を探るために長時間打ち合わせた。イーデンはラヴァルに対して英国内の対伊強硬ムードの高まりを伝えた。国民世論、教会組織、平和友好団体、労働組合、自由党、こうしたグループが対伊制裁を訴えていることをラヴァルに説明し理解を求めた。「ムッソリーニがこのまま妥協しなければかならず制裁という話になる。そうなれば戦争になろう。その場合はイギリスは責任を果たす準備はしている」と曖昧な表現に続けて「仮にわが国が、貴国との約束に沿って対伊制裁を科した場合、将来ドイツが強硬外交をとったときには貴国も応分の責任を果たさなければならなくなるが、どう考えているか」とフランスの意思を確認した。ラヴァルは、「今度の件で何らかの対伊制裁ということになったとしても、仮定の話でイギリスに（対独）強硬策を要請するかどうかまでは決めていない」と応じた。[*1]

この協議の二日後、ジュネーブの米国公使ヒュー・ウィルソンは、同地でイーデンと昼食をともにした。イーデンは、いくつかの小国は今回の紛争の処理にあたっては国際連盟規約を適用（制裁の発動）してほしいと考えていると伝えた。しかしそうした国であっても、イーデンに対してかならずしもその決定をサポートするとまでは言っているわけでもなかった。またフランスは何とか外交交渉でケリをつけたいと考えているようだとも伝えた。

ラヴァルは、もしドイツとの間でオーストリア問題で揉めた場合どうするかをイーデンに問うた。「とにかく各国協力して集団的圧力を（ドイツに）かける」とラヴァルは主張していた。しかしイーデンは「自分は政府の立場を語る立場にない」といなした。

イーデンは、一月七日のラヴァル・ムッソリーニ会談の内容について、ウィルソン公使に内密に伝えた。ラヴァルによれば、フランスはイタリアに対して経済問題については自由に動いてもらってかまわないと語っていたとのことであった。これを受けてムッソリーニは、フランスが（経済問題だけでなく）すべてについてイタリアはフリーハンドであることを認めたと理解したと、イーデンに伝えたとのことだった。

イーデンは、ウィルソンに、スタンダード石油の利権をキャンセルさせたハル国務長官の努力を感謝していると述べた。この決定で伊エ紛争をめぐるもやもやの一つをとり除くことができたからだった。ハルの処置をイーデンはことのほか喜んでいた。[*2]

2　逃げ腰になったワルワル仲裁委員会

国際連盟理事会は九月四日に予定されていた。その前にワルワル事件の責任の所在調査にあたっていた委員会から報告書が提出された。九月三日には、同委員会は、ワルワル事件の責任はイタリアにもエチオピアにもないとする玉虫色の判断を全会一致で決定していた。[*3] その翌日、イタリア駐米大使は米国務省のウォーレス・マレーと短時間だが話し込んでいる。大使は、委員会の判断はイタリアには一切責任のないことを明らかにする一方で、エチオピアに責任があるとする証拠もない、という表現に注意を促した。イタリアは報告書の内容（イタリアの責任なしとの判断）に十分に満足していると述べた。[*4]

3　ムッソリーニとの妥協を望んだフランス

調査委員会の報告書が出た翌日、イタリア代表アロイシ男爵は国際連盟の会議で、ハイレ・セラシエ皇帝を非難する長いスピーチを行なった。その中で、エチオピア国内における奴隷制度、人肉食習慣、宗教に名を借りた殺人行為などを糾弾した。エチオピア代表はそれに激しく反発した。[*5] 国際連盟はあらたに五人のメンバーからなる委員会を設置し、伊エ紛争全般を調査させることにした。国際連盟は、何としてもこの紛争を平和的に解決させたかった。[*6]

五人委員会が調査を進めている間に、ラヴァル外相とアンソニー・イーデンは協議を重ねた。二人は「ムッソリーニに好きなようにさせれば、次はヒトラーの番だろう」と憂慮した（イーデンは反ヒトラーの政治家である）。ラヴァル外相は、ドイツの対仏強硬外交に対してイギリスが何らかの支援を保証するのであれば、フランスも今度の件では協力すると返した。イーデンの回答は、国際連盟で規定する応分の対応はすると述べたが、ラヴァルはそれでは満足しなかった。

イギリスは国際連盟の動きに不安だった。ロバート・ヴァンシッタート卿（外務次官）は、イギリスは何らかの対伊制裁の準備はできているが、イギリス単独での制裁はないと明言した。そのうえで、「世論を考慮して、対伊制裁を提言するかもしれない。もし国際連盟がそれを否決したらイギリスの国際連盟脱退もありうる」とまで言いきった。[*7] ラヴァルはイギリスのこうした物言いが気に入らなかった。五人委員会の場で、「ヨーロッパでの混乱を避けるためには、エチオピア問題ではイタリアに花をもたせる必要がある。それだけがイタリアを懐柔する方法だ。それでだめならフランスは国際連盟の厳しい制裁措置に参加できる。そうした態度で臨めばイタリアも、わが国がパリにおいてイギリスとともになした提案に同意しよう」と主張した。これをイーデンは黙って聞いていた。それは暗黙の了解を意味していた。[*8]

ジュネーブのウィルソン米公使は、このフランス提案が了承されたと考えた。要するに英仏伊三国によって、エチオピアを犠牲にする合意が形成されたのである。もちろんまだ厳しい対伊制裁が他のヨーロッパ諸国によって科せられる可能性も残っていたが、そうなれば今後のヨーロッパ情勢、世界情勢がいっきに流動化することが予想された。いずれにせよ、ヨーロッパの政治的経済的問題の解決には、関係各国の団結を必要とした。[*9]

英駐伊大使は、伊エ戦争となった場合、国際連盟が対伊制裁するか疑わしいと考えた。イタリアはまず対エチオピア戦争で勝利を確保したうえで、英仏の仲裁を待つという態度に出るのではないかと予想した[*10]。

九月七日、イタリアのチャーノ宣伝相は、ヨーロッパ列強の仲裁を期待して短期間の戦争をエチオピアにしかけるなどということはない、と米国民に訴えた。同時に、エチオピアでの奴隷制度の存在と、これを何とか是正したいとするイタリアの強い意思を語り、さらに、エチオピアのもつ資源を開発することがイタリアの使命でありそれが世界のためにもなる、しかしそれは時間のかかるプロジェクトであるとも語った[*11]。

チャーノの訴えはイタリアの高邁な願いのようだった。それでもラヴァル仏外相は、仲裁交渉が何らかの手段をとる前の段階で、イタリアが軍事行動を起こすのではないかと疑っていた。ムッソリーニはたしかに世界世論がイタリアに逆風になっていることを感じていた。しかしその理由はエチオピアのことを考えての真摯な気持ちからではなく、むしろファシスト党への反発ではないかと考えた[*12]。

ローマ駐在のブレッキンリッジ・ロング米大使は、近いうちにイタリアの軍事行動が始まるとみていた。イタリアはすでにスエズ運河の南に二〇万を超える兵力を駐屯させていた。それを引きあげるとなればムッソリーニにとってみじめな外交的敗北である。ここまでの状況をみれば、ムッソリーニは冷徹に計算し尽くしたやり方で、陸海軍を使った軍事行動に出るだろう。妥協があるとすればムッソリーニの要求がすべて満たされたときだけであろう。良好な英伊関係も崩れ、両国の友好は何世代にもわたって回復しないだろう。これがブレッキンリッジ・ロングの見立てであった[*13]。

たしかに英伊両国間の溝は深まっていた。そのことは英外相サミュエル・ホーア卿の国際連盟総会でのスピーチでも明らかだった（九月一一日）。外相は、伊エ紛争については、イギリスは、国際連盟の決定を断固として支えていく、と述べた。「国際連盟にはその規約を満たす義務がある。もちろんイギリスもその義務を果たす。挑発なき侵略行為に対しては国際連盟加盟各国は共同で対処するという規約は守られなければならない[*14]」

4 調停役を断わったハル国務長官

ホーア卿のスピーチのあった前日、コーネリアス・エンガート駐アディスアベバ米公使は、ハイレ・セラシエ皇帝から伊エ両国の紛争の調停要請を受けた。もちろんイタリアがアメリカによる調停を受け入れることが前提ではあった[*15]。ハルは、国際連盟はその規約に則った裁定に向けて努力している、その調停が始まる時期にあってアメリカが仲介に入ることは適当ではないとして断わった[*16]。しかし、ハルは皇帝の感情を慮って、米国政府の考えを示す声明を出した。「他国に対する敵対行為は当該国に対してだけでなく、すべての国の権利、政治、経済、法と秩序への挑戦である」。この後、米国民は同じような声明を何度も聞かされることになるのである[*17]。

5 エチオピア問題の解決を模索する英仏

九月一三日のハルの声明は幅広く解釈できるものだった。熱烈な国際主義者（ardent one-worlders）は声明を歓迎した。しかし、英外務省は米国務省の立場は曖昧で、もう少し具体的であってほしいと願った。英外相ホーア卿は、イタリアがエチオピア紛争で冒険主義的な外交をとればそれがヨーロッパの平和を乱すと怖れていただけに、イギリスはそうならないように何らかのアクションを起こす必要があると考えた。

イタリアに対して経済制裁を科し、必要に応じてその程度を厳しくするという方法があった。しかし、それには国際連盟の主要国が共同歩調をとる必要があった。ラヴァル仏外相は、ホーア卿との協議で、イタリアに何らかの「飴」を与えることも必要だ、そうでなければイタリアにいかなる提案をしても無駄になる、と主張した。ラヴァルはイタリアによるエチオピア占領を黙認することも覚悟していた。ホーア卿は、イタリアのエチオピア占領を黙認すれば、その他の地域でも武力行使を容認することになる、としてラヴァルの考えを受け入れなかった。

ラヴァルは、英国政府はヨーロッパの和平維持のためにいかなるコミットメントを考えているか具体策を示すべきだと反論した。ホーア卿は「国際連盟規約にある以上のことを英国政府がコミットすることはできない」と曖昧な回答しかできなかった。[*18]

ホーア卿がコミットメントを避けたことで、ラヴァル外相は難しい立場に追い込まれた。イギリスの国際連盟に対する考え方について冷や水を浴びせる（苦情を呈する）ことは決してしてはならないと考えた。そうであっても紛争が悪化してヨーロッパ大陸にまで飛び火してしまう前に、理性的でかつ正義ある警告を発することが重要だとも考えた。こうした状況をみてヒュー・ウィルソン米公使は「英米の溝は徐々に埋まってきているのではないか」と感じた。[*19]

この判断が正しいらしいことは、駐ローマのロング米大使の情報からも確かめられた。あるフランス外交関係者から、ムッソリーニは周囲の者から、軍事行動に出る前に交渉によって解決策を見出すべきである、と諭されているとの情報を得た。フランス外交関係者は、とにかく英仏伊三国で、イタリアの正当なる主張はしっかりと認めたうえで、三国の妥協案をエチオピア皇帝に示すのがいいと考えた。そのうえで、ハイレ・セラシエ皇帝がその提案を拒むのであれば、イタリアは軍事行動をとることになろう。それでもジュネーブからの最新情報によれば、ホーア卿はこの考えを受け入れないだろうとみられた。

いずれにせよ、英仏両国がエチオピア問題でイタリアに冷淡に接すれば、次に起こるドミノはイタリアとドイツの接近であることは明らかだった。一方で、イタリア国民のほとんどが、フランスとうまくやりたい、歴史的、民族的、宗教的にも、そして心理的に考えてもそうなることが自然だと思えた。イタリア国民の思いをラヴァルが拒めば、イタリアは結局、どこかの国と同盟を結ばざるをえなくなるのである。[*20]

6　ロング大使の落としどころ

ヨーロッパ諸国はエチオピア問題で緊張していた。ロング大使は何らかの提案をせざるをえない立場に追い込まれた。彼には、イタリアにはアフリカの土地をもう少し分け与えるべきだったとの考えがあった。イタリアに軍事行動を起こさせない賄賂のようなものだったが、何らかの解決策を見出さなければ、ドイツがヨーロッパの和平の枠組〔ベルサイユ体制〕の中で重要なプレーヤーとして再登場してくることが予想された。[*21]

ロング大使の提案は賢明なものであったが、ハル国務長官は一顧だにしていない。彼の回顧録でもまったく触れられていない。ロング大使は米国務省が提案を検討するよう長文の文書を送っていた。とりわけイタリアとイギリスの関係が緊張していることに注意すべきだと強調していた。

かつて存在した良好な関係は完全に消えていた。数十年にわたって築かれてきた友好の歴史はひとかけらもなかった。だからこそアメリカには思いきった外交が必要である。もしロング大使の提案が認められなければ、深刻な事態となる。ムッソリーニはエチオピアだけでは満足しないかもしれない。アディスアベバ占領が終わればさらに他のアフリカ地域や小アジアにも手を出してくる可能性がある。予想される事態を考慮すれば、何としてでも外交交渉を通じてヨーロッパ政治の安定を図らなくてはならない。各国には領土拡大の動きがある。とにかく外交的な落としどころをみつけること、そうでなければ悲惨な結果となる、これがロング大使の訴えであった。[*22]

7　イギリスに頭を下げたフランス外相

ロング大使が、イタリア・エチオピア紛争解決に努力しているころ、ラヴァル仏外相は国際連盟総会でイギリスに対して「頭を下げる」演説をした。フランスが果たす責任について明確にしたのである。

「フランスは国際連盟の規約を忠実に果たそうとしている。フランスの果たすべき責務はしっかりと遂行する。これまでもそのようにしてきた。フランスは国際連盟を重視する。それが、わが国民の総意でもある。わが国は一九二四年にジュネーブ議定書〔紛争の平和的解決保障提案。仏首相エリオと英首相マクドナルドが提案〕

調印の旗を振り、その後の軍縮会議にも積極的であった。わが国はつねに集団的安全保障の考えに積極的だった。それがわが国の考えでありその思いは変わらない。国際連盟規約こそがわが国の遵守する国際法である」

「伊エ紛争の平和的解決に向けての強い思いはイギリスと同じである。わが国が果たすべき責務は国際連盟規約により明確であり、その責務を果たしていく[*23]」

アンソニー・イーデン外相はラヴァル外相のスピーチを歓迎した。彼は九月一三日にヒュー・ウィルソンと夕食をともにしているが、その感想を上機嫌に語った。

「事態はわが国が願っている方向に動いている、フランスが同調してくれている」

イーデンと同席のクランボーン卿（外務政務次官）は事態の深刻さを憂慮していた。イーデンは、イタリアに対する制裁については、少なくとも（他の国の）貿易のロジスティックスを妨げてはならない。アメリカを巻き込まないことである。中立の立場をとるアメリカに、イギリスから何か働きかけをするようなことは考えていないし、アメリカが困るようなことはしないと語った。また両国でこの案件を協議することは、米国政府の態度をしっかり見極めるまで延期するつもりだ、できることなら米国政府から働きかけがあることを期待する、とウィルソンに伝えた[*24]。

イーデンだけでなく他の英国政府高官あるいはイギリスメディアのほとんどがラヴァル外相のスピーチを歓迎した。ロンドン・タイムズ紙の以下の記事がその典型であった。

「ムッソリーニ氏が理性を保っていれば、ラヴァル外相の妥協点を見出したいという発言がどれほど真摯なものかわかるだろう。イタリアにとって、わが国とフランスに協力していくほうがよほどプラスになることぐらいわかるはずだ*25」

パリでも、ラヴァル首相〔一九三五年六月七日から三六年一月二四日まで仏首相・外相兼任〕のスピーチは好意的に受けとられていた。新聞も、「首相は難しい局面を切り抜けつつあるようだ。和平維持を訴えながらフランスの威信を高めている」と書いた*26。

8　イタリア制裁をめぐる温度差

英外務省は、対イタリア制裁を科すことについてのアメリカの態度を見極めようとした。サミュエル・ホーア外相は、アサートン米代理公使と英外務省で意見交換を繰り返した。ホーア外相は、最新の情勢についての考えを述べ、フランスのラヴァル首相を信用しきれていない不安も吐露した。

「ラヴァルは少し口が軽すぎる、彼のムッソリーニとの会談では何一つ文書にされていないのにもかかわらず、フランスの考え方をイタリア側に理解させたと信じている。ただラヴァルのイタリア行きについてはイギリスも承知のうえであり、フランスが国際連盟規約の精神に忠実であろうとしていることは確かだ。またイタリアが何らかの侵略行為を起こした場合は、国際連盟加盟国だけでなく、それ以外の国とも協議するとしていた。いまのところ英外務省は特にアクションは起こしていない。ラヴァルはアメリカの態度についてはイギリスと情報を共有するとしている」

「イタリアに対する制裁はあくまでゆっくりとした段階的なものになる。最初の対伊制裁は、国際連盟加盟国および非加盟国がイタリアへの武器禁輸を決めるかどうかであり、次の段階はイタリアからの輸入を止めるかどうかの判断となる」

ホーア卿はパリ協定(ケロッグ・ブリアン条約)にもとづいた制裁をするかどうかの判断についても語った。調印国に早い段階で対伊制裁について訴えることが世界全体でイタリアに圧力をかけることになる、と述べた。[*27]

ホーア卿はその考えを伝える文書(電信)を米国務省に送った。この書面が届く前に、ハル国務長官はアドバイザーらと協議を重ね、アメリカは国際連盟の決定が出る前にイタリアが侵略行動を起こした場合の対応(経済制裁)についての考え方は表明しておくべきだとの考えで一致していた。アメリカの外交方針は国際連盟とは独立していることを示しておきたかったのである。[*28]

9　ソビエトを疑うイーデン

米国務省が対イタリア制裁を検討しているころ、ジュネーブのヒュー・ウィルソン米公使から、マシグリとアンソニー・イーデンと交わした会話の内容を知らせてきた。マシグリは、フランスの駐ジュネーブ代表だった。

ウィルソン公使がマシグリと昼食をともにしたのは九月一二日のことであった。マシグリは、ラヴァル外相の本音は対伊制裁の回避であることを伝えた。ラヴァルは、結局は制裁になるだろうが、その場合はイギリスと歩調を合わせるとウィルソンに語ったのである。制裁を発動する場合には、スピーディに最も効果が期待できる方法をとるべきであり、アメリカの同調を期待していることも明かした。ウィルソンは「わが国がどのような方針で臨むかはそのときにならないとわからないし、政治状況しだいで制裁が可能かどうかも不透明だ」と回答していた。

マシグリは「いずれにせよ英仏両国はムッソリーニという狂人を相手にしなくてはならない。どんな話し合いも脅かしもムッソリーニには効果がない。そのことに恐怖さえ感じる」と述べた。シャンブラン仏駐伊大使は、ムッソリーニに、エチオピア問題で強硬な外交を続ければ、イギリスと衝突する危険性を訴えた。ムッソリーニは「（イギリスが）そうしたければそうすればよい、われわれの力を試してみるまでだ、地中海の戦いで勝利する自信がある」というものだった。最後に「イギリス人などくそくらえ」と悪態までついた。

翌日（九月一三日）、ウィルソン公使はイーデンと昼食をとった。イーデンは悩んでいた。イタリアの強硬外交を止めるのはもはや手遅れではないかと怖れていた。またイーデンはソビエトの動向も気がかりだった。リトヴィノフ（ソビエト外相）はずるがしこい。ソビエトは国際連盟理事会で国際連盟の方針を支持するような態度をみせているが、世界の和平維持になんの関心もない。エチオピア紛争で資本主義国家が衰弱し、共産主義（拡散）に有利になることを望んでいるだけだと疑っていた。*29

イーデンが、対伊強硬外交に悩んだのは当然であった。九月一七日、ローマでロング米大使がムッソリーニと協議した。ムッソリーニはエチオピア植民地化に強い意欲をみせていたが、エチオピアとの紛争はあくまで局地的なものであり、ヨーロッパにごたごたが拡がることは避けたい、しかしイタリアの行動を邪魔する国が出てくれば、一〇〇万の陸軍と強力な海軍空軍がある、いかなる干渉も許さない。これが彼の意思だった。

ムッソリーニは、国際情勢をしっかりと研究していた。モロッコでのフランスの動き、チャコ紛争〔パラグアイとボリビアの石油利権をめぐる紛争。一九三二～三八年〕、ドイツのベルサイユ条約違反〔再軍備宣言〕、四年前のイラクにおけるイギリスの行動、日本の満州国建国と華北での動き。どのケースでも国際連盟の制裁は発動されていなかった。彼はそのことに言及しながら、「私とイタリアの願いは（ベルサイユ体制の）不正義を正すことであり、わが国がエチオピアに領土を拡げようとすることは正当である。それに対する制裁こそが不当なのである」と怒りを露わにした。

ムッソリーニは、エチオピアとの戦いを決めていた。エチオピアを征服しその領土の大半を獲る強い意思があるとはっきり口にした。その言葉にロング大使は強い印象を受けた。

「断固とした信念がなければああいった話し方はできない。彼は方針を変えるつもりはない。彼の態度も発する言葉も落ち着き上品にも思えた。一方で、アメリカとは友好を維持したいという気持ちがはっきりと表われていた*30」

10　イタリアへの制裁に反対した米大使

ロング大使はイタリア・エチオピア紛争の（ヨーロッパ外交への）影響を憂慮した。「ジュネーブで国際連盟が対伊制裁を決めるようなことがあっても、わが国は同調すべきではないと考える。同調すれば米国内に不要な軋轢《あつれき》が生まれ、問題解決に支障が出よう」と憂慮した大使は、九月一八日、ハル国務長官に電信でその懸念を伝えた。ロング大使は、ヨーロッパ外交は複雑で、アメリカは特定の国や勢力とは距離を置いて行動することが望ましいと考えていた。[*31]

この意見を受けて、フィリップス国務次官はウォーレス・マレー近東部長と対伊制裁問題を協議した。マレー部長は、サミュエル・ホーア卿がロンドンで米国代理公使に三度（八月二〇・二八日、九月一六日）にわたって話した内容をあらためて指摘した。ホーア卿はケロッグ・ブリアン条約の署名国がもう一度同条約の内容を検討することが必要だと語っていた。ロング大使は、米国務省はこの動きをアシストすべきだとの意見だった。[*32]

フィリップスが対伊制裁問題に苦慮しているころ、ムッソリーニがフランスに接触し、ドイツに対抗する伊仏同盟を提案したとの情報が、ジュネーブから米国務省に入った。これに気をよくしたフランスは、ドイツがヨーロッパ大陸で侵略的な動きをみせた場合、イギリスもフランス支援を明らかにしておくべきだと考えた。イギリス海軍を動かすだけでなく、大陸に陸軍を派遣するというコミットメントを求めた。兵力あるいは具体的な軍の展開についても明らかにすることを求めた。空軍の協力協定も望んだ。ムッソリーニからのアプローチを受けたフランスは、イギリスのコミットメントが示されないかぎり対伊制裁は考えない、という態度に変化した。[*33]

「イタリアの新聞は、フランスがイギリスと共同歩調をとりたいことはわかっていたが、意味のない動きだととり合わなかった。フランスがイギリスの干渉は効果がないであろう。大陸諸国に対して影響力はなく、フランスもイギリスの曖昧なコミットメントでは満足しないだろう。イギリスは過去にも大陸の安全保障問題に干渉したが、その効果はあまり出ていなかった。フランスが考えるような集団安全保障構想は、イタリアが参加しなければ意味がないと考えている」[*34]。これが米国務省本省に寄せたロング大使の見立てだった。

11　ハル国務長官の選択

ハル国務長官は、エチオピア紛争をめぐる外交方針を明確にしておく必要があると考えた。九月二〇日、ロング大使に彼の九月一二日の提案は受け入れられないことを伝えた。アメリカの外交方針、世界平和維持の考え方は国務長官がすでにメディアに伝えていた。そこで関係国際機関の解決策を探る動きへの懸念も表明していた。[*35]

ロング大使の提案を拒否したうえで、ハルはロンドンのアサートン代理公使に、伊エ紛争に関して、国際連盟制裁にはアメリカは加わらないと伝えた。国際連盟の判断については、それがどうなるかわからず判断の根拠も不明であり、国際連盟のやり方が具体的にどのようなものになるのかもわからない。これがアサートンへの指示であった。[*36]

12 無為に終わった五カ国委員会提案

国際連盟五カ国委員会は、伊エ紛争解決に向けての方針を示さなくてはならなかった。九月一八日、同委員会は、伊エ両国に解決案を提示した。その要点は、エチオピアを国際連盟の保護下に置く、国際連盟理事会は四人のアドバイザーを選任し皇帝を支援する、というものだった。また、イタリアはエチオピアの経済開発において特別な立場にあることも書かれていた。

五カ国委員会の具体的な議論の内容については、ヒュー・ウィルソン公使がポーランドのベック外相〔ユゼフ・ベック。在任一九三二～三九年〕と話をしており確認できていた。対伊制裁となれば、イタリアは国際連盟を脱退する可能性がある。そうなれば国際連盟は瓦解するだろう。こうした危惧が五カ国委員会の提案の背後にあった。さらにベック外相は国際情勢を事細かにウィルソンに聞かせた。ドイツのヒトラー政権についての彼の考えも伝えた。

ベックは「国際関係の視点からすれば、ヒトラーの考え方はシンプルで常識の範囲内で理解できる。ポーランドとドイツの関係でいえば、両国が戦う理由などどこにもない。ポーランド回廊についても問題はない」との判断だった。ヒトラーはベックに、ドイツの歴史を顧みれば領土獲得を二〇〇年にもわたって続けてきたが、それは「反吐《へど》が出そうな」間違いの繰り返しだった。多民族の土地を奪うたびに、憎しみが生まれたと語っていたとのことであった。ウィルソンが、「ヒトラーを知性的人物として描写しているようだが」とベックに尋ねると、彼は両手を上げる仕草をし、「たしかに彼がドイツ国内で進める政策は悪魔的である。しかし外交政策については、ヒトラー

（の知性的な対応）を過小評価してはならない、ヒトラーは思慮深いが考えは単純であり嘘を言わない、常識的な指導者である」と評価した。ベックは、ヒトラーをジョン・サイモン卿にたとえた。単純で、正直で、仕事熱心で、利他的であり贅沢を嫌う、そういう人物であると評価していたのである。[*37]

ウィルソン公使が、ベックの忌憚のないヒトラー評を引き出したのは評価できる。ただ一方で、エチオピア紛争をめぐる五カ国委員会の内情についての情報はほとんど得られていない。同委員会の提案が公表されると、伊駐米大使アウグスト・ロッソはフィリップス国務次官に「イタリア外務省は五カ国委員会がイタリアのエチオピア（の経済開発）にかける意気込みを斟酌していないことが不満である。わが国が提案を受け入れることはないであろう」と語った。[*38]

13 制裁に参加しなかったアメリカ

五カ国委員会の妥協案をイタリアが拒否することは確実だった。米国務省は対伊制裁が実施された場合の影響を検討した。米国務省のウォーレス・マレーは、五カ国委員会提案を政治的に分析した報告書を作成した。その中で、アメリカが、パリ協定（ケロッグ・ブリアン条約）の調印メンバーとして国際連盟の協議に参加を求められた場合は、慎重にその態度を決めるべきであると意見した。

「たしかにヨーロッパ諸国は、エチオピアをめぐる紛争で直接的な影響を受ける。その問題をまず協議すべきは彼らであり、わが国ではない。仮に協議が開催され制裁問題の検討に参加するよう求められた場合は、パリ協定批准時の上院外交問題委員会の作成した報告書を十分に考慮すべきである」と主張した。

加盟国が協定を破った場合（侵略行為があった場合）、調印国が制裁措置をとらなくてはならないとはパリ協定の文面にはないし、そうすることが含意されているわけでもない。他の調印国に制裁を強制することも決めていない、というのがアメリカが同協定を批准した際の理解であった。

仮にイタリア製品の不買をアメリカが決める場合、以下の手続きを踏んだときにのみ効果が期待できるとした。

一、民間会社がイタリア製品のボイコットを始め、
二、政府が国民にイタリア製品の購入を止めるよう要請し、
三、これに反発したイタリアがアメリカ製品に対して差別的な政策をとる場合は、イタリアに対して最恵国待遇の適用を停止し（これはドイツにとったやり方と同様）、
四、必要であれば一九三〇年の関税法三三八条に規定されるさらに厳しい制裁を科す。[*39]

米国務省の経済アドバイス担当部局も厚い意見書を出した。イタリアが輸入している品目でイタリア経済に大きな影響を与えるのは、機械および部品類（ほとんどがドイツからの輸入）、石油（大部分がルーマニアから）、石炭・コークス（大部分がドイツから）、銅（大部分がアメリカとチリから）、コットン（六割がアメリカから）、硝酸肥料（すべてチリから）であると分析した。

全世界のこうした戦略品目の供給国がそろって禁輸をしたときに限って制裁の効果が期待できる。

イタリアは輸入のための資金はもっており、また当面は在庫で対応ができると、この意見書は結論づけていた。[*40]

これを受けてハル国務長官はロンドンの大使館に、伊エ紛争をめぐってはいかなる制裁措置にも加わらない、と英外務省に伝えさせた。またパリ協定にはよらない国際連盟の制裁措置については、その理由がはっきりと知らされるまではアメリカが参加できないのは当然である、とした。[*41]

14　妥協案を拒否したイタリア

ハル国務長官は英外務省に、米国政府は対伊共同制裁には加わらないことを伝えた。ムッソリーニは対エチオピア戦争の準備を急ピッチで進めていた。このころには、イギリス艦隊が地中海方面に展開しはじめた。ロング大使は、これがイタリアの新聞各紙のイギリスに対する論調を穏やかにさせていると考えた。[*42] しかし、イタリア外務次官スヴィッチとの会話を通じて、(メディアの報道が穏やかになってはいたが)イタリアは五カ国委員会の提案を拒否することがわかった。ロング大使が、「この二四時間で新聞の論調に妥協の空気が出ているように思えるが」と尋ねると、スヴィッチ次官は肩をすくめ、「そうした状況は承知していない」と答えた。[*43]

パリの新聞はイタリアの態度軟化の気配を感じとってはいなかった。それだけにフランス国内では緊張が高まっていた。シャンブラン仏駐伊大使がムッソリーニと率直に意見交換したことが報じられた。このころ、パリの声(*L'Echo de Paris*)紙は、ムッソリーニを、即位後すぐに暗殺されたローマ皇帝ペルティナクス〔紀元二世紀末のローマ皇帝。即位二カ月で暗殺された〕にたとえていた。二〇世紀のペルティナクス

（ムッソリーニ）は、ラヴァル外相からフランスが国際連盟規約一六条に沿った行動をイギリスと歩調を合わせてとるだろう、と聞かされていた。[*44]

イギリスは、対伊制裁した場合フランスが本当に共同歩調をとるか否かの判断がつかなかった。九月二〇日、米国務省のサムナー・ウェルズ〔後の国務次官。在任一九三七〜四三年〕は、ビンガム英駐米大使とヴァンシッタート英外務次官[*45]と意見交換をした。ヴァンシッタート次官は、国際連盟規約に沿った行動をすべきだというのが国民世論であると強調した。次官のこの物言いにビンガム大使は不安気だった。メイン号事件〔一八九八年ハバナ港に停泊中の米軍船メイン号が爆沈した事件。事故であった可能性が高いが、スペインによる攻撃とみなされ米国世論が激高し、米西戦争のきっかけとなった〕のような突発的な事件が起きるのではないか、それが英伊関係をひどく悪化させるのではないか、と怖れた。ヴァンシッタート次官もそうした事態を怖れていた。[*46]

九月一一日、イタリア政府は五カ国委員会提案を拒否すると発表した。イタリアとの衝突の可能性が高くなったとしてマルタ島のイギリス海軍の動きは慌ただしくなった。[*47]ジュネーブの国際連盟では、英国代表が「イタリアの提案拒否はあまりにも『不愛想』であるが、イタリアの主張の言葉使いはわれわれを辱めるような工夫がされている」と語った。[*48]アンソニー・イーデン外相は、イタリアの拒否を憂慮し最悪の事態となるのではないかと危惧した。[*49]

九月二三日、ハイレ・セラシエ皇帝は、五カ国委員会の妥協案を受け入れることにした。イタリアの武力行使の動きを牽制する狙いだったが効果があった。イタリアの新聞はイギリスに戦争をしかけてはならないという論調に変わり、強硬姿勢が和らいだ。[*50]ジュネーブの空気は落ち着いたようだった。[*51]妥協の道を探りたいイギリスは、駐ローマ大使にムッソリーニと会談させた。イギリス（ホーア卿）は、かならずしもイタリアを敵視しているわけではない、イギリスは国際連盟の精神に忠実でありたいと考えているにすぎない、と伝えさせた。[*52]

このときのイギリス外交は一人芝居のシャドーボクシングのようなもので、ムッソリーニを動かせていない。ロング米大使の見立ては、これ以上の外交交渉は無駄であろうというものであった。大使は「ムッソリーニはとにかく勝っても負けても軍事力を行使するであろう、列強を刺激していることは確かだが、彼らに（外交的に）敗北することは屈辱だと考えている」と判断した。[*53]

15　和平条件を提示したムッソリーニ

ムッソリーニはたしかに対エチオピア戦争を覚悟した。それでも彼は賢い対応をみせ、武力をともなわない解決の道を探った。五カ国委員会に対案を示したのである。その案には三つのポイントがあった。

一、アディスアベバ西方を領土化する権限。領土化で、イタリア領エリトリアとソマリランドを接続する。

二、エチオピアの海への接続は、英仏の領土を通過するのではなく、イタリアの領土を通過するものとする。

三、エチオピア軍のほとんどを非武装化および動員解除する。残った軍はイタリアの指揮下に置く。

五カ国委員会はムッソリーニ提案の検討に入ったが、ジュネーブの空気は緊張したままであった。検討されている対伊制裁が引き起こす影響を怖れていた。スイス代表であるモッタはヒュー・ウィルソン公使に、対伊制裁への懸念を伝えた。スイス経済への悪影響を心配したからである。経済制裁の結果イタリアがスイスに対して反発した場合、他の列強はスイスの側に立ってくれるのか。対伊制裁となればイタリアがスイスに対する悪感情をもち、憎しみが生まれる。それは何世代にもわたって消えないであろう。これがスイス代表のいつわらざる思いであった。[*54]

英伊両国が宥和の姿勢をみせていることにモッタはいったんは安堵した。ジュネーブではムッソリーニの「理性」を感じていた。[*55] ローマの新聞は伊英の関係の好転を伝えていた。[*56] ロンドンの空気も落ち着いたようにみえた。[*57]

16　アメリカの支援を期待するイギリス

軍事衝突が回避できるのではないかという観測はアディスアベバにもあった。エチオピア皇帝は、イギリスはエチオピアを支援すると期待していた。彼は国際連盟が衝突回避にその役割を果たすとの期待も棄てていなかった。駐エチオピア米公使に、自国の運命を、世界の平和を愛する心に委ねる、その実現にある程度の犠牲は覚悟する、と伝えていた。[*58]

エチオピアの犠牲の程度は、イギリスがどれだけイタリアにプレッシャーをかけられるかにかかっていた。イギリスはどこまでのプレッシャーが可能なのか探る必要があった。そのためにはアメリカの方針を確かめなくてはならなかった。九月二五日、英外相ホーア卿はビンガム米駐英大使と協議した。そこで、ハル国務長官は、ケロッグ・ブリアン条約調印国とこの問題で協議する用意があるか確認した。ビンガム大使は、まだ十分な情報が届いていない、と慎重な物言いに終始した。ホーア卿は、イギリスはアメリカに対してどのような態度をとるべきか教唆をしているわけではない、アメリカは伊エ紛争が現実の戦争にならないよう外交努力を続けてほしいと述べた。

ビンガム大使は、米国務省は戦争となった場合でも国際連盟の対伊制裁に加わる可能性は低いだろう、ただその戦争が拡大することなく短期間で終わることをハルは期待している、もし国際連盟が満場一致で何らかの手段をとるというのであれば共同歩調をとることも検討するとの考えを示した。ビンガム大使の言葉をじっくりと聞いたホーア卿は、武力衝突になった場合、イギリスは経済制裁を考えているが、イタリアを本当に苦しめる一歩手前のところで止めたい、アメリカにはイギリスのこの方針をできる範囲の中で支援してほしい、と語った。[*59]

ハルの回答は部分的支援を間接的に表現するだけのものだった。米国政府は、パリ協定の規定を発動するか否かの協議に参加を求められればそれを断わることはない、ただそうすることは国際連盟の権能を超えた出しゃばった動きになり好ましくない。これがハルの考えだった。イタリアは、ヨーロッパの他の国と同様に大戦期に行なったアメリカからの融資の返済を終えていなかった。したがって、ジョンソン法によりアメリカがイタリアに借款を与えたり信用供与することはできず、イタリアへの輸出に際して、輸出入銀行が輸出業者にファイナンスすることもできない。民間の金融機関もイタリアの借り手に対しては消極的な態度をとるだろう。ワシントン議会は伊エ紛争では中立の立場をとると決定しており、戦争が始まればイタリアへは武器弾薬などは禁輸となろう。これがハルの考えだった。[*60]

ホーア卿をはじめとして英国政府高官は、米国政府は間接的ではあっても、結局はかなりの経済的プレシャーをイタリアにかけてくれるだろうと期待した。イギリスは戦争の可能性が高いとみていただけに、アメリカに期待する気持ちが強かった。

ジュネーブ駐在のプレンティス・ギルバート米領事からは、英国政府が議会に諮る海軍増強計画に、アメリカが理解を示すかの確認をしたがっているとの情報も入っていた。戦争を心配するイギリス世論は、対伊外交でフランスとの共同歩調をとることを危惧しており、そうした約束は当面は控えるべきだとの考えだった。大陸の紛争に再び巻き込まれることを避けたかったのである。

対伊交渉をフランス任せにせず、ローマと直接交渉すべきだとの世論を受け、英外務省は駐ローマ英国大使にムッソリーニとの直接会談を指示した。大使は、ムッソリーニに、彼の対エチオピア要求は拡張主義的にすぎないかと訴えた。要求を少しでも緩和させれば、英国政府はエチオピアからどこまで領土的妥協が可能であるか探る努力はすると伝えた。

しかし、ムッソリーニは、ストレーザ合意の経緯をもち出して反論し大使を苛立たせた。その交渉ではエチオピア問題は、イギリスはアフリカ問題の専門家を連れてきてはいながら、明示的に議論しなかった、イギリスはイタリアの対エチオピア政策に暗黙の了解を与えたものではないか、と反論した。イギリス高官の中には、ムッソリーニのロジックは筋が通っていると考える者がいた。[*61]

17　戦争を覚悟したムッソリーニ

九月も終わるころになると、ヨーロッパの人々はムッソリーニがエチオピア侵攻の準備の最終段階に入っていると確信した。ムッソリーニは、フランスのル・マタン紙のジュール・ソーエルウェン記者と会見し（九月二六日）、軍事作戦は一〇日以内に始まると語った。ムッソリーニは、経済制裁を覚悟していたが、その制裁は作戦を妨げるほどの効果はないと予想した。*62

ロング大使は、ハル国務長官宛にローマ（イタリア）の情勢を分析する長文の報告書を出した。彼は、イタリアが強気の態度を変えることはないと結論づけていた。たしかにイギリスが地中海に派遣した艦隊の存在がイタリアを不安にしていた。しかしイタリア全体としては、外国からの干渉に屈しない政府の姿勢を支持し、外交的敗北は甘受できないという空気だった。外交で弱い姿勢をみせればイタリアの威信が致命的に傷つくと感じていた。*63

ジュネーブ（国際連盟）では、イタリアの軍事侵攻は決して許さないという雰囲気であった。イタリアはエチオピアに侵攻してほとんど血を流すことなく制圧するだろうが、そうなったら国際連盟はイタリアを侵略国と認定し制裁を科す。それが大方の見方だった。

この時点で各国はもう一度イタリアに対し外交攻勢をかけることはできたかもしれない。その際の妥協案は、イタリアにエチオピアの領土の一部を獲ることを許し、また同国での経済特権も認める、ただしエチオピア全土を支配することは許さないというものになったろう。*64

これがウィルソン公使の見立てであったが、そこにはムッソリーニの真の狙いについての考察が欠けていた。彼は完全なるエチオピアの支配を望んでいた。九月二八日のイタリア政府の声明はそのことを明確に示していた。五カ国委員会の提案は、イタリアの領土的野心と安全保障への考え方を考慮できていなかった。イタリアは、心ある世界の人々はイタリアが五カ国委員会提案を拒絶しても、イタリアの主張の正当性を理解するはずだと信じていた。ムッソリーニは、エチオピアへの軍事侵攻をかならずやり遂げる、どのような結果になろうともそれを受けて立つと決めていた。ハイレ・セラシエ皇帝はすでに軍に動員をかけ、同国近くのイタリア植民地を攻撃する勢いをみせていた。イタリアは「歯には歯を」の態度をとったのである。[*65]

18　アメリカの「心情的」なエチオピア支持

エチオピア皇帝もできることなら平和的解決を望んでいた。彼は駐アディスアベバのコーネリアス・エンガート米公使に接触した。それを受けて公使は、ハル国務長官にアメリカの考えをはっきりと駐米イタリア大使に公式に伝えるべきだと訴えた。つまりイタリアは世界平和維持の戦後体制（ベルサイユ体制）に公然と背を向けている、と非難することを勧めたのである。[*66]

この提案をハルは拒絶した。イタリア・エチオピア紛争でアメリカができるのはエチオピアへの心情的支持までである。それが彼の答えだった。アメリカは状況に応じて可能な範囲でエチオピアへの支持を表明し、それによって皇帝を元気づける。そこまでが限界だとしたのである。[*67]

19　イギリスの二枚舌

ハルが心情的なエチオピア支援で皇帝の気を落ち着かせようとしていたころ、イギリスのホーア卿は、ラヴァル仏外相を宥《なだ》めにかかった。九月一〇日、フランス政府は（一般論として）国際連盟のメンバーであるか否かを問わず、ヨーロッパの国が国際連盟規約を破り軍事力を行使した場合、イギリスがどのような態度をとるかを、ヴァンシッタート英外務次官に質した。イギリスの回答は九月二九日に公に示されたが、その内容にフランスは失望した。英外務省の発表は、同国が九月一一日に行なった国際連盟総会での訴えに言及しながら、国際連盟もイギリスも国際連盟規約を重視し、集団安全保障を進める、特に挑発的侵略行為に対しては強い態度で臨む、という姿勢を表明しただけのものであった。[*68]

イギリスの新聞のほとんどがこれに賛意を示し、ほかにとるべき手段はないと書いた。[*69] フランスの新聞は、過激な社会主義のレピュブリック紙とレオン・ブルムのポピュレール紙を除き、深い失望感を表明した。ホーア卿の言葉はあまりにも曖昧であった。ベルサイユ条約のすべての決まりを守り抜くという断固とした声明がないかぎり、フランスは満足できなかった。[*70]

このころ駐イタリア仏海軍武官が、ラヴァルは対伊軍事制裁には同意しないだろうと語っていたとの情報があった。ドイツの駐伊大使も、いかなる対伊制裁にも参加しないと述べた。[*71] パリでは、対伊制裁に反対する空気が優勢になっていた。[*72] 一〇月三日までには左翼グループまでが制裁反対の姿勢をみせた。ネオソシアリストのリーダー格マルセル・デア〔元共産党員だったが、ナチスの影響を受け、社会主義を全体主義に改革するネオソシアリズムを掲げた〕だけが、制裁案が議会に上程されたら反対するとはっきり態度を示していたが、イタリアを強く非難していたレオン・ブルムも平和的解決を求めてその口ぶりは穏やかなものに変化させていた。ムッソリーニの軍事行動を牽制する動きは明らかに乱れをみせていた。[*73]

一〇月二日、イタリアはエチオピアの村々への爆撃を開始した。その翌日には陸軍にエチオピア侵攻の命令が下った。エチオピアに入るイタリア軍の士気は高かった。「われわれはエチオピア皇帝の弱々しい言葉を聞きながら、ベニート・ムッソリーニの靴をピカピカに磨きあげる」と意味する小唄を歌っていた。軍隊がこんな歌を口ずさんでいるということは、ムッソリーニが、「ちょっかいを出すな」とイギリスにはっきりと伝えていたことを意味するものだった。[*74]

＊原注

＊1 Theodore Marriner to Secretary Hull, Paris, September 3, 1935. MS, Department of State.

＊2 Hugh Wilson to Secretary Hull, Geneva, September 4, 1935. MS, Department of State.

＊3 Pitman B. Potter, *The Wal Wal Arbitration,* New York, 1935.

＊4 Wallace Murray to Judge Walton B. Moore, September 4, 1935. *Confidential file,* MS, Department of State.

＊5 Prentiss Gilbert to Secretary Hull, Geneva, September 4, 1935. MS, Department of State.

＊6 Breckinridge Long to Secretary Hull, Rome, September 4, 1935. MS, Department of State.

＊7 Prentiss Gilbert to Secretary Hull, Geneva, September 5, 1935. MS, Department of State.

＊8 Prentiss Gilbert to Secretary Hull, Geneva, September 7, 1935. MS, Department of State.

＊9 Hugh Wilson to Secretary Hull, Geneva, September 7, 1935. *Strictly Confidential,* MS, Department of State.

＊10・＊11 Breckinridge Long to Secretary Hull, Rome, September 7, 1935. MS, Department of State.

＊12 Theodore Marriner to Secretary Hull, Paris, September 9, 1935. MS, Department of State.

＊13 Breckinridge Long to Secretary Hull, Rome, September 10, 1935. MS, Department of State.

＊14 Address of Sir Samuel Hoare to the League of Nations Assembly, September 11, 1935; *International Conciliation,* November 1935, pp. 508–518.

＊15 Cornelius Engert to Secretary Hull, Addis Ababa, September 10, 1935. MS, Department of State.

＊16 Secretary Hull to Engert, September 12, 1935. MS, Department of State.

＊17　Department of State, *Press Release*, September 14, 1935, pp. 194–196.
この声明は一九三五年九月一二日に米国務省が準備し翌朝発表された。九月一二日あるいは一三日の段階で、ロング大使に送られていない。ワシントンのイタリア大使館は一三日に本省に内容を打電している。一三日午後、イタリア外務次官スヴィッチがローマの米国大使館を訪れた。この日、イタリアの新聞はハルの声明について大きく紙面を割いた。

ハルが、同声明を駐ローマ大使館にすぐに知らせなかった理由はよくわからない。いずれにせよ、スヴィッチ次官からの電話を受けたロング大使は、声明内容についてコメントできる立場になかった。米国務省が内容を伝えなかったことで、大使は「恥をかいた」形になった。これについてハル国務長官に苦情を呈した。「当然に知らされているべき内容について他の政府から尋ねられて、『知らない』と答えることは個人としても公人としても恥ずかしいことであります。これでは在外外交官が本国の信頼を得ていないのではないかと思われても仕方がありません。今後は、担当している国に関わるいかなる声明についても本官に知らせるよう強く望みます。いずれにしましても、私に対しては二度とこのようなことがないよう願うものです」(Ambassador Long to Secretary Hull, Rome, September 16, 1935. *Confidential file*, MS, Department of State.)
＊18　Prentiss Gilbert to Secretary Hull, Geneva, September 12, 1935. MS, Department of State.
＊19　Hugh Wilson to Secretary Hull, Geneva, September 12, 1935. MS, Department of State.
＊20　Ambassador Long to Secretary Hull, Rome, September 12, 1935. *Confidential file*, MS, Department of State.
＊21　Ambassador Long to Secretary Hull, September 12, 1935. MS, Department of State.
ロング大使提案の要点は以下である。
1　イタリアは、イギリスとフランスの承認のもとで、エチオピアの低地地帯およびアディスアベバまでの高地の一部、ミアの東数マイルの地点および英領ソマリ（ソマリア）の南の国境近くまでを領土とする。イタリアが作成し国際連盟に提出した地図に示されたエチオピアおよび最近占領された地域が、イタリアの領土とする基準となる。

2　エチオピアは新首都を作る。変更されたエチオピア領土については、伊・英・仏三国が保障する。

3　ドイツをアフリカ植民地再交渉会議に参加させ、旧ドイツ植民地の一部を戻す暫定協定を結ぶ。ただし、他の三国とともにオーストリアの独立を保障することが条件である。ドイツの陸海空の再軍備については、他の三国の同意が必要である。また独伊仏英は六〇日以内に、ヨーロッパにおける陸空の戦力削減についての協議を開始する。

＊22　Ambassador Long to Secretary Hull, Rome, September 13, 1935. MS, Department of State.

＊23　Premier Laval's address before the Assembly of the League of Nations, September 13, 1935; *International Conciliation*, November 1935, pp. 521–523.

＊24　Hugh Wilson to Secretary Hull, Geneva, September 13, 1935. *Strictly Confidential*, MS, Department of State.

＊25　Atherton to Secretary Hull, London, September 14, 1935. MS, Department of State.

＊26　Marriner to Secretary Hull, Paris, September 14, 1935. MS, Department of State.

＊27　Atherton to Secretary Hull, London, September 16, 1935. *Strictly Confidential for the Secretary*, MS, Department of State.

＊28　Hull, *Memoirs*, I, p. 426.

＊29　Memoranda of conversations between Hugh Wilson and M. Massigli, September 12, and Anthony Eden, September 13, 1935, Geneva. *Strictly Confidential*, MS, Department of State.

＊30　Ambassador Long to Secretary Hull, Rome, September 17, 1935. *Strictly Confidential*, MS, Department of State.

＊31　Ambassador Long to Secretary Hull, Rome, September 18, 1935. MS, Department of State.

＊32　Wallace Murray to Mr. Phillips, September 18, 1935, inclosing a memorandum dealing with the question of consultation under the terms of the Kellogg Pact. MS, Department of State.

＊33　Prentiss Gilbert to Secretary Hull, Geneva, September 19, 1935. *Strictly Confidential*, MS, Department of State.

＊34 Ambassador Long to Secretary Hull, Rome, September 12, 1935. MS, Department of State.

＊35 Secretary Hull to Ambassador Long, September 20, 1935. MS, Department of State.

＊36 Hull, *Memoirs,* I, p. 436.

＊37 Memorandum of a conversation between Hugh Wilson and Mr. Beck, Minister for Foreign Affairs of Poland, Geneva, September 20, 1935. MS, Department of State.

＊38 Memorandum of conversation between Mr. Phillips and Signor Rosso, the Italian Ambassador, September 20, 1935. MS, Department of State.

＊39 Memorandum prepared by Wallace Murray, chief of the Division of Near Eastern Affairs, for the Secretary of State, September 20, 1935. MS, Department of State.

＊40 Memorandum prepared by the Office of the Economic Adviser, Department of State, September 20, 1935. MS, Department of State.

＊41 Secretary Hull to the American Embassy in London, September 20, 1935. *Strictly Confidential,* MS, Department of State.

＊42・＊43 Ambassador Long to Secretary Hull, Rome, September 21, 1935. MS, Department of State.

＊44 Theodore Marriner to Secretary Hull, Paris, September 21, 1935. MS, Department of State.

＊45 当時は外相代理であった。

＊46 Ambassador Bingham to Secretary Hull, London, September 21, 1935. *Confidential for the Secretary,* MS, Department of State.

＊47 Mr. George to Secretary Hull, Malta, September 22, 1935. MS, Department of State.

＊48 Prentiss Gilbert to Secretary Hull, Geneva, September 23, 1935. MS, Department of State.

＊49 Hugh Wilson to Secretary Hull, Geneva, September 23, 1935. *Strictly Confidential,* MS, Department of State.

＊50 Ambassador Long to Secretary Hull, Rome, September 24, 1935. MS, Department of State.

＊51 Prentiss Gilbert to Secretary Hull, Geneva, September 24, 1935. MS, Department of State.

*52 Ambassador Long to Secretary Hull, Rome, September 24, 1935. MS, Department of State.

*53 Ambassador Long to Secretary Hull, Rome, September 24, 1935. *Strictly Confidential,* MS, Department of State.

*54 Hugh Wilson to Secretary Hull, Geneva, September 25, 1935. *Very confidential,* MS, Department of State

*55 Prentiss Gilbert to Secretary Hull, Geneva, September 25, 1935. MS, Department of State.

*56 Ambassador Long to Secretary Hull, Rome, September 25, 1935. MS, Department of State.

*57 Ambassador Bingham to Secretary Hull, London, September 25, 1935. MS, Department of State.

*58 Cornelius Engert to Secretary Hull, Addis Ababa, September 26, 1935. *Confidential file,* MS, Department of State.

*59 Ambassador Bingham to Secretary Hull, London, September 25, 1935. *For the Secretary,* MS, Department of State.

*60 Secretary Hull to Ambassador Bingham, September 27, 1935, MS, Department of State.

*61 Prentiss Gilbert to Secretary Hull, Geneva, September 26, 1935. MS, Department of State.

*62 Ambassador Long to Secretary Hull, Rome, September 27, 1935. MS, Department of State.

*63 Ambassador Long to Secretary Hull, Rome, September 27, 1935. MS, Department of State.

*64 Hugh Wilson to Secretary Hull, Geneva, September 27, 1935. *Strictly Confidential,* MS, Department of State.

*65 Ambassador Long to Secretary Hull, Rome, September 28, 1935. MS, Department of State.

*66 Cornelius Engert, to Secretary Hull, Addis Ababa, September 29, 1935. MS, Department of State.

*67 Secretary Hull to Cornelius Engert, October 1, 1935. MS, Department of State.

*68 London *Times,* September 30, 1935.

*69 Ambassador Bingham to Secretary Hull, London, September 30, 1935. MS, Department of State.

*70 Theodore Marriner to Secretary Hull, Paris, September 30, 1935. MS, Department of State.

＊71 Ambassador Long to Secretary Hull, Rome, September 29, October 1, 1935. MS, Department of State.
＊72 Theodore Marriner to Secretary Hull, Paris, October 2, 1935. MS, Department of State.
＊73 Theodore Marriner to Secretary Hull, Paris, October 3, 1935. MS, Department of State.
＊74 一〇月三日、プレンティス・ギルバート領事を通じてハル国務長官に、国際連盟から、アメリカはエチオピアの戦場の視察に参加するか否かの問い合わせがあった。中立の立場の観戦計画であった。またリットン調査団への参加可能性も確認されていた。ハル国務長官は、米国政府としては、伊エ紛争に対する国際連盟の動きを確認したい、ただ国際連盟とともに積極的にそうした活動に参加する意思はない、と回答した。(Secretary Hull to Prentiss Gilbert, October 4, 1935. MS, Department of State.)

第9章 国際連盟の経済制裁

1 ナイ上院議員の調査委員会

イタリアがエチオピア侵攻の準備を進めているころ、アメリカでは二度目の世界大戦に巻き込まれることを嫌い、中立法の制定を要求する動きが広がっていた。一九一七年のアメリカの「十字軍的参戦」は民主主義をより強化することにはならなかった。フランクリン・D・ルーズベルト政権の初期には、二度もヨーロッパのごたごたに関わるのはもうご免だという空気がアメリカ全土を覆っていた。ウッドロー・ウィルソン大統領の二期目の時代には、愛国主義的な歴史家が国民の正常な判断を妨げていた。その結果、米国民は戦争の目的に幻想を抱いていたのである。

米国民は、第一次世界大戦参戦でどれほどの犠牲を払ったかに気づいた。多くの若者が命を落とし、国富が浪費されたことに幻滅した。アメリカの参戦でヨーロッパのパワー・バランスが完全に崩れた。大戦の締めくくりの場面（ベルサイユ会議）では、アメリカは新しい安定的な国際関係が構築できる立場にあったにもかかわらず、それをしなかった。
ヒトラーがベルサイユ体制下で決まった国境の改変をめざして動き出すと、ヨーロッパは大地震の前触れのように震動を始めた。それがホワイトハウスまでをも揺さぶった。しかしルーズベルトが、その揺れを止める魔法の呪文をもっているわけではなかった。新たな戦いが起きることに怯えるヨーロッパの人々の不安を抑えられはしなかった。一九三六年は大統領選挙の年であった。国内を覆う孤立主義の空気にルーズベルトは抗えなかった。

孤立主義を主張する指導者の一人が、ジェラルド・ナイ上院議員（共和党）だった。再び戦争を始めるかもしれないヨーロッパにアメリカが干渉することで益することは何もない。それがナイ議員の思いだった。一九一七年、アメリカ軍はヨーロッパの戦いに参加した。それは輝くような勝ち戦《いくさ》だった。しかし戦いの道は墓場に続いていた。同じ過ちを繰り返さない最善の方法は、アメリカを参戦に導いた邪悪な勢力の存在を国民に知らしめることだった。

ウォール街の策謀を、町を歩く普通の人々に知らしめる。戦争を煽るドラムの音を聞かせない。貧しい者を死に誘い、富める者はいっそうの富を得る。再びそのようなことを繰り返してはならなかった。ナイ議員の不干渉の考えを国民が支持していることは、フォーチュン誌（一九三四年三月号）の記事でも明らかだった。

その記事は、ヨーロッパの軍事産業がいかに戦争を煽ったかその汚い手口や取引の実体を書き、彼らがどれほどの暴利を得ていたかを詳述していた。*1

ナイ議員はこの記事をコピーさせ「議会公式記録」に収録させた。そうすることで同じような気持ちでいた議員にも事実を知らしめるのが狙いだった。一九三四年四月一二日、ナイ決議案が採択された。それによってワシントン上院による武器製造会社あるいはその商社の実体を調査することが決まった[*2]。

ガーナー副大統領（ジョン・ナンス・ガーナー。在任一九三三年三月〜四一年一月）は同調査委員会委員長にナイ議員を指名した（同調査委員会はナイ委員会と呼ばれることになる）。上院外交委員会委員長であったピットマン議員はこれを承認した。共和党議員のナイを重要ポストに就けることを上院多数派の民主党が認めることは異例のことだった。

ハル国務長官はこの人事に不満だった。「共和党の孤立主義者を委員長にするとは夢にも思わなかった。知っていれば反対していた。ナイ議員の任命は民主党にとって致命的なミスである。この委員会が、わが国は国内の銀行家と武器メーカーの策謀で先の大戦に誘い込まれたという結論を出すことはわかってる」と愚痴った[*3]。

ナイ議員の指名を嫌ったハル国務長官だったが、委員会の調査には全面協力を約束した。一九三四年五月一八日、ルーズベルト大統領は上院に対して、この問題は重要であるだけに十分な調査が必要である、議会は委員会の調査には十分な予算を付けてほしいと要請した[*4]。

委員会の調査は九月四日から始まったが、たちまち隠されていた下劣な話が表面化した。ロビイストが高額な報酬を受け、「おいしい」契約にありついていた実態が見えてきたのである。証言を通じて、軍事産業が世界全体をマーケットとして動いていることが明らかになった。「死の商人（武器商人）」の間には濃密な信頼関係があり、一種の世界規模でのトラストが形成されていた。彼らの間だけで商売上の秘密が共有され、特許の融通もなされていた。また武器の流通では彼らのお気に入りのルートが作られていた。

軍の高官も陸軍海軍を問わず軍事産業の手助けをしていたことも明らかになった。陸軍も海軍も作業のスピードを速め早い準備が必要だという理屈で、特定のメーカーに武器開発を急がせていた。軍はそうしたメーカーに政府研究機関で設計された機械類であっても積極的に「コピー（模倣）」を勧めていた。違法ともいえるやり方で製造された武器は自由に外国政府に売られていた。[*5]

明らかになってきた裏事情に米国民は愕然とした。米国務省の秘密ファイルにあった情報だった。ハル国務長官は（ナイ議員の委員長指名を嫌ったものの）、ナイ委員会に対しては米国務省資料を隠すようなことはしなかった。しかし内容はたちまち漏洩した。ただし機密性をもつ資料だけに、新聞記者らの目からは遠ざけるべきものだった。そうした資料の中にアルゼンチンの提督を批判する文書があった。それに対して同国政府は抗議した。また中国政府については、小麦買い付け用にアメリカからなされた貸付が武器製造メーカーの手に渡っていたとする資料があったが、同政府はそれを否定した。

ジョージ五世がポーランドに圧力をかけて、よく知られたイギリスの武器メーカーと契約を結ばせたという資料もあったが、ヴァンシッタート外務次官は、言葉を選びながら慎重に否定した。[*6] またイギリス外務省から指示を受けた英駐米大使は、英国政府と（米国製軍需品の買い付け窓口だった）モルガン家（J・P・モルガン社）との交信記録（一九一四年から一七年の記録）を議会が印刷することを非難した。彼らは、米国民はアメリカ大企業と英国政府の間のやりとりについて知る必要はないと主張した。

ハル国務長官は外国政府からの抗議に困惑した。長官は大統領の力を使ってナイ委員会の調査は「適度な範囲」に留めるようにと要請した。米英関係は大事にしなくてはならない。そうでなければ両国関係を悪化させる事件が起きかねなかった。しかしルーズベルト大統領は、モルガンの秘密を守ることには積極的ではなかった。大統領は、三月一九日、ナイ委員会のメンバーと会っているが、彼らにプレッシャーをかけていない。[*7] その意味では歴史家はこの件で大統領に感謝しなくてはならないかもしれない。

大統領からの圧力がなかったこともあり、ナイ委員会は歴史家には宝の山になる資料を探し出してくれた。そうした資料は、米世論を反ドイツに導いた経済的動機の存在を示していた。それが最終的に一九一七年にアメリカを参戦させた。集められた資料の中でとりわけ目を惹いたのは、先の戦争で莫大な利益を上げた企業の存在を示す資料だった。[*8]

ナイ委員会の調査で、ヨーロッパで再び戦争となった場合、中立の立場をとり、企業を戦争で儲けさせてはならないとする法律が成立した。

2　アメリカの中立政策に対する非難

アメリカは中立であるべきだと訴える運動に、多くの評論家や政治家が反対の論陣を張った。彼らはみなケロッグ・ブリアン条約を信奉していた。同条約は昔ながらの「中立」という立場を否定していた。彼らは「戦いばかりのヨーロッパから距離を置くべきだ」と訴える者を激しく攻撃した。不干渉主義者への攻撃は計画的で、ナイ委員会の調査が国民に知られるずっと前から始まっていた。

正確にいえば、ベルサイユ条約を批准するかしないかの議論があった時点から続いていた。あの条約は「メイド・イン・アメリカ」ともいえる代物だった。それだけに（アメリカは条約を批准しなかったが）支持者も多かった。彼らもベルサイユ条約が不完全で不正義なものであることを認めてはいたが、ベルサイユ会議そのものの価値までは否定しなかった。

上院で加盟を否決されて以降も、アメリカは国際連盟の動きに同調した外交を進めるべきで、先の大戦の同盟国と足並みを揃えるべきだと主張する動きが活発だった。国際連盟のメンバーでないアメリカを、実質的に国際連盟のメンバーのように協力させるケロッグ・ブリアン条約に調印させたのは、そうした勢力の思惑があったからであった。

英仏両国はアメリカがメンバー国にならなかったことに落胆していただけに、アメリカの国際主義者の動静を注意深く見守っていた。両国は、アメリカがケロッグ・ブリアン条約の調印国になったことを喜んだ。

時の経過とともにベルサイユ体制のゆがみが露骨に表面化し、そのままにしてはおけなくなっていた。ベルサイユ体制下で、その体制を保持する条約にサインするということは、アメリカが当然に現状維持を望む勢力の側につくことを意味した。ベルサイユ体制の軛《くびき》から抜け出そうとする国や、あるいはあの条約で何ももてなかった国が一九一九年体制に挑戦すれば、アメリカはそれに抵抗しなくてはならなくなった。

ベルサイユ体制に挑戦する国は国際連盟に侵略国、世界の平和を乱す邪悪な国とみなされ、非難されることになった。アメリカを国際連盟と共同歩調をとらせようとする動きはケロッグ・ブリアン条約成立（一九二八年）以前から始まっていた。

ケロッグ・ブリアン条約は英仏両国の帝国主義的な国益を擁護する側面があった。だからこそ両国の外務省関係者はベルサイユ条約の規定については遵守するという考えを固持した。フランス政府は提案された条約（ケロッグ・ブリアン条約）は、国際連盟規約にある正当防衛あるいは国際連盟メンバーに課せられた義務の遂行に影響を与えるものではないとの考えを明確にしていた。この考えは当然ロカルノ条約にも、各国間の条約の運用にも適用されると考えていた。アメリカも同様の解釈であったことは、ケロッグ国務長官がアメリカ国際法学会で行なったスピーチ（一九二八年四月二八日）からも明らかだった。

五月一九日、英国政府はフランスのそうした考えを承認し、かつイギリス自身も同様の考えであると表明した。世界には、大英帝国の利益に関わる地域が存在する。そうした地域でイギリスの利権が毀損されることは容認できず、そうした地域で侵略行為があればそれを排除するがその行為は防衛行動である。イギリスが何らかの条約を締結する場合、ベルサイユ条約に規定されている特殊権益地域の防衛が容認されているという前提に立つ。英国はこのように説明した。[*9]

こうした英仏両国の態度をエドウィン・ボーチャード教授は強く批判した。

「英仏両国の解釈であれば、これまでの過去一〇〇年の戦争、あるいはこれから始まるかもしれない戦争が、彼らの考えるタイプの（防衛の）戦いということになる。（条約上）否定される性格のものではなくなってしまう。本当は、もしそうした戦いを（イギリスが）始めれば厳しく制裁されるべきものなのだ[*10]」

イギリスが、条約にもとづく制裁のあり方に曖昧な態度であったのは、自国に都合よく解釈したい思惑があったからである。同国の政治家は、彼らの考える大英帝国の権益が侵される場合においては、軍事力を行使できると考えていた。この解釈をケロッグ国務長官が容認したからこそ、ケロッグ・ブリアン条約は制裁規定を曖昧にした情けないものになったのである。彼はフランスもそうした考えであることを承知していた。結果的に、和平維持のための素晴らしき成果になるはずのケロッグ・ブリアン条約も、制裁の含みをもたせるだけの曖昧なものになった。[*11]

ケロッグ長官は、ベルサイユ体制を保持するために国際連盟規約、ロカルノ条約あるいはその他の条約に沿った軍事行動は、パリ協定（ケロッグ・ブリアン条約）に抵触しないとの意見を表明してしまった。[*12]その結果として、国際連盟がどの国が侵略国家であるか決めた場合には、その決定に米国政府は拘束され、アメリカは国際連盟の集団的制裁行動に反対できない、とアメリカの政治家は解釈し、批判したのである。[*13]

ボーラ上院議員の発言も、そのようなヨーロッパ諸国の解釈に一役買っていた。ボーラ議員は、カービィ・ペイジ（ニューヨーク・タイムズ紙）のインタビューに答えて次のように語った。

「現在検討されている条約（ケロッグ・ブリアン条約）では、条約を破る国々に対する国際連盟の集団的制裁にわが国は協力することになる。それが重要なポイントだ。条約加盟国となれば何もしないで傍観することは考えられない[*14]」

ボーラ議員は上院外交委員会の委員長であった。ケロッグ・ブリアン条約の締結には重要な役割を果たしていた。ケロッグ長官はボーラ議員に「条約交渉にあたって多大な貢献があった」と感謝の手紙まで書いていた。[*15]ボーラ議員は調印の成功を喜び、条約は間違いなく承認される（上院で批准される）と太鼓判を押した。「この条約は和平維持の重要な役割を担うものであり、長官は最高レベルの手腕をみせた」と絶賛した。[*16]

ボーラ議員は反対勢力のあることにも言及していた。[*17] ボーラ議員は、この条約の設計者だっただけに、そうした動きを牽制したかった。そのことはケロッグ長官の物言いからもわかる。

「ヨーロッパの人々（政治家）は、あなた（ボーラ議員）から多くの提案があったことがわかっています。あなたの意見が直接にあるいはニューヨーク・タイムズ紙の記事を通じて伝わっていました。この条約の重要性がしっかりと説明されていたのです」[*18]（ケロッグ長官からボーラ議員）

八月第二週のことであるが、ケロッグ長官はいくつかの新聞に掲載された嫌味のある記事を心配してボーラ議員に親書を出している。

「新聞には批判する者がある。フランク・シモンズ〔ジャーナリスト。一八七八～一九三六年〕もその一人だ。彼はわが国は他国に干渉する道義的責任を（ケロッグ・ブリアン条約の調印で）負ってしまったと非難している。他国への制裁や軍事干渉をわが国が行なうことを決めたものではないことをわれわれは理解している。（憲法の規定の枠内で）できるぎりぎりのところで止めてある。そうでありながらメディアの批判があることに失望している」[*19]

メディアの批判には十分な根拠があった。ボーラ議員自身がカービィ・ペイジによるインタビュー（一九二八年三月二五日）の中で、上院外交委員会としては同条約で規定する和平を攪乱する行為がある場合に、わが国が何もしないで傍観することはできない、とはっきりと答えていた。ケロッグに続いたスティムソン国務長官も同じ解釈であると言っていた。要するに戦争すること自体を違法とするケロッグ・ブリアン条約は、ボーラ議員のあまりにナイーブな考えで進められたものであった。

一九一九年から二〇年にかけて、ボーラ議員はベルサイユ条約そのものに激しく反対する勢力の一員だった。上院が同条約の批准を拒んだのも彼の反対が大きな原因であった。そうでありながら、ベルサイユ体制の不正義を固定化する（ケロッグ・ブリアン）条約を精力的に推進した。ベルサイユ体制の不正義の鉄鎖につながれた国にとって、その鎖から逃れるためには軍事行動しか方法はなかった。不正義の存在をわかっているはずのボーラ議員が、外交の行きづまりを解決する方法としての戦争行為まで非合法化することに賛成したのは奇妙なことであった。戦争の非合法化は、ベルサイユ体制の不正義の恒久化であった。ボーラ議員は、自身が推している条約のもつ意味をよくわかっていなかった。この危険性を指摘する評論家の声も聞こうとしなかった。

エドウィン・ボーチャード教授は、ボーラ議員に危険性を指摘する書簡をしたためた（一九二九年一二月）。

「私はわが国は国際連盟に加盟すべきだとの主張に屈しなかったことを喜んでいます。ところが、その主張が違うやり方で実現しかかっています。（ケロッグ・ブリアン条約に調印すれば）ヨーロッパに揉め事が起きたときには当事者のどちらか一方につかなくてはなりません。要するにわが国はヨーロッパのごたごたに引きずり込まれるのです。イギリスの政府白書をよく読んでみますと、わが国にそうした立場をとらせたいイギリスが、その目的をケロッグ・ブリアン条約で達成したことがわかります。私はケロッグ・ブリアン条約の本質はそこにあると思っています[20]」

キャッパー上院議員（アーサー・キャッパー。カンザス州共和党）は、この条約を批准することになれば、わが国の伝統的な（ヨーロッパ問題には中立であるという）外交方針を根本的に変えてしまうと述べた。一九二九年二月、彼は、大統領がある国を条約違反であると宣言した場合には、当該国への武器その他の輸出を禁ずる法案を提出した[21]。この法案は上院で承認されなかったが、大統領が勝手に始める戦争行為があってはならないという思いが超党派であったことを示すものだった。

一方でケロッグ・ブリアン条約を称賛する学者がいた。たとえばクライド・イーグルトン教授（私立ニューヨーク大学教授）は「わが国がこの条約に違背する行動をとる国に対して明確に反対する側に立つことで、この条約が尊重されることになる[22]」と主張した。チャールズ・G・フェンウィック教授（ブリンマー女子大学教授。国際法学者）は、「他国がこの条約を遵守するか否かはわが国にとっての重大関心事である。わが国の加盟は、他国が条約に違背すれば（わが国の中立の伝統があっても）わが国はだまってはいないという意思を示すものだ」と主張した[23]。

ケロッグ・ブリアン条約は「世界は一つの思想（ワンワールド思想）」にもとづく戦争と平和の概念（どちらでもないというグレーな状態を認めない）を具現化するものであり、アメリカは国際連盟のメンバー国ではないが、かならず国際連盟から相談される立場にあることを示すものだと解釈する専門家もいた。
デイヴィッド・ハンター・ミラー〔法律家。国際連盟規約の起案に関与した〕もその立場をとった。戦争が起きた場合はアメリカはかならず対応策について国際連盟から相談されるし、主要加盟国から直接協議されることもある。アメリカは紛争に無関心でいられないし、影響力を行使しながら国際連盟に協力しなくてはならない。ケロッグ・ブリアン条約調印国による協議は不可欠となる。それがケロッグ・ブリアン条約の本質だと主張した。[*24]

スティムソン国務長官の理解は、ミラー教授と同じだった。彼は八月八日、外交問題評議会（CFR）で講演し、この考えを明確にした。[*25]「わが国が国際問題では中立の立場をとるという考えは古くさい。世界の国々と足並みを揃える外交こそが米国務省の新スローガンである。国民の理解をかならず得られると思う」と語った。しかしフーバー政権にとって代わったルーズベルト政権では、スティムソンの主張した態度にまでは踏みきっていない。それでもジュネーブ駐在のノーマン・デイヴィスは、国際連盟への協力に忙しかった。国際連盟が認定した侵略国家への制裁を邪魔することはないと約束した[*26]（一九三三年五月二二日）。

ジョン・バセット・ムーア〔国際法の権威。国際司法裁判所判事歴任〕は国際法の権威であった。彼はノーマン・デイヴィスの国際連盟へのコミットメントを聞き落胆している。「デイヴィスの国際連盟への協力は、わが国の独立国家としての尊厳を傷つけるかもしれない。国の運命は自身で決めるという独立国家としての『最後の砦』までも破壊する可能性がある、とりわけ国際連盟との協議の約束は最も危ない」と主張した。[*27]

ムーア判事の警告は重く民主党にも影響力があった。とりわけイタリア・エチオピア紛争の扱いについて、米国務省は影響を受けた。いずれにせよ、伊エ両国の軍事衝突前の段階において、中立政策をめぐる議論はワシントン議会でヒートアップしていたのである。

3　武器輸出をめぐる論争

政治は時に不思議な動きをみせる。意外な組み合わせが生まれることがある。ボーラ議員とスティムソン国務長官の関係はその典型かもしれない。二人の世界の和平についての考えはまるで正反対であった。ところがその二人が肩を寄り添うように互いに助け合ったのである。

一九三二年夏、二人は先の大戦時連合国に与えた戦争借款をご破算にすべきだという考えで一致した。[*28] 一九三三年はじめにはボーラ議員は、同じ考えのスティムソン国務長官にこの考えを伝えた。

一九三三年一月一〇日、フーバー大統領は、大統領に侵略国家に対する武器禁輸の権限を与えるよう議会に求めた。この武器禁輸の考えは、当時激しくなっていたボリビアとパラグアイの紛争を念頭に置いたものだった。しかし、実際にはこの大統領の要請は、より広い禁輸の権限を大統領府がもつべきだとのスティムソン長官の主張（一九三三年一月六日）に沿ったものだった。[*29]

ボーラ議員は上院外交委員会で、大統領要請を是認する決議案を、委員会で議論することなく本会議に上程した（一月一九日）。翌日、ビンガム議員は採決見直し（延期）動議を出した。そうすることで再検討の時間を稼いだ。[*30]

決議案では、大統領が世界のある地域に武器を輸出することで事態を悪化させると判断した場合、各国の協力を確保したうえで、武器禁輸措置をとれるとされていた。要するに大統領が武器禁輸対象国を勝手に決めたうえで禁輸措置がとれるのである。

この決議案では大統領に途方もない権限を委譲することになり、通商にも大きな影響を与えるものだった。ウィンチェスター・リピーティング武器会社を筆頭とした武器メーカーはこれに驚いた。慌てて幹部をワシントンに遣り、決議案に反対の立場を伝えた。その結果、大統領権限の範囲を狭めることになった。武器禁輸の対象地域（国）は南北アメリカに限られることになった。[31] それでも最終的に議決案は否決された。[32]

一九三三年三月に入り、ルーズベルト政権に代わると、国務長官にはコーデル・ハルが就いた。彼は議会が大統領に幅広い裁量権を与える議決案を葬ったことに不満だった。スティムソンとハルの考えは同じだった。一九三五年四月、ハルはルーズベルト大統領に、ナイ議員のような孤立主義者が考える武器禁輸法案には反対だと訴えた。議会の考える法案は、大統領（府）の手足をがんじがらめにしてしまう、侵略を考えている国に「どうぞ侵略してください、その被害を受ける国には武器を売りませんから」と言うような法案である、というのがハルの意見だった。[33]

ハルは不満だったが、ナイ議員やクラーク議員らの孤立主義者は米国務省が嫌がる中立政策を担保する武器禁輸の法案を上程した。ルーズベルトとハルは、ピットマン議員（上院外交委員会委員長）に圧力をかけ、そこに示されている制約の数々を排除しようとした。しかし効果はなかった。業を煮やした二人はノーマン・デイヴィスにピットマン委員長と直接交渉させた。ピットマン委員長もそうした制約を外したいと考えていた。ハルも、外交委員会の場で自身の考えを訴え対案を出した。戦時における禁輸対象国を大統領が議会の承認なく決定できる条項があった。[34]

米国務省は、上院内の強い孤立主義勢力がこの法案を阻止するのではないかと危惧した。ハルはルーズベルト大統領にピットマン委員長にさらなる圧力をかけるよう要請した（八月一九日）。ハルには孤立主義者と戦う強い意志があった。しかし、ピットマンの反応は鈍かった。外交委員会から出てきた修正案には、武器禁輸の権限を大統領に与える条項はなかった。上下院で採択された法案が大統領の署名に回されてくると、ハルはいくつかの条文を示し、それがどれほど自身の意に沿わないものであるか大統領に説明した。ハルは拒否権発動を願っていたのかもしれないが、それでも大統領は拒否権を行使せず署名した（八月三一日）。

九月二四日、国家軍需品統制評議会の第一回会合が開かれた。すべての軍需品製造メーカー、輸出・輸入業者は米国務省に届出が義務づけられることになった。輸出には米国務省のライセンスが必要になった。他国で戦いが始まった場合、大統領は自動的に交戦国への禁輸措置をとることになった。大統領の裁量の余地を認めていない自動的措置だった。国民が交戦国の船舶を利用する場合には警告を発し、それでも乗船する場合は自己責任であると規定されていた。また大統領は、交戦国の潜水艦の入港を禁じ、兵員や武器をアメリカの港から交戦国の船舶に運搬することも禁じることができた。[*35]

４　制裁措置をめぐる各国の思惑

前項で説明した中立法は、アメリカが他国の戦争に巻き込まれないための「保険」のようなものだった。こうした「保険」を米国民は望んでいた。この保険の効果が試されるときがすぐにやってきた。一〇月三日、ムッソリーニの軍がエチオピアに侵攻したのである。通常の宣戦布告はなされていなかった。ハルは、各国の反応を報告するようロンドン、パリ、ローマ、そしてアディスアベバの大使らに指示した。

ロンドンのビンガム米国大使は、英国政府はイタリア・エチオピア間には戦争状態はないとの判断であると報告した[36]。ハルは「交戦国の法的権利を勘案した純粋に法律的な判断なのか、それとも国際連盟理事会の決定までの暫定的判断なのか」を確認した[37]。

ロンドンからの回答を待つ間に、スタンレイ・ホーンベック極東部長はフィリップス国務次官に、英外務省および国際連盟事務総長に対してメッセージを出すべきだと建言した。国際連盟が対伊制裁を決めた場合、米国政府に協力を求めるようなことはしてほしくない、という内容であった[38]。

ホーンベックの提案は採用されなかったが、彼は諦めなかった。ヨーロッパ諸国が対伊制裁にアメリカの協力を欲しがってくることは確実で、それに応えることは危険だと考えていた。米国務省内で議論されているときに、ラヴァルとイーデンが対応策を協議しているとの情報がパリから入った。ラヴァルは、対伊経済制裁を考えているらしかった。イーデンは、仮に経済制裁となる場合は、それは時機を失することのない強い制裁でなくてはならない、と答えたようだった[39]。

ヨーロッパ各地の出先機関から次々と情報が米国務省本省に寄せられた。それらはイタリアとエチオピアが交戦状態にあることを示していた。ルーズベルト大統領は、重巡洋艦ヒューストンから、米国政府として伊エ両国が交戦状態にあることを確認する声明を出すべきであろうと、ハルに電信で伝えた[40]（当時大統領は同艦でハワイに向かっていた）。アドバイザーの中には、たとえばヒュー・ウィルソンのように、アクションを起こすのは国際連盟の決定まで待つべきだとの考えがあった。それでもハルは、交戦国への軍需品の禁輸を決め、その旨の声明を出した。同時に、国民に対して交戦国と何らかの取引をしようとする者はすべて自己責任となる、との警告も発した。[41]

この声明は中立法の立場を越える内容でありハルが起草したものだった。イタリアとのあらゆる貿易取引を止めようとする思惑があった。大統領はこのハルの考え方を容認した。ルーズベルトはイタリア船籍の船舶の利用も止めさせたかったが、ハルはそこまでは必要ないと考えた。ルーズベルトは、国民がイタリア船舶を利用すれば不都合な事件が起きると強硬だった。[42]

駐ベルリンのドッド大使からは、ドイツ外務省が事態を深刻に捉えているとの報告が入った。ドイツの対伊制裁については、ドイツはすでに国際連盟のメンバーではなく、ジュネーブでの決定に従うことはなかろう、という見立てであった。ドイツ政府はイタリアとの通常の通商関係の維持を望んでいた。[43]

パリの状況も伝えられてきた。フランスはできるなら対伊制裁は避けたいとの意向だった。左翼的な新聞もそうした意見だった。共産主義系の新聞も、「ムッソリーニ氏の冒険主義で戦争に巻き込まれるのはお断わりだ」と書いていた。主要新聞も、イギリスに制裁措置をとらないように説得すべきである、と主張した。[44]

フランスのメディアの論調をイタリア政府は読みとった。フランスはイギリスを不快にさせるようなことはしない、イギリスの強硬姿勢には同調せずイタリアをサポートする側に回る、他国の干渉はない、したがってエチオピア侵攻を粛々と進める。これがイタリアの結論だった。その過程で有利な妥協をエチオピア政府から引き出せばよい、他国からの軍事干渉はないし、経済制裁についてもそれがあっても打撃を受けるほどではないだろう、と考えたのである。[45]

ジュネーブのヒュー・ウィルソン米公使は、ハル国務長官が伊エ紛争に対するアメリカの態度決定（表明）は性急であってはならないと考えた。拙速に伊エ両国は戦争状態にあると決めつければ、それが国際連盟理事会の決定に影響を及ぼし、結果的に彼らの決定に束縛されると懸念したからである。[*46]

駐ジュネーブのプレンティス・ギルバート米領事は逆の意見であった。彼は英国政府高官と会談した。この人物は、アメリカがアクションを起こす（制裁に加わる）のは早ければ早いほうがよい、という考えであった。「国際連盟がどのようなアクションをとることになっても、伊エ紛争の今後がどうなるかは不透明だ。はっきりしているのは国際連盟が紛争に積極的に関与するという事実である。ただ、われわれが時を失せずに態度を鮮明にして積極的に動けば、伊エ間が戦争状態にあることを明らかにするだけでなく、イギリスの国際的立場を強化することもできる」と述べていた。[*47]

イギリスは、アメリカの判断についてはハル国務長官の意向が大きく関わってくると考えていた。一〇月五日、ハルはジェイムズ・C・ダン（国務次官補）にロンドンの米国大使館にコンタクト（電話）させ、英外務省の考えを探った。大使館の見立ては、英外務省はジュネーブ（国際連盟）がすぐに結論（対伊制裁）を出すことはないだろうが最終的には何らかの制裁措置になるだろう、というものだった。伊エ間は（国際連盟の定義する）戦争状態にあるか否かの判断については、イギリスはまだ結論を出していないようであった。[*48]

一方でイギリス陸海軍は独自に仏軍幹部と協議を続けていた。国際連盟制裁が発動された場合にイタリアによるフランス攻撃の可能性があったからだった。意見の大勢は、国際連盟が経済制裁を発動すれば、結局は軍事衝突になるというものだった。[*49]

イギリス軍関係者は、制裁を科すことになる第三国（実態はイタリア）がイギリスを攻撃した場合のフランスの態度を確認している。フランス（軍関係者）の答えは、次の三つの条件が満たされればフランスは英国側に立って参戦するというものであった。

一、参戦には相互義務があるとイギリスも考えていること。つまりフランスが攻撃された場合にはイギリスは仏側に立って参戦することが保証されていること。

二、軍事行動以前に両国間で十分な事前協議が行なわれるべきこと。

三、侵略国（制裁対象国）が国際連盟の加盟国か否かにかかわらず両国は協力する。[*50]

5　国際連盟、イタリアを「侵略国」に認定

英仏軍関係者は協議を続けながらイタリア・エチオピア紛争の成り行きを見守った。国際連盟は苦しい判断を迫られていた。ジュネーブのアンソニー・イーデン英外相は対伊強硬論の主張を変えていなかった。彼の強硬姿勢には英国内の諸勢力の支持があった。

ヨークおよびカンタベリーの大主教[*51]は、イギリスは国際連盟の決定を遵守しなくてはならない、それは道義的責任であると主張していた。[*52]Ｆ・Ｒ・バリー司祭によるウェストミンスター寺院での説教も同じようなものだった。イギリスは、ヨーロッパの混乱時にあって国際連盟をサポートしなくてはならない、そうしなければイギリスの安全が脅かされることになる、と訴えていた。[*53]

結局、国際連盟はイタリアが侵略国であると認定することになるのだが、イーデンのもとにはヨークの大主教を筆頭にしてイギリス国教会の幹部から国際連盟の決定を支持するとのメッセージが

届いた。国際連盟規約を遵守するすべての行動に対して国教会は支援すると伝えたのである。[*54]

労働組合会議〔イギリス労働組合の連合組織〕も国際連盟への忠誠（協力）を声高に主張した。彼らの支援する労働党大会が九月三〇日から始まると、対伊経済制裁の要求の声が上がった。[*55] イギリス世論は、たとえ対イタリア戦争となる危険があっても国際連盟の決定を支援すべきだというものだった。

フランスの空気は慎重だった。フランスは北部国境でドイツの脅威を感じていた。それだけにラヴァル外相はムッソリーニとの友好関係を維持したかった。「火の十字団」「王党派（行動隊）」「フランスの団結」といった右派グループは、イタリアとの友好関係の維持を強く主張していたが、左派系のグループも同様の動きをみせた。いずれにせよフランスにはイタリアとの戦いを望む空気はなかった。

イギリスの理想主義（国際連盟を利用した集団安全保障）に対して、フランスは悲観的な態度であった。イギリスが突然そのような方向に舵を切ったのは、その帝国主義的利権の確保に都合がよいと考えているのではないかと疑った。国際連盟への期待はナイーブにすぎると感じていた。フランスは、自国の利益になると思えば突然、国際連盟支持に態度を変えるような国を信用できないと感じたのである。イギリスはこれまで国際連盟とは一定の距離を保っていた。ベルサイユ条約によるドイツへの制約を蔑ろにしてドイツの拡張を許した。そうでありながら今度は国際連盟規約に忠実であれと主張する。フランスはこうしたイギリスの態度が信用できなかった。[*56]

フランスは対伊制裁に消極的な態度をみせ続けたが、国際連盟の何としてでもイタリアのエチオピア侵出をさせないという動きを変えさせることはできなかった。一〇月五日、国際連盟理事会がジュネーブで開かれた。六カ国委員会を設置し、意見書を七日午後までに提出させることを決めた。

七日の理事会で委員会から、「ここに述べた諸事実に鑑み、（六カ国）委員会はイタリアは（紛争解決にあたって）武力を行使したと判断される。これは国際連盟規約第一二条に違反する」という報告があった。理事会はこれを了承しイタリアを侵略国と認定すると、具体的な対応については一〇月九日の総会に委ねた。[*57]

総会が理事会の考えに追随することは明らかであり、ジュネーブでは対伊制裁は確実という空気が広がった。一〇月八日、ヒュー・ウィルソン米公使はフランス外務省の経済専門家ロベール・クロンドルと意見交換している。クロンドルは、禁輸品目に銅と石油が含まれることになる場合のアメリカの考えを質した。ウィルソンの意見はこの二品目は「戦略物資」ではあるが、アメリカの中立法では禁輸品目にならないというものだった。

そうなると国際連盟の制裁の効果は、アメリカの協力しだいになるとクロンドルは判断した。さらにウィルソンは、アメリカが国際連盟の決定に歩調を合わせることはきわめて難しいだろうとの意見を述べた。落胆したクロンドルは「そうなると英仏両国の関係は強力な協商に変化していくことになろう」と述べた。[*58]

ロンドンでは、サミュエル・ホーア卿が英仏協商についてビンガム米国大使と協議していた。イギリスはフランスが前向きか否か判断できていなかった。ホーア卿は、フランスが現実に軍事行動や海上封鎖に加わるかは疑わしいが、イギリスがそうした行動に出た場合には支持する側に回るとの見通しをもっていた。彼は対伊経済制裁に期待していた。イタリアからの輸入品のボイコットは効果を発揮し、紛争も数カ月でケリがつくだろう、との考えだった。[*59]

伊エ紛争がヨーロッパの全面戦争になる可能性はムッソリーニ自身の言葉が否定した。彼はパリのソワール紙の編集者に、イギリスの理解を求めたいと語ったのである。

「われわれの行動をイギリスは理解していないが馬鹿げたことだ。伊英両国が衝突することなど考えられない。エチオピアとの紛争で直接的にも間接的にも、われわれはイギリスのいかなる権益も侵すつもりはない」[*60]

ムッソリーニは協調的姿勢をみせたものの、国際連盟は強硬姿勢を変えなかった。一〇月一一日、国際連盟総会は理事会の七日の決定を承認し、イタリアは国際連盟規約第一二条に違反して戦争行為をエチオピアに対して実行した、と認定した。具体的な対伊制裁を検討する委員会の設置も決めた。[*61]

ロング駐伊米国大使は、イタリアでは国際連盟の決定に反発する空気に満ちていると報告した。国際連盟のやり方は、文明国で行なわれている裁判の手続きなしで決定されたようなものであり、イタリアは一方的に断罪されたのだと反発した。[*62] イタリアの激しい反英感情をみたロング大使は、突発的な事件が発生する可能性に米国務省は十分に注意しておくべきだと警告した。そうなった場合、イタリアの軍事力を侮ることは危険だった。イタリアとそれなりの友好関係を保つことは、アメリカにとって重要であると考えたのである。[*63]

6 国際連盟と距離を置くハル国務長官

米国務省はイタリア・エチオピア紛争がもたらす影響については十分に承知していた。一〇月九日、ハルはジュネーブのヒュー・ウィルソン公使に電信を送り、アメリカは和平維持のためにあらゆる手を打つと国際連盟に伝えるよう指示した。アメリカのこれまでの方針に沿うものであり、また国際連盟の決定とは独立したものであるとも伝えさせた。[*64]

ハルの指示を受けたウィルソンはアンソニー・イーデンと会談した。イーデンは、イギリスはアメリカをがっかりさせるようなことはしないと約束した。そのうえで、国際連盟がアメリカに制裁に加わるよう要請することは良策ではないかもしれないと述べた。ウィルソンはラヴァルとも協議したが、彼はその案件が国際連盟でもちあがった場合はフランスは反対に回るとウィルソンに約束した。[*65] イーデンは、ケロッグ・ブリアン条約にもとづくさらなる制裁がイタリアに科される可能性に言及し、そうした措置がとられないよう調整したいと伝えた。イーデンは、自身が考える伊エ紛争をすぐに終結させる制裁案をウィルソンに披瀝した。

イーデンはすでに武力制裁も念頭に置きながら話していたが、ラヴァルは慎重だった。イタリアを説得して妥協させる方法がある、軍事制裁を回避できるやり方があると考えていた。ラヴァルがこのように考えたのは、ムッソリーニは要求がすべて満たされなくても妥協する可能性があるとの情報を得ていたからであった。[*66]

しかしローマから発信されるムッソリーニの要求は強硬であった。イタリア国内ではこの案件は国家存続に関わる重大問題であるとまでヒートアップしていた。ムッソリーニの失脚を望んでいたような人物まで彼を支持しかねない状況であった。[*67]

ジュネーブの国際連盟の場では、イギリスが効果のある制裁を主張し続けた。イギリスの態度は同国の選挙が終わるまでは変わらず、イギリスの主張はエスカレートすることはあっても鎮静化しないだろうと予想された[68]。

イギリスの強硬姿勢は、サミュエル・ホーア卿とビンガム米国大使との間で交わされた会話がよく示していた。ホーア外相は、イタリアには国際社会の不快感をしっかりと認識させたい、同国の対エチオピア政策はアグレッシブにすぎる、ケロッグ・ブリアン条約の調印国はこれを牽制することができる、と主張した。「国際連盟にそうした行動をとらせることができるが、米国世論の反発が心配だ。それを和らげるには調印国間で議論をさらに重ねることだ。もう一つのやり方は、アメリカ大統領にイニシアティブをとってもらい対イタリア外交の方針を決めることだ」。これがホーアの考えだった[69]。

こうしてアメリカにイニシアティブをとってほしいとするイギリスの意向がルーズベルトに伝わった。ルーズベルトはそのとき海上にいて、クルーズを楽しんでいた〔ルーズベルトは重巡洋艦ヒューストン艦上にいて、パナマの太平洋側にあるパール諸島に向かっていた〕。ケロッグ・ブリアン条約の写しをもっていなかったため、同条約調印国が、条約に違反する国に対して形式的で暫定的な抗議をする以上の何ができるか明確にはわからなかった[70]。その確認を指示されたハル国務長官は、同条約には積極的なアクションを可能とする規定はないと電信で回答した。

しかし、スティムソンを含む歴代の国務長官の意見は、同条約は調印国がそうした措置を協議すること、あるいはその協議を求めることは認めていると解釈できるというものだった。したがって全調印国をまとめあげて、紛争当事国に条約に規定された法的責任に沿って行動すること、さらなる敵対行動を停止することを求めることができる、と説明した[71]。

ルーズベルトはその方向で交渉することを了承した。ハルはロンドンのビンガム大使に指示を出した。すべてのケロッグ・ブリアン条約調印国に対して、その責任を全うするよう呼びかける。米国務省は伊エ紛争についてはすでにそのような態度をとっていると説明せよとの指令だった。しかし、調印国の協議は伊エ間での軍事衝突になる前に実施されなくてはならなかった。衝突が起きてしまっている以上その時機を逸していた。そのためハルは、イタリアが応じるかは疑わしいともビンガム大使に伝えていた。[*72]

ハルは調印国の協議決定前であっても、対伊経済制裁を実現させる動きをみせた。一〇月一〇日の記者会見で、ハルは大統領の民間企業への警告（交戦国との交易は自己責任で行なうべき）についてどう考えるかとの質問を受けた。「大統領が何を意図して警告しているかは誰にでもわかる」。これがハルの答えだった。たしかに法的には民間企業が交戦国との貿易を続けることを止められない。しかしそうすることはイタリアへの制裁効果を減衰させる、との考えであった。[*73]

ルーズベルトはハルの物言いは穏やかにすぎると考えた。ルーズベルトは、すべての銅や鉄製品の対伊輸出を止めさせられないか検討させた。リストアップされた禁輸品目には当然に軍需品も含まれていた。ハルは、米国務省顧問と協議のうえ、（国内法である）中立法には、そうしたことを大統領が実行できるとする規定はないと回答した。

これを受けてルーズベルトは、紛争当事国の船舶を利用させない方法はないか、あるいは交易を続ける企業・個人の名を公表できないかと問うている。ハルはダニエル・ローパー商務長官と協議した。そのうえで公表については好ましくない、対伊制裁については焦らずに時間をかけたやり方が好ましい、そうすればイタリアと交易する企業やイタリアに旅したいと思っている国民からの反発を回避できる、との考えを示した。[*74]

7　イタリアの発信を妨害するイギリス

米国政府の対イタリア制裁は、イギリスがイタリアの「言論の自由」を封じようとしたことで一時頓挫した。一〇月一二日、コロンビア・ブロードキャスティング社が、ジュネーブでのイタリア代表アロイージ男爵の発言を、そのケーブルを使ってニューヨークに配信することを拒否したのである。これはマドリード国際電信協約（一九三二年調印）第二六条に違反するものだった。同条項では、調印国政府が配信を停止する場合ベルンの事務局にそのことをまず通知する義務があった。英国政府はそれをしていなかった。米国務省のフランシス・C・ド・ウルフはイギリスのやり方はいささか強引であると批判した。このやり方をみたフランスが、パリとニューヨークを結ぶ独自の回線をもたなくてはならないと感じたのも無理からぬことであった。[*75]

ワシントン議会通信委員会のアーヴィング・スチュワート博士は事態を深刻に受けとり、明らかな第二六条違反だと断定した。そのうえで委員会はハル国務長官に対して、イギリスに注意を喚起するよう求めるべきだと主張した。

たちまち、このような議論は公にしないようにとの圧力がスチュワートにかかった。デリケートな外交問題であるという理由だった。イギリスの行動規範は条約規定から外れていてもかまわないとする政府の意思を博士は感じた。そのためスチュワート博士は、委員会が米国務省に対して抗議することがないように努力すると約束した。[*76] 委員会のイギリスのやり方への危惧はこうして隠されたのである。

8　イギリスとの共同歩調を拒否するアメリカ

スチュワート博士の意見は委員会が隠し通した。それでも米国務省の専門家は対伊制裁についての扱いに苦慮していた。彼らは国際連盟の規約は制裁を加盟国の義務としていないことを理解していた。制裁の実行は個々の加盟国自身が決定することになっていたのである。加盟国は、国際連盟での賛否の決定投票でその態度を明確にした時点で、制裁を実行する義務が生じた。[*77]

国際連盟理事会は、イタリア、オーストリア、ハンガリー、アルバニアを除き、イタリアを侵略国と認定することを決めた。一〇月一〇日の総会では、問責決議があったがイタリアは反対し、オーストリアとハンガリーは棄権した。したがって国際連盟の空気は、イタリアの行動を牽制するという方向でまとまっていたことは確かである。

ヨーロッパ諸国は、もはや国際連盟メンバーではないドイツの対応が最も気がかりだった。ドッド米駐独大使は「ドイツは国際連盟の動きとは関係ない状況であるが、ドイツがもうすぐその態度を明らかにするであろうとフランスはみている。この点についてはわが国の見方と同じである」[*78]と述べていることからも明らかだった。

一〇月一五日、ヘンリー・モーゲンソー（米財務長官）はラヴァルと話したが、ラヴァル仏首相は何とかイタリア・エチオピア紛争を制裁なしで解決させたいとの希望をもち続けていることがわかった。フランスは国際連盟が軍事的制裁あるいは禁輸という措置を決定しても、それに黙従する意思はなかった。

ラヴァルは何としてもイタリアと妥協の道を探りたかった。彼は国際連盟があまりに強硬に出ることでムッソリーニ政権が倒れることを心配していた。そうなれば、イタリアには共産党政権ができる可能性さえあり、そうした事態はヨーロッパ諸国にとって決して容認できない。これがラヴァルの考えであった。[*79]

現実は、イタリアでムッソリーニ政権が倒れることは考えにくかった。ラヴァルの懸念とは逆に、イタリア国民は国際連盟の制裁決定に反発し、ムッソリーニ政権への支持を高めていた。国際連盟が宥和的態度をとった場合よりもむしろイタリア国民の結束を強めてしまった。イタリアはイギリスの邪悪な意思を感じとっていた。イギリスの狙いは、イタリアの力を永遠に削ぐことである、そのためには戦争も辞さないと考えている。このようにイタリアは感じたのである。[*80]

ムッソリーニは、アメリカのアレン前上院議員（カンザス州）と会談していた〔ヘンリー・アレン前上院議員は、ムッソリーニの経済運営を評価していた政治家、共和党〕。その中で、「イギリスはわが国を刺激し戦争をしかけたいと考えている」と述べていた。[*81]

このころグランディ伊外相とネヴィル・チェンバレン〔当時は財務相。保守党〕との会談の内容も伝わってきた。チェンバレンは「伊エ紛争の問題は、国際連盟を支持するか否かということではもはやなく、イギリスの威信をいかに保持するかの問題に変質した」と語っていた。[*82]

イタリアはイギリスが戦争も辞さずと強気であると読んだが、イギリスの本音は軍事衝突回避にあった。経済制裁だけでイタリアを屈服させられないかと望んでいた。一〇月一五日、アメリカの新聞は国際連盟の対伊制裁の全容を報道した。イタリアへは対政府・対個人を問わず一切の信用供与を禁ずる、銀行取引にも制限をかけるという内容だった。米国務省顧問のハーバート・フェイスは、この決定はドラスティックにすぎると懸念した。[*83]

イギリスは国際連盟の経済制裁では戦争になると考えた。それでもジュネーブ駐在の代表には（表向きは）この決定に沿った方針で動くように指示した。[*84] イタリア政府は、イギリスの姿勢がアメリカの外交方針に影響を与えては困ると考えた。

一〇月一六日、イタリア駐米大使はフィリップス国務次官に会った。大使は、ＦＲＢ（連邦準備銀行）がニューヨーク市の大手銀行に対してイタリア系銀行、金融機関への信用供与や取引状況について報告を求めていることに抗議した。この行為は、米国政府がイタリアとの貿易を制限しようとする前触れであり、国際連盟の動きにアメリカは同調しないことはわかっているが、米国務省の動きはジュネーブでの国際連盟の態度に連動しているように思えると苦情を呈した。対伊制裁について英国政府は米国政府と緊密な連絡をとっているのではないかとまで疑っていた。フィリップス次官は「いかなる外国政府も国際連盟の制裁案件で米国政府に働きかけをしていない」と否定した。[*85]

フィリップス次官は明らかに嘘を言っていた。この会話がなされたまさにその日、アンソニー・イーデンはジュネーブのヒュー・ウィルソン米公使と極秘に会談していたのである。国際連盟の主要メンバーであるイギリスが、非加盟国のアメリカと国際連盟の方針について打ち合わせをすることの是非があらためて問われた。

ウィルソンは、国際連盟のメンバーでない国が伊エ紛争に関わるアクションをとったり声明を出す場合は、目立った動きになってはならない、（目立つ）公的な会談の結果などという形は好ましくないとの意見だった。イーデンはその意見には耳を傾けず、とにかくフランスとアメリカが積極的にケロッグ・ブリアン条約による制裁発動にイニシアティブを発揮してほしいと言うばかりだった。ドイツが対伊制裁に加わることになれば制裁の効果はさらに増すだろうとも付言した。[86]

ハルはイーデンに冷ややかだった。一〇月一七日、ジュネーブのプレンティス・ギルバート米領事を通じて、アメリカはあくまで独自の考えにもとづいて判断し、共同歩調はとらない、他国あるいは国際組織とは距離を置いて行動する、と伝えさせた。[87] ウィルソン公使は、アンソニー・イーデンにすぐに会った。イーデンは、ハルの懸念を十分に理解している、国際連盟との協議の内容はかならずアメリカに伝える、アメリカが面子《メンツ》を潰されるようなことはしないと約束した。また英仏の関係はぎくしゃくしていることを認めた。イーデンは、フランス政府から、フランス世論のイギリスに対する反発はファショダ事件〔一八九八年、アフリカの植民地化をめぐって英仏が対立した。両国がスーダンのファショダ村付近で衝突した事件〕以来の悪化ぶりである、と聞かされた。イギリスのフランスに対する反発も顕著で、フランスはぐずぐずしてアクションを起こさない、との意見が大勢となっていた。[88]

イーデンは、国際連盟との協議内容を文書にしてワシントンに送りコメントを求めた。一〇月二六日、ハルはそれに返書し、アメリカは独自の判断で伊エ紛争に対処すると答えた。共同で平和的解決をめざす国際連盟の動きには理解を示すものの、共同歩調はとらないことをあらためて伝えた。ただ、いつでも世界平和維持のための倫理的影響力は発揮すると約束した。[89]

9　アメリカとの関係維持をはかるイタリア

フランスの新聞（たとえばル・ジュール紙）はハルの方針に落胆した。ジャーナリストのバイユビーは、「アメリカが倫理的影響力を発揮するという物言いは、何もする気がないという意味だ。このままであれば（国際連盟が制裁しても）ドイツやオーストリアを通じた交易が可能であり、制裁参加国が不利益を被ることになる」と批判した。[*90]

メディアの批判はあったものの、ラヴァル仏首相はストラウス米駐仏大使に、アメリカの方針に満足していると伝えた。ラヴァルは、北緯八度以南のエチオピア領においてもイタリアに何らかの特権的立場を認めなければ和平は保てないとの意見だった。エリトリアと隣接するエチオピア領土もイタリアに認める必要があると考えていた。ただ対伊制裁についてはただちに実施し、それは経済制裁に限定すべきだとしていた。とにかくムッソリーニ政権が倒れるようなことがあってはならなかった。そうなってしまえば共産主義の拡散を許してしまうからだった。[*91]

イタリアは、ハルの外交姿勢はワシントン議会の中立方針に沿うものだと理解した。イタリアでは親米世論が大勢であった。[*92] この空気を、アイザック・マルコッソン〔アメリカの著名なジャーナリスト〕は感じていた。彼は効果的な経済制裁は見込めない、制裁にオーストリアとハンガリーが反対していることからも明らかだ、と論じた。また「ドイツも商売を継続するだろうし、ソビエトも（国際連盟への協力姿勢とは裏腹に）イタリアが必要とする石油、銑鉄、マンガンを供給するだろう」と書いた。[*93]

イタリアはアメリカの理解を得たからには経済制裁には効果がないと楽観視していた。しかし、一〇月三〇日に出されたルーズベルトとハルの声明に驚いた。戦争状態にある国との交易は自己責任であると、米国民への警告を繰り返したのである。ルーズベルトは、戦時の交易は儲けが大きいがアメリカのビジネスマンがそのような商行為に走らないことを望むと述べた。ハル国務長官も、そうした取引は短期的なもので危険をともなうと警告した。[*94]

この声明を歓迎しない国もあった。日本の駐伊大使（杉村陽太郎）はロング米国大使に、日本は対伊制裁を支持しない、国際連盟からの意見照会にも回答しないと伝えた。[*95] スペイン政府はその態度を曖昧にした。[*96] ポーランド政府は、フィリップス国務次官に対して、拙速な対伊制裁には反対の立場を伝えた。[*97] 対伊制裁はあちこちに「穴」が開いた。

在外の米国外交官の目には、イギリスが進めようとする対伊制裁には他国の支持が集まっていないと映っていた。どの国も制裁によって戦争に巻き込まれることを嫌っていた。イギリスの強引な外交を嫌う者も多かった。ロング駐伊大使は、イタリアのエチオピア侵攻はケロッグ・ブリアン条約違反であると主張したが、一方でそれに対抗してイギリスが海軍を動員してイタリアを脅している行為も違反であり国際連盟規約を破るものだった。軍事力を紛争解決に用いないとするケロッグ・ブリアン条約をイギリスも破っていた。[*98]

ロング大使はイタリア非難が難しくなった。イタリア政府は相変わらずロング大使に丁寧に接したこともあり、大使はイタリアのケロッグ・ブリアン条約違反への言い訳を理解せざるをえなくなった。こんな中でも、一〇月一一日、イタリア政府への国際連盟の制裁が決まった。国際連盟は一一月一八日をもって制裁が始まると通告した。イタリアには大きな衝撃だった。アメリカも、銀行の信用供与に制限をかけていたし、紛争国との交易を止めさせようとしていただけに、対エチオピア戦争遂行の障害になることは明らかだった。イタリア政府は国民感情が反米に向かわないよう留意した。イタリアは米国政府の方針に不満たらたらであったことは間違いなかったが、制裁の効果を低めに予想し、とにかく親米的態度を変えなかった。アメリカとの友好関係は対エチオピア戦争があっても崩れない、アメリカは伝統的友好国であるとの意識を維持した。ロング大使は、イタリアの反応や各国の態度を勘案し、米国政府はあくまで中立を保ち紛争に介入しないこと、事態の推移を見守りながら超然とした態度をとるべきだと本省に意見した。[*99]

10　イタリアへの圧力を強める米国務省

ロング大使の意見を、ルーズベルトとハルのコンビは容れなかった。米英両国の間に「協商的」協力関係はないとフィリップス国務次官は否定していたが、現実には阿吽《あうん》の呼吸のように機能していた。米国務省は経済制裁の影響を検討し、イタリアへの禁輸品目リストから、必需原料や商品は除外されてはならないと結論づけた。禁輸品目を軍事品に限定するだけではイタリアの軍事行動を抑制できない、したがって大胆な措置が必要であるとした。

一一月一五日、ハル国務長官は国際連盟の対伊経済制裁に全面的に強力する旨の声明を発表した。

「石油、銅、トラック、トラクター、くず鉄などが必需品であることはわかる。しかしそれらはかならずしも軍需品と分類はできない。最近の貿易統計調査によれば、こうした品目の対伊輸出が増加し、実際に戦争に使われている。これではわが国の行動は先に大統領と国務長官が示した方針に反することになる。中立法にも反する[*100]」

この声明は、国際連盟制裁にアメリカが参加することを意味した。大統領も国務長官もエチオピアに侵攻するイタリア軍に対して軍事行動を起こす権限はない。しかし中立法の適用はできた。それによってムッソリーニを抑えることを期待した。アメリカの措置はいくつかの点で国際連盟の動きに先んじていた。声明の出た一一月一五日には国際連盟の制裁はまだ始まっていなかった。制裁の開始はこの三日後となっていた。

アメリカの禁輸品目には石油が含まれていた。国際連盟は石油の禁輸までは考えていなかった。ハルの出したイタリアへの警告の文言は国際連盟のそれよりも強い調子だった。国際連盟の動きを生ぬるいと感じている者にとっては喜ばしい内容だった。しかし国際関係をリアリストの目でみる者は、アメリカのやり方は武力衝突になる危険なものに感じられた。

その危惧は当たった。軍事衝突を惹起させる経済制裁の危険性は真珠湾攻撃となって現実となった。

＊原注

＊1　*Fortune*, March 1934, pp. 52-57, 113-126.

＊2　*Congressional Record*, 73 Cong., 2 sess., 2192, 4323, 6688, 7154.

＊3　Hull, *Memoirs*, I, p. 398.

＊4　同右、p. 400.

＊5　*Hearings Before the Special Senate Committee on the Investigation of the Munitions Industry*, 73 Cong., 2 sess., pts. 1-17. あるいは William T. Stone, The Munitions Industry, Foreign Policy Association Reports, No. 20, 1935. あるいは H. C. Engelbrecht, *One Hell of a Business*, New York, 1934.

＊6　Hull, *Memoirs*, I, p. 380.

＊7　同右、pp. 400-402.

＊8　連邦通商委員会が、戦時における利益と費用の分析結果をいくつかの企業に対して行ない、その結果を報告した（一九二四年六月二五日）。以下がその報告の一部である。

【企業名】	【年】	【利益増加率（対前年）】
ベスレヘム・スチール	一九一七	四三%
ジョーンズ・ラフリンスチール	同年	四七%
コルト・パテント銃器	同年	六四%
サヴェージ兵器	同年	六五%

明らかに利益率が大きく上昇していた。リチャード・ルーイソンの分析の中に次のような一節がある（Richard Lewisohn, *The Profits of War*, New York, 1937, pp. 153-154.）。

「ケネコット社はグッゲンハイム・グループ会社であるが、一九一七年には投資額の七〇パーセントを回収していた。ユタコッパー社は二〇〇パーセント、カルメットヘクラ・コッパー鉱山社は、なんと八〇〇パーセントもあった」

これについてはワシントン・イブニング・スター紙（一九三五年一二月一四日付）の報道にも詳しい。

＊9　Edwin Borchard, "The Multilateral Treaty for the Renunciation of War," *American Journal of International Law*, XXIII (1929), pp. 116-120. あるいは Philip M. Brown, "The Interpretation of the General Pact for the Renunciation of War," 同右、pp. 374-379.

＊10　Borchard and Lage, *Neutrality for the United States*, pp. 292-293.

＊11　George Wickersham, "The Pact of Paris: A Gesture or a Pledge?," *Foreign Affairs*, VII, 1929, p. 356 ff.

＊12　*The General Pact for the Renunciation of War*, pp. 37, 67.

＊13　Frank H. Simonds, "America's Second Peace Adventure," *American Review of Reviews*, LXXVIII (1928), p. 267. あるいは Oscar T. Crosby, "The Paris Pact," *Advocate of Peace*, XC (1928), p. 693.

＊14　*New York Times*, March 25, 1928.

この記事の数カ月後、ボーラ議員は自身のこのときとは異なる発言をしている。一九二九年一月三日、彼は上院で次のように語った。

「もしある国がケロッグ・ブリアン条約を破った場合どうするか。わが国は制裁に加わる義務があるのか、そうした義務は条約に明確に書かれているのか。あるいは行間にそうした含意があるのか。私の答えは『否』である」(*Congressional Record,* 70 Cong., 2 sess., LXX, January 3, 1929, p. 1065.)

*15 Secretary Kellogg to Senator Borah, July 16, 1928. *Personal and Confidential,* Borah Papers, Library of Congress.

*16 Senator Borah to Secretary Kellogg, July 22, 1928. 同右。

*17 Secretary Kellogg to Senator Borah, July 26, 1928. 同右。

*18 Secretary Kellogg to Senator Borah, July 27, 1928. 同右。

*19 Secretary Kellogg to Senator Borah, August 10, 1928. 同右。

*20 Edwin M. Borchard to Senator Borah, December 27, 1929. 同右。

*21 *Congressional Record,* 70 Cong., 2 sess., February 11, 1929, p. 3198.

*22 *Proceedings of the American Society of International Law,* 1925, p. 133.

*23 "The Implication of Consultation in the Pact of Paris," *American Journal of International Law,* XXVI (1932), pp. 787-789.

*24 David Hunter Miller, *The Peace Pact of Paris,* New York, 1928, pp. 130-131.

*25 Henry L. Stimson, "The Pact of Paris: Three Years of Development," Department of State, Publication No. 357, Washington, 1932, pp. 11-12.

*26 Department of State, *Press Release,* May 22, 1933.

*27 "An Appeal to Reason," *Foreign Affairs,* XI (1933), pp. 571-573.

*28 Stimson and Bundy, *On Active Service in War and Peace,* p. 214.

*29 *Congressional Record,* 72 Cong., 2 sess., January 10, 1933, pp. 1448, 1546.

*30 *Congressional Record,* 72 Cong., 2 sess., pp. 2134-2135.

*31 *New York Times,* February 16, 1933.

*32 ムーア判事は、大統領に権限を委譲しすぎている議決案に強く反対した。

「検討されている議決案はわが国の国益を損なう、そのうえ憲法違反でもある。もしこの案が採択されてしまえば、第一に上院の考えを考慮しなくてもあるいは同意を得なくても大統領自身の判断で国際問題に関与することが可能になる。第二に、わが国が戦争する場合議会の承認を必要とするが、それなしで（大統領の判断だけで）戦争ができることになる」（House Report No. 22, 73 Cong., 1 sess., pt. 2, pp. 5-9.）

＊33 Hull, *Memoirs*, p. 406.

＊34 同右、pp. 410-411.

＊35 Borchard and Lage, *Neutrality for the United States*, p. 315.

＊36 Ambassador Bingham to Secretary Hull, London, October 4, 1935. MS, Department of State.

＊37 Secretary Hull to Ambassador Bingham, October 4, 1935. MS, Department of State.

＊38 Stanley K. Hornbeck to Mr. Phillips, October 4, 1935. MS, Department of State.

＊39 Theodore Marriner to Secretary Hull, Paris, October 4, 1935. MS, Department of State.

＊40 President Roosevelt to Secretary Hull, October 4, 1935. MS, Department of State.

＊41 Department of State, *Press Release*, October 5, 1935, pp. 251-255.

＊42 Hull, *Memoirs*, pp. 430-431.

＊43 Ambassador Dodd to Secretary Hull, Berlin, October 5, 1935. MS, Department of State.

＊44 Theodore Marriner to Secretary Hull, Paris, October 5, 1935. MS, Department of State.

＊45 Ambassador Long to Secretary Hull, Rome, October 5, 1935 MS, Department of State.

＊46 Hugh Wilson to Secretary Hull, Geneva, October 5, 1935. *Strictly Confidential*, MS, Department of State.

＊47 Prentiss Gilbert to Secretary Hull, Geneva, October 5, 1935. MS, Department of State.

＊48 Memorandum by James C. Dunn, October 5, 1935. MS, Department of State.

＊49 Prentiss Gilbert to Secretary Hull, Geneva, October 6, 1935. MS, Department of State.

＊50 London *Times*, October 8, 1935.

＊51 同右、August 20, 1935.

＊52　同右、August 28, 1935.
＊53　同右、August 26, 1935.
＊54　同右、October 10, 1935.
＊55　同右、*Survey of International Affairs, 1935,* pp. 61–63.
＊56　P. Vaucher and P. H. Siriex, *L'Opinion Britannique, la Société des Nations et la Guerre Italo-Ethiopienne,* Paris, 1936, pp. 8, 23, 91.
＊57　*League of Nations Official Journal,* November 1935, p. 1223.
＊58　Hugh Wilson to Secretary Hull, Geneva, October 8, 1935. *Strictly Confidential,* MS, Department of State.
＊59　Ambassador Bingham to Secretary Hull, London, October 8, 1935. *Strictly Confidential,* MS, Department of State.
＊60　Ambassador Long to Secretary Hull, Rome, October 8, 1935. MS, Department of State.
＊61　*League of Nations Official Journal,* League Assembly, pp. 255–267.
＊62　Ambassador Long to Secretary Hull, Rome, October 9, 1935. MS, Department of State.
＊63　Ambassador Long to Secretary Hull, Rome, October 9, 1935. *Strictly Confidential,* MS, Department of State.
＊64　Secretary Hull to Ambassador Wilson, October 9, 1935. MS, Department of State.
＊65　Ambassador Wilson to Secretary Hull, Geneva, October 10, 1935. MS, Department of State.
＊66　Ambassador Wilson to Secretary Hull, Geneva, October 10, 1935. MS, Department of State.
＊67　Ambassador Long to Secretary Hull, Rome, October 10, 1935. MS, Department of State.
＊68　Ambassador Bingham to Secretary Hull, London, October 10–11, 1935. MS, Department of State.
＊69　Ambassador Bingham to Secretary Hull, London, October 11, 1935. *Confidential for the Secretary,* MS, Department of State.
＊70　President Roosevelt to Secretary Hull, October 13, 1935. MS, Department of State.

＊71 Secretary Hull to President Roosevelt, October 13, 1935. MS, Department of State.

＊72 Secretary Hull to Ambassador Bingham, October 14, 1935. MS, Department of State.

＊73 Department of State, *Press Release,* October 12, 1935, pp. 303–304.

＊74 Hull, *Memoirs,* pp. 432–433.

＊75 Memorandum of Francis Colt de Wolf on the "Censorship by British of Baron Aloisi's Speech," October 12, 1935. MS, Department of State.

＊76 Memorandum concerning conversation with Dr. Irving Stewart, October 15, 1935. MS, Department of State.

＊77 Memorandum dealing with the League mechanism concerning sanctions, October I5, 1935. MS, Department of State.

＊78 Ambassador Dodd to Secretary Hull, Berlin, October 14, 1935. MS, Department of State.

＊79 Memorandum of a conversation between Pierre Laval and Mr. Henry Morgenthau, Jr., Secretary of the Treasury, October 15, 1935. MS, Department of State.

＊80 Ambassador Long to Secretary Hull, Rome, October 17, 1935. MS, Department of State.

＊81 Ambassador Long to Secretary Hull, Rome, October 16, 1935. MS, Department of State.

＊82 Ambassador Long to Secretary Hull, Rome, October 16, 1935. MS. Department of State.

＊83 Memorandum by Herbert Feis on the League of Nations financial sanctions against Italy, October 16, 1935. MS, Department of State.

＊84 Ambassador Wilson to Secretary Hull, Geneva, October 15, 1935. MS, Department of State.

＊85 Memorandum of a conversation between Mr. Phillips and the Italian Ambassador, October 16, 1935. MS, Department of State.

＊86 Ambassador Wilson to Secretary Hull, Geneva, October 17, 1935. MS, Department of State.

＊87 Secretary Hull to Prentiss Gilbert, October 17, 1935. MS, Department of State.

＊88 Ambassador Wilson to Secretary Hull, Geneva, October 18, 1935. MS, Department of State.

＊89 Statement of Secretary Hull, October 26, 1935, Department of State, *Press Release,* November 2, 1935, pp. 336–337.

＊90 Ambassador Straus to Secretary Hull, Paris, October 28, 1935. MS, Department of State.

＊91 Ambassador Straus to Secretary Hull, Paris, October 29, 1935. *Confidential file,* MS, Department of State.

＊92 Ambassador Long to Secretary Hull, Rome, October 29, 1935. MS, Department of State.

＊93 *New York Herald-Tribune,* (Paris edition), October 18, 1935.

＊94 Department of State, *Press Release,* November 2, 1935, pp. 338–339.

＊95 Ambassador Long to Secretary Hull, Rome, October 29, 1935. MS, Department of State.

＊96 Ambassador Long to Secretary Hull, Rome, October 30, 1935. MS, Department of State.

＊97 Acting Secretary Phillips to American Embassy at Warsaw, November 2, 1935. MS, Department of State.

＊98・＊99 Ambassador Long to Secretary Hull, Rome, November 12, 1935. MS, Department of State.

＊100 Department of State, *Press Release,* November 16, 1935, p. 382.

第10章 ムッソリーニの選択

1 イタリア制裁をめぐる米英の摩擦

一一月一五日のハル声明を聞いたムッソリーニは、アメリカは対伊経済制裁に舵を切ったと判断した。ロング駐伊大使はイタリアの親米の態度に変化があったと報告した。報告を受けたハルは、アメリカは従前どおり国際連盟や他国の動きとは無関係に独自の考えで外交を進めている、中立法の精神と狙いに鑑みての外交であると見栄を張った。[*1]

一一月二二日、ハルは駐米イタリア大使と長時間にわたって会談したが、同じことを繰り返した。一五日の声明は、戦争は何としてでも回避すべきであるとの国民世論に沿ったものだとロッソ大使に説明した。戦争当事国と米国政府が直接コンタクトするのは好ましくなく、これからはできるだけ接触を避けたいとも語った。米国務省には世論の強い圧力がかかり、禁輸品目に戦争に利用される可能性のあるものを幅広くリストアップすることが求められた。米国務省はそうした世論に沿うことを決めた。

ハルはロッソ大使に、先の大戦でアメリカが払った犠牲について「講釈」した。ウィルソン大統領がイタリアに対して実施した借款についてもとりあげた。多くの米国民は、イタリアが帝国主義的戦争、お金のかかる戦争をなぜ始めたのかまったく理解できない、アメリカからの借金をまず返済すべきではないか、と説いた。イタリア政府のわが国への反発は理解できない、戦争に使われる品目の輸出を制限するだけである、と付言した。[*2]

米国政府の説明にイタリア政府は納得しなかった。

国際連盟は一一月一八日をもって対伊経済制裁を発効させると発表した。ムッソリーニはイタリアの国民生活への悪影響を懸念した。制裁は四つのカテゴリーに分類された。

一、武器弾薬の禁輸
二、イタリアからの輸入制限
三、イタリア向け輸出制限
四、イタリア向け信用供与の停止

四番目の金融制裁は実質的な影響はほとんど考えられなかったが、二番目の輸入制限によって英仏向けの輸出が激減した。ただ対米輸出はそれほど影響を受けていない。一九三六年三月の数字と一九三五年一月の数字には変化がなかった。英仏への輸出は減ったが、ドイツ、オーストリア、ハンガリーが救援の手を差し伸べた。また一九三五年一一月から翌三六年三月にかけてイタリア中央銀行の金保有量は急速に減ったが、エチオピアとの戦争は短い期間であれば十分に遂行できた。[*3]

結局、対伊禁輸措置は期待するほどの効果を上げなかった。石炭、石油、銅は禁輸品目から外れていた。イタリアの一九三五年一〇月から一二月にかけての米国産石油輸入量のシェアは一七・八パーセントに上昇した。アメリカからの銅の輸出も増加していた。一九三四年一一月から三五年三月にかけての輸出額は一三二万九〇〇〇ドルであったが、三五年一一月から三六年三月にかけては二二〇万一〇〇〇ドルに増加した。ルーズベルトとハルが促したイタリアへの輸出自粛方針を民間企業が守ることはなかった。対伊輸出は大きな利益を生んでいた。[*4]

経済制裁の影響はほとんどなかったが、一九三五年一一月の時点ではイタリア政府は将来について不安をもっていた。ジュネーブ（国際連盟）では石油を禁輸リストに加えるべきだとの声が消えていなかった。ハル国務長官が輸出を止める怖れもあった。ロング駐伊大使は、もし経済制裁がエスカレートした場合、ムッソリーニはそれに屈するよりも戦いの継続を選択するだろう、と警告していた。[*5]

フランスのラヴァル首相も同様で、対伊制裁の強化には及び腰であった。あるパーティーの席でラヴァル夫人は、駐仏イタリア大使夫人と話し込んだ。「いかなることがあってもフランスとイタリアが対立するようなことは望まない」。それがラヴァル夫人の言葉だった。多くの関係者はこれがラヴァルの考えを示していると理解した。[*6]

ムッソリーニが制裁に屈するよりも戦うことを選びそうだと判断したイギリスは、アメリカにアドバイスを求めた。一二月五日、駐ワシントン英国大使はハル国務長官に接触し、国際連盟が石油禁輸に踏み切った場合、アメリカもそれに追随するか確認した。アメリカの追随がなければイギリスは独自の制裁に踏み切りたいと伝えた。[*7]

ハルの対応は慎重だった。米国務省は、軍需関連品の輸出が極端に増えたことを嫌っていた。交戦国との取引については自己責任であり、今後のワシントン議会の態度や決断に十分に注意を払い、異常な量の輸出には警戒してもらいたい、と語るにとどめている。

この曖昧な説明に、ロナルド・リンゼイ英国大使は納得しなかった。一二月七日に再度米国務省を訪問し、アメリカの方針を質した。ハルはこれに苛立ちをみせ、「国際連盟はその決定にあたって、わが国が共同歩調をとる保証を求めているのか」と逆に質し、大使の回答を待たず「米国務省はできるだけのことはしている。わが省は民間企業に禁輸を強制する法的権限をもっていない。国際連盟が石油の禁輸を決めるにあたって、わが国の態度を気にする必要はない」と答えた。[*8]

大使はハルの強い語調にひるみ、「今後はアメリカの態度を確認しない」と呟いた。アメリカはイギリスと共同歩調をとることなどまったく考えていなかったのである。

2 ホーア・ラヴァル協定

アメリカの支援のないイギリスは弱々しい存在となった。イギリスは厳しい姿勢一辺倒の場合もあるが、突然宥和的にもなる。ジュネーブではアンソニー・イーデンが洒落た服を着て、国際連盟の精神の重要性を気どって語っていたが、英国代表団はその物言いに「待った」をかけた。パリのイギリス大使館には国際問題の専門家であるモーリス・ピーターソンがいた。現実主義をとる彼をラヴァル首相は評価し、陽気なド・サン＝カンタンにピーターソンと交渉を進めさせた。

一〇月はじめ、イーデンは相変わらず対イタリア強硬論を訴えていたが、その一方でピーターソンとサン＝カンタンの二人が、エチオピア領の相当部分をムッソリーニの主張どおりに割譲させることを検討していた。二人の動きは秘密ではなかったから、ロンドン・デイリー・ヘラルド紙が二人の交渉状況（対伊宥和計画）を報じた。要するにエチオピアのイタリア支配を容認する案であった。[*9]

二人の案の是非の決定は、イギリスの選挙結果を待つ必要があった。一一月一四日、保守党のボールドウィンが再び政権をとったことを受けて、ピーターソンは交渉を再開した。一二月四日、ラヴァル首相はイタリア大使と協議した。翌日、ニューヨーク・タイムズ紙がエチオピア紛争解決案についての詳細を報じた。[*10] ラヴァルは協議の内容を隠しておくことができなかった。

一二月七日、英外相サミュエル・ホーア卿はパリに向かい、ラヴァル首相との協議に臨んだ。ホーア卿ははじめから宥和的な態度であり、何らかの解決策を見出さなければ、エチオピアはただちにピエトロ・バドリオ元帥の軍に圧倒されるであろう、との見通しを語った。ラヴァルはこの英外務省（ホーア卿）の見立てに同意した。これが、エチオピアが「病んだ国」とみなされた瞬間だった。この「病人」を生きながらえさせるには「大手術」が必要になった。執刀医はラヴァルとホーア、「手術日」は翌八日と決まった。

この時点でのラヴァルの懸念は、独伊両国が接近することだった。ムッソリーニの対エチオピア要求が少々無茶であっても叶えなくてはならなかった。エチオピアのような未開の地はイタリアに任せるほうが、対伊強硬策をとってイタリアをドイツの懐に追いやるよりはよほどよかった。独伊の同盟は新たな大戦の火種になると危惧した。

エチオピアはたしかに未開発国であり、国民は貧困に苦しみ、とても安全に暮らせる国ではなかった。イタリアの支配に委ねたほうがエチオピア国民の生活は向上する可能性が高かった。チャーチルは第二次世界大戦を扱った書の中でこの考えを肯定している。

「フランスはイタリアと対立関係に陥ってしまうことを怖れた。イギリスでは反ムッソリーニの感情が強くなっていたため、イギリスに同調した対伊外交をとれば、そうなる危険があった。万一フランスがこの問題でドイツと対立することになり、その結果ドイツのフランス侵攻ということにでもなった場合、わが国がフランスに派遣できるのはせいぜい二個師団であった。それだけにラヴァルのとった対伊外交は理解できる[*11]」

再興しつつあるドイツへの怖れは、（ベルサイユ体制下の）ヨーロッパの安定を願うラヴァルにはつねに付きまとう感情だった。パリに着いたホーア卿もそれに勘づいている。そのこともあって、ホーア卿はサン＝カンタンとモーリス・ピーターソンの努力に敬意を払っていた。

ラヴァル首相とホーア卿との間でイタリア・エチオピア紛争処理の方針（ホーア・ラヴァル協定）はすぐに決まった。この協定では、エチオピアはおよそ六万平方マイルの領土をイタリアに割譲し、その代償としてエリトリアの一部を譲渡され海へのアクセスを保障されることになった。エチオピアの南半分（およそ一六万平方マイル）についてはイタリアの経済開発特権を認めていた。またイタリアの政治的影響力の行使も容認した。実質的にエチオピアはイタリアの支配下に入ることを認めたのである[*12]。結局、イギリスはムッソリーニの主張に大幅に譲歩したのである[*13]。

ホーア卿の宥和姿勢には外交上の理由と純軍事的な理由の二つがあった。協定が公表されると、ホーア卿はスイスに入った。彼は（協定の成立で）休養をとりたかった。アイススケートを楽しんだおりにフィギュアスケートの少々難しい技にトライした。このときに転倒し鼻の骨を折り帰国した。そこで議会に対して対伊宥和政策への転換を説明した。ボールドウィン首相もそれを諒としたが世論が反発した。ボールドウィンはそれに怯えた。ホーア・ラヴァル協定は無効にし、強硬論に戻す、ムッソリーニの台頭を許すような施策はとらない、と議会に約束した。[*14]

ボールドウィンの心変わりは新聞による激しい抗議が影響していた。ロンドン・スター紙は「正義への裏切り」、ヨークシャー・ポスト紙は「国際信義への背信」と書いた。リバプール・デイリー・ポスト紙は「衝撃的」、マンチェスター・ガーディアン紙は「政府がこんな協定を容認したことは信じられない。これまでの国民への説明と違う」と批判した。[*15] 左翼労働組合との関係の深いロンドン・デイリー・ヘラルド紙の論調は辛辣だった。「（国民への）背信行為、国際連盟の存立基盤を揺るがす陰謀への加担。侵略国（イタリア）と共謀しているのではないか」とまで書いた。[*16] リベラル系のニューズ・クロニクル紙は「国際連盟規約へのとんでもない違背」[*17]と非難し、デイリー・テレグラフ紙もモーニング・ポスト紙も同様であった。[*18] 労働党幹部のハロルド・ラスキは、ロンドン・デイリー・ヘラルド紙へ寄稿しホーア卿を激しく非難した。

「ホーア卿は凡庸な典型的保守党政治家である。政権を掌握しているという自信がない。、権力を維持したいという安っぽい根性をもっている。『権力をいかに維持するか』が彼の決断の指針である[*19]」

一二月九日になると、ホーア・ラヴァル協定の秘密付随文書が暴露された。エチオピア政府により割譲される港湾都市と内陸を結ぶ鉄道建設を禁じていることがわかった。ロンドン・タイムズ紙はこの規定はイタリアの主張よりもひどいと訴えた。[*20]ビーバーブルックス卿〔カナダ出身の新聞王〕とロザミア卿〔複数の新聞社を所有した新聞王〕系の新聞社は、概してホーア・ラヴァル協定には肯定的な立場をとったが、メディアの大勢は批判的だった。結局、ホーア外相は辞任に追い込まれ、外相職にはアンソニー・イーデンが就いた。ボールドウィンは世論に媚びた。彼には信念がなかったのである。

一九三六年六月、ホーア卿は海軍大臣として閣内に戻った。ボールドウィンはたしかに政治信念には欠けていたが、実務家としての能力は評価されていた。イタリアでは、ホーア・ラヴァル協定へのイギリスの反発は反ファシズムであり、フリーメーソンや共産主義者の連中が反イタリアを煽っていると疑った。

ところがドイツには反イタリアの空気はなかった。イタリアの新聞は「ドイツはイタリアを好いていないことはわかっているが、ヒトラーはファシスト国家イタリアを認めている。彼はイタリアが反共産主義の砦となりヨーロッパの安定に寄与していると評価している」と伝えた。その意味で伊独両国は運命共同体であり、どちらも強力な外国からの敵対勢力と対峙している。両国の国益(外交方針)は合致している。これがメディアの主張であった。[*21]

イタリアの対英感情は悪化の一途だった。オッセルヴァトーレ・ロマーノ紙〔ローマ教皇庁の意向を反映する新聞〕は、穏やかで楽観的な論調であることが知られていた。この新聞でさえも、「事態はきわめて深刻だ」

とイギリスの反応を憂慮した。[*22] 経済制裁はイタリアの軍事行動の障害にはなっていなかった。イタリアには十分な石炭や食料の備蓄があった。イタリア国民はこうした緊急時に対する心の備えがあった。政治指導者がどんな決断をしても支持するという気持ちが強かった。[*23]

3　「もたざる国」を非難するルーズベルト大統領

イタリア国民の対エチオピア戦争の戦意は高かった。これをルーズベルト大統領は苦々しく感じていた。一九三六年一月三日、彼は議会演説の中でイタリアやその他の「もたざる国（have-not nations）」に言及した。「『もたざる国々』は辛抱が足らず平和的な交渉を通じてその目的を達成することができなかったのである。他国の『正義の心（フェアを求める精神）』に訴えることに失敗したのである」と述べたうえで、もたざる国を「自国の要求ばかり通そうとする『欲張り国家』だ、アメリカの倫理的態度とは大違いだ」と非難した。[*24]

自国礼賛をしつつイタリアをなじるこのスピーチに、イタリアの新聞は憤った。植民地の分割にあたってはフェアであるべきだと訴えていたムッソリーニの主張は聞き入れられなかったと嘆いた。

「アメリカは、過去において北米大陸では原住インディアンを抹殺した。富める国になったのはそのせいである。彼らは高い生活水準を達成していながら、いまでは移民を規制し輸入までも制限している。貧しい国は苦しんでいる。そんなアメリカがわが国を独裁国家だと非難するのである」

「大統領は自国の民主主義を礼賛する。ところがそのアメリカでは、国家的英雄であるリンドバーグに対する犯罪〔飛行家リンドバーグの長男が一九三二年に誘拐され殺害された事件〕を防ぐことができなかった。彼はいま安全を求めて大西洋のこちら側に（ヨーロッパ大陸）に逃避している[*25]〔リンドバーグ夫妻は一九三五年一二月に、メディアのターゲットになることを怖れてイギリスに移っていた〕」

イタリアのメディアはアメリカの態度に強く反発したが、しだいにその論調は穏やかになった。戦いの行方に対する楽観的な見通しがあったからだ。「イタリア海軍の能力は高く水兵の士気も高い。士官は落ち着き冷静である」とアメリカの駐ローマ武官は報告していた。[*26] ウィリアム・J・ドノヴァン大佐〔後に「CIAの父」と呼ばれる諜報の専門家〕は、イタリアの戦いぶりを視察してエリトリアから戻り、「軍のロジスティックスはうまくいっており士気も高い。衛生面の管理もよく軍の運用も効率的だ。イタリア軍の占領地域は安全であり、長期にわたってコントロールできるであろう」と報告した。[*27]

イタリア国内では、エチオピア侵攻は「ハッピーエンド」になるのではないかとの思いが強くなった。戦いはうまく進んでおり、イギリスも手を出してこないとの観測が広まった。テンビエンの戦い（一九三六年一月一九日～二三日）は激しかったが、イタリア軍が勝利すると楽観論は一気に高まった。

先に述べた一月三日のルーズベルトの議会演説は、この日の夜のラジオで全国放送された。この中でルーズベルトは中立法について言及した。「検討されている中立法案は交戦国に対しては武器を含めた軍需品の禁輸を規定するだけではなく、一般品目の輸出についても通常レベル以上の取引があれば、それを規制できる権限を大統領に与えるものである。そうした品目も戦争に使われるからである。過剰な一般品の輸出停止でアメリカは中立の立場を維持できる。そうした禁輸措置がなければ戦いが長期化すると大統領が判断した場合には、それを可能にする法律案である」と語った。どういった品目が禁輸の対象になるかはあくまでも大統領の判断に任されることになっていた。[*28]

たしかにピットマン・マクレイノルズ法案として審議されている中立法案は、大統領に幅広い裁量権を与える内容だった。それだけに危険視する評論家も少なくなかった。たとえばジョン・バセット・ムーア判事は、無制限ともいえる裁量権をいかなる個人（大統領であっても）にも与えてはならない。そんなことをすればこれまでになかった独裁政治を生むと警告した。[*29]

イタリア系移民団体も大統領権限の拡大に反対した。議会有力者のもとには反対を訴える手紙や電報が数多く届いた。アメリカ中立国際連盟はボストンのファニエル・ホールでの反対集会を主宰し、カーレイ州知事〔ジェイムズ・カーレイ。在任一九三五年一月〜三七年一月。民主党〕は強い調子で、「ムッソリーニは平和愛好者であり、かつキリスト教の擁護者である」と礼賛した。他の講演者もムッソリーニを評価した。[*30] 中立法案への反対の声は強かった。

この世論を受けてイル・プログレッソ紙〔ニューヨークで発行のイタリア語新聞〕の出版人ジェネロッソ・ポープはワシントンに向かいルーズベルトと会見した。二人の会話は次のようなものだった。[*31]

「ジェネ君、わが国は真に中立を願っている。われわれの中立がイタリアの利益を蔑ろにして他国の利益を図るようなことにはならない。イタリア系国民にそのように伝えてほしい」（ルーズベルト）

「これまでの中立法でよいのではないですか」（ポープ）

「それでもいいかもしれない」(ルーズベルト)

ポープは同様の考えをハル国務長官にも伝えた。「もし議会がこれまでどおりの中立法でよいと言うのなら、私自身はそれでかまわない」とハルは答えている。

世論の圧力があったからだとは言いきれないが、議会は新中立法案から大統領の禁輸権限の拡大を許す条項を削除した。修正のうえ可決された新中立法は、交戦国への借款や信用供与を禁じた。戦いに加わる国があれば大統領は禁輸政策を自動的にそうした国にも適用しなくてはならない規定も追加された。南北アメリカにある国が他の地域の国との戦いになった場合については適用除外とすること(南北アメリカ大陸にある国を支援してかまわない)、さらに南北アメリカの国と戦う国に決して協力しないことも決まった。[*32]

イタリア系団体の努力によって、ムッソリーニの「アフリカの冒険」を邪魔する法律は葬られた。一九三六年において、イタリア系団体がわが国の中立政策に影響を与えたことは確かだった。[*33]

4 忍び寄るドイツの影

一九三六年春、イタリア・エチオピア戦争はイタリアの勝利で終わった。これがイタリア系国民の運動(大統領に強い裁量権を与えることに反対する運動)に弾みをつけた。ヨーロッパの政治家は、イタリアのエチオピア征服は既定事実だと考えた。それだけにホーア・ラヴァル協定を実現させておけば、エチオピアはかなりの領土を保全できたはずだったと考えた。ロンドンの米代理公使は、ホーア卿の結んだ協定は稚拙ではあったが、その精神は間違ってはいなかったと考えるロンドンの外交関係者が多いことを報告した。

前外相（ホーア卿）は、対伊強硬外交をとればストレーザ戦線による協力関係が崩壊し、ドイツだけが喜ぶと怖れていた。ホーア卿が妥協の姿勢を示したのは、ムッソリーニを敵にしてはヨーロッパの安定が危うくなると考えたからだった。イーデン外相もこのロジックに気づき対伊制裁の主張を控えた。*34

ジュネーブのウィルソン米公使は、国際連盟に加盟している各国が、忍び寄るドイツの影を感じ始めていることに気づいた。彼らは一様に、エチオピア問題はドイツの力の拡大に比べたらたいしたことではないと考えていた。ルネ・マシグリ〔フランスの外交官。対独外交に詳しい〕は、ドイツがラインラントの現状に反旗を翻すのではないかと懸念した。*35

フランスの外交官は、冷えた英伊関係をドイツが利用するだろうと怖れた。マシグリがドイツのラインラント進駐を予想できたのは当然だった。イギリスはポーランドにも圧力をかけ対伊制裁を求めていたが、その要求にワルシャワのベック外相は困惑していた。彼は「国際連盟は本当に和平実現のための組織として機能しているのか」とその懸念をフランスのラヴァルに伝えた。*36 イーデンの対伊強硬外交は、国際連盟加盟国にイギリス嫌いの感情を植えつけていた。

5　マフェイ報告書

イタリアを刺激したくない勢力にとって思いがけない報告書が発表された。公開したのはローマで発行されているジョルナーレ・ディタリア紙だった。「マフェイ報告書」と呼ばれる文書で、英外務次官のジョン・マフェイが作成したイギリスの秘密報告書（一九三五年六月一八日付）だった。マフェイは、伊エ紛争特別調査委員会委員長だった。

同報告書は「エチオピアはイギリスにとっては重要ではない、ただタナ湖周辺は青ナイルの水源であり諸部族の放牧権利が関わるので例外である」と書いていた。このことはイーデンも認めている。一九三五年はじめには、英外交はマフェイ報告書に沿ってなされているともいえた。この報告書には国際連盟の決定に対するイギリスの責任という視点はなかった。したがってムッソリーニの、イギリスは伊エ紛争では「眠るライオン」になるだろうとの予想は当たっていたのである。

「ライオンの眠り」を覚ましたのが「平和投票」だった。この投票は国際連盟協会の監視の下に民間組織が実施したものだった（一九三五年六月二七日）。イギリスおよび北アイルランドの国民一一〇〇万人が参加し、五つの質問に回答した。質問の一つが侵略国家に対しては武力制裁が必要かというものだったが、七四パーセントが「イエス」と回答した。

この数字にボールドウィン内閣は衝撃を受けた。同内閣はドイツの再軍備に対して制裁を科すことを拒否していた。対独宥和の姿勢にはご都合主義的なところがあった。そうした外交をしてきたあとで、対伊外交では集団安全保障思想による強硬外交を訴えるのはおかしなことだった。[*37]実際、イギリスが対伊外交を強硬策に切り替えると、ムッソリーニは裏切られたと感じ、イギリスの「講釈」に耳を傾けようとはしなかった。

ムッソリーニはイギリスへの疑念をマフェイ報告書の文章を使って説明した。報告書には、エチオピアが国際連盟のメンバーである価値を疑う文章があった。エチオピアのイタリアに対する激しい敵対行動や同国周辺の列強植民地への脅威をとりあげていた。さらにエチオピア情勢についてイタリア政府がイギリスの理解を求めていたことや、問題解決にイギリスの協力を訴えていたことも書かれていた。ムッソリーニはこうした事実を指摘し、なぜ英外務省はエチオピア問題解決に向けてイタリアと協力しなかったのか、国際連盟の精神に違背しメンバー国としての責任を果たしていないのはエチオピアではないか、と問うた。

マフェイ報告書を読んだイタリア国民の多くが、イギリスの対伊強硬外交はエチオピアの現実を踏まえたものではなく、ムッソリーニが進めるファシズム政策が嫌いだということで決まったのではないかと疑った。イギリスは伊仏の（ストレーザ戦線にもとづく）同盟関係を破壊し、地中海方面での覇権を狙っているのではないか、さらにまた交渉の後半でイーデンがみせた反ムッソリーニ感情は功名心からのものではないかとの疑問が呈された。イタリア国民の多くがイギリスの対伊外交は、犯罪的な自殺行為にも等しいとまで感じていた。[*38]

このころ、イギリス海軍省前政務次官であったレオ・チオッザ・マネーがルーズベルト大統領に短い意見書を出していた（一九三六年三月三日）。イタリアのエチオピア占領の状況を示す書類を同封し、イタリアの立場を擁護する内容だった。書面には「エチオピアにイタリア人が入れば、農業、教育、病院・薬局の設置、井戸の掘削、奴隷解放などでたちまち成果を上げるでしょう。（米陸軍のフィスク大尉の言葉を借りれば）一〇〇〇年かけてできなかったことも一〇〇日でやり遂げるでしょう」と書かれていた。[*39]

ロング駐伊米国大使は、イタリア・エチオピア紛争はヨーロッパ諸国間の外交という視点から考えなくてはならないことをあらためて悟った。イタリア政府は、国際連盟が英仏の外交政策にこのまま引きずられるのであれば外交政策を全面的に見直すと述べた。イギリス海軍は地中海方面に集結していたが、これにムッソリーニは不満だった。艦船数を減らすよう要求する最後通牒を出すべきだとの意見もあった。*40

エチオピアの戦いの現場からは立て続けにイタリア勝利のニュースが届いていた。ムッソリーニの対英強硬策も現実味を帯びた。一九三六年二月一五日、イタリア軍のバドリオ元帥は、アンバ・アラダン〔エチオピア北部、山岳地帯の町〕の戦いで決定的な勝利を収めた。ラス・ムルゲータ司令官率いるエチオピア軍は文字どおり叩き潰された。

二月二七日、テンビエンに陣を構えていたエチオピア軍も敗走させ、四月一二日には、タナ湖北岸にイタリア国旗が翻った。ハイレ・セラシエ皇帝は何としても劣勢を逆転させたかった。三月三一日、アシャンギ湖近郊に展開するイタリア第一軍団に対して反転攻勢をしかけた。戦いは五日間続いたが、エチオピア軍は敗れデシーの町に壊走した。この戦いでイタリアはエチオピア支配を確実にした。*41

6 石油禁輸を望むイギリス

一九三六年二月、イタリアの勝利は確定した。これをうけて英国政府は最後の対伊経済制裁を考えた。石油の禁輸である。三月二日、ジュネーブ駐在のイタリア代表団長ボーヴァ・スコッパは、フランダン仏外相〔ピエール＝エティエンヌ・フランダン元首相〕に対してムッソリーニが石油禁輸の動きに憤っていると伝えた。フランダンがこれをイーデン英外相に伝えると、イーデンは内閣の指示に従っているまでだとそっけなかった。

フランダンの強い反発を受け、イーデンは急ぎボールドウィン首相と電話で協議した。その結果、石油を禁輸品目とする動きを一時停止した。[*42] 翌三日、国際連盟の一三カ国委員会はイタリア・エチオピア両国に対して講和を促す決議案を採択し、三月一〇日までの回答を求めた。

ムッソリーニはこの決議には何の関心を示さなかった。彼はイタリア軍が完全にエチオピア軍を破壊するのを待ってエチオピアとの交渉に入る考えだった。フランスはこれを理解し不干渉の立場をとった。フランダンはムッソリーニを苛つかせたくはなかった。ヴィルジニオ・ガイダは、フランスの姿勢を評価した（ジョルナーレ・ディタリア紙、三月三日付）。[*43] アメリカも石油禁輸の国際連盟の動きに追随しなかった。ムッソリーニはこの日の閣議でその姿勢を評価した。[*44]

イタリア国民の石油禁輸の動きへの反発は強かった。ムッソリーニは石油禁輸は宣戦布告とみなすと繰り返した。彼はフランダン外相がイーデンに圧力をかけてくれたことに感謝した。三月七日、ヒトラーはラインラントに進駐した。ムッソリーニはこの動きを喜んだ。ヒトラーによってヨーロッパの現行和平の枠組（ベルサイユ体制）が大きく揺らいだ。それだけにフランスはストレーザ戦線の英仏伊三国協調を重視せざるをえないと考えた。フランスの視点からは、イタリアはもはや叱る対象ではなく、仲良くしなくてはならない対象となった。

7　協調姿勢をみせるムッソリーニ

イタリア政府は、ドイツのラインラント進駐でヨーロッパのパワーバランスに大きな変動が起きたことをみてとった。エチオピアでの戦いに勝利している以上、和平を願う姿勢をみせてもよい時期にあった。

三月八日、ムッソリーニは国際連盟の一三カ国委員会に対して、その勧告を受諾する姿勢をみせた。ただし、戦いを停止させるにあたってはエチオピアも侵略国であることを国際連盟が認めることを条件とした。これに加えて、国際連盟は伊エ両国の交渉による合意で認められる権利を尊重すること、現在の戦況が交渉の基礎になることを要求した。*45

アディスアベバのコーネリアス・エンガート米公使はイタリアの主張をあざ笑った。公使は、イタリアは戦いに勝利していないと理解していた。直近の戦いではイタリア軍はエチオピア軍を囲い込む作戦に出たが失敗し、アルピーニ軍団が大きな被害を受けた。一方でエチオピア軍の士気は高く、イタリアの嘘（プロパガンダ）には屈していない。イタリア軍は危険な状態にあり連絡網も分断されている。エチオピア軍は地の利を生かして敵を翻弄しており侵略軍を領土から駆逐すると意気軒昂である。このように本省に報告した。*46

ムッソリーニは、エチオピアの状況をアディスアベバの米国公使よりも正確に把握し、時間が彼に味方していることもわかっていた。ドイツのラインラント進駐問題に言及し、英米に協力的な姿勢をみせた。イタリアは、（英仏伊三国が一致協力して）ドイツに対する軍事力を誇示しラインラント問題を解決したい、ドイツにはベルサイユ体制を破壊する行動の危うさを理解させなくてはならない、と訴えた。*47

三月二三日、一三カ国委員会はロンドンで会議を開いたが、イタリアの宥和的姿勢が会議に影響を与えた。同委員会は委員長に対してまず両国に交渉のテーブルに着かせ、敵対行動（戦闘）をただちにやめるよう勧告することを求めた。同日、ムッソリーニは、国際連盟の禁輸措置をあらためて非難した。[*48] 結局は、イタリアが対エチオピア戦争で完全に勝利する以外に事は収まらないことがはっきりした。

イタリアの勝利はすぐに実現した。イタリア軍はエチオピアの完全制圧に向けて着々と軍を進めた。ローマ駐在の米海軍武官L・N・マクネア海軍大佐は、イタリア陸軍の装備、海軍士官や水兵の士気の高さを評価していた。「この半年間で地中海東部の情勢はイタリア有利に傾いた」とワシントンに報告した。[*49]

8　対独宥和に傾くイギリス

イギリスはイタリアの軍事力増強を苦々しく思っていた。ドイツに宥和姿勢をみせることで、バランスを図った。英国民だけでなく陸軍幹部の中にもそれを諒とする空気があった。[*50] ドイツを利用することで、イタリアへの過度な譲歩を避けられると考えた。

フランスはイギリスとイタリアの対立は危険水域に達していると怖れた。[*51] ベルリンのドッド米大使は、イギリスが対独宥和政策に切り替える可能性を報告していた。事情通は、イギリスは早晩フランスの進める対伊宥和政策をとるか、ドイツとの宥和外交に舵を切るかの選択に迫られるだろうと伝えていた。[*52] ヒトラーに知恵があれば、いまがイギリスから好条件を引き出すチャンスだろうと大使は読んでいた。

イギリスの政治家は「悪魔とスープを飲むときは長いスプーンを使え」〔危ない相手との交渉では十分な注意が必要の意〕とい

う諺を知っていた。彼らは、ジュネーブでドイツがイギリスを支援する場合にはヒトラーは相当の見返りを要求するだろうと考えた。ネヴィル・チェンバレン英財務相は「ドイツがイギリス植民地の一部を要求しても応じてはならない」と警戒した。[*53]

それでもイギリスは「餡」の準備を怠らなかった。内閣は、ドイツが植民地を求めない場合はベルサイユ条約にある戦争責任条項を外してもよいと決めた〔ベルサイユ条約第二三一条を指す。先の大戦の責任はドイツ一国にあるとした条項であり、ドイツ国民は強い恨みをもっていた〕。イギリスは、ドイツを単独犯として被告人席に座らせたままにしておかない、という態度をみせた。ドイツに宥和の姿勢をみせ、対等の国として扱う一方で、フランスには安全保障上の安心感をもたせなくてはならなかった。イギリスはドイツとフランスには外交的配慮をみせたが、イタリアにはエチオピアを支配させないという強い態度を変えなかった。[*54]

ジュネーブ駐在のプレンティス・ギルバート米領事は、イギリスの閣議メモを入手してハル国務長官に示した。ビンガム駐英大使の英外交分析に合致する内容であった。イギリスが、ホーア・ラヴァル協定が否定されたことに落胆していることは確かだった。ビンガム大使は英外務次官と会談したが、次官は「協定が認められていればどれほどエチオピアにとって有利だったか。そして、そのほうが世界の平和に有効だった。世界もこの考えが正しかったことを、いつかはわかってくれるだろう」と嘆いた。[*55]

9 イーデンの外交的敗北

一九三六年三月から四月にかけてイタリア軍の勝利が続いた。イギリスはホーア・ラヴァル協定が実現しなかったことを悔やんだ。四月一五日、イタリアのアロイシ男爵がジュネーブの国際連盟に現われ、一三カ国委員会委員長に講和交渉については過去半年の軍事情勢を配慮することが条件になると伝えた。エチオピア代表はこれに反発し、国際連盟は対伊制裁を強化すべきだと主張した。アンソニー・イーデンはエチオピアに同情的だった。四月二〇日午後の委員会で、エチオピアの主張のようにさらなる経済金融制裁が必要だろう、イタリアには圧力をかけなくてはならない、国際連盟のメンバー国にはそうする義務がある、と訴えた。

フランス代表のポール＝ボンクールはイーデンの考えに与しなかった。フランスは対立ではなく宥和を求めた。イタリアはヨーロッパの枠組維持の姿勢をみせることでフランスの期待に応えた。ソビエト代表のウラジーミル・ポチョムキンは、国際連盟が侵略国に甘く、その行為を免罪しようとしていると不満を述べ、スペイン代表のサルバドール・デ・マダリアガは、国際連盟規約を破る国と協調することは難しいと語った。

四月二〇日、一三カ国委員会は最後の会議を開きイタリア・エチオピア両国に対して「敵対行為（戦闘）をただちに止めること、国際連盟規約に沿った和平構築に努めること」と勧告することを決めただけであった。[*56]

イーデンには外交的敗北だった。「潮目は変わった。フランスの反対にもかかわらずイギリス主導で対伊制裁を強化すべきだとの意見が大勢だったが、それが逆転した。イギリスは制裁強化どころか現行の制裁継続も難しくなった」とヒュー・ウィルソン米公使は報告した。時間もイギリスに味方しなかった。エチオピアの抵抗は五月末から始まる雨季前に完全に終わるかもしれなかった。そうなれば英外交の敗北は確実となった。

会議を終えたイーデンにウィルソンは話を聞いた。イーデンは「状況は悪い。われわれはベストを尽くしたが、集団的対伊制裁はもう終わりだろう」と悔しそうに語った。[*57]

10　ヒトラーに秋波を送るイギリス

国際連盟の対伊制裁の動きはバラバラになりかけていたが、イーデンは諦めなかった。彼はドイツを味方にする手を打った。ストラウス米駐仏大使は「英国内には、ナチス・ドイツ（ヒトラー）にオーストリア・ナチスの蜂起を促す危ない動きがある」と報告してきていた。

イギリスの一部の政治家（対独宥和派）は、ヒトラーを動かすことでムッソリーニに彼の進める外交が危ういことを気づかせようと考えた[*58]〔イタリア北部（チロル地方）にはドイツ系住民が多く紛争の火種であった。ドイツの動向をムッソリーニは気にしていた〕。

ドイツはイギリスの対独外交方針の転換を歓迎した。ドイツ外務省は、国際連盟の集団制裁措置の崩壊はイギリスの威信を傷つけかねないとの援護射撃の声明を出した。ロンドンでは英独の対話が続いていた。その進捗はドイツ外交関係者を満足させていた。イギリスが現行の条約の制約下の中で最善を尽くし、ドイツとの友好関係を構築しようとしていると実感した。

ドイツは、イギリスがフランスと協調することは危険だと訴えた。大英帝国や国際連盟の不利益になることを訴え、イギリスはむしろドイツと協調姿勢をとることで、ヨーロッパ全体の関係を改善できると主張した。イギリスは、対独関係の改善とイタリア帝国主義牽制のバランスを考えていた。[*59]

イギリスの政治家がヒトラーのドイツに秋波を送り始めたころ、イタリア軍が首都アディスアベバに迫っていた。[60]五月二日、エチオピア皇帝は家族を連れて首都を脱出した。その三日後、イタリア軍前衛部隊はアディスアベバに入った。抵抗はなかった。ムッソリーニは、イタリア国民と世界に向けて、和平が回復したと発表した。[61]

首都の制圧と皇帝の逃亡で、世界はイタリアはエチオピアを制圧したと理解した。これは英外交には大きなダメージだった。イギリスはムッソリーニの前に跪《ひざまず》いたといえる。ロンドン・デイリー・ヘラルド紙は「侵略者が戦争も厭わないという姿勢でやりたい放題に振る舞うことを許すのであれば国際連盟はいらない」[62]と嘆いたが、デイリー・メール紙は「イギリスはこれまでのやり方を変えなくてはならない。対伊経済制裁も国際連盟の制裁にも距離を置かなくてはならない。イタリアとの友好関係を構築したほうが両国相互にとって有利である」[63]としてイーデンの対伊強硬外交の見直しを求めた。

野党はこれに抵抗し、対伊強硬外交の継続を主張した。こうした態度を新聞が批判した。モーニング・ポスト紙の記事はその典型だった。「戦いは終わった。イタリア陸軍はエチオピアを占領した。そうでありながらわが国の社会主義者たちは対伊制裁を続けよ、イタリア船舶にはスエズ運河を使わせるな、などと主張している。昨日、イーデン外相はそんなことをすればイタリアと戦争になると慎重だった。野党は国防費削減を訴えてきた。それが今度の件では戦争のリスクを冒してもかまわないと主張する。軍備縮小を訴えた勢力が戦いを求めている。実に驚くべき事態である」[64]と書いて野党を牽制した。

フランスでも野党が似たような主張を繰り返していた。左翼陣営が、イタリアへの復讐を求め、国際連盟規約を忠実に履行せよ（制裁を続けよ）と訴えた。極左の新聞は軍事行動を望む始末だった。[65]

イギリスもフランスも野党による威勢のよい主張を退けた。イギリスは対伊外交を思いきって転換するときが来たと考えるようになった。ロシアン卿〔フィリップ・カー。後の駐米大使。対独宥和派の政治家、自由党〕はそうした政治家の一人だった。

彼は「わが連邦には無関係の紛争解決までも責任をもたせるような国際連盟規約はなくしたほうがよい」「国際連盟は国際社会の協議の組織であって、戦争遂行のための『ウォーマシン』ではない。先の戦い（第一次世界大戦）での敵国に対する態度を変える必要がある。強力なドイツのほうがヨーロッパの和平維持と安全保障には重要である」と述べた。ロシアン卿の具体的な主張は以下のようなものだった。

「戦勝国がドイツを囲い込みフェアでない態度をとり続けてきたことが、この一五年間ヨーロッパが安定しなかった原因である。それを直視しなければ、ヨーロッパの安定は得られない。こうした状況がドイツにヒトラー政権を生んだ。国際連盟を利用した集団安全保障システムが機能しなくなった場合、次善の策は地域間バランスである。ドイツがその力に相応しい立場を確保することで（ヨーロッパ中央は）安定する。国際連盟規約を改正したうえでドイツを国際連盟のメンバーに戻し、イタリア、ソビエト、フランスなどと対等の立場をもたせる。そうすることで、ヒトラーが主張するように今後四半世紀にわたる安定が確保できるだろう[66]」

11　和平より「倫理」を優先したアメリカ

エチオピアの現状を承認しないとする態度を列強がとれば、ヨーロッパは安定しないことは明らかだった。イギリスの政治家がこの事実を受け入れるには時間が必要だった。一九三六年五月九日、イタリア国王〔ヴィットーリオ・エマヌエーレ三世〕は、エチオピア帝国はイタリア軍によって征服され、イタリアの完全なる主権のもとにある、とする声明文書に署名した。

ハイレ・セラシエ皇帝はただちに抗議した。国際連盟事務総長に電信を送り、不承認政策を要求した[*67]（五月一〇日）。五月一二日、国際連盟はこの案件を協議したが、不承認政策を続けるかの判断を六月一五日まで延期した。その時点にはエチオピア情勢は最終的な決着がついていることが見込まれただけに、そのときの状況をみたいという考えであった。

同日（五月一二日）、駐ローマ英国大使はイタリアがエチオピアの主権をもつという主張を容認しないと伝えた。ロンドンでは、これにムッソリーニが強く反発することが予想されていただけに、戦争やむなしとの覚悟もあった[*68]。

イギリスは明らかに挑発的だった。イーデンの進める不承認政策は現実をみての判断ではなかった。ムッソリーニは軍事的な勝利を確実にしているだけに、イギリスの脅しに屈しなかった。バドリオ元帥の軍事的勝利は国際連盟の経済制裁の効果を減衰していた。イタリアは政治的外交的勝利を確実にしていた。イーデンも結局は「苦虫を嚙み潰したような笑みを浮かべて」現状を受け入れざるをえなくなった。

アメリカには、エチオピア情勢を現実的にみようとしない勢力があった。ヨーロッパでは、ヒトラーの台頭とそれを牽制するイタリア（の軍事力）を天秤にかけなくてはならない状況があった。しかしハル国務長官はそうした現実を考慮しなかった。ハルがヒトラーの動きに若干の理解をみせれば、対独牽制のストレーザ戦線を強化することさえできた。彼はその機会を逃した。スティムソンの不承認政策を継承し、あくまで「倫理的正義」に固執した。要するに現実をみようとせず、世界の和平よりも倫理観を優先したといえる。

五月一二日、ロッソ駐米イタリア大使は米国務省を訪問し、イタリアによってエチオピアの啓蒙が進むと説明した。ハルはこれに納得しなかった。[*69] ロッソ大使はハルの態度に不快感をもった。帰り際にフィリップス次官の執務室に立ち寄り、「イタリアによるエチオピアの併合こそが紛争解決の最良策である。ジュネーブ（国際連盟）は現状に則した判断をしてくれるだろう」と語ったうえで、米国政府の態度を再確認した。フィリップス次官は「米国政府の立場はまだ決まっていない」[*70]と答えた。

次官の態度は煮えきらなかったが、彼のみせた態度はハルとは違ってフレンドリーだった。そのこともあってロッソ大使は、アメリカの今後の態度についてはいささか楽観的な見通しをもった。

12　制裁解除を求めるイーデン

イタリアはエチオピアでの軍事的勝利を確かなものにした。ムッソリーニのアフリカ政策を不信の目でみてきた国々に、イタリアは協調的外交を進めると訴えた。アディスアベバでは、バドリオ元帥はエンガート米公使に丁寧な態度で接した。元帥は、訪米の際にはルーズベルトと親しく会談したことなどを話した。ルーズベルトがまだ海軍次官だったころの話である。元帥はパーシング将軍とも親しいと話した。[*71]

ムッソリーニも協調的姿勢を強調した。フランスのラントラシジャン紙のインタビュー（五月二四日）で、イギリスには何の要求もしない、必要であればいかなる保証もいとわないと述べ、イギリスの反イタリア感情を宥《なだ》めた。[*72] ディーノ・グランディ駐英イタリア大使は、「ムッソリーニはイギリスとの理解を深めたいと願っている。イタリアはイギリスの権益を侵そうなどとは一切考えていない」と語った。[*73]

五月二八日、ムッソリーニはローマで、ロンドン・デイリー・メール紙のゴードン・レノックス記者のインタビューに応じた。「タナ湖周辺でのイギリスの権益はしっかりと保護する」「伊英関係は是非とも改善したい。できることは何でもする」と語った。[*74]

しかしムッソリーニの訴えは対伊強硬派の耳には届かなかった。アルフレッド・ジマーン卿〔社会主義を信奉する政治経済学者。労働党員〕、ギルバート・マレー教授〔古代ギリシャ文学者。国際連盟信奉者〕、ヒュー・セシル卿〔保守党政治家〕らはネヴィル・チェンバレン財務相に対伊強硬策の継続を訴え続けた。

チェンバレンは六月一〇日の「一九〇〇クラブ」の講演で、対伊制裁の継続は「真夏の狂気である。イギリスの指導者は現実をしっかりかみるべきである」と語り、意見を修正していた。「対伊制裁は戦争を防ぐことはできなかった。エチオピアを救うことはできなかった。要するに失敗だった。そうであればその政策は捨てなければならない」[*75]と述べていたのである。

ボールドウィン内閣は、対伊外交の修正に向けて動き出した。その姿勢はホーア卿を海軍大臣として再入閣させたことに表われていた。六月一八日、アンソニー・イーデンは、国際連盟には対伊制裁を止めるよう進言すると議会に説明した。モーニング・ポスト紙は「対伊経済制裁は常識はずれの施策であり、ヨーロッパの和平を乱すだけだった」と書き、方針転換を支持した。[*76]デイリー・メール紙は「当初から対伊制裁は愚かで破壊的だ、と主張していた」と自慢した。[*77]制裁を是とする主張もあった。「制裁解除はイタリアに対する屈服である」（ニューズ・クロニクル紙）[*78]、「制裁解除は完璧な無条件降伏である」（デイリー・ヘラルド紙）[*79]がその典型だった。

オーストラリアとカナダはイギリスに追随した。他国も同様であった。七月四日、国際連盟総会は制裁解除を決めた。ただイギリスは、イタリア支配下にあるエチオピアを承認しない（不承認政策）と発表した[*80]（イーデン外相、一二月一六日）。そうすることで、イタリアのエチオピア併合を正当なものだとみなしたわけではない、と対外的に主張したかった。イーデンは、内閣がイタリアのエチオピア支配を事実上承認していたことを隠していた。この方針転換に対して訴訟が起き高等法院で審査されることになった。[*81]その過程で、内閣の決定があったことが露見した。議会でも外務次官がそれを認めた[*82]（一九三八年三月一七日）。

最終的に、英伊両国はローマで協定を結び、イタリアがエチオピアにおける主権をもつことが承認された[*83]（一九三八年四月一六日）。ハリファックス卿（英外相）は国際連盟理事会で説明したが、協定はあくまで二国間マターであると強弁した（五月一〇日）。ソビエト外相のリトヴィノフがこれに異議を呈した。ハイレ・セラシエ皇帝も猛烈に抗議したため理事会は紛糾した。しかし理事国の大勢はイギリスの姿勢を是認するものだった。ポーランド代表は、不承認政策は紛争の種となる、とまで言いきった。理事会ではこの問題について国際連盟の態度を決める採決は見送られたが、不承認政策を国際連盟が捨てたことは明らかであった。スティムソンが強烈に主張した政策は捨てられたのである。[*84]

この問題についてはメルボーン・W・グラハム教授〔UCLA教授。政治学者〕が国際連盟理事会のミュンター委員長（ラトビア外相）の話を聞いているが、ミュンターは、ハリファックス卿の強い圧力があったことを認めた。[*85] 国際連盟のメンバー国の中にはイギリスの宥和政策にならって、イタリア赴任の大使にもたせる信任状の宛名を「イタリア王兼エチオピア皇帝閣下」とするものも出てきた。[*86]

イーデンは英国政府はイタリアによるエチオピア併合を承認しないとしていたが、その主張は完全に覆った。一九三八年一一月二日、チェンバレン英首相は議会に英伊協定（一九三八年四月一六日調印）の承認を求めた。短い議論があっただけで、この議案は圧倒的多数で可決された。貴族院でも同様であった。[*87] アンソニー・イーデンは自身の発した言葉（一九三六年一二月一六日）を撤回しなくてはならなかったが、特に抵抗していない。

13　ストレーザ戦線の崩壊

米国政府はイギリスの外交政策の変化を注意深く見守った。ムッソリーニがエチオピア併合を発表すると、ロング米駐伊大使はそれを理解するような物言いであった。ムッソリーニもイタリア政府もこれを喜び、アメリカの理解を期待した。[*88]

一九三八年六月一六日、就任したばかりのチャーノ伊外相はハル国務長官に対して、両国の友好親善関係をさらに強化するためにできるかぎりの努力をすると伝えた。[*89] この四日後、ルーズベルト大統領はイタリア・エチオピア間にはもはや戦争状態は存在しない、したがって武器禁輸措置は解除するとの声明を出した。[*90]

それでも米国務省は、イタリアのエチオピア併合を認めようとはしなかった。駐伊大使はブレッキンリッジ・ロングからウィリアム・フィリップスに代わった。フィリップスがイタリアに入ったのは一九三六年八月であったが、大統領が用意した信任状の宛名には「イタリア国王閣下」とだけ記されていた。一〇月にはムッソリーニが新駐米大使フルヴィオ・デ・スヴィッチをワシントンに遣った。彼の持参した信任状にはイタリア国王兼エチオピア皇帝の名が記載されていたが、ルーズベルトは「イタリア国王」が任命した全権を認証するとして用心深い対応であった。[*91]

英国政府は現実主義の立場をとった。一九三八年一月一四日、チェンバレン首相はルーズベルトに親書を送り、「国際連盟の了承を得られれば、イタリアが実質的にエチオピアの征服を完了したことを認める用意がある。そのうえでイタリアが（国際連盟各国の）信頼関係を回復させ親善関係を再構築することが確認できれば、（イタリアとの関係を改善させる）他の政策も進めていきたい」との意向を伝えた。[*92]

ルーズベルトはチェンバレン首相の方針を肯んじなかった。「条約に規定された責任を果たすことは国際関係上きわめて重要だ。現在、極東においてわが国とイギリスとが国際法にもとづく秩序を回復させようとしている。そんなときに英国政府が不承認政策を止めるとなれば、わが国世論（対英感情）に重大な悪影響を及ぼすだろう」と述べた。[*93]

英国政府はこの大統領の言葉に関心を示していない。一九三八年四月一六日、イタリアとの間に協定を結び、イタリアのエチオピア併合をはっきりと認めた。イギリスの不承認政策は、ご都合主義外交の中では捨てられた。
それでもルーズベルト政権は、スティムソンから引き継いだ不承認政策に固執した。四月一九日、ルーズベルトは「英伊協定の成立には理解できないこともない。両国とも和平を希求しているからである」としながらも、「この協定に、今後の米国外交に影響を与えるような政治的意味合いはもたない」と嫌味を述べた。[*94]
この数週間後、今度はハル国務長官が、アメリカの外交方針にはいささかの変更もないと語った。[*95]一九三八年一一月一一日はイタリア国王ヴィットリオ・エマヌエーレ三世の誕生日だった。この日ルーズベルトは国王宛の祝電を打ったが、そこにもイタリア国王閣下とだけ書かれていた。[*96]
ルーズベルト政権の不承認政策にこだわる姿勢は「悪魔的態度」であった。和平よりも戦争を覚悟するものであり、和平構築には何の役にも立たなかった。国際法の権威であるハーバート・ブリッグス〔コーネル大学教授〕も、「ルーズベルト政権の不承認政策は何の意味もない。勝者に制裁を与えるわけでもなく、征服したものが支配するというこれまでのルールをひっくり返すわけでもない。不承認政策で、何世紀にもわたって繰り返されてきた戦いを解決できるとする考えは愚かである」と批判した。[*97]
伊エ紛争の一連の経緯を振り返ったときに、アメリカの愚かな不承認政策よりも、イギリスが方針転換前にとっていたイタリア敵視政策のほうが危険だったとの考えもある。アメリカの愚策だけでは戦争にはならないが、英外務省のやり方は確実に戦争になるからである。ムッソリーニはたしかにエチオピアに軍を派遣した。しかしエチオピアは絶望的に未開であり、文明国による指導が必要だったこともまた事実だった。それでもイギリスは国際連盟規約の原則に固執した。[*98]

ホーア卿が妥協案（一九三五年一二月）を促したことからも明らかなように、原則へのこだわりは「ごまかし」だった。[99] フランスは現実主義に立っていただけに、イーデンの対伊強硬外交に追随しなかった。ムッソリーニはイーデンの原則主義の言葉は自身を愚弄していると憤った。イギリスの原則への固執でストレーザ戦線は崩壊した。イーデンはヨーロッパ外交のまとまりを乱すランスロット〔アーサー王物語の円卓の騎士の一人。アーサー王妃グィネヴィアとの恋で騎士間の不和を生んだ〕の役割を演じた。

内閣の不手際をウィンストン・チャーチルは次のように描写している。

「わが国政府は、国際連盟規約を錦の御旗にする外交を推し進めた。五〇カ国もの国際連盟加盟国を勇気ある理念の言葉で導こうとした。しかし政府の真の狙いは国内世論を満足させることにあった。複雑なヨーロッパ外交を念頭に置いてはいなかった。その結果イタリアを除《の》け者にした。それがヨーロッパの安全保障のバランスを崩し、エチオピアのためにもならなかった[100]」

ストレーザ戦線の崩壊で、イタリアはドイツとの同盟に舵を切った。イギリスが、エチオピア紛争でイタリアに冷たい態度をとる一方で、ヒトラーはイタリアに「微笑んで」いた。ムッソリーニが、ドイツに好意をもつのは当然だった。イーデンの外交的失策は英国民には隠された。次の大戦の影が忍び寄ってきたが、その影を引き寄せたのはイーデンであった。

＊原注

＊1　Hull, *Memoirs*, p. 436.

＊2　Memorandum by the Secretary of State regarding a conversation with the Italian Ambassador (Rosso), November 22, 1935. MS, Department of State.

ハルとロッソ大使の会談の前日（一一月二一日）、イタリア大使館付顧問であるアルベルト・ロッシ・ロンギ侯爵は、米国務省に新設された武器輸出コントロール局長のジョセフ・C・グリーンと長時間にわたって協議した。ロンギ侯爵は、アメリカの中立政策はイタリアに対してフェアではないところがある、イタリアに敵意をむき出しているようだ、と不満を述べた。グリーンの答えは素っ気なかった。「アメリカは戦争に巻き込まれるようなことはご免である。わが国の方針は独自のものであり、その政策（禁輸）は交戦国には等しく適用される」と回答した。（Green to Secretary Hull, November 21, 1935. 7110011l Armament Control/492, MS, Department of State.）

＊3　一九三五年一二月一二日までに五三カ国が対伊武器禁輸に参加した。五二カ国が金融制裁（信用供与の制限）に、五〇カ国がイタリアからの輸入制限に同意した。五一カ国が（武器以外にも）禁輸品目が必要だと考え、四六カ国が対伊経済制裁で経済的不利益を被る国への支援案に同意した。国際連盟が同規約第一六条にもとづく制裁を発動することに反対したのはアルバニア、オーストリア、ハンガリー、パラグアイの四カ国だった。（Dwight E. Lee, *Ten Years*, Boston, 1942, p. 150.）

＊4　M. J. Bonn, "How Sanctions Failed," *Foreign Affairs*, XV（1937）, pp. 350-361.

＊5　Ambassador Long to Secretary Hull, Rome, November 25, 1935. *Strictly Confidential*, MS, Department of State.

＊6　Ambassador Straus to Secretary Hull, Paris, November 25, 1935. MS, Department of State.

＊7　英国内の新聞のほとんどが石油禁輸に踏みきるべきだと主張した。ギルバート・マレー教授はデイリー・メイル紙に寄稿し、「ムッソリーニはここで潰しておかなくてはならない。石油禁輸でそれができるなら協調して実施すべきである。そうすることで戦争を止めさせることができる」と主張した（一九三五年一二月二日付）。デイリー・テレグラフ紙は「石油禁輸でムッソリーニの進める冒険的な外交を麻痺さ

せることができる」と書いた（同日付）。

＊8　Hull, *Memoirs*, p. 442.

対伊制裁問題についてはネヴィル・チェンバレンの日記（一九三五年一一月二九日付）に興味深い記述がある。「アメリカは通常よりすでに一歩踏み込んでいる。わが国は制裁を率先してエスカレートすべきである。ムッソリーニの強気の姿勢に屈すれば、アメリカも困ってしまうだろう」(Keith Feiling, *The Life of Neville Chamberlain*, New York, 1946, p. 272.)

＊9　London *Daily Herald*, October 30, 1935.

＊10　*New York Times*, December 5, 1935.

＊11　Winston Churchill, *The Gathering Storm*, Cambridge, 1948, pp. 181-183.［邦訳、ウィンストン・チャーチル『第二次大戦回顧録』〈全24巻〉第1巻〜第4巻「巻き起る嵐」毎日新聞翻訳委員会訳、毎日新聞社、一九四九〜五五年］

＊12　*British White Paper*, Cmd. 5044 (1935). あるいは *Parliamentary Debates*, House of Commons, CCCVII, December 19, 1935, p. 2004 ff.

エチオピアから譲り受ける領土の大きさについての新聞報道には誤差がある。マンチェスター・ガーディアン紙（一九三五年一二月一二日）の報道では、エチオピア領三五万平方マイルの内一五万平方マイルの割譲と計算されていた。この数字は、先の国際連盟の五カ国委員会が九月に出した数字の一〇倍に相当した。

＊13　英外務省は、駐アディスアベバ公使（シドニー・バートン卿）に対して、この協定を皇帝が受け入れるよう強い圧力をかけることを指示し、（十分な考慮なくして）拒絶しないよう求めた。公使は、この協定がエチオピアにとって利があり、英仏両国ができる精一杯の条件であることを理解させるよう訓令した。(London *News Chronicle*, December 16, 1935.)

＊14　*Survey of International Affairs, 1935*, II, pp. 314-320.

＊15　各紙の引用は London *Times*, December 12, 1935.

＊16　December 11, 1935.

＊17 December 11, 1935.

＊18 December 14, 1935.

＊19 London *Daily Herald,* December 20, 1935.

＊20 December 16, 1935.

＊21 Ambassador Long to Secretary Hull, Rome, December 18, 1935. MS, Department of State.

＊22 Ambassador Long to Secretary Hull, Rome, December 31, 1935. MS, Department of State.

＊23 Ambassador Long to Secretary Hull, Rome, January 3, 1936. MS, Department of State.

＊24 *Peace and War: United States Foreign Policy, 1931–1941,* Washington, 1943, p. 306.

＊25 Ambassador Long to Secretary Hull, Rome, January 16, 1936. MS, Department of State, with inclosures.

＊26 Ambassador Long to Secretary Hull, Rome, January 17, 1936. MS, Department of State.

＊27 Ambassador Long to Secretary Hull, Rome, January 16, 1936. MS, Department of State.

＊28 Borchard and Lage, *Neutrality for the United States,* pp. 325–329.

＊29 *Pending "Neutrality" Proposals: Their False Conceptions and Misunderstandings,* New York, 1936, pp. 6–7.

＊30 *Il Progresso,* January 28, 1936.

＊31 John Norman, "Influence of Pro-Fascist Propaganda on American Neutrality, 1935–1936," *Essays in History and International Relations in Honor of George Hubbard Blakeslee,* ed. D. E. Lee and G. E. McReynolds, Worcester, 1949, pp. 207–208.

＊32 *The United States in World Affairs, 1936,* pp. 142–143.

＊33 Norman, Influence of Pro-Fascist Propaganda on American Neutrality, 1935–1936, p. 213.

＊34 Atherton to Secretary Hull, London, January 18, 1936. MS, Department of State.

＊35 Ambassador Wilson to Secretary Hull, Geneva, January 23, 1936. MS, Department of State.

＊36 Report of Lieutenant L. N. Miller, assistant naval attaché in Paris, January 14–23, 1936. MS,

Department of State.

*37 Lee, *Ten Years,* pp. 135–138.

*38 Ambassador Long to Secretary Hull, February 27, 1936. MS, Department of State.

*39 Sir Leo Chiozza Money to President Roosevelt, March 3, 1936. MS, Department of State.

*40 Ambassador Long to Secretary Hull, Rome, February 27, 1936. MS, Department of State. あるいは Virginio Gayda, "Mediterranean and International Agreements," *Giornale d'Italia,* February 26, 1936.

*41 *Survey of International Affairs, 1935,* II, pp. 350–409.

*42 The remarks of Mme Tabouis. *L'Œuvre,* March 3, 1936.

*43 *Giornale d'Italia,* March 3, 1936.

*44 Ambassador Long to Secretary Hull, March 4, 1936. MS, Department of State.

*45 Secretary Hull to Engert (Addis Ababa), March 9, 1936. MS, Department of State.

*46 Engert to Secretary Hull, Addis Ababa, March 17, 1936. MS, Department of State.

*47 Ambassador Long to Secretary Hull, Rome, March 12, 1936. Mutual Guarantee/418 (Locarno), MS, Department of State.

*48 *Survey of International Affairs, 1935,* II, p. 342.

*49 Ambassador Long to Secretary Hull, Rome, April 3, 1936. MS, Department of State.

*50 Anthony J. Biddle to Secretary Hull, Oslo, April 6, 1936. MS, Department of State.

*51 Warrington Dawson to Secretary Hull, Paris, April 7, 1936. MS, Department of State.

*52 Ambassador Dodd to Secretary Hull, Berlin, April 9, 1936. MS, Department of State.

*53 Ambassador Bingham to Secretary Hull, London, April 7, 1936. MS, Department of State.

*54 Prentiss Gilbert to Secretary Hull, Geneva, April 15, 1936. MS, Department of State.

*55 Ambassador Bingham to Secretary Hull, London, April 15, 1936. MS, Department of State.

*56 *Survey of International Affairs, 1935,* II. pp. 347–355.

*57 Ambassador Wilson to Secretary Hull, Geneva, April 20, 1936. *Strictly Confidential,* MS, Department of State.

＊58 Ambassador Straus to Secretary Hull, Paris, April 21, 1936. MS, Department of State.

＊59 Mr. Mayer to Secretary Hull, Berlin, April 22, 1936. *Confidential file,* MS, Department of State.

＊60 Anthony J. Biddle to Secretary Hull, Oslo, May 2, 1936. MS, Department of State.

＊61 *New York Times,* May 6, 1936.

＊62 May 7, 1936.

＊63 May 7, 1936.

＊64 May 7, 1936.

＊65 Ambassador Straus to Secretary Hull, Paris, May 11, 1936. MS, Department of State.

＊66 London *Times,* May 5, 1936.

＊67 *League of Nations Official Journal,* 1936, p. 660.

＊68 Prentiss Gilbert to Secretary Hull, Geneva, May 12, 1936. MS, Department of State.

＊69 Memorandum of a conversation between Secretary Hull and the Italian Ambassador, Signor Rosso, May 12, 1936. MS, Department of State.

＊70 Memorandum of a conversation between the Under Secretary of State, Mr. William Phillips, and the Italian Ambassador, Signor Rosso, May 12, 1936. MS, Department of State.

＊71 Engert to Secretary Hull, Addis Ababa, May 14, 1936. MS, Department of State.

＊72 Ambassador Straus to Secretary Hull, Paris, May 25, 1936. MS, Department of State.

＊73 Atherton to Secretary Hull, London, May 29, 1936. MS, Department of State.

＊74 London *Daily Mail,* May 29, 1936. See also, Kirk to Secretary Hull, Rome, May 29, 1936. MS, Department of State.

＊75 London *Times,* June 11, 1936. あるいは Feiling, *The Life of Neville Chamberlain,* p. 296.

＊76 June 19, 1936.

＊77 June 19, 1936.

＊78　June 19, 1936.
＊79　June 19, 1936.
＊80　*Parliamentary Debates*, 318 House of Commons, 2432.
＊81　Robert Langer, *Seizure of Territory*, Princeton, 1947, p. 137.
＊82　*Parliamentary Debates*, 333 House of Commons, March 17, 1936, 617.
＊83　*Documents on International Affairs*, *1938*, I, p. 141.
＊84　*League of Nations Official Journal*, 1938, pp. 339-355.
＊85　*Proceedings of the American Society of International Law*, May 13-15, 1940, p. 95.
＊86　一九三八年一月五日、イタリア政府は一七カ国がイタリアのエチオピア支配の現状を承認したとの声明を出した。そのほとんどが国際連盟のメンバー国であった。さらに英仏両国を含む一一カ国が、エチオピア併合そのものを承認したことも発表した。
＊87　*Parliamentary Debates*, 340 House of Commons, 331. あるいは *Parliamentary Debates*, 110 House of Lords, 1678.
＊88　Kirk to Secretary Hull, Rome, May 11, 1936. MS, Department of State.
＊89　Signor Rosso to Secretary Hull, June 16, 1936. MS, Department of State.
＊90　Hull, *Memoirs*, p. 471.
＊91　同右、pp. 470-471.
＊92　Prime Minister Chamberlain to President Roosevelt, January 14, 1938. *Confidential file*, MS, Department of State.
＊93　President Roosevelt to Prime Minister Chamberlain, January 17, 1938. *Confidential file*, MS, Department of State.
＊94　Department of State, *Press Release*, April 19, 1938.
＊95　同右、May 12, 1938.
＊96　同右、November 11, 1938.

＊97　Herbert Briggs, "Non-Recognition of Title by Conquest," *Proceedings of the American Society of International Law*, May 13-15, 1940, p. 81.

＊98　アフリカ問題研究者の間では、エチオピアにおける奴隷制度は問題視されていた。E・W・ポワソン・ニューマン少佐はある専門誌（*Contemporary Review*, CXLVIII, December 1935, p. 650.）に「エチオピアにおける奴隷制度」と題した論考を寄稿している。その中で次のように書いていた。

「奴隷制度はエチオピア経済の根幹をなしている。奴隷制度を廃止するためには徹底的な社会経済システムの変革が必要である。おそらくそのためには外圧とヨーロッパ人による指導が不可欠だ」

　ウィンストン・チャーチルも、「エチオピアには暴政、奴隷制、そして部族間抗争がある。エチオピア政府の性格と同国のこうした惨状は、国際連盟メンバーとしての資格があるのか疑わしい」（Churchill, *The Gathering Storm*, p. 166.）と書いていた。

＊99　イギリスがムッソリーニのエチオピア侵攻を嫌った理由の一つに、エチオピアの荒野をうるおそうと青ナイルの源流の流れを変えるのではないかとの危惧があった。そうなればエジプトへの悪影響が避けられない。ムッソリーニはエチオピアからエリトリアまでを肥沃なコットン生産地に変えることができた。そうなればエジプトは大打撃を被ることになるとイギリスは怖れた。（Sir John Harris, "Italy and Abyssinia," *Contemporary Review*, CXLVIII, August 1935, p. 151.）

＊100　Churchill, *The Gathering Storm*, p. 187.

第11章——駐ドイツ大使がみたヒトラー

1　対米接近をはかるナチス

ルーズベルト政権はイタリアからの友好の投げかけに応えなかった。ドイツとの関係はさらに深刻だった。一九三三年春から夏にかけてドイツとの関係はよくなるかに見えた。駐独大使となったウィリアム・ドッドがベルリンに入ったのは、一九三三年七月一三日のことである。彼はドイツ国民の親米感情が強いことに驚いた。[*1]その二日後にコンスタンチン・フォン・ノイラート外相に会ったが、彼の態度も同様だった。しばらくするとAP通信のルイス・P・ロシュナー記者を通じて、ヒトラー総統から食事の誘いがあった。静かな場所で独米関係について話し合いたいと伝えてきたのである。

ドッドはこの誘いを断わった。一方で、ジョンズ・ホプキンズ大学のヘンリー・ウッド教授（政治学）の家を訪れることは承諾した。ウッド教授の仲間内での会話はヒトラーに理解を示す者が多かった。[*2]

七月一七日、ドッド大使は長文の報告書をハル国務長官に提出し、ドイツの最新経済情勢を伝えた。独内相のヴィルヘルム・フリックは、経済の改善に文字どおり尽力していた。フリックはナチス党員に経済問題への介入を禁じた。ドイツ（共産主義）革命の動きは終焉を迎えていた。ナチスは経済再建に向けて動き始めた。ヒトラーがこの動きをサポートしたのは疑いようがなかった。

ドッド大使はこれをポジティブに捉えていた。[*3] イギリスのロザミア卿の解釈はより肯定的でナチス・ドイツを高く評価したのである。

「ドイツではヒトラーが宰相に指名されて以来、彼の指導下で歴史的な変革が進んでいる。そのスピードも相当に早い。ドイツ国民は、救世主を得たかのように勇気づけられた。ドイツ精神が蘇ったことを嘆くことはアンフェアであり無益である。ドイツが新リーダーのもとで若々しさを回復したのは幸運なことである」[*4]

ナチス政権は、ニューヨークからやってきて共産主義思想を煽っていたアメリカ人学生を逮捕したが、この際にもアメリカに配慮をみせた。この学生は外部との接触を禁じられたが、駐ベルリン米総領事メッサースミスは学生との接見を許された。メッサースミスは特派員のモウラーとニッカーボッカーに、この事件を報じることを許可した。その記事は逮捕された学生は相当の悪だったと報じていた。アメリカ大使館にはこうした内容になることの了解をとっていなかった。ドッド大使は、事態が悪化する前に学生を解放させると、ニューヨーク行きの船に乗せ帰国させた。[*5]

八月三日、ドッド大使は、威勢のいい特派員ジャーナリスト、カール・フォン・ウィーガンド〔ドイツ生まれのアメリカ人ジャーナリスト。ハースト系新聞に寄稿〕の話を聞く機会があった。彼は大使の知らない情報を多くもっていた。大使は、ヒトラー支持グループに同情的なこの記者に好印象をもった。[*6]

このころはドッド大使もメッサースミスも、ドイツあるいはドイツ国民のポジティブな面をみる余裕があった。ドイツの何もかもが彼らを不快にしたわけではなかった。一九三三年八月、メッサースミスは、ナチス政権がアメリカに親ドイツ感情をもたせたいと思っていることに気づいている。

このころ、アメリカからボーイスカウトの一行がミュンヘンを訪問した。ドイツはこれを歓迎した。ボーイスカウト代表は、ヒトラーは「真の社会主義（true socialism）」の実現に努力している、と感激した。同じころアメリカ沿岸警備隊の新兵がベルリンを訪問した。ベルリン市は彼らを賓客としてもてなした。帰国すると、ナチスの政治運動による迫害報道は「誤解」にもとづいていると語った。

メッサースミスはハル国務長官に、ジョセフ・E・リッダーがベルリン日報（*Berliner Tageblatt*）紙に寄せた論文に注意を向けるよう促した。リッダーは、ニューヨークで発行されているドイツ語新聞（*New Yorker Staats-Zeitung*）のオーナーだった。彼はベルリン日報の記者に「ドイツには正直であろうとする気風がある。政治でも商売でも文化でもそうした性質がある」と語っていた。[*7]

八月一二日、ドッド大使はドイツ事情をルーズベルトに報告している。ドイツとイギリスの間には、ベルサイユ条約に規定されているドイツ非武装化について大きな考え方の相違があり、緊迫した情勢になっていた。駐ベルリン大使館のイギリス武官は、この時期にウィンストン・チャーチルと交わした会話を記録している。チャーチルは「フランスからの要請があれば、かなりの軍事力を融通しドイツと対峙する用意がある」と述べていた。そうした事情があっただけに、ナチス政権はアメリカとの友好関係を何としても構築したいと考えた。

このころのドイツの国民感情は、大戦後期から直後にあった革命的気分が収束し、保守的な空気が戻ってきていた。「ナチスにおける（伝統的な）保守思想の広がりに鑑みると、ルーズベルト大統領が英仏の強硬論を抑えてくれれば、ドイツは落ち着きをみせるだろう」。これがドッド大使の見立てであった。[*8]

2　ナチス党大会への出席をめぐる葛藤

前項で述べたようにナチス政権は対米関係改善に動いた。しかしドッド大使は慎重だった。ヒトラー政権を承認したかのような態度はみせなかった。大使はナチスの反ユダヤ人政策を嫌っていた。[*9]大使は米国内にナチス嫌いの空気が広がっていることを知っていた。ナチス党大会はニュルンベルクで九月第一週に開催されることになっていたが、大使は出席の是非について本省の指示を仰いだ。[*10]ウィリアム・フィリップス国務次官は、この案件で態度を明確にするのはまずいと指示したが、出欠の判断は大使に委ねた。ただし大使館、そして米国政府が恥をかかない対応を願うとする内容だった。[*11]そのうえで英仏駐独大使と意見交換を勧めた。

ドッド大使は自身の判断での行動は避けたかった。大使はイギリス駐独代理公使の意見を聞いた。彼も招待に応じるか決めかねていた。フランス大使は、パリの本省からの指示を受けていなかったため、フランス政府の方針を確認できなかった。

ドッドは、慎重を期して再度本省に指示を仰いだ。[12] フィリップス次官はとにかく米国政府がこの案件でイニシアティブをとりたくないとの考えであった。「英仏両国のほうがこの案件には関心があるはずで、われわれがイニシアティブをとるのはよろしくない。(英仏の世論やメディアが両国の判断を非難することになれば)アメリカに倣ったと言い訳するかもしれない。そうなることは避けたい[13]」という意見であった。

結局、ドッド大使に委ねられた。大使は最終的に出席を断わった。「お招きに応じたいが、忙しくてベルリンを離れられない。今回は遠慮したい[14]」。大使は言葉を選んで欠席を伝えた。

3　続発するアメリカ人への嫌がらせ

ドッド大使が招待を受けなかったことで、ヒトラー政権はアメリカの態度が冷たいことを悟った。ナチス高官の中には、ルーズベルト政権に不快感を示すべきだと考える者もいた。この感情が突撃隊によるアメリカ人への荒っぽい扱いになって表われた。たいした理由もなく米国民が突撃隊の嫌がらせを受けた。ドッド大使は繰り返し抗議したが、そうした事件は続いた。

たとえば、アメリカ人のダニエル・マルヴィヒル博士は突撃隊に小突きまわされた。博士はウンター・デン・リンデン〔ベルリンの大通りの一つ〕を進む突撃隊のパレードをみていたが、その隊列に敬意を表さなかったことを咎められ、突撃隊の暴行を受けた。ただちに米国大使館はドイツ外務省に伝え内務省に抗議した。内務省は、大使館が納得できる処置をとると約束し[15]、実際に暴行した隊員を収監した。[*16]

この事件では、ベルンハルト・フォン・ビューロー外務次官が米国大使館を訪れ、ドッド大使に心からの謝罪をした。ビューロー次官は、ナチスは突撃隊を使って若者に人生をより真剣に考える訓練をしているのであって、対外的な攻撃に使うものではない、と弁解した。大使は、ドイツが他国と接する地域で少しでも侵略的態度をみせればかならずヨーロッパ全体を巻き込む紛争となる、と警告した。ビューロー次官は「私もそう思う」と応じたが、「もしジュネーブの国際連盟が、フランス空軍を削減できなければ、ドイツは対空砲、対戦車砲の生産を始めなくてはならない」とも述べた。

最後に、ビューローは、アメリカの新聞がありもしない（ユダヤ人）虐殺を扇情的にあおる記事を書いていることに抗議した。ドッド大使は、米国政府と新聞はそれぞれ独立していることを説明したうえで、アメリカの新聞には誇張が多いことを認めた。大使は「エドガー・モウラー記者の誇張された記事については、（雇用者である）シカゴ・デイリー・ニューズ紙に対して善処を要請する。私も次官同様、モウラー記者の記事は報道の一線を越えて扇動的になっていると考えており、モウラー記者は八月三一日には国外に出ることになっている」とビューロー次官の理解を求めた[*17]〔エドガー・モウラー（一八九二～一九七七年）は、シカゴ・デイリー・ニューズ紙特派員として一九二三年からドイツに派遣されていた。早い時期からナチスに批判的な記事を書き続けた〕。

4　ルーズベルトにアプローチするヒトラー

ドッド大使は、ベルリンでは多くの民間人がアメリカとナチス・ドイツとの関係改善を望んでいることに気づいた。一九三三年八月初旬、大使はジョン・F・コア博士と大使館で話し込んだ。コア博士の両親はアメリカ人で、ドイツで生まれたドイツ通だった。博士はベルヒテスガーデン〔ヒトラーの山荘〕でヒトラーと会談することになっていて、その前にドッド大使の考えを聞きたかったのである。大使はナチスがユダヤ人を排斥していることで米世論を刺激していると述べた。コア博士はこれに同意した。

八月一六日、博士はヒトラーとの会見を終えベルリンに戻った。ヒトラーに大使の懸念を伝えたが、ヒトラーはユダヤ人は世界にとって呪いのようなものであり、この問題は何とかしなくてはならないと主張し、博士やドッド大使の懸念に耳を貸さなかった[*18]。

ヒトラーは、ユダヤ人問題については彼だけで対処しようとはしなかった。ヒトラーは、コア博士をメッセンジャーとして、ルーズベルト大統領と意見交換したいと伝えようとした。ナチス政権の考え方を説明したかったのである[*19]。

ルーズベルトはコア博士と会うことに同意したが、博士がワシントンに入るころにはルーズベルトは体調を崩していた。ハル国務長官もこの時期はキューバ問題〔バティスタ軍曹によるクーデタ事件を指す〕で忙しく、博士に会う時間を割けなかった。

結局、コア博士が話すことができたのは国務省のピアポント・モファット西欧部長だけであった。コア博士の考えは部長からハルに伝えられた[*20]。後日、ハルは博士への手紙で、博士の情報は有用ではあるが、ドイツ情勢は日々変化しているので博士の意向どおりの対応はできない（ナチス政権との積極的な対話はできない）と伝えた[*21]。

5　有名作家がルーズベルトに送ったアドバイス

コア博士に続いて動いたのはジョージ・シルヴェスター・ヴィーレックだった。彼は、一九一四年以前のアメリカ文学界では知られた人物だった。一九一四年から一七年には親ドイツの雑誌ファザーランドの編集人であった。第一次世界大戦後は、ウィルソン大統領補佐だったマンデル・ハウスから、戦時およびベルサイユ条約交渉時のマンデル・ハウスとウィルソン大統領の関係（確執）を記した書の執筆を依頼されている。

ヴィーレックは『歴史上最も不可思議なフレンドシップ（*The Strangest Friendship in History*）』と題する本の執筆にかかった。その作業の過程で、一九一六年二月二二日に締結されたハウス・グレイ協定の存在を知った。アメリカは英仏両国から要請があれば外交的支援を実行し「都合がいい時点」で軍事支援に替える、という密約だった。マンデル・ハウスはナイーブにも、大統領には戦争を始める力があり、議会をコントロールする力もある、と信じていた。この密約を大統領は承認していた。米国民はこのとき、英仏両国の意思しだいで（アメリカに支援を求めた時点で）両国と運命を共にしなくてはならないことが決まっていたことを知らなかった。[*22]

ヴィーレックはショックを受けた。各国間に秘密協定があったことが先の大戦の要因であった。ヴィーレックは、大統領が議会に知らせずに秘密協定を結べば、アメリカは容易に戦争に引きずり込まれると強く危惧した。将来に不安を感じたヴィーレックは、ルーズベルトに書簡をしたため、一九一五年から一七年にかけてのウィルソン政権外交の陰の部分に注意を促した。ヴィーレックが、ぶしつけな内容の私信を書けたのは、かつてルーズベルト大統領のゴーストライターを務めたことがあったからだった。リバティ誌に三度にわたって掲載された大統領名の論考は彼が書いたものだった[*23]。

　ヴィーレックは、一九三三年一〇月一一日に再びルーズベルト大統領に注意を促す書簡をしたためた。

「少し前に私は、わが国を戦争をせざるをえない立場に追い込んでしまう『紳士協定（秘密協定）』があったことをお伝えし、その危険性に注意を促しました。この問題についてはリバティ誌に寄稿しましたし、ウッドロー・ウィルソン大統領とマンデル・ハウスとの間にあった『心霊的結び付き』を描いた拙著『歴史上最も不可思議なフレンドシップ』の中でも触れました。リバティ誌の記事の写しを送付させていただいた際には、大統領はこの件について話したいと言ってくださいました。私がそれに応えられなかったのは、（秘密協定の害をどう防ぐかについての）妙案が私にはなかったからでした。

　私はこの問題についてずっと考えていましたが、国際問題での交渉では、このようなインフォーマルな秘密協定なしで事を進めることはできないだろうと考えるに至りました。この件についてはゴア上院議員〔トーマス・ゴア。オクラホマ州選出、民主党〕やボーラ上院議員とも意見を交換しました。残念ながらお二人とも具体的な妙案は持ち合わせていませんでした。

　私はドイツから戻ったばかりですが、ドイツ滞在中にヒトラー首相、ノイラート外相、フォン・パーペン副首相、シュミット経済相、ゲッベルス宣伝相、シャハト・ライヒスバンク総裁らと会談することができました。またドイツ皇太子〔ヴィルヘルム二世の長男。ヴィルヘルム・フォン・プロイセン〕や（オランダに亡命した）ヴィルヘルム二世とも会うことができました。もちろんドッド大使とも話すことができました。

マンデル・ハウス氏は（こうした人物との会話から）私が知りえた事実について、大統領が関心をもつかもしれないとお考えです。私は、ウィルソン大統領が一四カ条の約束をドイツに信じさせて講和に応じさせたことに、わが国は責任があると感じています。これはドイツに借りを作ったようなものです。この借りを返す一番の方法は、ドイツとの友好的な関係の構築です。平和な関係を築きながら先の大戦の勝利者の強欲を抑制させることです。彼らはドイツに対してアンフェアな要求を続けています。

私は貴政権が国内政策において目覚ましい成果を上げていることを喜んでおります。同じような成果を外交においてもみせてくれることを期待しております。いずれにせよ、わが国は、ヨーロッパ列強の強欲を実現するための『だしに使われる』ようなことは二度とあってはならないと考えます[*24]」

ルーズベルトはこの書簡にすぐに回答しなかった。一一月三日、大統領のスピーチライターであるルイス・ハウがヴィーレックに返書を書き、ワシントン訪問を促した。この件ではハル国務長官、あるいはウィリアム・フィリップス次官と話し合ってほしいと要請したのだ[*25]。

ヴィーレックはハルに、この要請の書面の写しを添えた書簡を出した。ハルにも、ドイツ滞在時にヒトラーをはじめとする多くのナチス高官から意見を聞いてきたことを伝えた。そうした意見を伝えることは、いくらかでも政権の外交に役立つにちがいないと書いた。[26]

ハルはこの書簡をフィリップス次官に渡し、会談日程を調整させた。[27] この会談で何が話されたのか米国務省は公開していない。ヴィーレックによればフィリップス次官をはじめとした米国務省幹部との会談は和気あいあいとしたものだったらしい。彼は「ヒトラーの態度はドイツ国民の劣等感の裏返しである」「ドイツによるオーストリア併合は避けられないだろう。オーストリア国民自身がそれを強く望んでいる」との意見を伝えた。ハルはヴィーレックに、ヨーロッパ駐在のすべての外交官に宛てた、ヴィーレックを有能な人物だとする推薦状を渡した。

しかしハルの推薦状で、ヨーロッパ駐在の外交官が米独関係の改善に注力することはなかった。ヴィーレックはしだいにルーズベルトの進めるニューディール政策に批判的になっていった。これを嫌ったリバティ誌のフルトン・アウスラー〔ジャーナリスト。リバティ誌編集人〕はヴィーレックに三行半《みくだりはん》を突きつけた。「私はなぜドイツを恥ずかしく思うのか」と題する記事を書くか、ニューディールを礼賛する記事を書くか、そうでなければリバティ誌から外れるか、選択を迫った。もしリバティ誌に残るのであれば、ヴィーレックの記事で特集を組み、彼の名は表紙に載ると約束した。ヴィーレックは、それを断わった。[28]

ヴィーレックは、ルーズベルト大統領とは彼の任期中に会っていないと筆者に語ってくれた。一九三九年三月にアーウィン・H・クラウスが大統領に宛てて書いた書簡が残っている。その中に「一九三九年三月一六日にローランド・ドイツ系アメリカ人民主協会の会合があったが、そこでヴィーレックは、数年前に大統領が『とにかくヒトラーと、そしてドイツを破壊しなくてはならない』と言ったと講演した[29]」との文言がある。しかし、この内容は信用できない。大統領がヴィーレックにこれほどあけすけに意見を述べたとは考えられないからである。

6　ゲーリング航空相の影響力

ヴィーレックのような民間人による外交が展開されているころ、ドッド大使は信任状提出のためにヒンデンブルク大統領に会った。大使は大統領と言葉を交わしナチス政権が進めようとしている経済の国家管理についての懸念を伝えた。大統領は同じ懸念をもっているようであった。ドッド大使は、ヒンデンブルク大統領がナチス過激派に対して批判的な考えをもっているのではないか、と日記に書いている。[*30]

ドッド大使とドイツ国内穏健派は米独関係の改善を模索していたが、それを妨害したのが過激派グループだった。九月九日、米国務省はサミュエル・ボサードとH・V・カルテンボーンの二人が過激派に暴行を受けた事件について声明を出した。二人はナチスのパレードをみていたが、その際にナチス式敬礼を怠ったのが暴行の理由であった。ドイツ外務省はすぐに遺憾の意を表明し、暴行を加えた者を厳しく罰すると約束した。[*31]

九月一四日、ドッド大使はノイラート外相とこの事件の処理について協議した。ノイラート外相は、ゲーリング航空相だけではなくヒトラー首相ともこの件については話をしており、今後このようなことが起きないように法を厳しく運用していくことを確認したと大使に説明した。[*32]

ドッド大使は、メッサースミス領事よりもスムースに満足のいく回答を得た。メッサースミス領事は、この件で宣伝省のフンク博士に抗議していたが、同氏はカルテンボーンらの態度を非難するばかりだった。カルテンボーンは突撃隊のパレードが通りかかると侮蔑の態度で隊列に背を向け、商店のショーウィンドウをみるふりをした。またボサードについては「あの青年がドイツを去るにあたって多くが別れを惜しみ、彼は十分に満足して帰った。何の問題もない」と説明していた。[*33]

メッサースミス領事は、フンク博士の「たいした事件ではない」という態度に驚いた。領事はナチス政権を批判的にみるようになっていった。「ナチスのモットーは暴力、嘘、多弁である」とフィリップス次官に報告している。ナチスの反ユダヤ人キャンペーンは凶暴で、ユダヤ人の自殺が増えていた。反発の声も上がっていた。この件はゲッベルスがうまく対応していた。

「その結果、ヒトラーの立場はこれまでになく強くなった。また首相を神のように崇める者も出ている。彼らは非常に特殊な心理状態に陥っていて、ヒトラーは彼らの精神の中心にいる。ゲーリングは（精神的支柱ではなく）むしろナチスの物理的力を示そうとする唱道者である。単純でヒトラーを熱狂的に支持する兵士の一人にすぎないと考えられている。ゲーリングはナチスの三人の指導者の中で唯一物わかりがよく理性的で、話がわかる人物のようだ[*34]」

メッサースミス領事は本音ではドイツを信頼していたのかもしれない。それは、彼のゲーリング評からみてとれる。ドイツに数週間でも暮らしゲーリングを身近でみることができれば、とてもこのような評価は下せない。ゲーリングは領事の観察とは異なりナチス政権できわめて強い影響力をもっていた。

ゲーリングについての評価はドッド大使のほうが正確だった。大使はナチス過激分子によるアメリカ人への暴行についてはゲーリングに責任があると主張した。ゲーリングはプロイセン首相の肩書をもち、かつ警察のトップだった。彼の命令一つでアメリカ人への暴行は避けることができた。

ドッド大使は、ドイツ外務省に突撃隊の暴行事件への善処を訴えた。ノイラート外相の回答は心もとないものだった。「突撃隊はわれわれではコントロールできない、彼らの荒っぽいやり方を外務省はどうすることもできない」と力なくこぼすだけであった。[*35] ゲーリングはアメリカ人を保護するつもりはない、ということだ。

7　国際連盟から脱退したドイツ

ドイツのナショナリズムはナチス政権の成立で盛り上がった。それを象徴する人物がゲーリングだった。狂信的ともいえる愛国主義が澎湃《ほうはい》と沸いた。突撃隊のパレードにナチス式敬礼をしない外国人を襲ったのはその感情の発露であった。

この感情が外交の場では、ベルサイユ条約の見直し、対等の軍事力の要求となった。ジュネーブで開かれていた軍縮会議は六月にいったん閉会となり、再開は一〇月一六日と決まった。閉会の間、ノーマン・デイヴィスはロンドンやパリに飛んで英仏政府と協議を重ねた。ドイツの要求レベル〔ドイツはこの会議で、ヨーロッパ列強の軍事力をドイツのレベルに落とすか、そうでなければドイツに列強と同程度の再軍備を認めるように迫っていた〕をどうやって抑え込むか、同時に強情なフランスからどうやって妥協を引き出すか。それがデイヴィスの悩みの種だった。

一〇月九日、ハル国務長官はルター独駐米大使に対して、ドイツの主張があるためにヨーロッパに新たな軍拡競争が始まったと警告した。

「私（ハル）は、彼（ルター）にはっきりとわが国の立場を伝えた。わが国外交の狙いは、世界全体での軍縮である。言うまでもないことだが、（ジュネーブの軍縮会議で）軍縮計画を蔑ろにして逆に軍備を強化するようなことは許さない」[*36]

一〇月一四日、英外相のジョン・サイモン卿は、大陸国家の陸軍の規模を兵員数で比較したうえで再編成し（上限を決定し）、国際機関にそれを監視させるという案を提示した。すでに大きな陸軍を保持している国はこの計画に沿った削減に取り組み、各国の兵力の均等化を八年で実現することをめざし、平和条約調印国は決して軍備増強を図ってはならないというものだった。ただドイツだけは、国軍の増強を認めてもよいという妥協の条件も含まれていた。[*37]

ヒトラーは周辺国と兵力を均衡させるのに八年も待つつもりはなかった。ドイツ外務省はただちに、国際連盟の軍縮交渉会議のメンバーから外れると通告した。[*38] ヒトラーは、ラジオを通じて「列強はドイツの軍事力と均衡させることを拒否した。彼らは道義的にも軍事力均衡を実現すべきである。ナチス政権はヨーロッパ各国との軍縮会議から脱退せざるをえなくなった」と国民に訴えた。ヒトラーは特にフランスの立場に留意して、（先の大戦でフランスに併合された）アルザス・ロレーヌ地方を併合しようとは考えていないとも付言した。[*39]

メッサースミス領事はフィリップス次官に機密電で、ドイツの脱退について次のように報告した。ナチス指導者の心理を病理学的に読み解こうと試みてもいる。

「おそらく国際連盟の協議からの脱退の決断はゲッベルスによるものでしょう。ジョン・サイモン卿はゲッベルスと会談しています。その際にサイモン卿はイギリスの考えをはっきりとゲッベルスに伝えています。すなわち、ドイツの現在のような（強硬な）外交をイギリスは決して支持できない、ということを伝えたのです。このときのサイモン卿の物言いは、はっきりとしたもので熱のこもったものだったことは間違いないと思います。私自身ゲッベルスの性格をよく知っていますから、彼がサイモン卿の言葉をどのように受けとったか想像がつくのです。おそらくゲッベルスはかなり憤ったでしょう。彼はこれをヒトラーに報告し、ヒトラーも同じような反応だったでしょう。二人の思考は似ているのです。ジュネーブの会議からの脱会は、そのときに二人が（怒りにまかせて）決断したものでしょう」

「ヒトラーとその周辺にいる幹部は、ルーズベルト大統領および夫人（エレノア）の周辺にいるアドバイザーがユダヤ人ばかりであることに強い反感をもっているようです。このことについては私（メッサースミス）も怒りで一杯です。ヒトラーらは、ルーズベルト政権内にはユダヤ人アドバイザーが溢れており、彼らがアメリカの外交を歪め、大統領夫妻はそうしたアドバイザーに唆《そそのか》されて反独の姿勢をとっていると主張しています」[*40]

ドッド大使の報告はメッサースミス領事のそれよりも冷静であった。一〇月一七日、大使はヒトラー首相と会った。ヒトラーの態度は、報道される彼の姿とは違っている（落ち着いている）と感じた。大使はヒトラーと二つの重要案件について協議した。一つは米国民への暴行事件、もう一つはドイツに信用を供与しているアメリカの金融機関に対する差別的扱いについてであった。ヒトラー首相は大使の苦情のすべてに理解を示した。特にアメリカ人への暴行については、首相自身が十分な注意を払い、そうした事件が再発したら法律の許す最大限度の処罰を科す、と確約した。

ただドッド大使がジュネーブでの軍縮協議からの脱退問題について触れると、ヒトラーははっきりと苛立ちをみせた。ヒトラーはベルサイユ条約の不正義を訴えた。ドッド大使が「たしかにフランスの態度は不正義である」と述べると、ヒトラーはたちまち落ち着きをとり戻した。二人の会談は和やかな雰囲気で終了した。[*41]

ドッド大使は、たしかにフランスの対独姿勢の不正義を非難したが、同時にナチス政権が国民にプレッシャーをかけ、彼らの行動に影響を与えていることは批判していた。ナチス政権に反対する者は組織的に嫌がらせを受けていること、ナチスの弁士が、誰が投票行動でナチスを裏切っているか(ヒトラーに投票しなかったか)をチェックしているなどと言って民衆を脅していると非難した。投票は秘密投票のはずであった。[*42]

ドッド大使は、一一月一二日に予定されている国民投票を念頭にヒトラーとの会談に臨んでいた。この投票は、ヒトラーが決断した軍縮交渉からの離脱と国際連盟からの脱退の是非を国民に問うものであった。ナチス政権のプレッシャーが功を奏し、離脱と脱退を是とする票は総数四三〇〇万票のうち、三九五〇万票にも達した。[*43]

ヒトラーはこの投票に際して、彼が望むのは和平であって戦争ではないと繰り返し国民に訴えた。一一月一〇日の演説では「私は戦争を望むような狂人ではない。ただ世界の国で(周辺国の脅威に)おののいているのはわが国だけであるという現実がある。われわれは和平を望み、(われわれの恐怖をとり除く)協定を結びたいと考えている。ただそれだけである」[*44]と訴えた。

メッサースミス領事はヒトラーのこの言葉を信じていない。ヒトラーは戦争も辞さない覚悟でいると考えた。

「ヒトラーとその仲間は、たしかにいまの時点では真剣に和平を希求しているといえよう。しかし、いつかかならず武力を行使してくる[*45]」

ヒトラーらの好戦的態度は、当時はヒンデンブルク大統領によって牽制されていた。大統領には拙速な軍事行動は慎むべきだとの信念があった。元帥（大統領）はベルサイユ会議の苦い経験を味わっていただけに、外交政策では協調的な姿勢であった。一九三四年一月一日、ドッド大使はみずから車を運転して、大統領に新年の挨拶に行った。大統領は、ドッド大使の息子のベルリン大学での勉強の進み具合を尋ねた。またドッド大使がドイツ語を使って会話することを称賛した。

ドッド大使はヒトラーにも会っている。彼は落ち着いた様子で大使と言葉を交わしたが、大使がドイツの大学の状況や教授連中のことを話題にしようとすると、気分を害したようだった。（大学の話をすることで大学教育を受けていない）ヒトラーを嫌な気分にさせようとしているのではないかと勘ぐったのである。[*46]

8　借款問題でこじれる米独関係

ヒトラーが気分を害したのは、ドッド大使が大学やその教授たちのことを話題にしようとしたからだけではなかった。当時、ドイツ（の企業や自治体）には大きな対米借款があり、その返済問題がヒトラーの悩みの種であった。ドイツは一九三三年六月九日に支払い停止宣言（モラトリアム）を発した。ただ外国金融機関に対する短期借り入れ返済についてはモラトリアムから除外した。しばらくしてこの宣言の範囲には一九二四年のドーズ案および一九三〇年のヤング案による借款については適用されないよう修正された。また国債などの証券発行によって調達した借り入れについては利払いの七五パーセントを認める例外条項をつけた。

一九三三年一二月、ライヒスバンクは、このモラトリアムを一九三四年上半期一杯継続するとした。ドイツ国債の利払いは本来の七五パーセントをさらに六五パーセントまで引き下げた。オランダとスイスの国債保有者に対しては、他の商業案件について有利な条件を提示してきたことで一〇〇パーセントの利払いを認めた。このやり方にアメリカの金融機関は不満であった。

一九三四年一月三日、ドッド大使は、アメリカの貸し手に対して差別的であるとドイツ外務省に抗議している。しかしドイツ外務省は冷たかった。ドイツは貸し手の国がドイツ製品を購入してくれなければ借金は払えない。購入額にスライドして利子を払っていく。対米輸出は、アメリカでドイツ製品ボイコット運動で落ち込んでいてどうにもならない。これが回答だった。[*47]

ルーズベルト大統領はドイツの言い訳を受け入れなかった。一九三四年一月二二日、ルター駐米大使をホワイトハウスに呼び、アメリカの貸し手（金融機関）を他国の条件と同様に扱うよう求めた。[*48]この圧力を受けてライヒスバンク総裁シャハトは債権国の代表と協議し、新しい数字が決定した。六五パーセントの利払い上限を七六・九パーセントに引き上げるというものだった。ドッド大使はこれに抗議したものの、ドイツの窮状に理解を示した。

「よりよい条件を引き出すよう全力を尽くす。しかしドイツが抱えている借款の利率は四パーセントに引き下げられるべきだ[*49]」

シャハトの妥協案による借金返済も六月一四日までしか続かなかった。この日、すべての債権者に対して中長期借款についての支払いを停止するという通告がなされた。ドーズ案およびヤング案にもとづく借款も含まれていた。六月一六日、ドッド大使はアメリカの金融機関が損失を被ることは米国としてきわめて遺憾であるとドイツ外務省に抗議した。アメリカの金融機関に対して差別的な扱いがあることへの不満も伝えた[*50]。

この一一日後、ワシントンのハル国務長官はルドルフ・ライトナー代理公使にライヒスバンクの決定への抗議文書を手交した。そこには、ナチス政権の財政政策についてきわめて深刻に考えている（不快である）、とはっきりと書かれていた[*51]。ハルはワシントン駐在のドイツ外交官に不満を伝えるだけでは満足しなかった。抗議文書は一、二週間でベルリンの外務省に届くはずであった。

しかしドイツは、どうすることもできなかった。ライヒスバンクの支払い原資はほとんど残っていなかった。ハルもこの実態をわかっていた。それでもドッド大使に、ノイラート外相に強く抗議し支払いを迫るよう指示した。ハルの無理強いにドッド大使は困惑した。

「これ以上何をドイツに言えというのだ。ドイツの窮状は深刻だ。とにかく、この状態を戦争で打開するようなことを考えるなと警告するぐらいだ[*52]」

ドッド大使は、ドイツ国内のユダヤ人迫害が諸外国でドイツ製品ボイコットの運動を惹起し、その結果ドイツの輸出が減り借款が返済できないという悪循環に陥っていることを理解していた。ロンドンで開催された世界経済会議が何の成果も生まなかったことで、ヨーロッパ諸国の経済は苦境から脱出する手立てを失っていた。

ドイツの経済回復の手立ては、公共投資と軍拡であった。この政策では借金返済のための輸出は伸びなかった。この年の六月には、ライヒスバンクの金《きん》準備はわずか八〇〇〇万マルク相当にまで落ち込んでいた。だからこそシャハト総裁は大胆な手段をとらざるをえないと考えた。

アメリカの新聞の多くはドイツの陥っている窮状を理解した。シンシナティ・インクワイアラー紙は、ドイツは凄まじいインフレーションに襲われようとしていると書いた。[*53] スプリング・フィールド紙[*54]、あるいはデモクラット&クロニクル紙[*55]は、ライヒスバンク総裁の示した手段は他の国のやり方と同じだと書いた。シアトル・デイリー・タイムズ紙[*56]あるいはアトランタ・コンスティチューション紙[*57]は、ドイツは他のヨーロッパ諸国のやり方に倣っているにすぎず、そうした国々も対米借款返済を滞らせている、と書いた。

ヨーロッパ諸国の中にはアメリカへの返済を滞らせている国がたしかにあった。こうした国々もドイツが求める返済計画の変更を認めようとはしなかった。そうした国の国内にあるドイツ財産を没収すると脅かすことで、ナチス政府に強引に支払いを迫った。一九三四年七月から八月にかけて、ドイツ政府はイギリス、フランス、スイス、スウェーデン、オランダと協定書を交わし、借入金元本と利子の一部は返済することを約した。

それが可能だったのは、こうした国々との貿易は黒字だったからだ。以下がその数字である。

●ドイツの国別貿易黒字（単位：一〇〇万ライヒスマルク）

【国】	【一九三三年通年】	【一九三三年一～三月】	【一九三四年一～三月】
フランス	二一一・〇	五七・五	三四・四
イギリス	一六七・二	三一・六	三八・三
オランダ	三八〇・八	八〇・二	七五・六
スウェーデン	八八・五	一六・三	二三・〇
スイス	二六九・九	六一・九	五一・〇

アメリカはヨーロッパの国とは異なり、対独貿易で黒字であった。それだけに強硬手段がとれなかった。[*58] そのため米国務省ができることは、ヨーロッパ諸国と比べて不利な扱いに対して抗議することぐらいであった。[*59] 米国務省の抗議は明確に、そして強い言葉で伝えられたが、ドイツ政府へのインパクトはなかった。こうして両国の外交関係は日に日に悪化していった。[*60] そのことが米世論をいっそうドイツ嫌いにした。

9　ヒトラーを嘲るニューヨーク市

ドイツの借款返済遅延問題は、米独関係を不安定化させる多くの要因の一つにすぎなかった。ユダヤ人に対する扱いがアメリカを刺激していた。またヒトラーが民主主義を否定していたこと、民主主義的であったワイマール共和国が消滅したことも米国民を苛立たせていた。

ゲッベルスは一九三四年二月二八日に、いかにドイツはヒトラーの指導下で偉大な国に立ち直ったかを語ったが、そのスピーチも米国民を刺激した。ゲッベルスは、ドイツ民族の優秀さを説き、アメリカの対独関係が悪いのは米国民がナチスが指導する革命（改革）を、米国特有の合理主義とリベラル主義という偏見でみているからであると非難した。

「国家は合理的な理性よりも情熱で強くなる。ドイツ精神の爆発力は、合理主義的リベラル主義者の弁証法的思考ではとうてい推し量れるものではない。ドイツの偉大なる精神はかならずや（民主主義的リベラル思想で）退廃した（アメリカの）精神に勝利する」[*61]

米国民でゲッベルスの主張を理解できる者はほとんどいなかった。米国民は絶望的なほどに合理主義の虜になっていた。その好例が、ニューヨーク・タイムズ紙とヘラルド・トリビューン紙に掲載されたヒトラーを裁く模擬裁判の広報だった。模擬裁判は一九三四年三月七日に、マジソン・スクエア・ガーデンで開催されると報じていた。

二月一九日、ハンス・ルター独駐米大使は米国務省を訪れ、ナチス政権への侮辱であると抗議した。ハル国務長官の態度は冷淡だった。「わが国民とドイツ国民の考えに大きな隔たりがある現実は残念だ。（予定されている模擬裁判が）本当に可能なのか、そしてまた妥当なものか注意深く見守る」と述べただけだった。[*62]

三月一日には、ドイツ大使館のライトナー代理公使は米国務省西欧部のジョン・ヒッカーソンと会談した。ライトナーもヒトラーを裁く模擬裁判に激しく抗議し、大統領に近い人物数名の名を挙げ、彼らが反ヒトラーの示威行動に参加していると非難した。特に問題ある人物としてフィオレロ・ラガーディア（ニューヨーク市長）〔共和党員だがニューディール政策支持者〕、アル・スミス〔元ニューヨーク州知事。民主党〕、サミュエル・シーベリー判事〔ニューヨーク州控訴裁判所判事〕、ベインブリッジ・コルビー〔元国務長官〕の名を挙げた。

この抗議に、ヒッカーソンは連邦政府に関与している人物は一人も模擬裁判に関与していないと反論したうえで、「わが国には憲法上言論の自由があり、わが国政府がこの件で（合法的に）できることは何もない」とにべもなかった。[*63] ライトナーは翌日も抗議に訪れた。ハルは、米国務省には模擬裁判に参加を禁ずる法的権限はないとけんもほろろであった。[*64]

ドイツ外務省はヒッカーソンやハルの説明に納得しなかった。三月五日、ノイラート外相はドッド大使を外務省に呼んで抗議した。ドッド大使は、外相の怒りは激しかったと記している。大使はノイラートの抗議を聞いたうえで、「ヒトラーの対ユダヤ人政策に変更がなければ、この問題はさらに悪化していくだろう。模擬裁判について（米国政府が）できることは何もない」と述べた。[*65]

ドイツ外務省から帰ったドッド大使は、ノイラート外相との会談内容をハル国務長官に電信で知らせた。そのうえで、「米国務省が何かできるということではないが、ドイツの憤りを鎮めるためにも、何らかの責任ある言葉で（模擬裁判は）好ましいものではない程度のことは言うべきであろう」との意見を添えた。[*66]

ドイツ外務省の抗議にホワイトハウスもいくばくかの関心を払っている。三月五日、報道官のアーリーはこの問題について米国務省に問い合わせた。米国務省のジェイムズ・C・ダンは「この案件については十分に検討されている、先例に鑑みて、国民の意見の発露を米国務省が抑えることはできない。そうした行為が（ヒトラーを非難することが）ドイツへの敵対行為にあたるとは言えない」と回答した。[*67]

この説明にアーリーは納得したが、ルター駐米大使の抗議は止まなかった。あらためて米国務省を訪れフィリップス次官に面会を求めた（三月七日）。この抗議もいなされると、大使は「少なくとも（模擬裁判での）意見は連邦政府の考えとは一致しない、と翌朝までに声明を出してほしい」と訴えた。しかし、アーリーはこの要求も拒んだ。ルター大使の抗議は何の成果も生まなかった。[*68]

三月八日、米国務省西欧部のピアポント・モファットはライトナーと昼食を共にした。ライトナーはこのとき、「友好国の指導者に対する（模擬裁判のような）攻撃が許されるなどとはとうてい理解できない、このようなことを容認する前例を作ればかならずやまずい事態が起きるだろう」と危惧の念を伝えた。[*69]

ワシントンでのドイツ大使館の抗議が続く中、ベルリンではヒトラーみずからドッド大使と会談した。長時間の会談だったがヒトラーはニューヨークの模擬裁判のことは話題にしなかった。ドッド大使は、ヒトラーの態度に誠意を感じた。彼が真剣に米独関係の改善を望んでいるように思えた。それでも大使は、ドイツ政府が配布しているパンフレットについて抗議した。パンフレットの内容は、海外のドイツ系に対して自身をつねにドイツの一員として考えること、政治的な忠誠とまではいかなくともドイツ人の誇り（モラル）をもつことを訴えるものだった。

ヒトラーはこれに対して、ドイツへの攻撃を煽っているのはユダヤ人であると激しく反発した。ドッド大使は他国におけるユダヤ人問題についても言及したが、ヒトラーはたびたびその言葉を遮り、とにかくユダヤ人は問題であると主張した。

ドッド大使は、ひるまずそうした反ユダヤ感情が問題の種であり、アメリカでは多くの要職をユダヤ系が占めていると訴えた。そのうえで、アメリカではユダヤ系の過激な（反ドイツの）行動を抑制するために、ユダヤ系が大学や政府の役職に集中しないように工夫していることも説明した。

ヒトラーは「ソビエトでは五九パーセントの（高位の）役職がユダヤ系に占められてソビエトを破壊し、今度はドイツまでも破壊しようとしている。わが国内ではそうした行為を完全に止めなくてはならない」と主張した。

ドッド大使は、共産主義についても言及した。「わが国（アメリカ）では、共産主義者に投票する者はほとんどいない」と述べると、ヒトラーは「（共産主義者の政治活動を許しているとは）なんと、おめでたい国であることか！　共産主義への危機感がなさすぎる」と驚いてみせた。

ヒトラーが、「ドイツは和平を希求し、その維持のためにはどんなことでもしたい」と述べたのを受けて、大使はもしヨーロッパ諸国間で、（一）いかなる国も他国の国境を侵してはならない、（二）国際連盟の軍備監視組織にすべてのメンバーが敬意を払い、その決定には従う、という点において合意ができるか否かを聞いた。ヒトラーは、合意できると真顔で答えた。さらに米独両国の間で学者を交換して学ばせるプログラムがあるが、それには賛成であると言って、ドッド大使を驚かせた。[*70]

たしかにドッド大使との会談では、ニューヨークでのヒトラーを裁く模擬裁判についての言及はなかった。しかしこの問題は米独関係を悩ませ続けた。三月一三日、ルター大使はあらためて米国内の反ヒトラー政権の運動について抗議した。[*71]この一〇日後には、模擬裁判の案件だけでなく、シオニスト運動法律家のサミュエル・ウンターマイヤーの活動や、ワシントン下院でのディックスタイン決議〔外国政府による政府転覆扇動活動を調査する決議。共産主義者の活動調査が主眼だったが、ナチスの米国内の活動も疑われた。一九三四年三月に決議された〕、あるいはアメリカの大手デパートのドイツ製品ボイコット運動についても抗議した。ルター大使は、米国民がナチス政府に対して暴言を吐き続けているかぎり、友好関係の構築は覚束ないと訴えた。

ハル国務長官は「ドイツのユダヤ人圧迫が、わが国の国民感情を害している根本原因である。ドイツが反ユダヤ政策を続ける中で、わが国のユダヤ系国民にドイツ製品を買えと説明できるのか」と反駁した。ルター大使の答えは「そうしてくれれば両国の関係は改善する」というものだった。ハルはルター大使がこの問題についての感性が鈍いと結論づけると会談を切りあげた。[*72]

ルター大使は抗議を繰り返してハルを苛立たせたが、ヒトラーはユダヤ人に寛容策をとるよう舵を切った。三月一二日にはコロンビアハウスの閉鎖を命じた。ユダヤ人が拷問されている場所であった〔コロンビアハウスはベルリンにあった監獄。共産主義者、社会主義者、ユダヤ人などの政治犯が収容されていた〕。さらにいかなる犯罪容疑でも二四時間以上拘束する場合には、逮捕状が必要と決めた。[*73]

ただヒトラーの新たな方針はユダヤ人圧迫の程度を緩めただけで、それ自体を止めるものではなかった。反ユダヤ人意識の根は深くドイツ帝国全土に広がっていた。こうした感情が高まった要因はいくつかあった。

まずナチスの人種的優越思想があった。次に、一九一八年にドイツは軍事的にも政治的にも内部崩壊し大戦に敗れたが、その理由はユダヤ人による裏切りが原因だと考えられていた。三番目の要因は、ナチスが最も嫌悪する共産主義はユダヤ人と強い結び付きがあると信じられていたことである。ソビエト・ロシアはマルキシズムを国家運営の根幹にしていた。この思想は世界革命を志向するものだった。これはドイツ第三帝国の安全保障を脅かすものであるとみなされた。[*74]
これだけの要因があれば、ヒトラーが反ユダヤ感情を煽るのは容易だった。

10　ナチス・ドイツの不安定な国防力

一九三四年のドイツには反ユダヤ人の空気が充満していただけではなかった。多くのドイツ人は宥和的外交を進めたワイマール共和国で国家再建に尽くした。そうした人々は、ヒトラーがワイマール時代に生まれた制度を破壊することに反発していた。米国務省にはドイツに関わる情報が周辺国から寄せられていた。[*75] ウィーンとプラハからは、ドイツの金融経済状況が悪化していることが伝えられていた。チェコスロバキアのベネシュ外相は、ナチス政権はきわめて不安定でこのままでは崩壊するだろう、とまで述べていた。[*76]

ドッド大使は、ドイツ政府高官の中に明らかに反ナチス感情をもつ者がいることを知っていた。五月二四日、大使はドイツ外務省のディークホフ博士（一九三七～三八年、駐米大使）と昼食を共にして意見を聞いた。博士はゲッベルスに対する不満を述べ、またヒトラーは近いうちに失脚してほしいとも話した。「ヒトラーがイギリスやアメリカの指導者であれば、政府高官の中には命の危険を冒してでも批判する者が出るだろう」と語ったが、これが彼にできる精一杯の表現であった。[*77]

ディークホフの言葉は、ドイツ外務省のかなりの勢力の意見を代表するものであったにちがいない。五月の最終週、ドッド大使は二度にわたってノイラート外相に会っている。外相はドイツの保有する金（ゴールド）保有量の減少を憂慮していた。発行済紙幣価値のわずか四パーセントまで下がっている、と語った。
ノイラート外相はひどく落ち込んだ様子で、「いったい、どうしたらよいものか。（世界の）ユダヤ人がドイツ製品ボイコット運動を進め、各国は関税障壁を高めている。わが国は原材料であるコットンも天然ゴムも輸入できないし、海外に製品を輸出することもできない」と頭を抱えている様子だった。米国銀行団への借款返済モラトリアムについては、他に手段がないとこぼした。ノイラート外相は「ドイツはアメリカへの輸出ができなくなっている。わずかにデンマークなどの数カ国に輸出の可能性があるだけだ」と呟いた。このままでは革命的反乱が起きるだろう、とまで言いきることはためらったようだった。[*78]
ドッド大使はシュミット経済相とも私邸で会っている。シュミットもノイラート外相同様に落ち込んでいた。彼は大使に広い庭園を案内しながら嘆いた。大使の同情を期待しての言葉だった。

「シュミット経済相はドイツの悲惨な状況について、およそ一時間にわたってしゃべり続けた。農業では旱魃《かんばつ》の被害があり、輸出がまったく期待できず、英米両国ではヒトラーの反ユダヤ政策とカソリック・プロテスタント両教会への指導のあり方に激しい反発が起きている、と状況を説明した。私（ドッド）は、これほど落ち込んだドイツの政治家をみたことがなかった。彼はヒトラーの進める政策の愚かさを嘆いた[*79]」

ドッド大使は、ヒトラーの政策は愚かだと非難する声をあちこちで聞いた。ナチスの党幹部の間からも怨嗟の声が呟かれてた。党幹部は、何とかポーランド回廊問題をヒトラーが解決してくれるものと期待した。しかし期待に反して、ヒトラーはそのポーランドと一〇年の不可侵条約を締結した。国家社会主義の考え方に沿った改革が進められるはずだったが、重要な工業分野でも指導者は代わらず、大地主の存在も旧来どおりだった。突撃隊には、反ヒトラーの反乱を起こしそうな空気まであった。ヒトラーは突撃隊を大幅に削減することにしていたからであった。突撃隊創始者のエルンスト・レームは、この計画に激しく抵抗していた。彼はクルト・フォン・シュライヒャー将軍とともにナチス組織の大幅な変更を計画していた。

このころフォン・パーペン元首相（ヒトラー内閣副首相）は、ノイデック〔現ポーランドのオグロジエニエツ〕に暮らしていたヒンデンブルク大統領を訪問していた。パーペンは、ドイツにおける言論の自由と批判の自由（の保持）を求める演説をすることについての承諾を得るためであった。大統領の同意を得たパーペンが、ナチス過激派のゲッベルスらの前で激しい演説をしたのは六月一七日のことであった。パーペンはマールブルク大学（フィリップ大学マールブルク）で激しい口調で訴えた。

「言論の自由の存在を脅かしてはならない。この自由があるからこそ、腐敗のある政府に対してものが言える。政府の失敗を批判できる。役職にふさわしくない人物を非難できる。ドイツ革命の精神に反していることがあれば指摘できる。もし、こうした政府の闇の部分に世論の光を当てることができないのであれば、政治家が勇気をもって訴えなくてはならない[*80]」

パーペンの演説は米国内でもメディアの強い関心を引いた。各紙が「ヒトラーへのボディブロー以外の何物でもない。国家社会主義が消し去ろうとしたドイツの個人主義的思想の発露である」

（シカゴ・デイリー・ニューズ紙[*81]）、「ドイツの国内政治で大きな動きが起きている」（スプリングフィールド・リパブリカン紙[*82]）、「パーペンはヒトラーのやり方を黙認しようとする動きに警鐘を鳴らした」（ニューヨーク・タイムズ紙[*83]）などと書いた。

ヒトラーが、ナチス内部に不満の声が噴出していることに気づいていたことは間違いなかった。特にレームが突撃隊の削減に強い不満をもっていることはわかっていた。シュライヒャー将軍の不満の声も彼の耳には届いていた。一方で、ヒトラーはヴェルナー・フォン・ブロンベルク（国防相）やゲーリング（航空相）の支持は固いと読んでいた。またパーペンの演説を裏でヒトラーが画策した可能性まであった。パーペンの演説の一節「もし、こうした政府の闇の部分にしっかりと世論の光を当てることができないのであれば、政治家が勇気をもって訴えなくてはならない」が、ヒトラーを一気に権力掌握に動かしたともいえるからである。

ヒトラーはドイツ政治の表舞台の主役として登場する前に、国民に伝えるセリフを準備しておく必要があった。党メンバーの粛清を通じて権力を掌握し、厳格な独裁的な指導者になるためには、行動の前に賢明なアドバイスを受けることが重要だった。ヒトラーはそれをイタリアの「名優」ベニート・ムッソリーニに求めた。

ヒトラーがムッソリーニと話したのは六月一四日から一五日にかけてである。ヒトラーはヴェネツィアでムッソリーニと長時間にわたって話し込んだ。ブレッキンリッジ・ロング米駐伊大使によれば、権力掌握のためには劇的な動きが必要で、指導者の考えに従わない者には強権を使わなくてはならない、とムッソリーニがアドバイスしたことは間違いないようだ。ヒトラーはムッソリーニの言葉を信じ、反対者には強い態度で臨むと決めた。こうした態度は、それまでのヒトラーにはみられなかった。[*84]

六月二八日、ドッド大使は、イギリスの対独危機感はこれまでになく高まっている、と日記に書いた。翌二九日、ドッド大使はパーペンも招待した昼食会を催した。パーペンは大使とドイツ情勢について意見を交換し、会場を後にしたが、その帰り際に「僕は絶対にやられることはない」とひどく意味ありげな言葉を残していた。[*85]

パーペンはナチスの党内で粛清が始まることを知っていたのである。そのうえで自身は安全であることも知っていた。粛清が始まったのは六月三〇日のことだった。ヒトラーは、何人かの信用できる人物を連れてミュンヘン近郊の村を襲撃した。そこにいたのは突撃隊のレームとエドムント・ハイネスだった。彼らはみっともない行為の最中だった〔同性愛の行為を指す〕。ハイネスはその場で、レームは、少し時間をおいて自身の部屋の中で射殺された〔この部分は著者の誤解か誤り。ハイネスとレームは別々の部屋にいて、ハイネスは一八歳の青年といた。レームとハイネスは二人ともその場では射殺されず、シュターデルハイム刑務所に送られて銃殺された〕。シュライヒャー将軍夫妻はベルリンの自邸で撃たれた。六月三〇日から七月二日まで粛清が続いた。

七月一三日にはヒトラーが演説しているが、その中で、七七人が粛清されたと認めている。ベルリンにいた外交官はパーペンが無事であった事実に関心を寄せた。七月二九日の昼食会の帰り際の彼の言葉、「僕は絶対にやられることはない」には大きな意味があった。

アメリカの新聞は、この粛清でもヒトラーが反対勢力の息の根を止めることはできないだろうとの見方を示した。ヒトラーが権力を完全掌握したか否かが注目された。「ドイツ国民も世界も、ドイツが『新しいビスマルク（ヒトラー）』に率いられた強力な国になるのか、あるいは精気の消えた萎《しぼ》んだ風船のような国になるのか固唾をのんで見守っていた」[*86]

ボルチモア・サン紙は「六月三〇日から七月二日に起きた事件は、期待を裏切られた人々の反乱である」[*87]と書き、リッチモンド・タイムズ・ディスパッチ紙は「あの小国となったオーストリアが（ドイツに）飲み込まれたり、大国に翻弄されるまでには相当な血が流れるにちがいない」[*88]と報じた。バッファロー・イブニング・ニューズ紙は「彼（ヒトラー）は火薬の詰まった樽に腰かけている。火のついた導火線はいずれ爆発を起こし、ナチスの計画を粉々に打ち砕くかもしれない」と結んだ。[*89]

ドリュー・ピアソン〔ジャーナリスト〕とロバート・アレン〔ピアソンと親しいジャーナリスト〕は、ヒトラーのこれからは危ういと予測した。「米国務省は、ヒトラーが行なった粛清についての詳しい報告を受けている。そこには、オーストリアからやってきた素人画家〔ヒトラーのこと〕はもうすぐ権力の座から落ちるだろう」と書かれていた。[*90]ポール・マロンは、契約している各紙にヒトラーはアメリカのギャングのやり方を真似ているとして次のような記事を寄せた。

「大物ぶりをみせつけるために、ヒトラーはアル・カポネのやり方を踏襲した。カポネも仲間内から不平分子が出ると粛清した。過激派が力を伸ばそうとすると、それを潰したのである」[*91]

しかし、この粛清によってナチス・ドイツの外交政策はより穏健なものに変化するのではないかと予想する新聞もあった。「この粛清で過激なナチスの政策は修正されることが期待される」（ロチェスター・デモクラット・クロニクル紙[*92]）、「ヒトラーは保守主義に舵を切り、一部のナチス幹部の過激思想を排除することを決めた」（ニュー・リパブリック紙[*93]）といった記事が掲載された。リテラリー・ダイジェスト紙はより直截に「ヒトラーは穏健な政策にシフトする[94]」と報じた。

　七月一三日、ヒトラーは国会で粛清について説明した。アメリカの新聞の多くはこの演説の後もヒトラーに厳しかった。ルイヴィル・クーリエ・ジャーナル紙は「ヒトラーはいまにも倒れそうなナチス政権への理解を求める悲壮感にあふれた指導者である[95]」と同情的であったが、他紙は違った。「彼（ヒトラー）はあの演説で自身の血塗られた手を雪《そそ》ぐことはできなかった」（ロチェスター・デモクラット・クロニクル紙[96]）、「ヒトラーの演説は、明らかに自己弁護的だった」（ニューヨーク・タイムズ紙[97]）といった内容であった。オズワルド・ガリソン・ヴィラード〔ジャーナリスト。市民権運動家〕は「ヒトラーを弁護できない。この血塗られた粛清劇はヒトラーの終わりの始まりである」と書いた[98]。

　セントルイス・グローブ・デモクラット紙は正反対の意見であった。同紙は、ヒトラーの七月一三日のスピーチは最高の出来ばえだと称賛した。「あの演説で、ヒトラーはドイツ国民の信頼を回復した。彼に対する信奉の気持ちをいっそう強化することに成功した[99]」と書いた。アーサー・ブリスベイン〔新聞編集人〕も、「ヒトラーはいまだにしっかりと権力を握っている。彼はドイツ国民の心を摑んでいる」と書いた[100]。ブリスベインの観察は間違ってはいなかった。ただ、米国民がどれほどヒトラーを嫌っているかについてはわかっていなかった。

　粛清によってヒトラーは体制から外したかった人物の排除に成功した。しかし同時に、米国民の心に残っていたナチスの政治運動と指導者への畏敬の念を消し去ったのである。ドッド大使は七月一三日のヒトラー演説会場に招待されたが、「ヒトラーはもはや恐怖の対象でしかない。彼と同じ場所にはとてもいられない[101]」と述べて出席を断わった。

　六月三〇日以前の大使は、ヒトラーを嫌ってはいても彼のめざすドイツ再建の目標への共感はあった。ヒトラーとの会談も厭わず、ニューヨークに続いてシカゴで計画されているヒトラーを裁く模擬裁判を何とか阻止したいとも思っていた。

しかし粛清をみたドッド大使やその周辺の外交関係者は、ヒトラーは自己の欲望実現のためには何でもやる男だと確信した。この見立てはヒトラーにとって酷にすぎたかもしれないが、ヒトラーは粛清を成功させたことで、ドイツ国民に大きなハンディキャップを負わせることになった。それが結局はドイツ国民を叩きのめし、国民生活を破壊することになるのである。

＊原注

＊1　Ambassador Dodd's *Diary, 1933-1938*, New York, p. 12.

＊2　同右、pp. 14-15.

＊3　Ambassador Dodd to Secretary Hull, July 17, 1933. MS, Department of State.

＊4　*Berliner Tageblatt*, July 10, 1933.
　ロザミア卿のコメントに対して、メッサースミス駐ベルリン米総領事は、ヒトラーを信奉する若者の無法な行動、特にＳＡ（突撃隊）や大学内に組織された学生団体の動きは問題である、ロザミア卿の主張は首肯できない、と本省に報告している。（Messersmith to Secretary Hull, July 29, 1933. MS, Department of State.）

＊5　Dodd's *Diary, 1933-1938*, p. 18.

＊6　同右、p. 19.

＊7　George S. Messersmith to Secretary Hull, August 8, 1933. MS, Department of State.

＊8　William E. Dodd to President Roosevelt, August 12, 1933. MS, Department of State.

＊9　ドイツの反ユダヤ主義とそれがイギリス世論に与えた影響については以下に詳しい。

Survey of International Affairs, 1933, ed. Arnold J. Toynbee, New York, 1934, pp. 167–174.

＊10 Dodd to Secretary Hull, August 18, 1933. MS, Department of State.

＊11 William Phillips to Mr. Dodd, August 19, 1933. MS, Department of State.

＊12 Dodd to Secretary Hull, August 20, 1933. MS, Department of State.

＊13 Phillips to Mr. Dodd, August 20, 1933. MS, Department of State.

＊14 Dodd to Mr. Phillips, August 23, 1933. MS, Department of State.

＊15 Department of State, *Press Release,* August 19, 1933.

＊16 同右、August 23, 1933.

＊17 Dodd to Secretary Hull, August 26, 1933, inclosing a memorandum of his conversation with von Bülow on August 26, 1933. MS, Department of State.

＊18 Dodd's *Diary, 1933–1938,* pp. 20–24.

＊19 John F. Coar to President Roosevelt, September 12, 1933. MS, Department of State.

＊20 Memorandum written by Mr. Pierrepont Moffat, September 14, 1933. MS, Department of State.

＊21 Secretary Hull to John F. Coar, September 22, 1933. MS, Department of State.

＊22 Tansill, *America Goes to War,* pp. 458–486.

＊23 筆者にヴィーレックが直接語った内容である（一九四七年六月一二日）。リバティ誌に持ち込まれた大統領のオリジナル原稿はあまりに拙くて、とても印刷に堪えるものではなかったため、ヴィーレックが修正した。

＊24 George Sylvester Viereck to President Roosevelt, October 11, 1933. MS, Department of State.

＊25 Louis Howe to George Sylvester Viereck, November 3, 1933. MS, Department of State.

＊26 George Sylvester Viereck to Secretary Hull, November 10, 1933. MS, Department of State.

＊27 Vinton Chapin to George Sylvester Viereck, November 14, 1933. MS, Department of State.

＊28 筆者にヴィーレックが直接語った内容である（一九四八年八月一一日）。

＊29 Erwin H. Klaus to President Roosevelt, March 17, 1939. MS, Department of State.

＊30 Dodd's *Diary, 1933-1938*, pp. 30-31.
＊31 Department of State, *Press Release*, September 9, 1933, p. 149.
＊32 Dodd's *Diary, 1933-1938*, p. 36.
＊33 Mr. Messersmith to Secretary Hull, September 16, 1933. MS, Department of State.
＊34 Mr. Messersmith to Secretary Hull, September 29, October 28, 1933. MS, Department of State.
＊35 Dodd's *Diary, 1933-1938*, pp. 44-47.
＊36 *Peace and War: United States Foreign Policy, 1931-1941*, pp. 193-194.
＊37 Department of State, *Press Release*, October 14, 1933.
＊38 *Survey of International Affairs, 1933*, ed. Toynbee, pp. 301-308.
＊39 "Germany and the Crisis in Disarmament," *Foreign Affairs*, XII, 1934, pp. 260-270.
一九三三年一一月二二日、フランスのル・マタン紙はド・ブリノンによるヒトラーのインタビュー記事を掲載した。ヒトラーは和平を希求していることを強調していた。特にフランスに対しては、独仏関係改善の障害になっているのはザール地方（の非武装化条件）の問題である。「アルザス・ロレーヌ地方については、何度も繰り返し言ってきたように、併合の意思はない。この意思は明確に示してきた」とヒトラーは語っている。
＊40 Messersmith to Mr. Phillips, October 28, 1933. *Confidential file*, MS, Department of State.
＊41 Dodd's *Diary, 1933-1938*, pp. 49-50.
＊42 Dodd to Secretary Hull, November 4, 1933. MS, Department of State.
＊43 Dodd to Secretary Hull, November 13, 1933. MS, Department of State.
＊44 J. C. White, counselor of Embassy, Berlin, to Secretary Hull, November 16, 1933. MS, Department of State.
＊45 Messersmith to Mr. Phillips, November 23, 1933; *Peace and War, etc.*, pp. 194-195.
＊46 Dodd's *Diary, 1933-1938*, pp. 67-68.
＊47 *New York Times*, January 25, 1934. あるいは *Survey of International Affairs, 1933*, ed. Toynbee, pp.

93–98.

＊48 Department of State, *Press Release*, January 27, 1934, pp. 47–48.

＊49 Dodd's *Diary, 1933–1938*, p. 74.

＊50 Department of State, *Press Release*, June 23, 1934, pp. 418–419. あるいは *Documents on International Affairs, 1934*, pp. 244–246.

＊51 Department of State, *Press Release*, June 30, 1934, pp. 444–448.

＊52 Dodd's *Diary, 1933–1938*, pp. 111–112.

＊53 June 16, 1934.

＊54 June 19, 1934.

＊55 June 21, 1934.

＊56 June 16, 1934.

＊57 June 16, 1934.

＊58 アメリカの対独貿易の内訳は以下のとおり（単位はドル）。

【年】	【対独輸出】	【対独輸入】
一九三四……	一億八七三万八〇〇〇	六八八〇万五〇〇〇
一九三五……	九一九八万一〇〇〇	七七七九万二〇〇〇
一九三六……	一億一九五万六〇〇〇	七九六七万九〇〇〇
一九三七……	一億二六三四万三〇〇〇	九二四六万八〇〇〇

＊59 Department of State, *Press Release*, December 1, 1934, pp. 325–328.

＊60 シャハト博士は、銀行からの短期借り入れ分の返済は、その義務を果たそうとしていたことには留意したい。一九三四年二月二一日、チェイス・ナショナル銀行のジェイムズ・ギャノンはベルリンの米大使館を訪ね、「ドイツ・ライヒスバンクとの協議は満足できるものだった。シャハト総裁は実に切れ者で正直である」と報告した。（Dodd's *Diary, 1933–1938*, p. 81.）

＊61 Dodd to Secretary Hull, March 6, 1934. MS, Department of State.

*62 Memorandum of a conversation between Secretary Hull and the German Ambassador, Hans Luther, February 19, 1934. MS, Department of State.

*63 Memorandum of a conversation between Dr. Leitner and Mr. John Hickerson, March 1, 1934. MS, Department of State.

*64 Memorandum of a conversation between Secretary Hull and the German Ambassador, Herr Hans Luther, March 2, 1934. MS, Department of State.

*65 Dodd's *Diary, 1933–1938,* pp. 86–87.

*66 Dodd to Secretary Hull, March 6, 1934. MS, Department of State.

*67 James C. Dunn to Mr. Early, March 6, 1934. MS, Department of State.

*68 Memorandum of a conversation with the German Ambassador, March 7, 1934. MS, Department of State.

*69 Memorandum of a conversation between Mr. Pierrepont Moffat and Dr. Leitner, March 8, 1934. MS, Department of State.

*70 Memorandum of a conversation between Ambassador Dodd and Chancellor Hitler, March 7, 1934. MS, Department of State.

*71 Memorandum of a conversation between Secretary Hull and the German Ambassador, Hans Luther, March 13, 1934. MS, Department of State.

*72 Memorandum of a conversation between Secretary Hull and the German Ambassador, Hans Luther, March 23, 1934. *Confidential file,* MS, Department of State.

*73 Dodd's *Diary, 1933–1938,* p. 100.

*74 Dodd to Secretary Hull, March 12, 1934. MS, Department of State. For a recent statement of the thesis that "Communism as embodied in the Soviet Union" is "Jewish-inspired," see Hoffman Nickerson, *The New Slavery,* Garden City, 1947.

*75 Mr. Messersmith to Secretary Hull, June 14, 1934. MS, Department of State.

＊76　Mr. J. Webb Benton to Secretary Hull, June 27, 1934. MS, Department of State.
＊77　Dodd's *Diary, 1933–1938*, pp. 101–102.
＊78　同右、pp. 103–104.
＊79　同右、pp. 104–105.
＊80　Wheeler-Bennet, *Hindenburg: Wooden Titan*, pp. 454–459.
＊81　June 20, 1934.
＊82　June 19, 1934.
＊83　July 1, 1934.
＊84　Breckinridge Long to Secretary Hull, July 5, 1934. MS, Department of State. あるいは *Survey of International Affairs, 1933*, ed. Toynbee, pp. 468 ff.
＊85　Dodd's *Diary, 1933–1938*, pp. 115–117.
＊86　*Washington News*, July 2, 1934.
＊87　July 2, 1934.
＊88　July 3, 1934.
＊89　July 2, 1934.
　これに似た内容の記事はロサンジェルス・タイムズ紙（七月三日付）、フィラデルフィア・イブニング・ポスト紙（七月二日付）、セントルイス・グローブ・デモクラット紙（七月二日付）にも掲載された。
＊90　*Des Moines Register*, July 10, 1934.
＊91　*Atlanta Constitution*, July 3, 1934.
＊92　July 2, 1934.
＊93　July 18, 1934.
＊94　July 7, 1934.
＊95　July 15, 1934.
＊96　July 14, 1934.

＊97 July 14, 1934.
＊98 *The Nation*, August 1, 1934.
＊99 July 16, 1934.
＊100 *Chicago Herald and Examiner*, July 15, 1934.
＊101 Dodd's *Diary, 1933-1938*, p. 126. および Dodd to Secretary Hull, July 25, 1934. *Strictly Confidential*, MS, Department of State.

一九三四年七月二五日、ドッド大使はハル国務長官宛に極秘電を送って粛清について報告している。事件をよくわかっている人物からもたらされた事件の経緯と内部情報にもとづいた報告だった。その人物によれば、世界のユダヤ人らはドイツのユダヤ人の苦境を救うことを考え、その資金から一二〇〇万マルクを旧ドイツ皇室の（再興）プロパガンダのために拠出することを決めた。ドイツを君主制に戻すことがドイツのユダヤ人のためになると考えたからである。ドイツ秘密警察はこの情報を摑み、当該資金がパリからプラハ経由でドイツ国内に送られることを知った。この動きを探知し監視するためには相当の資金が必要だった。ドイツは資金が不足して対処できなかった。一方で、旧ドイツ帝国皇太子（ヴィルヘルム・フォン・プロイセン）は復位を強く望むようになっていた。彼はフリーメーソンや王室に関係の深いところから資金の調達に成功した。

ドイツ政府はこの動きを察知していた。政府は工作資金のありかを突き止めることはできず接収はならなかったが、関係組織を潰すことはできた。皇太子は自身の無罪を主張するために、一二〇〇万マルクを突撃隊に提供し、自身もその子供たちも突撃隊の制服を身に着けた。レームは、この思いがけない資金の獲得に喜び、みずから突撃隊を率いた反乱を企てた。

秘密警察はこの計画を嗅ぎつけ、パーペンに報告した。パーペンは、レームの過激な行動を嫌っていただけに、この情報を喜んだ。彼はできるだけの関連情報と証拠を集めたうえで、それをヒンデンブルク大統領に報告した。大統領はすぐさまヒトラーを呼び、彼自身がこの反乱計画を潰すかさもなければ大統領自身が指揮を執ると迫った。ヒトラーは精神的な強いプレッシャーの中で、六月三〇日の粛清を決めた。

第12章　反ヒトラーに傾くアメリカ世論

1　ナチスとアメリカの財政政策の相互関連

ナチスの党内紛争である粛清事件によってドイツ政府の通常業務は一時混乱をきたした。混乱が完全に収拾するまでは外交重要案件には手を付けられないと考えられた。しかしハル国務長官は、ドイツの混乱をまったく考慮しようとはしなかった。長官は借款返済問題についてナチス政府への善処を要求しつづけた。ドイツからは満足いく回答が出てこないことはわかっていた。

この問題を刺激しつづければ、米独関係はさらなる悪化をみせることは明らかだった。それが破局的状態となることも当然に予想された。ハルは農業州の出身〔テネシー州出身〕で普段は温厚な法律家の彼が、なぜこれほどウォール街の銀行家の利益を守ろうとしたのか驚かざるをえない。

ドイツでは混乱の余燼がくすぶり続けていた。それにもかかわらずハルはドッド大使に借款未返済の問題でドイツ政府へ抗議するよう指示した。ドイツ政府はこの問題でイギリス系銀行を有利にとり扱い、米系銀行を差別的に扱っているという趣旨であった。七月六日、ドッド大使はこの指示書を受けるとドイツ外務省に向かいノイラート外相との協議に臨んだ。この協議の模様を大使は次のように記している。

「外相もこの事態に困惑していた。外相は、たしかにイギリスの債権者への支払いを認め米系銀行への支払いを止めたことは間違っていると考えていた。私も考えは同じであった。しかし実態は、そうした約束があったとしてもドイツはイギリスの銀行にも返済できない状況にあった。ノイラートは申し訳なさそうに、払える資金ができたら支払うがそうした状態になることは期待できない、と述べた[*1]」

大使はハルへの返信で会談の模様を伝えた。ドッドはその中でドイツの財政の行きづまりに憐憫の情を示していた。わが国もかつてそうした窮状を経験していた。一七九〇年には、独立戦争時の借款返済に喘いだことがあった。そのアメリカにイギリス、フランス、スペインが市場を閉ざした。一八二〇年から五〇年にかけて多くの州が連邦政府から借り入れをしている。その額は四億ドルに上っていた。当時の国富の総額はわずか一〇〇億ドルのころである。このときほぼすべての州がデフォルトしたが、連邦政府はこれにいかなる対策もとらなかった。このような歴史的事実は誰もが知っていたはずだった[*2]。

ドッド大使の報告にもかかわらず、ハルはひたすらナチス政府の米系銀行への差別的扱いを止めるよう抗議しつづけろと繰り返すばかりだった。七月一六日、ドッド大使はドイツ外務省を訪問したが、先の会談と同じように気まずいものだった。[*3] 妙案はなかった。ハル国務長官もドイツは国家財政破綻の淵にあることはわかっていたはずだった。[*4] 支払いを求めても詮無いことだった。強硬外交で相互理解が深まるはずもなかった。

2　ナチスの粛清事件を非難するジョンソン将軍

ナチス政権の財政破綻は米金融界に大きな衝撃を生み、米国務省への大きな圧力となっていた。米独両国の溝は、米国内の有力者が粛清事件を激しく非難することでいっそう深まった。七月一二日、ヒュー・S・ジョンソン将軍（全国復興庁長官）は、六月三〇日のナチスの党内粛清を強く非難し、殺人行為を容認したとしてヒトラーをなじった。

「本当に気分が悪くなった。男たちが自宅から引きずり出され壁の前に立たされ、射殺された。そんなことが文明国といわれている国に実際に起こったのである」

これを聞いた独代理公使はただちに米国務省に向かい、ナチス・ドイツへの中傷だと抗議した。ハル国務長官は「あれは個人としての発言である、米国務省の考えでもなくルーズベルト政権の考えでもない」「将軍が政府の役職に就いていることで、個人的発言がわが政府の公式の考えだと受けとられたことは残念だ」と述べると、突然ドイツ外交官との会談を打ち切った。[*5]

ジョンソン将軍の発言はドイツのメディアを不快にさせたことは間違いなかった。その典型がドイツ・アルゲマイネ・ツァイトゥング紙の記事だった。

「全国復興庁長官であるジョンソン将軍の発言は、わが国（国民）の反発を生むであろう。六月三〇日の事件についての彼の発言は、主権国家であればとても看過できない。彼は巨大政府組織の長である。わが国の抗議に対するハル国務長官の回答は満足できるものではなかった」[*6]

米国務省の「ジョンソン事件」への不快感を示すために、ドイツはジャーナリストのドロシー・トンプソン（シンクレア・ルイス夫人）の国外退去を命じた（シンクレア・ルイスはアメリカ人ノーベル賞作家）。これは穏やかな対応であった。八月二四日、彼女は米国大使館を訪問しドッド大使と会った後ホテルに帰ったが、そのときに秘密警察から二四時間以内の国外退去を命じられた。大使に電話した。彼女が二年前に書いたヒトラー総統批判の記事が問題にされた。大使はこの命令を撤回させようとしたが、できなかった。

トンプソンの国外退去措置にドッド大使は憤った。彼はハル国務長官に電信で米国政府の立場を問い合わせた。[*7] 米国務省からはすぐに回答があったが、あっさりしたものだった。

「わが国政府がどのような外国人を国外退去させるかは主権の範囲である。したがって外国政府が米国民をその国に相応しくない人物として退去させる権利について問い合わせる必要はない」[*8]

多くのジャーナリストが鉄道駅に集まり彼女を見送った。ナチス政権の報道の自由規制に対する抗議と反感の広がりを示していた。[*9]

3　ドルフース墺首相の暗殺

一九三四年夏に起きた一連の事件は、米国内に強いナチス・ドイツ嫌いの感情を生んだ。ドロシー・トンプソンの国外退去命令の少し前のことだが、オーストリアでも事件が起きていた。ナチスに共鳴するグループが、ウィーンの放送局を占拠し、エンゲルベルト・ドルフース首相を殺害したのである〔七月二五日に暗殺された〕。ウィーンのメッサースミス総領事はただちにベルリンのガイスト総領事に電話でコンタクトし、オーストリア・ナチス一揆の詳細を知らせた。

ドッド大使はメッサースミス領事のこの行動に配慮が足りないと叱責した。盗聴されていることが確実な電話の使用を叱ったのである。盗聴されていれば、駐独外交官の立場も、米国政府の立場も悪くなることを懸念した。[*10]

ドッド大使は、この事件をアメリカの新聞がとりあげることを心配したがそのとおりになった。「ヨーロッパの夏を震撼させる事件が起きたが、この事件の首謀者はヒトラーに間違いない」（バーミンガム・ニューズ紙[*11]）、「この暗殺事件の背後にはナチスがいる」（クリーブランド・プレイン・ディスパッチ紙[*12]）。シドニー・フェイ教授〔歴史学者。エール大学〕は、この事件の原因の一つはヒトラーもその信奉者もオーストリアはナチスの支配下に置かれるべきだと考えていると分析した。[*13]

シアトル・デイリー・タイムズ紙は、責任をヒトラーにかぶせなかった。「疑いはひとえにヒトラーに向けられている。しかし彼はこの事件について迅速な対応をみせた。事件を非難し、フォン・パーペンをウィーンに遣った。そのうえでオーストリア・ナチスの狂信的な行動を制御させた」と報じた[*14]。しかし、他紙の報道は批判的なものばかりだった。アルバカーキ・ジャーナル紙は「ドルフース首相暗殺は列強の怒りを惹起し、オーストリアをコントロールしたいドイツへの反感を生んだ。しかし、その野望（オーストリア支配）の実現の可能性は薄い[*15]」と書き、ミルウォーキー・センチネル紙は「今回の事件でたしかになったことが一つある。オーストリア併合構想の実現はこれまでになく難しくなった[*16]」と報じた。

4　ヒンデンブルク大統領の死

八月一日、ヒンデンブルク大統領が亡くなった。多くのアメリカの新聞は、彼がヒトラーの過激な行動への重しとなっていたことを知っていただけにその死を悲しんだ。ヒンデンブルク大統領は、アメリカでは好意的に評価されていたし、フーバー前政権もそのようにみていた。シアトル・デイリー・タイムズ紙は「偉大なる戦士[*17]」、リッチモンド・タイムズ・ディスパッチ紙は「ドイツ国民のアイドル[*18]」、セントルイス・グローブ・デモクラット紙は「ドイツ史上最高の政治家[*19]」と書き、その死を惜しんだ。

彼の死を嘆くものばかりではなかった。シカゴ・デイリー・ニューズ紙は「大統領は長生きし過ぎた。ヒトラーが宰相となる前に世を去っていたら大統領の高い評価は確立していただろう[*20]」、ミルウォーキー・センチネル紙は「これからの歴史がポール・フォン・ヒンデンブルクという人物の評価を決める。彼への非難が称賛を上回ることもありうる。ヒトラーを宰相に選択したという責任は大きい」[*21]と書いた。

この責任は、ヒトラーが空席となった大統領職をも襲うことになったことでいっそう重大になった。大統領職に就いたことで新たな責任を感じとったヒトラーはいったん冷静になった。八月六日、議事堂の講堂で、ヒンデンブルク大統領の功績を称える記念式典が開かれた。ヒトラーはヒンデンブルクの軍事的功績を熱く語った。その翌日にはタンネンベルク〔一九一四年に対ロシア戦でヒンデンブルクが指揮するドイツ軍が勝利した町〕で同様の式典があった。そこでもヒトラーは演説したが、英仏米を刺激する言葉を一切発しなかった。[*22]

一九三四年八月一九日、ヒトラーを大統領にする是非を問う国民投票があった。結果は賛成三八二七万九〇〇〇、反対四二七万八八〇八であった。一九三五年一月にはザール地方の帰属を問う国民投票が予定されていたこともあり、ヒトラーは諸外国の反発を買わないように慎重な態度をとった。

5　ザール地方の国民投票結果についての米世論

一九三四年一二月、フランス政府はヒトラーと協約を結んだ。ザール地方の国民投票で、同地がナチス・ドイツとの合併を望む結果となった場合は、フランスに賠償金を支払うというものだった。その額は九億フランと巨額で一部は現金、残りは毎年産出される石炭による現物支払いだった。

一九三五年一月一三日に投票が実施された。結果は総数五二万八五四一票の内、ナチス・ドイツへの併合を望むもの四七万七一一九、現行のままを望むもの四万六六一三であった。また二一二四のフランスとの併合を望む票があった。賛成が九〇パーセントを超えた結果、一九三五年三月一日をもって併合されることが決まった。[*23]

アメリカの新聞各紙はこの結果を歓迎した。ザール地方がドイツに戻ったほうが安定する（和平維持に役立つ）と考えたからであった。合併手続きは国際連盟がスムースに進め国際連盟の評価を高めた。「ザール地方合併の難しい仕事を国際連盟はみごとにやり遂げた。すべての面で成功であり国際連盟の評価は上がった」とルイヴィル・クーリエ・ジャーナル紙[*24]は報じた。

なかには、この併合をヨーロッパにおけるナショナリズムの高まりの象徴として捉える論評もあった。「近年のヨーロッパの歴史を理解するうえでも重要なバロメーターとなる事件だ」（ボストン・デイリー・グローブ紙[*25]）、「ザールの人々は再びドイツ帝国の一部となることを危険を承知で、大胆に、嬉々として、そして熱狂的に選択した」（オマハ・ワールド・ヘラルド紙[*26]）といった内容だった。

警戒的な報道もあった。ロチェスター・デモクラット・クロニクル紙は「ヒトラーは領土的野心をさらに広げる可能性がある。ヨーロッパの安定はこれからも十分に注意して維持しなければならない」[*27]、シカゴ・トリビューン紙は「ヨーロッパの和平維持のためには、ナショナリズムの高まりには十分注意すべきだ」と書いた。しかし同紙は「ワンワールド主義者（国際主義者）の主張はヨーロッパの安定を乱す要因になっている」として干渉主義者への警告も忘れなかった。

「ザール地方の国民投票の結果は国際主義者に、民族主義やナショナリズムはヨーロッパのどこにもみられること、もっといえば世界中にみられるという事実をあらためて認識させた。国際主義はきわめて小さなエリアでしか通用しないし、強力なナショナリズムの勃興の前に力を失っている。国際主義の主張は、台風の土砂降りの中で苗木を植えようとする（愚かな）行為に似ている」[*28]

6　集団的安全保障を模索する英仏声明

ヒトラー政権下でドイツのナショナリズムは高揚した。それがヨーロッパ諸国の政治家を不安にした。特にフランスは、具体的な軍縮条約が締結できない状況があっただけに、ドイツの状況に不安だった。一九三五年一月、ラヴァル外相はローマを訪問し、ムッソリーニと会見した。この会談で、オーストリアに対して第三国が侵略行動に出た場合、両国は対応策を協議することが決まった。ヨーロッパの安定を積極的に維持しようとする最初の動きだった。

第二の動きは、二月三日の英仏首脳による共同声明であった。ドイツを含めたヨーロッパ諸国間の交渉のあり方の原則を示すものであった。この声明の実質は、ドイツに対して集団安全保障の枠組の一員となることを促すものであった。ドイツがそうした枠組に参加すれば、ドイツの和平維持の姿勢は本物だとみなされるからだった。一方で、そうなれば、ドイツがベルサイユ条約の縛りから離れられることもまた明らかだった。

要するに同条約は破棄されることを意味した。東欧諸国間では相互安全保障問題が、中央ヨーロッパではオーストリアの独立維持の方策が協議されることが期待された。また空の戦いのありようについても何らかの合意が期待された。ある国が空からの侵略行為を受けた場合には、協定調印国はただちに救援の義務を負う内容になるはずであった。[*29]

アメリカも、英仏外交の新しい動きに注目した。ポートランド・モーニング・オレゴニアン紙は「新しい安定を求める動きに水を差すわけではないが、その本質はドイツをベルサイユ条約の枠組の中に、わずかな妥協だけで、閉じ込めようとするものではないか」「国際連盟を脱退し、敵意をもつ西欧諸国からの攻撃に備えて再軍備を始めたドイツが、小手先の協定を結ぶとは思えない[*30]」と懐疑的であった。

新たな協定（条約）の成立に期待する声もあった。アトランタ・コンスティチューション紙は「新協定は問題のある現状（ベルサイユ体制）の再調整である[*31]」と書いた。クリーブランド・プレイン・ディーラー紙も同意見だった。[*32] ナッシュヴィル・バナー紙はヒトラーの真意を試すよい機会だと主張した。

「彼（ヒトラー）は、他国を侵略することなど考えていないと何度も訴えている。自国の安全保障と和平維持が彼の狙いらしい。この主張が誠意あるものかが今回の提案で試される[*33]」

二月一四日、ヒトラーはベルリン駐在の英仏両大使に前向きの回答を伝えた。空軍力制限協定の必要性に理解を示した。しかし、英仏が提案する中央ヨーロッパ、東欧における協定には動こうとはせず、条件についての協議を主張するばかりだった。米メディアの中にはこの態度に反発するものも出た。「英仏両国の提案に対するドイツの態度は、話し合いだけには応じると言っているだけのものだ」（クリーブランド・プレイン・ディーラー紙[*34]）、「ドイツの英仏提案への回答は和平を望んでいる態度には思えない」（デトロイト・フリー・プレス紙[*35]）、「ドイツ第三帝国はとりとめのない交渉を望んでいるだけだ。引き延ばすことがドイツに有利になるからである。ヒトラーはいま国際連盟から離脱し、軍縮交渉からも外れた自由な立場を謳歌している。彼は、ドイツをいまのままの国境線の内側に閉じ込めようとする協定を急いで調印する必要はない」（ニューヨーク・タイムズ紙[*36]）といった記事が並んだ。

ヒトラーの狙いはイギリスとの二国間協定の締結だった。集団的協定は望んでいなかった。ヒトラーはベルリンで交渉を始めたいとイギリスに伝えた。イギリスはこの提案に前向きだった。二月二四日、ジョン・サイモン英外相が三月四日にベルリンを訪問すると発表した。[*37]その一方で、英外務省は、他国の軍事支出に言及する白書を唐突に発表し（三月四日）、ヒトラーの進める再軍備を「ドイツの周辺国を不安にしている」「このままでは和平維持は危うい」と警告した。[*38]

この発表のせいなのかは確かではないが、ヒトラーはひどい風邪で寝込んでしまった。外交交渉にあってはそのトップは十分に健康でなくてはならない。ジョン・サイモン卿のベルリン訪問は無期限に延期となった。[*39]

多くのアメリカの新聞は、イギリスがこの時期にそうした内容の白書を出したことに苦言を呈した。「この白書はヨーロッパの和平維持の動きに水を差した」（インディアナポリス・ニューズ紙[*40]）、「イギリスは何か深慮でもあるのか。それとも右手がやっていることを左手は知らないだけなのか」（スプリングフィールド・リパブリカン紙[*41]）、「イギリスのやり方は問題の深刻さを示し（解決策を考えるのではなく）ただ恐怖感を植えつけているだけだ。不安を煽るのではなく友好関係と相互理解を育む作業こそが真の和平構築の道ではないか」（クリスチャン・サイエンス・モニター紙[*42]）、

「何もかもがドイツの責任なのか。連合国の軍縮の約束はどうなっているのか。イギリスを筆頭にした軍事産業はドイツの再軍備を助けているのではないか」[*43]といった記事が躍った。

7　ヒトラーがかなぐり捨てた「もう一つの足枷」

三月四日のイギリス白書に対してドイツがどのような反応をみせるかを、ヨーロッパ各国は見守った。ヒトラーが沈黙を破ったのは三月一六日のことであった。彼はベルサイユ条約の各国の軍備に関わる規定を批判した。ヒトラーはまずフランスが陸軍の徴兵兵務の期間を二年間に延長したことを指摘した。さらにソビエトがその陸軍兵力を九六万にまで増強していることにも触れた。仏ソ両国の軍事力増強の動きにドイツも備えなくてはならない、だからこそドイツは訓練された五五万の兵力をもつと主張した。ヒトラーはこの数字が、他国が決めたドイツの「適正兵力」の上限を三五万も上回ることがわかっていた。[*44]

ヒトラーの反応にアメリカの新聞は冷静だった。デトロイト・フリー・プレス紙は「戦争がいまにも始まるかのような態度は慎むべきだ」[*45]と書いた。ダラス・モーニング・ニューズ紙も同様の趣旨の記事を掲載した。[*46]ミルウォーキー・ジャーナル紙は「(ヒトラーの反応で)ヨーロッパ情勢が極端に変化したわけではない」[*47]としたうえで、「ヨーロッパの和平維持のためにはドイツを鉄鎖に繋ぎ留めておく必要はある」[*48]と書いた。

リッチモンド・タイムズ・ディスパッチ紙は、ヒトラーの反応の責任はひとえに連合国がベルサイユ条約でなしたドイツへの懲罰的態度にあるとして、ヒトラーへの理解を示した。[*49]ポートランド・モーニング・オレゴニアン紙は「フランスとその同盟国は、戦後のドイツへの対応は臆病であった。また彼らは自身が進めるべき軍縮に誠意がなかった。その結果ヒトラー（政権）が生まれたのである[*50]」と分析した。

シンシナティ・インクワイアラー紙は、ドイツにも連合国側（英仏）にも非があるとの立場だったが、イギリス白書とフランスの法改正（懲兵期間延長）の動きがヒトラーの反発を誘ったことに注意を促した[*51]。ラーレイ・ニューズ＆オブザーバー紙も、「悪魔にもそれなりの言い分はあるのだ。ベルサイユ条約が（強力な）軍隊をドイツにはもたせないことを意図して作られたことに対してヒトラーは反発する。和平を乱している要因はこれだけではない。ドイツの再軍備宣言前からドイツ周辺国は軍事力強化を図っていた。ドイツが仇敵フランスの強力な軍事力を前にして恐怖しないはずがないではないか[*52]」と書いた。

孤立主義を訴えるメディアもあった。ハースト系の新聞は「ヨーロッパの政治とは距離を置き、外国に対する責任など負ってはならない[*53]」とし、フィラデルフィア・レコード紙も同じ意見であった[*54]。

ウィリアム・アレン・ホワイト〔新聞編集人〕の主張は占い師の言葉のようだった。ヨーロッパがこれから陥る苦境を言い当てていた。

「先日のヒトラーの声明は、新しい動きではない。ここ数年にわたる大きな流れの一部にすぎない。おそらく数週間以内に、ドイツはライン川以西の要塞化を決めるだろう。これによってヨーロッパに戦争が起きるとまでは言えないが、火薬の詰まった樽のまわりで火花が散っている状況だ。導火線に火がついて徐々にその火が樽に近づいている」[*55]

8　形だけの対独共同戦線

四月一一日、ムッソリーニが動いた。イタリア北部マッジョーレ湖西岸のストレーザに英仏の代表を招き、三国によるドイツ牽制の計画を練った。短い協議であったが、四月一四日にドイツ再軍備に対して三国が共同で対処する声明を発表した。[*56]

この声明に大きな意味があると報じたのはピッツバーグ・ポスト・ガゼット紙だった。

「昨日発表された英仏伊三国共同声明は、ヒトラー主義に対する三国による団結した牽制である。ヒトラーによる（ベルサイユ条約への）反抗に対して三国は一致協力して対処する必要がある。そうすることが和平維持のための最高のやり方（外交）である」[*57]

デトロイト・フリー・プレス紙も同様の考えを示した。[*58] しかし多くの新聞は懐疑的であった。「ストレーザ合意は不十分である」（ミルウォーキー・ジャーナル紙[*59]）、「三国は協議したものの多くの懸案をそのままに残した」（ニューオーリンズ・タイムズ・ピカユーン紙[*60]）、「今回の声明で実質は何も変わっていない」（ロサンジェルス・タイムズ紙[*61]）、「ヒトラーの外交的勝利だ」（ダラス・モーニング・ニューズ紙[*62]）といった悲観的な論調が躍った。

9　ソビエトとフランスの提携

フランスはストレーザ合意だけでは不安だった。ドイツの再軍備で国境防衛への不安が高まっていた。ラヴァル政権はソビエトとの提携を目論んだ。五月二日には、早くも対独牽制の協定に調印している。この協定は相互援助条約ではあったが、その発動にはロカルノ条約調印国と国際連盟メンバー国との協議が条件となっていた。[*63]

ヒトラーはソ仏相互援助条約の弱点を見抜いていた。そのうえで、資本主義と根本的に異なるソビエトと協定を結ぶことがいかに危険なことであるか訴えた（五月二一日）。ヒトラーは、資本主義と共産主義ではまったく価値観が違い、安全保障の協定が結べるはずがないことを訴え、ドイツはその隣国と不可侵条約を結ぶ用意があると述べた。さらに、紛争を拡大させない、侵略国を孤立化させるとも訴えた。国際連盟への再加盟も仄めかした。ただし他のメンバーと同等な立場であることが条件だった。ヒトラーの再軍備は、航空戦力では最強の空軍をもつ国との同一レベル、海軍力についてはイギリスの戦力の三五パーセントをもつことを目標としていた。[*64]

アメリカの多くの新聞人は、ヒトラーの要求には理があり妥当であると考えた。「この数カ月の間にヨーロッパ各国の間に深く広がった溝を暫定的であっても埋める作業の第一歩になろう」（クリスチャン・サイエンス・モニター紙[*65]）、「バランスのとれた主張で、特に反対が出るようなこともなかろう」（シカゴ・トリビューン紙[*66]）と書き、ルイヴィル・クーリエ・ジャーナル紙はヒトラー提案を喜んだ。

「ヒトラーのスピーチはドイツの外交方針を率直に語ったものである。彼は隠し事なくドイツ第三帝国の主張を述べた。これからのドイツを理解しいかに同国との協調的外交を進めていけるか。そのための条件は列強がドイツを（先の大戦で敗北した）劣等国ではなく対等の国家として扱うことが条件である。ヒトラーの主張は、正当でかつ和平の維持に役立つ[*67]」

ニューヨーク・タイムズ紙は懐疑的だった[*68]。ワシントン・ポスト紙は「ヒトラーはメディアの論調をみごとに乱した。メディアを利用する（世論を親ヒトラーにする）毒を撒いた。彼はそうしたやり方に長けている[*69]」と辛辣だった。

10　英独海軍協定締結

五月二一日のヒトラーの主張（提案）は、英独海軍協定となって結実した（一九三五年六月一八日調印）。この協定でドイツの海軍力は対英三五パーセント（総トン数比）と決められた。この協定にフランスもイタリアも驚き、「イギリスはドイツの再軍備を黙認（容認）した、これはベルサイユ条約に違反する[*70]」と不快感を露わにした。

ドイツはこの協定の成立を喜んだ。ベルサイユ条約によって制限されていた海軍力の三倍までの戦力を保持できることになったし、潜水艦能力についてはイギリスとほぼ同程度まで拡大できることになった[*71]。

アメリカでの評価もおおむねポジティブだった。「イギリスはフランスよりも愚かではなく、ドイツと『正気の』協定を結んだ。海軍能力の比率も満足できるもので、ドイツとの友好的関係が崩れるようなことはない」（シンシナティ・インクワイアラー紙[*72]）、「この協定で、ドイツの際限なき軍備増強を抑制できた」（デモイン・レジスター紙[*73]）、「本協定は危ういヨーロッパの政治情勢を安定させる基礎となる」（アルバカーキ・ジャーナル紙[*74]）といった論調が並んだ。

一方でイギリスの外交姿勢に冷たい態度を示す新聞もあった。「イギリスの騎士気どりの外交が悪い結果を生まなければよいが」（ワシントン・ニューズ紙[*75]）、「イギリスは他国の目からみれば明らかに国際法に違反した」（ニューヨーク・タイムズ紙[*76]）。

ドイツ外交を評価する新聞もあった。シカゴ・デイリー・ニューズ紙は「ドイツは昨年三月にベルサイユ条約の再軍備禁止条項を破棄することに成功したが、今回の協定はそれ以来のドイツ外交のみごとな勝利である[*77]」と絶賛した。

11　倫理的指導者の立場に怯えるハル国務長官

一九三五年春のヨーロッパ外交は目まぐるしく動いた。アメリカ（の政治家）はそれを注意深くみていた。アメリカでは、たとえヨーロッパ情勢がどれほど緊張しても、緊張緩和のためと称して積極的な動きを拙速にとってはならないと考えられていた。ロンドンのビンガム大使はそうした立場をとった。彼はハル国務長官に次のように意見した。

「仮にヨーロッパでドイツを含む多国間交渉の場が設けられることがあっても、わが国は参加すべきではないし、またオブザーバーを出してもいけないと考えます。ヨーロッパ問題に関与すれば責任が生じます。アメリカは倫理的な世界の指導者であるという理由でそうした会議に参加してはなりません。現政権がヨーロッパ問題と距離を置いていることは賢明であります[*78]」

ハル国務長官は、一九三五年はじめにおいては「外面のよい」倫理的指導者の立場を気どるつもりはなかった。彼自身は、ヨーロッパでは（アメリカのような倫理観にもとづいて行動する）指導的な国が必要とされていることをわかっていた。しかしアメリカがそうした態度でアドバイスしても、いまのヨーロッパの政治家が聞く耳をもたないこともわかっていた。

それでもハルは、非常事態に（指導的立場につくことを要請される場合に）備えて、ヨーロッパ各国に駐在する大使からの報告を分析していた。三月に入ると物理的衝突が起きるのではないかと心配した。四月四日、ドッド大使のもとに「ヨーロッパで戦いが始まる可能性」を問う質問がハルから届いた。大使は翌日にそうした事態は考えられないと回答したが、自身の日記には正直な気持ちを書き込んでいた。

「ヒトラー、ゲーリング、ゲッベルスの三人は危ない。彼らは、歴史に疎いだけに、何かとんでもないことをしでかす可能性がある[*79]」

ドッド大使は、英独海軍協定はドイツがソビエトを囲い込む最初のステップだと考えた。この協定の本質はバルト海の制海権の確保だった。アジア方面では、ドイツは日本にアジアでの実質フリーハンドの立場を与えることで対日宥和も図っていた。ソビエトの囲い込みは難しかった。フランスはソビエトと相互援助条約を結んでいたし、イタリアとも友好関係にあった。そうした事情を考慮すると、「ヨーロッパで戦争が起きることは少なくとも数年はないだろう*80」とドッド大使は結論づけていた。

12　ブレーメン号事件

米独関係はスムースに運ぶことはまずなかった。つねに何かの問題を抱えて緊張関係にあった。ドイツと、そして日本との緊張を一九三四年から煽っていたのはアメリカ共産党であった。この二つの国は、「赤い波」がヨーロッパとアジアを飲み込む防波堤の役割を果たしていた。アメリカがこの二つの国の敵国になればソビエト外交の偉大なる勝利だった。アメリカがソビエトの敵と戦ってくれる。これ以上の成果は望めない。三〇年代のソビエトの外交文書を読めば、共産主義者の工作員が米独関係の悪化を目論み、そこらじゅうに「毒」を撒き散らしていたことがわかる。その典型がブレーメン号事件だった。

一九三五年七月二五日、ニューヨーク市警第三部は、アメリカ共産党の準備した広報文書を入手した。そこには、翌二六日深夜、ニューヨーク港八六番埠頭から出港するドイツ客船ブレーメン号に対するデモの計画が書かれていた。共産主義者のほかにも、カソリック教徒、ユダヤ人、反ナチスグループにも連帯を訴えていた。

「すべてのカソリック信者は、ドイツの信者支援にいますぐ立ち上がれ。ヒトラーのファシスト政府は、信教の自由を弾圧しようとしている。共産党はすべての反ファシストの個人やグループに呼びかけ、ドイツのカソリック信者救援の集会に参加を求めている。共産主義に反対する者はファシズムを望む。ドイツはその好例だ。埠頭を反ファシストの労働者で埋め尽くそう[*81]」

七月二六日の夜、数人の共産主義者がブレーメン号に密かに乗船した。彼らは深夜一一時四五分になると突然にドイツ人船員に暴行を始めた。駆けつけたニューヨーク市警を、銃を所持した共産主義者の一団が襲った。その一部は掲揚されていた鉤十字旗を引きずり下ろし、ハドソン川に投げ捨てた。暴行はしばらくして鎮圧され、共産主義者の多くが逮捕された[*82]。

この事件の三日後、ライトナー独代理公使は米国務省を公式に訪れ、ドイツ国旗への侮辱に抗議した。フィリップ次官宛の抗議文書で、罪を犯した者を厳格に処罰するよう要求していた[*83]。ライトナーはフィリップス次官に直接面会できなかったため、代わりに対応したジェイムズ・C・ダンに長時間にわたって抗議した。ダンは次のように書いている。

「彼（ライトナー）は、ラガーディア（ニューヨーク市長）がドイツ人にはマッサージ師ライセンスを出さないとした事件や今回のブレーメン号国旗侮辱事件は、ドイツ国民感情を強く刺激していると訴えた。アメリカの新聞はことあるごとにドイツ政府ばかりを非難する。上層部からそうするよう指導されているかのようであると述べた。彼は七月七日付のミネアポリス・サンデー・トリビューン紙の写しをみせた。ヒトラーを侮辱する記事が掲載されていた。父親は飲んだくれで、妻を虐待し、息子にも暴力をふるっていたと書かれていた」

「私（ダン）は、ブレーメン号の事件は残念な出来事であったがニューヨーク市警の対応は迅速でしっかりと対処したと思っている、ミネアポリス・サンデー・トリビューン紙の記事については政府としては対応できない。メディアはいかなる意見の表明も自由である、と説明した」[*84]

八月一日、フィリップス次官はライトナー代理公使に公式に回答した。ドイツ国旗が侮辱されたことは不幸であったと書いただけのものだった。[*85]共産主義者が同じような事件を起こさないという保証はどこにもなかった。米国務省にとっては七月二六日の事件は終わったことであった。しかしドイツ外務省はそのように考えていなかった。米国務省の冷たい、そして言葉だけの謝罪に納得していなかった。ドイツ外務省は、この問題を未解決としてとらえていた。

13　ヒトラー政権に対するアメリカの敵意

米国務省高官の中には、ブレーメン号事件を安易に考える者がいた。ヒトラー政権の早期崩壊を望んでいたことがその理由であった。ドッド大使はそうした期待をもつことを電信で警告した。八月九日、大使はナチスの組織力の強さを分析し、この政権が経済政策の失敗あるいは政治的行きづまりで倒れるとは考えにくいと本省に報告した。[*86]

この分析に、シカゴの外交問題評議会（Chicago CFR）メンバーであるクリフトン・M・アトリーは部分的に同意している。アトリーは米国務省西欧部のR・E・シェーンフェルドと会談しているが、アトリーはドイツ国民のヒトラー政権への強い支持について解説した。総選挙の結果を分析しヒトラーとヒムラー〔当時は警察局長〕について次のようにシェーンフェルドに語ったことがわかっている。

「ヒトラーについて言えば先の二回の選挙から国民の強い支持があることがわかる。ヒムラーは誠実で実直な人物のようだ。ダッハウの強制収容所はしっかりとした組織で、収容者の健康状態も満足できる。収容者のほとんどは共産主義者で、ドイツ官憲は共産主義を煽っているのはユダヤ人だとみている。その結果として収容者にはユダヤ人が比較的多い。これがアトリーの意見だった」[*87]

一九三五年の夏には、ナチス内部で反ユダヤ人的なニュルンベルク法〔非アーリア系人種を差別する法律。実質的ターゲットはユダヤ人〕を補完する命令の是非について活発な議論があった。この時期においては、ヒトラーはユダヤ人へのより厳しい措置には難色を示していたようだ。米駐独大使館顧問のジョン・C・ホワイトは次のように分析している。

「ナチスおよび政権内部で、反ユダヤ人的政策について意見の対立があるようだ。内部事情に詳しい者によれば、議会閉幕後のナチス大管区指導者・全国指導者の大会で、ヒトラーとシャハトは聴衆に党内規律の厳守と過度なユダヤ人差別をやめるよう訴えた。ただ一方で過激派への妥協として『完全なるユダヤ人』の権利を厳しく制限することは容認した[88]〔ユダヤ人に対する差別政策ではユダヤ人の定義が難しかった。確実にユダヤ人であると定義できる者については厳格適用すると決めた〕」

ユダヤ人差別を補完する法律が検討されたことで、アメリカでは反独感情が刺激され、ドイツとの友好を難しくした。この年の七月には反ユダヤ人の暴動がドイツ各地で起きており、ユダヤ人のドイツにおける地位は危うくなっていた。ナチスの中には、検討中の追加差別政策を先どりしてユダヤ人、あるいはその商売に対して勝手に適用する者があった[89]。

アメリカの反独感情にゲッベルスは憤った。一九三六年一月一七日、ベルリンでの講演で、米世論は現実をみていないと訴えた。このころ国民的英雄であった飛行冒険家のチャールズ・リンドバーグは多くの米国民から嫌われていた。彼は、米国内に蔓延している反独の空気に反発していた。彼は次のように述べた。

「私たちは偽善者になりたくはない。それでもユダヤ人救済を主張するのであればそうしたらよい。それほどユダヤ人のことを愛するのであれば彼ら自身が面倒をみるべきなのである[90]」

このような考えはナチスのその後の権力獲得の予兆であった。ヒトラーはしばらくすると世界を驚かす挙に出た。

＊原注

＊1 Dodd's *Diary, 1933-1938*, pp. 119-120.

＊2 Dodd to Secretary Hull, July 14, 1934. MS, Department of State.

＊3 Dodd's *Diary, 1933-1938*, pp. 129-130.

＊4 Dodd to Secretary Hull, July 21, 1934. MS, Department of State.

＊5 Secretary Hull to Ambassador Dodd, July 13, 1934. MS, Department of State.

＊6 July 15, 1934.

＊7 Dodd to Secretary Hull, August 26, 1934. MS, Department of State.

＊8 J. F. Simmons to Pierrepont Moffat, August 27, 1934. MS, Department of State.

＊9 Washington *Daily News*, August 27, 1934.

＊10 Dodd's *Diary, 1933-1938*, p132. ドルフース首相暗殺事件については以下の書が詳しい。*Survey of International Affairs, 1933*, pp. 471-487.

＊11 July 30, 1934.

＊12 July 26, 1934.

＊13 *Current History*, September 1934.

＊14 July 28, 1934.

＊15 July 28, 1934. この記事と同様の論評はロサンジェルス・タイムズ紙（July 26）、シンシナティ・インクワイアラー紙（July 27）にも掲載された。

＊16 July 27, 1934.

＊17 August 2, 1934.

＊18 August 3, 1934.

＊19 August 3, 1934.

＊20 August 21, 1934.
＊21 August 3, 1934.
＊22 Dodd's *Diary, 1933-1938*, pp. 141-143.
＊23 Sarah Wambaugh, *The Saar Plebiscite*, Cambridge, 1940. あるいは *Documents on International Affairs*, 1935, pp. 50-98.
＊24 January 17, 1935.
＊25 January 17, 1935.
＊26 January 16, 1935.
＊27 January 16, 1935.
＊28 January 17, 1935.
＊29 *Documents on International Affairs, 1935*, pp. 119-127.
＊30 February 4, 1935.
＊31 February 5, 1935.
＊32 February 4, 1935.
＊33 February 7, 1935.
＊34 February 16, 1935.
＊35 February 17, 1935.
＊36 February 17, 1935.
＊37 *New York Times*, February 25, 1935.
＊38 *Documents on International Affairs, 1935*, pp. 132-134.
＊39 *New York Times*, March 7, 1935.
＊40 March 7, 1935.
＊41 March 7, 1935.
＊42 March 5, 1935.

＊43　March 7, 1935.
＊44　*Documents on International Affairs, 1935*, pp. 141–143.
＊45　March 18, 1935.
＊46　March 19, 1935.
＊47　March 18, 1935.
＊48　March 19, 1935.
＊49　March 17, 1935.
＊50　March 18, 1935.
＊51　March 17, 1935.
＊52　March 27, 1935.
＊53　*New York Evening Journal*, March 19, 1935.
＊54　March 18, 1935.
＊55　*Emporia Gazette*, March 21, 1935.
＊56　*New York Times*, April 15, 1935. あるいは *Documents on International Affairs, 1935*, pp. 156–161.
＊57　April 15, 1935.
＊58　April 16, 1935.
＊59　April 15, 1935.
＊60・＊61・＊62　April 16, 1935.
＊63　*Documents on International Affairs, 1935*, pp. 116–119.
＊64　同右、pp. 159–175.
＊65　May 22, 1935.
＊66　May 24, 1935.
＊67　May 23, 1935.
＊68　May 23, 1935.

＊69　May 22, 1935.

＊70　*The United States in World Affairs, 1934–1935,* p. 235. あるいは André Géraud ("Pertinax"), "France and the Anglo-German Naval Treaty," *Foreign Affairs,* XIV (October, 1935), pp. 51–61.

＊71　*Documents on International Affairs, 1935,* pp. 141–152.

＊72　June 22, 1935.

＊73　June 26, 1935.

＊74　July 1, 1935.

＊75　June 20, 1935.

＊76　June 20, 1935.

＊77　June 19, 1935.

＊78　Ambassador Bingham, London, to Secretary Hull, March 29, 1935. Personal and Strictly Confidential, *Confidential file,* MS, Department of State.

＊79　Dodd's *Diary, 1933–1938,* pp. 228–231.

＊80　Dodd to Secretary Hull, July 15, 1935. MS, Department of State.

＊81　A copy of this circular is printed in the Department of State, *Press Release,* August 3, 1935, pp. 104–105.

＊82　Reports of Alexander C. Anderson, chief deputy inspector, and James Pyke, acting lieutenant of the New York City Police Department, Department of State, *Press Release,* August 3, 1935, pp. 100–109.

＊83　Dr. Rudolf Leitner to Mr. William Phillips, July 29, 1935, 同右、p. 100.

＊84　Memorandum of a conversation between Mr. James C. Dunn and Dr. Rudolf Leitner, July 29, 1935. Hitler, Adolf, MS, Department of State.

＊85　Mr. Phillips to Dr. Leitner, August 1, 1935. Department of State, *Press Release,* August 3, 1935, pp. 100–101.

＊86　Dodd to Secretary Hull, August 9, 1935. *Strictly Confidential,* MS, Department of State.

＊87 Memorandum of a conversation between Mr. Clifton M. Utley and Mr. Schoenfeld, September 6, 1935. MS, Department of State.

＊88 John C. White, counselor of the American Embassy, Berlin, to Secretary Hull, October 5, 1935. MS, Department of State.

＊89 Douglas Jenkins, consul general in Berlin, to Secretary Hull, November 4, 1935.

＊90 Dodd to Secretary Hull, January 22, 1936. MS, Department of State.

第13章 ―― 流動化する世界

1 ロカルノ条約を破棄したヒトラー

イタリア・エチオピア紛争はヨーロッパの緊張を高めた。ヒトラーがこの緊張を利用して有利な外交を展開するのではないかと危惧が生まれた。ジュネーブ駐在のヒュー・ウィルソン米公使は、ドイツの動きが他のヨーロッパ諸国に強い影響を与えていると本省に報告した。「イタリアについては心配する必要はないが、ヨーロッパ諸国はどの国もドイツに怯えている」[*1]とハル国務長官に伝えた。

ドイツの狙いの一つは旧ドイツ植民地を英仏両国から返還させることだった。一九三五年六月、ブリット〔アメリカの駐ソ大使。翌三六年からは駐仏大使〕は、英外交関係者の話として、イギリスがドイツの主張は理があるとして妥協を考えているらしいことをハルに報告した。[*2]翌三六年一月になるとブリットは、イギリス駐仏大使から、英国政府はドイツの植民地返還要求を不快に思っていると発言しているとの逆の報告があった。[*3]
同月、ジョセフ・デイヴィス大使〔一九三六年一一月から三八年六月まで駐ソ大使〕は、シャハトが内密の話として、独は英仏両国にヨーロッパ和平維持の提案をしたこと、その提案はドイツ政府がしっかりと承認済のものであることを伝えてきたと報告した。軍備削減、現行国境の承認といった内容が含まれていた。旧ドイツ植民地返還について何らかの妥協が得られることが条件だった。[*4]
シャハトの提案に英国政府は興味を示さなかった。イギリスは妥協ムードにはなかったのである。一九三五年一二月、イギリスの駐ベルリン大使エリック・フィップスに「イギリスが北部フランスおよびベルギーに航空基地を設けることを、ヒトラーが容認するか否かを確認するように」と指示した。[*5]
このあけすけな質問にヒトラーは驚いた。この質問自体が、フランス政府はもはやロカルノ条約（一九二五年一〇月調印）に信を置いていないことを示していた。ヒトラーはロカルノ条約を間接的にでも否定する提案には断固反対であると回答した。
ベルリン日報のポール・シェファーは長文の評論を寄稿し、英仏の（空軍）相互支援協定はロカルノ条約に矛盾すると主張し、他国が感じる不満や不安を指摘した。[*6]ドイツの他の新聞もイギリス提案を非難した。仏駐独大使は反発したがそれを突然に止めた。[*7]
ドイツ外務省も、英仏の空軍基地計画についての懸念を示した。フェルディナンド・L・メイヤー米代理公使は、ドイツ外務省のハンス・ディークホフ〔後の駐米大使。在任一九三七～三八年〕と意見交換した。ディークホフは、イギリスの空軍基地建設を念頭に置きながら、英仏のロカルノ条約に疑念を感じていることを説明した。

「ディークホフは、英仏政府は空軍基地は地中海方面（の防衛）に関連してのことであるとしているが説得力はない、一九一三年と一四年にも両国の軍関係者は同様の協議をしていた、とドイツの懸念を述べた。また、フィップスがヒトラー会談の際にイギリスが北部フランスおよびベルギーに空軍基地を設置した場合のドイツの反応を確認している事実からみても、（イギリスの動きが）ドイツを念頭に置いたものであることははっきりしていると述べた」[*8]

イギリスの政治家は相変わらずロカルノ条約の遵守を謳っていた。一九三六年二月一二日、アンソニー・イーデンは、政府はロカルノ条約による義務を遵守し誠実にそれを遂行する、と議会に説明した。[*9] この説明に従えば、ドイツのラインラント進駐に対してイギリスはただちに行動を起こさなくてはならなかった。

フランスでは、懸案の仏ソ相互援助条約が事を複雑にしていた。二月一一日、この条約案が批准のために国民議会（下院）に上程された。フランダン外相が条約案の説明に立ち、この条約の狙いがドイツのロカルノ条約違反に備えたものであると説明した。ただ彼の説明はそうした事態をそれほど憂慮しているようには感じられなかった。二月二七日、下院は条約を圧倒的多数で可決し、三月三日には元老院（上院）に回された。[*10]

英仏指導者は、ドイツの反応を注意深く見守っていた。彼らはヒトラーの一九三五年五月二一日の演説が気になっていた。ヒトラーは「ドイツ政府が自発的な意志で調印した条約はしっかりと守る」と約束していた。しかし同時に、ロカルノ条約については他の調印国が条約を遵守する場合に限ると含みを残していた。

ヒトラーが、仏ソ相互援助条約をロカルノ条約違反であるとみなしていたことを英仏の指導者は知っていた。一九三六年二月には、ドイツの新聞はこの条約をフランスの国会が批准することを苦々しく報じていた。

三月七日、英仏駐独大使はベルギーおよびイタリアの駐独大使とともにドイツ外務省に呼び出された。ノイラート外相は彼らに、非武装地帯とされていたラインラントへの進駐が始まったことを伝えると、その理由書を手交した。この日の正午、ヒトラーは議会でロカルノ条約締結国にラインラント進駐の理由書を渡したと説明した。

ヒトラーは主要な理由にソビエトの赤化工作攻勢に対抗しなくてはならないことを挙げた。そのためには、次の四点を確実にする新しい協約（条約）が必要であると訴えた。

一、ドイツとベルギー、フランス国境地帯の非武装地帯に関わる新たな多国間協定
二、ベルギー、フランス、ドイツ、オランダによる期限二五年の不可侵条約
三、西ヨーロッパ諸国に対する（ソビエトによる）無警告攻撃への対処に関わる航空協定
四、ドイツの東方に位置する国との不可侵条約[*11]

2　ラインラント進駐に対する米メディアの論調

ドイツのラインラント進駐は米世論の関心を呼んだ。ボルチモア・サン紙[*12]とクーリエ・ジャーナ

ル紙[13]は、ヒトラーの提案を疑いの目でみた。サンフランシスコ・クロニクル紙は、ヒトラーの口から出る約束はすべて嘘と決めつけ、「世界はヒトラーにだまされてはいけない[14]」と主張した。デイリー・オクラホマ紙は、ヒトラーが政権をとった以上、ヨーロッパでの全面戦争は不可避であると悲観的であった[15]。エンポリア・ガゼット紙も、「ヨーロッパの危機は高まっている[16]」と書いた。ポートランド・モーニング・オレゴニアン紙は「戦争の危機に怯えることがあってはならない[17]」と書き国民に落ち着きを求め、ハースト系の新聞も国民の冷静な態度を訴えた[18]。

ヒトラーの主張をポジティブにとらえる新聞もあった。セントルイス・ポスト・ディスパッチ紙は「ヨーロッパ外交見直しのいい機会である[19]」と主張した。オマハ・ワールド・ヘラルド紙も次のように書いた。

「われわれができるのは希望をもって今後を見守ることである。ヒトラーは自身が和平構築のリーダーとなる可能性を示したと考えられる。それが期待できるならベルサイユ体制が犠牲になっても（修正されても）かまわない[20]」

シンシナティ・インクワイアラー紙は「ソビエトは言わずもがなだが、英仏日米各国は軍備増強に忙しい。それを考えたら、列強はヒトラーのラインラント進駐を批判することは難しい[21]」としてラインラント進駐に理解を示した。

3　ヒトラーを警戒するヨーロッパ諸国

ラインラント進駐を受けて、フランスはロカルノ条約調印国に条約に規定されている義務の履行を求めたものの、三月七日夜に開かれた閣議でこの問題は慎重に扱うことを決めた。それは国際連盟理事会への提訴となるが、仮に国際連盟がドイツをロカルノ条約違反と認定すれば条約調印国はフランスを支援しなくてはならない。[*22] また条約締結国でないソビエトやチェコスロバキアも、フランスとの二国間条約により支援することになる。

モスクワではブリット米駐ソ大使がリトヴィノフ外相と協議し、その内容をハル国務長官に伝えてきた。

「リトヴィノフのヒトラーへの憤りは凄まじかった。私は、ヒトラーがリトアニアに提案している不可侵条約を歓迎しないのかと尋ねると、『ヒトラーは犬のような奴だ。嘘つきの悪党だ。奴のような男がリトアニアと何を約束しても価値はない。リトアニアだけではない。どの国とどんな条約を結ぼうが無意味だ』と答えた。それではフランスがラインラントに出兵することを望むのかと聞くと、『それは望まない。出兵すれば即戦争ということになる』と冷静だった。彼はヒトラーが国際連盟への再加盟を打診していること、さらにはイギリスがそれを望んでいることに激しく憤っていた[*23]」

ベルリンのドッド米大使は、ヒトラーの議会演説は感銘を与えたと評価した。議会が彼の国際連盟への再加盟の提案に好意的な反応をみせたことに大使は気づいていた。ドイツ駐在の新聞特派員の中にも、ヒトラー提案は「歓迎されないとは言いきれない」、特にイギリスはそうであろう、イギリスは国際連盟と協力する立場をとり多くの妥協を重ねてきたからである、と考える者が多かった。[*24]

ベルギー、イタリア、ポーランドは静観の構えだった。[*25] ヒトラー提案への対応についてはイギリスの態度が鍵を握っていた。イーデンは拙速な反応をしないよう注意を促し、これに多くの新聞が同意した。

オブザーバー紙は「まずは冷静になり理性を失わないことだ、わが国はまず防衛力を整備しなくてはならない。そのうえでヒトラーの提案を（ドイツへの）同情をもちながら検討することである」と訴えた。サンデー・ディスパッチ紙は「ロカルノ条約はすでに死に体である。いずれにせよ国民はこの条約を是認していたわけでもない」と書いた。[*26]

英外務省は、ヒトラーとは何らかの暫定的な合意が可能であり、そうなればヨーロッパ大陸の鎮静化は期待できると考えた。駐ロンドンのアサートン米代理公使は「イーデンはラインラント進駐問題に現実主義的な解決策を見出したい意向だ。最終的にはフランスも黙認（容認）できるような妥協案を見出すにちがいない」と報告した。[*27]

フランスの世論もこれまでの仏首相の対ヒトラー外交は拙速なところがあったと考えていた。政府高官にも同じように感じていた者がいた。ロカルノ条約があったとしても、イギリスがただちにフランスの救援に現われると期待してはいなかった。そのことはイーデンでさえ議会でのスピーチで、「フランスへの救援はフランス領土が攻撃された場合に限る」と述べていたことからも明らかだった。[*28]

イギリスの用心深い対応はフランスの姿勢に影響を与えていた。三月一〇日、フランダン仏外相は、フランスが望むのは一〇〇パーセントの平和であり、衝突は望まない、とイーデンに伝えた。[*29]ただフランスは対独経済金融制裁にあたってはイギリスの支援を願っていた。

ソビエトは、ドイツを囲い込みたいと考えており、国際連盟理事会が強い決意で対独制裁に踏み込むよう願っていた。[*30]ボールドウィン英内閣は対独外交は妥協的なものに変えるべきだと主張した。

これに対してフランスの新聞は苦々しい思いをもった。ジャーナリストのタブイス女史〔歴史家でもあった〕は、ルーブル紙上で、「ロンドンとベルリンの間に紐帯ができたのかもしれない。信頼できる筋からの情報によると、ジョージ五世の葬儀の後にロンドンデリー卿〔航空大臣。在任一九三一～三五年〕がベルリンを訪問したが、その際ヒトラーは三月には非武装地帯を占領する計画であると伝えたようだ」と書いた。この情報については、ストラウス米駐仏大使が、タブイス女史の情報はおおむね正確であると本省に報告している。[*31]

ベルギーとフランスがラインラント進駐について強く懸念する一方で、他のヨーロッパ諸国は、この問題をきっかけにしてソビエトがヨーロッパ中央の政治に再び口出ししてくるのではないかと危惧した。ハンガリー外務省は、国境近くのチェコスロバキア領内に空軍基地が建設されることを憂慮した。エックハルト・ティボル〔ハンガリー国際連盟代表。議会野党党首〕は、モンゴメリー駐ブダペスト公使に、ドイツのラインラント進駐問題を国会に諮ることを伝え、次のように述べた。

「もしドイツがハンガリーを支援すれば（安全保障を確約すれば）、それを拒否できる首相はいないだろう。ハンガリーではソビエトがヨーロッパ問題に再び関与することこそが共産主義の脅威であるとみられている」[*32]

情勢が悪化するのをみたイーデンは何らかの妥協を探る必要を感じた。三月一一日、彼は独駐英大使に非武装地帯から少数の（駐留のシンボルとなる程度の）兵力を残して撤兵できないか打診した。ドイツ政府からの回答は、現在の兵力を増強することはないし、フランスとの国境付近には軍を置かない、というものだった。[*33]

ドイツ案を受けて、国際連盟理事会はラインラント進駐問題の協議の場にドイツ代表の出席を要請した（三月一四日）。ドイツはヨアヒム・フォン・リッベントロップを遣り、その立場を主張させた（三月一九日）。だが、弁舌が爽やかだけのこの男には荷が重すぎたようだった。結局、フランス・ベルギーが提出した決議案が採択され、ドイツの行為はベルサイユ条約およびロカルノ条約違反と決議された。[*34] しかし制裁についての議論はなされなかったから、フランスの外交的勝利に実質的な価値はなかった。

たしかにイギリスの国際連盟理事はフランス・ベルギー決議案に賛成した。フランス世論は、イギリスのフランスへの歩み寄りを勝ちえたのはフランス外交の勝利ではあるが、たいした意味はない、という空気だった。[*35]

フランスの不安を鎮めようと考えたイーデンは、イギリスはロカルノ条約に規定された責任をしっかりと果たすと演説した（三月二六日）。ところがイギリスの新聞にはこの演説を喜ばないものがあった。デイリー・メイル紙は「戦争になることを怖れている国民は、イーデンの約束が引き起こすだろう結果を怖れる」と書いた。[*36]

フランスでもイーデンのスピーチは批判された。穏健にすぎ、妥協的な感じがすると評判は悪かった。フランスの新聞の大勢は、フランスは他国を頼りにしてはならない、みずからの力だけが信用できるのであって、防衛力を強化する必要がある、というものだった。[*37]

国際連盟理事会がドイツによるロカルノ条約違反問題の協議を続ける中、ヒトラーは三月二九日に国民投票を行なうことを決めた。国民にラインラント進駐の是非を問うためだった。ナチスの指導者は、進駐を是とする世論形成に精力的に動いた。

「ゲッベルスはベルリンとその近郊の町で七回も演説した。ゲーリングはラインラントを、(ルドルフ)ヘスはシュトゥットガルトを担当した。ヒトラーはフランクフルトで選挙民の心を打つ演説を行なった。ヒトラーの演説は救世主の響きを帯びた。ドイツ国民はわが子のような存在である。神は私が間違ったことをしでかせば、かならず私を罰するだろう」[*38]

国民投票は圧倒的な票でヒトラーの狙いどおりの結果となった。九八・七九パーセントがラインラント進駐を是とした。表面上は国民の強い支持を背に受けていることを示すことができた。世論の支持を確認したヒトラーは次の一手を打った。[*39-1]

4　新たな和平の枠組を提案したヒトラー

ヒトラーの次なる外交攻勢は、新たな和平枠組案のイギリスへの提示であった（三月三一日）。主な内容は以下である。

一、四カ月間のドイツ進駐軍の現状据置、ただしフランス・ベルギー軍が同地域の兵力を増強しないことが条件
二、現行の安全保障を規定する条約を補強するための空軍協定の締結
三、フランス・ベルギー両国との不可侵条約締結（二五年間）
四、ドイツの東方に位置する国との個別的相互不可侵条約締結
五、提案される安全保障条約に規定されるドイツの義務を果たす場合の軍事力使用の容認
六、提案される安全保障条約義務遂行に際して紛争が生じた場合の特別仲裁組織の設置[*39-2]

ヒトラー案に対するアメリカの新聞の反応はネガティブだった。「ヒトラーはフランスとその同盟国の間に楔《くさび》を打ち込もうとしている。（ヒトラー案を認めれば）フランスは、東部方面の同盟国〔主にソビエトを指す〕を裏切ることになる」（ロサンジェルス・タイムズ紙[*40]）、「ヒトラーは、和平案の提示で（ヨーロッパ外交の）イニシアティブをとろうとしており、うまくやった」（ロチェスター・デモクラット・クロニクル紙[*41]）、「ヨーロッパ諸国がヒトラーを牽制しようとすればそれは戦争ということ

になる。彼の好きなようにさせればヒトラーはヨーロッパで独裁的に振る舞うことになる」（ソルトレークシティー・デゼレット・ニューズ紙[*42]）といった悲観的な記事が並んだ。

楽観的な見通しの新聞もあった。「ヨーロッパは（ヒトラーの提案で）小休止ができそうだ。その間に和平を求める力が強まり、過去数カ月よりも和平維持の気配が見えてきた」（ニューヨーク・タイムズ紙[*43]）、「（ヒトラーの）新提案はおおむねウッドロー・ウィルソン大統領の考えをベースにしている。ドイツはそのすべての国境で和平を保つとみずから宣言しているようなものだ。緊迫した時期は過ぎた。他のヨーロッパ諸国、特にロカルノ条約締結国はヒトラーの提案にある程度の妥協をみせることでヨーロッパをより安全に、より友好的なものに変えていけるかもしれない。いまその岐路に立っている」（スプリングフィールド・リパブリカン紙[*44]）という論評がその典型だった。

宗教紙（誌）は、ラインラント進駐問題を虚心にとらえた。「ラインラントは自国の領土であると考えるドイツ国民の気持ちは理解できる」（アメリカ紙[*45]）、「ベルサイユ条約は基本的に間違っている。一つの国（ドイツ）を他国より劣等の立場に置き、独立国家として他国よりも劣った権限しか認めないのであれば恒久的和平は望めない」（クリスチャン・センチュリー紙[*46]）といった記事が並んだ。一方でカソリック・ワールド誌はベルサイユ条約の問題点は指摘しながらも、ヒトラーを「冷血な計算高い殺人者である」と決めつけた。[*47]

5　イーデンが各国に示した対独宥和外交提案

フランス政府のヒトラー観はおそらくカソリック・ワールド誌と同様であったろう。それだけにヒトラーの提案をまともに取り合ってはならないと考えた。四月六日、内閣は外務省が準備した二つの文書を了承した。両文書ともヒトラー提案を批判していた。これをベースにして国際連盟をヨーロッパ和平維持のために効果的に動ける組織にする改革案を練り上げた。[*48]

四月八日、ジュネーブでイタリア・エチオピア紛争処理を扱う一三カ国委員会が開催された。フランス代表はこの機会を利用してラインラント進駐問題に対するフランス政府の考えを示し、ドイツとの宥和的交渉を国際連盟各国は止めるべきだと主張した。

イーデンはヒトラーとの交渉は無駄だというフランス政府の決めつけを受け入れなかった。英国政府はヒトラーの提案するヨーロッパ各国と個別に（安全保障）条約を結びたいとする意図をしっかりと見極めたいと説明し理解を求めた。ヒトラー提案が現行の集団安全保障体制（ベルサイユ体制）といかにして整合性を保てるか検討したいと訴えた。[*49]

四月一五日、ジェシー・ストラウス米駐仏大使は、フランス政府はイギリスがどのようにドイツにアプローチするか承知していないとハル国務長官に報告した。ただ近いうちに英国政府から提案文書を入手できる見込みであり、ドイツ政府は四カ月の交渉の間にラインラントを要塞化しないとの確約をとっているようだとも伝えた。[*50]

ロンドンのビンガム米大使は、ラインラント進駐問題での英国政府の態度は優柔不断であると報告した。

「本日午後、英外務省次官と面談した。フランスはドイツ軍のラインラントからの撤兵を執拗に要求している。ドイツとの交渉を可能にするためにはフランス政府に何らかの妥協が必要となるだろう。イギリスの一定の譲歩でフランスも妥協した。ドイツは（ヒトラー提案は）上々の効果を上げていると考えている。それだけに非妥協的である。ヒトラー自身がこの立場を和らげなければ、対独交渉の成功は難しいだろう[*51]」

ベルリンではフェルディナンド・L・メイヤー米代理公使が仏大使と会談し、フランスはラインラント進駐問題でフランスの満足する解決は期待できないと悲観的である、と報告した[*52]（四月二二日）。フランスには悲観論が広がっていることは確かだった。

五月七日、英駐独大使は、四月六日のフランス政府の覚書について本省の考えを問い合わせている[*53]。イーデンは、ヒトラーがベルサイユ条約に規定されたラインラントに関わる条項に何の敬意も払わないだろうことをわかっていた。イギリスは、ドイツは航空戦力を制限するような妥協はしないこと、ソビエトとは不可侵条約を結ばないことを理解していた。イギリスは（こうした要素を勘案して）対独方針を唐突に強硬的なものに変えた。この方針変換にドイツは応えなかった。

イーデンのこのぐらついた姿勢へのドイツの考え方は、ブリット米駐仏大使とノイラート独外相との会談で明らかになった。ノイラートは「ヒトラーの真意は何としてもフランスの理解を得ることにあり、自分も、そしてヒトラー総統も提案を繰り返しているが、フランスからの返事はノーか無視かのどちらかである」と嘆いた。対英外交についても同様に嘆いていた。ブリットは次のように報告している。

「ノイラートはイギリスとの間に真の友好関係が構築できないことを残念がっていた。私（ブリット）は、『あなたはイーデンや英駐独大使とは、いま私と話しているようなフランクなやりとりができていないのか』と聞いてみた。『まったくできていない。不可能だ』。これが彼の答えだった。イギリスはヒトラー提案についての確認を求める文書（質問書）を、非公開の体裁でドイツ政府に提示した。ところがフィップス卿が、その内容が漏れた、その結果翌朝には質問書を公開せざるを得なくなったと、ノイラートに伝えてきたのであった」

イギリス国内にはドイツの軍事力がボルシェビキ思想の拡散への防波堤になっているという考えがあった（強まっていた）。この点についてブリットとノイラートは意見を交わした。ドイツの対ソ姿勢を理解するうえで重要な意味があった。

「われわれ（ブリットとノイラート）は、独ソ関係についても意見を交わした。ノイラートは、ドイツのソビエトに対する敵意は激しく、ソビエトはヨーロッパでの共産主義拡散にナチス・ドイツが障害になっていると考えている、と語った[*54]」

ドイツ外務省はイギリスからの問い合わせに公式に回答しなかった。ベルギー首相のファン・ゼーラントはヨーロッパの将来はきわめて危ういとブリットに嘆いた[*55]。悲観論を払拭しようとベルギー、フランス、イギリスの代表がロンドンに集まった（七月二三日）。会談後、彼らは共同声明を出した。ドイツと交渉の用意があること、できるだけ早い段階でロカルノ条約に代わる新しい安全保障の枠組を構築したい、と訴えるものだった。

ドイツはこの声明に応えなかった。ベルギー国王はこれに焦った。ベルギーの立場を明らかにするスピーチを閣僚を前に行なった（一〇月一四日）。国王は何としてでも大戦前のように中立を保障される立場を確立したかった。ベルギーの外交方針はどのような紛争が隣国の間に持ち上がろうがその埒外に国を置くというものだった。[*56] ベルギーは、ロカルノ条約はすでに死に体だとみなしていた。

ロカルノ体制の崩壊でボルシェビキ思想の拡散にヨーロッパ諸国は怯えた。ドッド大使はロカルノ体制崩壊の主犯はフランスだと考えた。彼は本省に次のように報告した。


「フランスが音頭をとる国際連盟は党派性が丸出しだった。フランスはベルサイユ体制下の和平を主張するばかりで、その頑なな姿勢がヨーロッパ諸国間の敵対を生んだ。一九三五年三月、ドイツは再軍備宣言によりベルサイユ体制の鉄鎖を切った。危うい虚構の安定を保ってきたベルサイユ体制は崩れた。ヨーロッパの国々は安定を失った。新たな安定のためには旧体制の修正が不可避だった」

「ボルシェビキ思想の脅威は、ソビエトの軍国主義的な外交の動きというよりも、第三インターのこそこそした工作活動に対するものだった。ところが近年は、ソビエトによる世界革命をめざす積極的外交が目立ってきた。少なくともヨーロッパ方面においては、スターリンやそのアドバイザーらは世界革命に自信を深めたのではないか。だからこそ、ソビエトはその共産主義思想と軍国主義を統合してもかまわないと考えているのではないか。ソ仏相互援助条約、ドイツの再生を怖れるヨーロッパ各国の怖れと不安、外交能力に過剰なまでの自信をみせるソビエトは、再生ドイツを怖れるヨーロッパ諸国に向かって、彼らを救済する国がソビエトであるとのポーズをとり始めた[*57]」

6　ヒトラーとムッソリーニの握手

一九三六年夏、ヒトラーとムッソリーニは接近した。二人には共産主義の脅威に対抗し、ヨーロッパ内部における地位を高めたいという共通の思いがあった。同時期にスペイン内戦が始まり、運命のような独墺協定も結ばれ二人の動きが加速した。七月二五日、ヒトラーはアディスアベバのドイツ公館を閉鎖した。これはイタリアがエチオピアを制圧したことをドイツが承認する意思の表明だった[*58]。

この夏、イギリスの元首相ロイド・ジョージはベルヒテスガーデンを訪問しヒトラーと会談した。この訪問でヒトラーはムッソリーニへの接近を遅らせた。イギリスとの宥和への可能性に重点を置いたからである。

ヒトラーはロイド・ジョージとの会談を通じて自信を深めた。ヒトラーは、次の戦いがヨーロッパで始まった場合はアメリカが介入する可能性は低いと感じていた[*59]。一方で、ドイツ外務省はイーデンの動きを気にしていた。イーデンは、対ナチス・ドイツへの接し方に定見がないからだった。

イギリスの対独外交方針がふらつきをみせる中で、イタリアは対独関係改善に積極的であった。ドイツ外務省はその真意の確認のためにハンス・フランクを遣り実態を調査させた。フランクのローマ訪問に続いて、今度はチャーノ伊外相がベルリンを訪問した。外相は二つの重要な文書を預かっていた。ムッソリーニが密かに入手したものだった。その一つは、英駐独大使エリック・フィップス卿からロンドンの本省に送られた電信の写しだった。それはドイツ政府は危険な外交を進めているとする批判の文書だった。それをチャーノ外相はヒトラーにみせた。それを読んだヒトラーは激しく憤った。英国内の反独外交を繰り広げる「不逞分子（イーデンやフィップス卿を指す）」を嫌うヒトラーは、イタリアとの何らかの協定を結ばざるをえないと考えた。[60]

アメリカは独伊協定（ベルリン・ローマ枢軸）にあまり関心を示さなかったが、両国の接近を憂慮する報道もあった。「チャーノとヒトラーの間で相互理解が深まった。二人の独裁者は他のヨーロッパ諸国との外交政策において共通項を見出し、何らかの合意があったにちがいない」（ボルチモア・サン紙[61]）、「独伊協定は不吉である」（リッチモンド・タイムズ・ディスパッチ紙[62]）といった記事が躍った。一方で「協定で経済関係が好転すれば、ヨーロッパの混乱は改善するのではないか」（クリスチャン・サイエンス・モニター紙[63]）と前向きな意見もあった。

7　再び揺れるベルサイユ体制

ヒトラー・チャーノ協定に続き、ヒトラーはさらなる動きでヨーロッパに激震を走らせた。ベルサイユ条約ではドイツの重要な河川（運河）海運は国際連盟の国際委員会の管理下に置かれることになっていた。ヒトラーはこの条項を破棄すると発表した。[64]

アメリカのメディアは、ヒトラーの次の動きはベルサイユ体制で決まった国境の変更ではないかと危ぶんだ。「領土喪失の恨みをできるだけ早く晴らしたいというドイツ国民の想いで、ヨーロッパの戦いはもはや不可避である」（ロサンジェルス・タイムズ紙[*65]）、「ナチス・ドイツの一方的な廃棄は問題だ[*66]」といった意見が並んだ。

一方で、「ベルサイユ条約調印国は（この条約の問題点を）もっと早い段階で修正すべきだった。そうしていれば（独伊両国に）激しいナショナリズムが生まれることもなく、ヨーロッパがばらばらになることを防げた」（スプリングフィールド・リパブリカン紙[*67]）、「現在の問題は、あの不合理なベルサイユ条約を生んだ政治家たちの愚かさに起因する」（プロヴィデンス・ジャーナル紙[*68]）といった意見もあった。

8　フランコを承認した独伊

一一月一八日、ヒトラーとムッソリーニはスペインのフランコ政権を承認した。これに対するアメリカの反応は悲観的だった。「ヨーロッパ情勢はますますその危険の度合いを増した」（ポートランド・モーニング・オレゴニアン紙[*69]）、「ソビエトは（これに反発し）何らかの（軍事）行動に出るだろう、それが全面戦争になる可能性がある」（バーミンガム・ニューズ紙[*70]）。楽観的見方もあった。「独伊の協調でソビエトの赤化攻勢に対する強力な防衛体制ができた。これによってソビエトの動きを牽制できるだろう」（アトランタ・コンスティチューション紙[*71]）。

ヨーロッパ情勢を冷静に分析し希望的な意見を述べる新聞もあった。「独伊の間には数えきれないほどの対立項がある。それだけに真の意味での軍事同盟にはならないであろう。どちらの国も英仏両国との協力なしにはやっていけない。むしろ四カ国協定に発展することでヨーロッパ全体の利益になることが望まれる」（ロチェスター・デモクラット&クロニクル紙[*72]）

9　日独防共協定

ドイツと日本の間で結ばれた防共協定について懸念を示す論調があった。「新たな戦いに向けての、どたばたした動きが始まっていることを否定できない」（ボルチモア・サン紙[*73]）。「この協定で次の戦争への道が開かれた」（クリーブランド・プレイン・ディーラー紙[*74]）

デモイン・レジスター紙は、この協定によってアメリカの極東での立場が脅かされると論評した。

「極東におけるわが国のこれまでの外交をご破算にするのか、あるいは（これまでどおり極東での）パワーゲームのバランサーとしての立場をとるのかの岐路に立った[*75]」

ビジネス紙（誌）でこの協定に触れるものは少なかったが、バロンズ紙は次のようにコメントした。

「日独協定の狙いは共産主義の拡張に対する防衛であって、ソビエトという国家に対して何かをしようとしているのではない。そのことを隠蔽しようともしていない。要するに『われわれには力がある。われわれに干渉しようとすればどういう結果になるかを覚悟しておけ』という声明なのである」[*76]

10　新たな枠組を模索するヨーロッパ諸国

ドイツはイタリアと日本と協調することで軍事力を高めた。これがヨーロッパ諸国を不安にした。ジョルジュ・ボネ〔後の仏外相〕はブリット米駐仏大使と意見を交換したが、ブリットはフランスとドイツはよりを戻すべきだとの考えを示した。両国は和解をめざして努力すべきだと述べると同時に「アメリカがそれをサポートすることになるだろう。それが実現されればわが国（アメリカ）は祝福する」と語った。

この会談のあった日の午後、独駐仏大使はパリの米国大使館を訪問した。大使はリッベントロップ外相の指示を受け、独仏間の完全なる相互理解実現をめざす協議を進めているとブリット大使に伝えた。ドイツ政府はフランスの理解を求めており、ブリット大使がその実現に向けて仲介にあたってくれるかの打診にきたことを説明した。ブリット大使は、フランス政府もドイツ政府との相互理解に前向きで、まず忌憚のない意見を交換することであるとアドバイスした。そのうえでブリット大使は次のように述べた。

「まずシャハトにパリを訪問させることだ。彼とブルム首相が話し合うのが一番良い。そのうえでフランスはイギリスと協議することだ。イギリスが反対すればシャハトとの打ち合わせも無駄になる。あわせてイギリスだけでなくソビエトもイタリアも独仏関係の改善を歓迎しないという現実にも注意すべきだ。おそらく西側列強で両国の関係改善を前向きにとらえるのはアメリカだけだろう。わが国は独仏の関係改善を歓迎する」

ブリットは、もしフランスのイヴォン・デルボス外相〔ブルム内閣の外相。在任一九三六年六月〜三八年三月〕が米国に世界的な新しい安全保障の枠組についての交渉を始めたいと言ってきたら、ドイツはどう反応するか確認した。ドイツ大使の答えは「大いに歓迎したい」というものだった。[*77]

この日の午後、ジョルジュ・ボネもブリット大使と話した。二人は英仏米三国の緊密な協力関係を探り合った。まず民主主義国家三国が枠組を構築すること、そのうえでそれをドイツに提示すること、という考えで一致した。この三国が相互に助け合うという意思をみせれば、ドイツは少なくともこれからの一八カ月の間に侵略的行動に出ることはなかろうとの判断だった。ブリット大使はこれを否定した。彼はそのときの様子を次のように本省に報告している。

「私（ブリット）は、わが国（アメリカ）がそうした枠組に参加する可能性はまったくなく、わが国はアメリカ大陸だけではなくヨーロッパでも極東でも和平の維持を強く望んでいるが、できることには限度があり、英仏支援のために兵士を遣り、海軍を出し、資金援助することは二度としない。そのことをボネ氏にも他のフランスの政治家にも理解していただきたい、と伝えた。またボネ氏には、わが国がヨーロッパの政治（外交）のごたごたに口出しすることもないと伝えた[*78]」

しかしボネらフランスの政治家は、ブリット大使の警告にもかかわらず、ヨーロッパのごたごたを、アメリカをからめて収拾する案をいくつも出してきた。とにかく仏英米三国の強力な提携（それは必要資金をこの三国が出すという意味も含まれるが）と世界の指導的な立場にある国々との協力が必要なときであると主張した。

協力の中には工業用資源の取引所の設置案も含まれていた。そうすることでドイツを経済的苦境から脱却させることが狙いだった。協力の交換条件が軍拡に制限をかけることであった。フランスは、そうした対独提案にルーズベルト大統領がイニシアティブを発揮してくれることを願った。[*79]

ブリットは、大統領がそうしたイニシアティブをとることはないとフランス外務省に警告した。それでもフランスは、アメリカにはヨーロッパ問題不干渉の立場を変更し、指導的役割を果たしてもらいたいと願った。

このころデイヴィス米駐ソ大使がモスクワに帰る途次ベルリンを訪問し、シャハトと重要な会談を行なっている。シャハト経済相は、ドイツ国民の苦しみは限界に達していて、この状況から脱出するために英仏と妥協をめざすことを（ヒトラーから）許されている、と語った。[*80]

シャハトは、ドイツの考えを英仏両国に示した。ブルム仏首相は驚くほど前向きの姿勢であったが、イギリスはきっぱりと拒否する態度で非公式協議までも拒否した。イギリスの頑なな態度をみたシャハトは、袋小路から抜け出す唯一の方法はルーズベルト大統領が国際会議開催の音頭をとり、世界の貿易の障害となっている多くの規制をとり除いていくしかないと考えたのである。[*81]

デイヴィスの物言いは、ブリットのそれよりもアメリカの協力を期待させるポジティブなものだった。「大統領はヨーロッパのごたごたに、確実な成功が見込まれないかぎり、巻き込まれたくないという気持ちだ」と条件付きの言い方をしたからである。そのうえで、ドイツの指導者はヒトラーのニュルンベルクでの演説のようなアグレッシブな姿勢を当面はトーンダウンするほうが賢明である、と意見した。

シャハトがデイヴィスを相手に和平への道を探っているころ、パリではブルム首相が同様の動きをしていた。彼は、ドイツ外務省が「とにかく和平を求めている」と仏駐独大使に語り、会談の雰囲気も友好的であったことをブリット大使に伝えた。またノイラート独外相は、独仏の関係改善はスペイン内戦が落ち着いてからになるとフランスに伝えていたようだが、ブルムも同意見であった。[*82]独仏の関係改善がなれば、それに続いて大規模な経済協力に結びつく可能性があった。

ブルム首相がナチス・ドイツとの理解を深めたいと考えていたことは間違いない。ところがイーデンがパリを訪問しこの動きに冷や水を浴びせた。イーデンの訪問目的はブルムに「切れ味の悪い」助言をするためであった。[*83]

一九三七年一月一九日、イーデンは議会で、「経済協力と政治的（外交的）宥和政策は足並みを揃えなくてはならない。ドイツは民族の優秀性を説きナショナリズムを煽っている。世界の国々はナチス・ドイツはそうした思想で国を運営し、世界全体を指導していこうとするのかを問うている」と語った。[*84]

一月二四日、ブルム首相はリヨンで演説した。イギリスの考え（ヨーロッパの和平は集団保障でしか確保できない）を説明し、フランスだけで進める外交交渉ではフランスの安全は保障されない、と述べた。[*85]

11　ヒトラーの穏やかな反応

一九三七年一月三〇日、ヒトラーはイーデンとブルムの呼びかけに応えた。ヒトラーはまずベルサイユ条約の（ドイツだけにあの戦争の責任があるとした）戦争責任条項（第二三一条）を弾劾した。ドイツがオーストリア、イタリア、日本、あるいはポーランドと締結した条約〔不可侵条約や防共協定を指す〕を挙げ、他国との協調の重要性も訴えた。ベルギーやオランダへの中立保障案件についても言及した。フランスとは事を構える考えがないことも強調した。ただ対ソビエトの姿勢だけは厳しかった。

ヒトラーは、ヨーロッパの和平を集団的安全保障で実現できるとするイギリスの考え方は否定した。ヨーロッパはボルシェビキ思想に対する考え方で二つのブロックに分かれるという考え方だった。ボルシェビキ思想はその考えを他者に無理強いするものであるとヒトラーは理解していた。[*86]

ヒトラーは和平を維持するためには、ソビエトの赤化工作に備えなくてはならないと考えていた。

アメリカの新聞のおよそ半分が、ヒトラーの主張を疑いの目でみた。「（ヒトラーの一月三〇日のスピーチは和平維持を約束しておらず）ヨーロッパ諸国は、ドイツ指導者（ヒトラー）の口からさらなる（和平を求める）言葉が出るのを待つ必要がある」（オマハ・ワールド・ヘラルド紙[*87]）、「ヒトラーが他国に求める条件を満たすことは不可能である。他国がその文明を一〇〇〇年前の（野蛮な）ものに戻してもよいと思わないかぎり無理である」（ロチェスター・デモクラット&クロニクル紙[*88]）、「ヒトラーがソビエトを攻撃すると主張するのは、フランスの保守派や赤化したブルム政権を嫌う農民層を焚きつける狙いがある」（メンフィス・コマーシャル・アピール紙[*89]）、「ヒトラーは変わりようがないようだ。彼はヨーロッパの和平を求める動きからソビエトを排除している。これはよくない。すべての国を包含するような和平構築でなくてはならない」（サンフランシスコ・クロニクル紙[*90]）といった論評がその典型だった。

もちろんヒトラーの演説を高く評価する新聞もあった。「一月三〇日のスピーチは、総統が協調姿勢でいることを改めて示した」（ボストン・イブニング・トランスクリプト紙[*91]）、「ヒトラーの演説はドイツ国会で好意的にとらえられた」（セントルイス・ポストディスパッチ紙[*92]）、「（ヒトラー演説の）協調的トーンに注意を向けるべきだ」（デモイン・レジスター紙[*93]）、「ヒトラーは、放っておけばヨーロッパの緊張を高めてしまう案件に対して驚くほど協調的である」（ブルックリン・デイリー・イーグル紙[*94]）がそうした意見の代表であった。

ロンドンのルイス・アインシュタインは、ヒトラー演説の真意はイギリスの世論に訴えることであり、ドイツがめざす東方侵出にイギリスの寛容を求めたものだと分析した[*95]。パリでは、ブルム首相が、ヒトラー演説はノイラートとシャハトの影響を受けたもので、協調的な内容をイタリア訪問から帰ったゲーリングがトーンダウンさせた（仏駐ベルリン大使情報）とブリットに語った[*96]。ベルンのヒュー・ウィルソン米公使は、ヒトラーのスピーチには隣国に配慮する姿勢が見えるとしたものの、軍備制限、経済協力あるいはドイツ植民地要求については、妥協点を見出すのはまだ難しいだろうとの意見であった[*97]。

デイヴィス米駐ソ大使は、ヒトラー演説が英仏に与える影響をソビエトが憂慮していることを理解した。リトヴィノフ外相は同大使に対して「英仏がいまだにヒトラーの声に耳を貸そうとしていることが理解できない。彼の主張は『わが闘争』の中にすでに書かれているではないか。ヒトラーの頭の中は征服欲で一杯だ」と不満げだった。リトヴィノフの言葉を聞いたデイヴィス大使は「ソビエト外務省は、英仏独が考えを一致させることが不安でならないようだ」との印象をもった。[*98]

12　アメリカに期待するフランス

フランス外務省は、ソビエトが仏英独三国の接近を嫌う理由をわかっていた。一月以降ナチス政府は、明らかにより穏健な外交にシフトしていた。仏駐ベルリン大使は、シャハトやドイツ産業界の影響力がナチス幹部のそれを上回っている、と報告していた。デルボス仏外相はこの情報を重視した。彼は明日にでも相当の自由度をもたせた代表をベルリンに遣り、仏独通商協定の更新交渉を始めさせたいと考えた。

通商協定更新の障害は英外務省の反対であった。デルボス外相はイーデンが「良きヨーロッパ人」として、仏独がうまくやってほしいと願っていることはわかっていた。しかし彼が英外交のすべてを仕切っているわけではなかった。考えの異なる閣僚や外務省幹部がいた。デルボスは、イギリスは少なくとも表面上は仏独の宥和を歓迎するだろうと考えたが、本音のところではいがみ合いを望んでいる、と推察した。それがイギリスの伝統的対大陸外交だったからである。[*99]

フランスは、アメリカにはイギリスのような思惑はないと読んだ。フランスが対独宥和にドラスチックに舵を切ったとしても、理解してもらえるのではとの読みがあった。ブルム仏首相はブリット米大使に、ルーズベルト大統領がフランスの民主主義の強化に深い理解を示していることに感謝すると伝えた。列強の中でアメリカだけがブルム首相の狙いをわかってくれる、と。イギリスは伝統的な仏独離反をめざす外交であり、ブルムが進める内政にも不満で、とにかく仏独が接近することを嫌っていた。「フランスはヨーロッパの和平維持にアメリカが大きな役割を果たすことを期待している」[100]とブルムはブリットに伝えた。

　ブリット大使は、ヨーロッパで戦いがあってもアメリカの参入を期待してもらっては困ると応じた。それでもブルム首相とフランス外務省は、ルーズベルトの指導力の発揮を望み、ルーズベルトもその期待を裏切りたくはなかった。

＊原注

＊1　Minister Wilson to Secretary Hull, Bern, November 13, 1935. *Confidential file*, MS, Department of State.

＊2　Ambassador Bullitt to Secretary Hull, June 28, 1935. MS, Department of State.

＊3　Ambassador Bullitt to Secretary Hull, January 14, 1936. MS, Department of State.

＊4　Ambassador Davies to Secretary Hull, January 20, 1936. MS, Department of State.

＊5　Ambassador Dodd to Secretary Hull, Berlin, January 9, 1936. Locarno Mutual Guarantee, *Confidential file*, MS, Department of State.

＊6　Ambassador Dodd to Secretary Hull, Berlin, January 13, 1936. Locarno Mutual Guarantee/352, MS, Department of State.

　ドッド大使は本省への電信報告で、先月のフィップス・ヒトラー会談はイギリスの北フランスあるいはベルギーでの航空基地建設計画に対するドイツ政府の態度を見極めるという意味合いもあった、としている。

＊7　Ambassador Dodd to Secretary Hull, Berlin, January 18, 1936. Locarno Mutual Guarantee/353, MS,

Department of State.

＊8　Ambassador Dodd to Secretary Hull, Berlin, February 6, 1936. MS. Department of State.

＊9　*Survey of International Affairs, 1936*, p. 255.

＊10　同右、p. 256. フランス上院は三月一二日に批准。

＊11　*Documents on International Affairs, 1936*, pp. 35–41.

三月七日から二週間経った時点で、ラインラント非武装地帯へ進駐したドイツ兵力はおよそ九万だった。

＊12　March 8, 1936.

＊13　March 9, 1936.

＊14　March 9, 1936.

＊15　March 10, 1936.

＊16　March 9, 1936.

＊17　March 9, 1936.

＊18　*San Francisco Examiner*, March 11, 1936.

＊19　March 8, 1936.

＊20　March 9, 1936.

＊21　March 8, 1936.

＊22　Ambassador Straus to Secretary Hull, Paris, March 7, 1936. Locarno Mutual Guarantee/365, MS, Department of State.

＊23　Ambassador Bullitt to Secretary Hull, Moscow, March 8, 1936. Locarno Mutual Guarantee/373, MS, Department of State.

＊24　Ambassador Dodd to Secretary Hull, Berlin, March 8, 1936. Locarno Mutual Guarantee/375, MS, Department of State.

＊25　Ambassador Cudahy to Secretary Hull, Warsaw, March 8, 1936. Locarno Mutual Guarantee/382, MS, Department of State.

＊26　Chargé Atherton to Secretary Hull, London, March 8, 1936. Locarno Mutual Guarantee/370, MS, Department of State.

＊27　Chargé Atherton to Secretary Hull, London, March 9, 1936. Locarno Mutual Guarantee/381, *Confidential file,* MS, Department of State.

＊28　Ambassador Straus to Secretary Hull, Paris, March 9, 10, 1936. Locarno Mutual Guarantee/388, 396, MS, Department of State.

＊29　Ambassador Straus to Secretary Hull, Paris, March 10, 1936. Locarno Mutual Guarantee/401, MS, Department of State.

＊30　Chargé Atherton to Secretary Hull, London, March 11, 1936. Locarno Mutual Guarantee/406, *Confidential file,* MS, Department of State.

＊31　Ambassador Straus to Secretary Hull, Paris, March 11, 1936. Locarno Mutual Guarantee/412, MS, Department of State.

＊32　Minister Montgomery to Secretary Hull, Budapest, March 14, 1936. Locarno Mutual Guarantee/452, MS, Department of State.

＊33　*Survey of International Affairs, 1936,* pp. 285–287.

＊34　同右、p. 304.

＊35　Ambassador Straus to Secretary Hull, Paris, March 20, 1936. Locarno Mutual Guarantee/489, MS, Department of State.

＊36　Chargé Atherton to Secretary Hull, London, March 27, 1935. Locarno Mutual Guarantee/523, MS, Department of State.

＊37　Ambassador Straus to Secretary Hull, Paris, March 27, 1936. Locarno/531, MS, Department of State.

＊38　Ambassador Dodd to Secretary Hull, Berlin, March 18, 1936. MS, Department of State.

＊39-1　Ambassador Dodd to Secretary Hull, Berlin, March 30, 1936. MS, Department of State.

＊39-2　*Documents on International Affairs, 1936,* pp. 183–192.

＊40　April 2, 1936.

＊41　April 3, 1936.

＊42　April 2, 1936.

＊43　April 2, 1936.

＊44　April 3, 1936.

＊45　April 4, 1936.

＊46　March 18, 1936.

＊47　May 1936, p. 130.

＊48　London *Times,* April 9, 1936.

＊49　*Documents on International Affairs, 1936,* p. 334.

＊50　Ambassador Straus to Secretary Hull, Paris, April 15, 1936. MS, Department of State.

＊51　Ambassador Bingham to Secretary Hull, London, April 15, 1936. MS, Department of State.

＊52　Chargé Mayer to Secretary Hull, Berlin, April 22, 1936. MS, Department of State.

＊53　*Documents on International Affairs, 1936,* pp. 211–216.

＊54　Ambassador Bullitt to Secretary Hull, May 18, 1936. *Strictly Confidential,* MS, Department of State.

＊55　Ambassador Bullitt to Secretary Hull, Brussels, May 20, 1936. *Confidential file,* MS, Department of State.

＊56　*Documents on International Affairs, 1936,* pp. 344–357.

＊57　Ambassador Dodd to Secretary Hull, Berlin, September 3, 1936. *Confidential file,* MS, Department of State.

＊58　Elizabeth Wiskemann, *The Rome-Berlin Axis,* New York, 1949, pp. 57–65.

＊59　De Witt C. Poole, "Light on Nazi Foreign Policy," *Foreign Affairs,* XXV, 1946, pp. 130–154.

＊60　Wiskemann, *The Rome-Berlin Axis,* pp. 66–67.

＊61　October 28, 1936.

＊62 October 27, 1936.

＊63 October 27, 1936.

＊64 *Documents on International Affairs, 1936*, pp. 283-284.

＊65 November 17, 1936.

＊66 November 17, 1936.

＊67 November 17, 1936.

＊68 November 17, 1936.

＊69 November 20, 1936.

＊70 November 19, 1936.

＊71 November 21, 1936.

＊72 November 20, 1936.

＊73 November 19, 1936.

日独防共協定は、反コミンテルン協定であり第三インターの工作に対処するのが目的だった。*Survey of International Affairs, 1936*, pp. 384ff.

＊74 November 23, 1936.

＊75 November 27, 1936.

＊76 November 23, 1936.

＊77 Ambassador Bullitt to Secretary Hull, Paris, December 16, 1936. *Confidential file*, MS, Department of State.

＊78 Ambassador Bullitt to Secretary Hull, Paris, December 16, 1936. *Confidential file*, MS, Department of State.

＊79 Ambassador Bullitt to Secretary Hull, Paris, January 12, 1937. *Confidential file*, MS, Department of State.

＊80 ⑴ヨーロッパ和平維持のための枠組。⑵現行国境の維持。⑶軍縮。⑷実効性のある国際連盟にするた

めの改組。(5)ドイツに植民地を作らせ（戻し）、余剰人口を処理させる、また食糧、脂肪源、工業資源の供給地とする。

＊81 Ambassador Davies to Secretary Hull and President Roosevelt, Moscow, January 20, 1937. *Confidential file*, MS, Department of State.
＊82 Ambassador Bullitt to Secretary Hull, Paris, January 20, 1937. *Confidential file*, MS, Department of State.
＊83 Minister Wilson to Secretary Hull, Geneva, January 25, 1937. *Confidential file*, MS, Department of State.
＊84 *Documents on International Affairs, 1937*, p. 30.
＊85 同右、p. 31.
＊86 *The Speeches of Adolf Hitler*, ed. and tr. Norman H. Baynes, London, 1942, II, pp. 1334-1347.
＊87 February 3, 1937.
＊88 February 2, 1937.
＊89 February 2, 1937.
＊90 February 1, 1937.
＊91 February 1, 1937.
＊92 February 1, 1937.
＊93 January 31, 1937.
＊94 January 31, 1937.
＊95 Louis Einstein to Secretary Hull, London, February 2, 1937. Hitler/88, MS, Department of State.
＊96 Ambassador Bullitt to Secretary Hull, Paris, February 3, 1937. *Confidential file*, MS, Department of State.
＊97 Minister Wilson to Secretary Hull, Bern, February 4, 1937. *Confidential file*, MS, Department of State.
＊98 Ambassador Davies to Secretary Hull, Moscow, February 5, 1937. *Confidential file*, MS, Department

of State.

*99 Ambassador Bullitt to Secretary Hull, Paris, February 20, 1937. *Confidential file,* MS, Department of State.

*100 Ambassador Bullitt to Secretary Hull, Paris, February 23, 1937. *Confidential file,* MS, Department of State.

著者略歴――――
チャールズ・カラン・タンシル *Charles Callan Tansill*

1890年生まれ。アメリカの歴史学者。ジョージタウン大学教授（1944〜1957）。第二次世界大戦開戦以前は不干渉主義の立場をとり、戦後はルーズベルト外交を痛烈に批判したことで知られる。本書のほか、“America goes to War”など、アメリカ史、アメリカ外交に関する多数の著作がある。1964年没。

訳者略歴――――
渡辺惣樹 わたなべ・そうき

日本近現代史研究家。北米在住。1954年静岡県下田市出身。77年東京大学経済学部卒業。30年にわたり米国・カナダでビジネスに従事。米英史料を広く渉猟し、日本開国以来の日米関係を新たな視点でとらえた著作が高く評価される。著書に『日本開国』『日米衝突の根源 1858-1908』『日米衝突の萌芽 1898-1918』〔第22回山本七平賞奨励賞受賞〕（以上、草思社）、『激動の日本近現代史　1852-1941』（共著・ビジネス社）、『戦争を始めるのは誰か』『第二次世界大戦　アメリカの敗北』（以上、文春新書）など、訳書にフーバー『裏切られた自由（上・下）』、フィッシュ『ルーズベルトの開戦責任』、レコード『アメリカはいかにして日本を追い詰めたか』、マックウィリアムス『日米開戦の人種的側面　アメリカの反省 1944』（以上、草思社）などがある。

裏口からの参戦（上）
ルーズベルト外交の正体 1933-1941

2018年8月28日　第1刷発行

著　者　チャールズ・カラン・タンシル
訳　者　渡辺惣樹
装幀者　間村俊一
発行者　藤田　博
発行所　株式会社 草思社
〒160-0022　東京都新宿区新宿 1-10-1
電話　営業 03(4580)7676　編集 03(4580)7680

本文印刷　株式会社三陽社
付物印刷　株式会社暁印刷
製本所　加藤製本株式会社

ISBN978-4-7942-2348-7 Printed in Japan　検印省略